ジャパノロジーことはじめ

――日本アジア協会の研究――

楠家重敏 著

晃洋書房

はじめに

筆者が日本アジア協会について本をつくりたいと思い立ったのは、一九七九（昭和五四）年に、ロンドンでカルチャー・ショックを受けたからであった。思いがけず、母校の日本大学から海外留学生としてイギリス滞在を許され、間もなくイギリスでのアジア研究の拠点のひとつであるロンドン大学で学ぶことになった。イギリスでの日英関係史の権威であり、当時の私の指導教官であったビーズリー教授の紹介状をもらって、この大学のオリエンタル・アンド・アフリカン・スタディスの図書館を利用することができた。当初は、アーネスト・メイスン・サトウやバジル・ホール・チェンバレンといった明治期のイギリス人日本研究家に関する文献でもあれば、といった軽い気持ちで図書を閲覧していた。しかし、調査をすすめるうちに、イギリスの文化力の大きさと深さを感じるようになった。七つの海を支配し、陽の沈むことがなかった一九世紀の帝国は、世界中のありとあらゆる文化を調べていたのだ。インド、中国、日本とあくことを知らぬ好奇心と探究心を持って根気づよいリサーチを重ねていた。その記録がアジア各地に設立されたロイアル・アジア協会のぼう大な量の学会誌に残されている。

そのレポートを読むたびに、前途ほど遠しの思いがつのる。その全部を研究対象とするには、筆者の生命がいくつあっても足りない。そこで、イギリス人の日本研究というテーマにしぼり、日本アジア協会に焦点をあて、おぼつかない足取りで研究を開始した。この協会に関する論文やささやかな著作を認めたこともあった。本書の前身である『日本アジア協会の研究』（日本図書刊行会、一九九七年）である。これに満足せず、日々改訂の筆をすすめていた。著者はデビュー作でこんなことを書いたことがあった。「西欧の学者は版を重ねるたびに改訂して、本の内容を充実させているが、日本の学界ではこうした習慣はあまり定着していないようにみえる。筆者はやはり自分の書いたものには最後まで責任をもちたいと思っている。もし幸運にも改訂の機会をあたえられたら、本書をより密度の濃いものにあらためてゆきたいと思う」（『ネズミはまだ生きている』雄松堂出版、三三頁）。初心を立てた日から三十有余年の歳月を経た今、このことばに恥じない内容であるか不安ではあるが、ふたたび一書をまとめるチャンスを得たことをうれしく思う。

日本アジア協会は一般にはなじみのうすい団体かもしれないが、正式には英語の名称で、The Asiatic Society of Japanという。今から一四五年前の一八七二（明治五）年に横浜居留地で創立された、日本最初の学術研究団体である。イギリス人とアメリカ人が中心となっている、日本文化百般を研究する由緒ある学会である。当時の新聞が日本アジア協会のことを伝えている。「アジアチック、ソサイチー、ヲフ、ジャパン（日本ニ於テノ亜細亜会社）ノ集会アリシ由ヲ記ス（中略）此会社ハ先頃創立セシニテ頭取ハ英公使「ソルパークス」大人副頭取ハ亜米利加ノ教師ブロオン先生ナリ（中略）横浜ハ東洋中微小ナル一市鎮ニシテ欧羅巴ノ数甚少シ然レドモ僅ニ年序ヲ歴レバ則高尚ニシテ有益ナル会社ノ創立アリ欧羅巴人ノ学ヲ好ム恰モ東洋人ノ酒食ヲ耽ルガ如シ（日本人が）其知識ノ及バザル一ニ是ニ由ルカ」（郵便報知新聞、明治六年六月一八日号）。ちなみに、『國史大辞典』（吉川弘文館）には、西田長寿の筆になる「アジア協会会報」の項があるので、要点を引いておこう。「日本アジア協会の機関誌。日本およびアジア諸国についての知識の収集発表を目的とする。この会報は関東大震災、第二次世界大戦で、それぞれ一時中断して、現在に及んでいる。内容は協会の事務的報告のほかアジア各地域の政治・社会・経済・歴史・文学・言語・宗教・紀行など多方面についての記事・論文等で日本関係のものが多い」。簡潔な紹介であるが、多少誤解をあたえかねない記事である。「アジア協会」の名に引きずられ、あたかもアジア各地の事情を研究しているかのように受けとられてしまう。日本以外の地域が扱われるのは、むしろごく例外的である。日本アジア協会の歴史的な性格づけは、もっと後で詳述したい。

この研究の主要史料となるTransactions of the Asiatic Society of Japan（『日本アジア協会紀要』）の出版状況であるが、第一期の第一巻から第五〇巻（一八七二〜一九二二年）の復刻版が一九六五（昭和四〇）年に雄松堂書店から刊行された。現在ではオンデマンド版が発売されている。明治期のイギリス人三大日本学者であるサトウ、アストン、チェンバレンの『紀要』論文に限定した“Early Japanology. Aston,Satow, Chamberlain”（全四巻）が一九九八（平成一〇）年に同じ雄松堂書店から上梓された。アストンとサトウの著作集も Edition Synapse より二〇〇一年に復刻され、ふたりの日本アジア協会の論文も掲載されている。

この協会に関する部分的な研究は古くから行われていたが、[1] 筆者がこのテーマに着手するまえに、重要な五つ著作が道案内になってくれた。第一はP・C・ブルーム（彼が収集した欧文日本関係書は横浜開港資料館にある）が日本アジア協会の九〇周年記念大会（一九六二年）で行った講演である。これはのちに、"Yokohama in 1872" という本になり、その後半にこの協会の成立にふれた叙述がある。第二はドン・ブラウンの「日本アジア協会の重要性」（On the Significance of the Asiatic Society of Japan）であり。これは前記の雄松堂版の『日本アジア協会紀要』の復刻版の「解説」の巻頭論文である。第三はA・J・ファリントン（Farrington）の「草創期の日本アジア協会」（The Asiatic Society of Japan——Its Formative Years）は文字通り創立期の日本アジア協会を論じたものであり、日本英学史学会の『英学史研究』第九号に収められている。第四はかつて日本アジア協会会長を務めたD・M・ケンリックの『日本アジア協会一〇〇年史』、正式には "A Century of Western Studies of Japan. 1872〜1972" という書名の著作である。この本の日本語訳に池田雅夫訳『日本アジア協会一〇〇年史　日本における日本研究の誕生と発展』（横浜市立大学経済研究所）がある。第五は横浜開港資料館の元館員斉藤多喜夫が作成したもので、「初期の日本アジア協会とその周辺」（横浜市中央図書館編『横浜の本と文化』所収）という論文である。

こうして研究文献をいちべつすると、つぎのような傾向が指摘できる。つまり、ほとんどの先行文献が日本アジア協会創立当時の資料紹介であったり、同会の紀要に投稿した若干の著名研究者（サトウ、アストン、チェンバレンなど）の業績検討にとどまっている。たとえば、（1）一八世紀後半からのインド・中国でのロイアル・アジア協会の活動と日本アジア協会の活動との関係、（2）外国人内地旅行権問題など初期の日本アジア協会の活動を制限した日本の政治的環境、（3）日本アジア協会とこれを支援した横浜の英字新聞Japan Weekly Mailとの関わり、（4）明治政府の言論政策と日本アジア協会の関係、（5）来日外国人の日本関係著作と日本アジア協会の諸論文との関連性、さらには（6）近代日本学術史における日本アジア協会の位置づけ、といったテーマが筆者の前にのこされていた。

こうした課題を解決しながら、一四五年前の在日西欧人が発表した論文や議事録などを丹念に読み解いて、忘れ去られたジャパノロジスト（外国人日本研究家）たちの姿をよみがえらそう、というのが本書の目的である。

ドイツ人医師ベルツが『ベルツの日記』の一九〇〇（明治三三）年一一月二二日にこんなことを書いている。「これらの外人教師の大部分は、尊敬すべき研究精神の所有者でありました—でなければ、かれらが本国に帰った後、現在占めているような学術上の地位を与えられるはずがありません。その地位は、かれらが日本で行った学術上の研究に基いて与えられたものなのであります。（中略）これは決してわたし個人だけの意見ではなく、日本の事情に関する権威として万人に認められている人物、すなわちイギリスの前駐清公使アーネスト・サトー卿の説なのであります。これらの書物によって日本人は、自国と自国民が公平な観察者の眼に、どのように映じているかを知ることができるのでありますが、こちら（日本）では、これらの本はほとんど全く注目されていません」。

シーボルトとハーンにはさまった明治期以降の外国人の日本研究の飛躍的ともいえる発展をほとんどの日本人は知らされていない。たとえば、日本アジア協会やドイツ東アジア自然民俗学協会の高度で多様な研究がジャパノロジーの発展にいかなる寄与をしたのかを理解されるようになれば、「日本的偏見」を脱して、外国人側の批判がよく納得できるだろう。外国と日本との間のジャパノロジーに対する評価のちがいは、おもに「日本のことは外国人には分かるまい」という、日本人が無意識にいだいている先入観によるものである。これを克服して、かたよりのない「ジャパノロジーことはじめ」が世に出れば、日本人の日本理解にみられる「独善性」もかなり消散されるであろう。

拙著によって明治前期の西欧人の日本研究が再認識され、さらに、日本文化の一端が理解されるならば、著者にとっては望外の幸いというべきであろう。

二〇一七年九月

楠家重敏

ジャパノロジーことはじめ◆目　次

序章　イギリス人のアジア研究

日英の出会い

イギリス東インド会社がオランダとの商戦に敗れ、平戸の商館を閉鎖し、日本から退いたのは一六二三年だった。まもなく、日英交渉史の資料収集がはじまった。一六二五年に東インド会社のサミュエル・パーチャスが『世界旅行記集』を刊行した。そのなかには、「わが風土に慣れ、わが国語を操り、東洋の習いについて語る」日本人青年の姿があった。日本人キリスト教徒のクリストファー（二〇歳）とコスモス（一七歳）はマニラ近海で捕らえられ、イギリスに送られた。ふたりは一五八八年九月にロンドンの土を踏み、当時の著名な地誌学者ハクルートの邸宅に身を寄せることになった。これは海外での日英交渉の最初の確実な記録である。

一八二三年になると、ピーター・プラットが社命により東インド会社の日本関係貿易史料を抜粋して『日本史』を書いた。これには二〇〇年前の一六二三年のイギリス商館撤退以後の一三回にわたる対日貿易復興計画をのせている。プラットがこの本を執筆したころは、フランス革命後、東アジア海域でのオランダの退潮とイギリスの隆盛が明白になった時期であった。一八二三年といえば、イギリス人のアジア研究の中心となるロイアル・アジア協会がロンドンで創立されたまさにその年であった。

科学的な日本研究はいかなる展開を示していたのだろうか。それを解明するまえに、まずイギリス人のアジア研究の歴史からふりかえってみよう。

インド研究

イギリス東インド会社がベンガルの統治権を得たのは一七六五年であった。そのころはムガール帝国の威厳は失墜して、官僚制度はくずれ去り、徴税組織は乱れ、無政府状態を呈していた。この立て直しをうまくやらないと、とても東インド会社の統治はあやうい。一七七二年にベンガル総督となったヘイスティングは、当面の問題として、ベンガルの租税徴収方法や土地所有関係を知らなければならなかった。被支配者のインド人の宗教や生活習慣を理解しなければならないと考えた。そこで、ヒンドゥ教の学僧を奨励して、インドの古代法典を翻訳させた。サンスクリット語を理解できる者がいなかったので、ペルシャ語から英語への重訳となった。これがイギリス人のインド言語研究の端緒となった。さらに、ヘイスティングの督励をうけて、ウイルキンスはサンスクリット語の知識を得て、一七八五年に宗教聖典『バガバド・ギーター』を、一七八七年に教訓話『ヒトーパデーシャ』を訳出した。残念なことに、ヘイスティングの部下たちは勤務地も職種も異にしていたので、こうした成果を共有するための研究者同士の連絡も組織もなかった。

ふつう、イギリスのインド研究の父とよばれているのは、イギリス東インド会社の判事ウイリアム・ジョーンズである。一七八四年、彼の主宰によるベンガル・アジア協会（Asiatic Society of Bengal）がカルカッタで創立された。ベンガル総督ヘイスティングは会長就任を要請されていたが、執務多忙のため、これを辞退した。しばらく空席だった会長の地位を占めたのは、ジョーンズ自身であった。この出来事はその後のインド研究の変化を意味した。この協会の目的は歴史、美術、考古、宗教、民俗、文学、科学（地質・動物・植物・農業・気候）の研究にあった。自然科学よりも人文科学を重視する姿勢は、その後アジア各地に出来る「アジア協会」に受けつがれてゆく。ヘイスティングがインド統治のためのインド研究を奨励していたのに対し、ジョーンズの考え方はちがっていた。彼のインド学あるいは東洋学は実用主義よりも主知主義にかたむいた。純粋に客観的知識の獲得が目的だった。彼にはサンスクリット語戯曲『シャクンタラー』とヒンドゥ古代法律集『マヌ法典』の英訳があるが、その名声をいっそう高めたのは、ベンガル・アジア協会の創立大会での「インド人について」という講演であった。

思いがけず、この講演で新しい学問が誕生した。それは比較言語学（歴史言語学）という学問であり、二〇世紀になってソシュールが機能言語学を提唱するまで、言語学の主流となった。インドの古語サンスクリット語とヨーロッパのギリシャ語・ラテン語とが共通の祖先語をもつかもしれない。このジョーンズの啓示によって、やがてインド・ヨーロッパ語族の存在が明白となり、ヨーロッパからインドにまたがる諸民族の言葉に共通性があることが証明されていった。

もうひとりのインド学の雄H・T・コールブルックは、きわめて科学的にサンスクリット語文献をあつかい、宗教・哲学・文法学・天文学・数学などのインド文化の高さを認識させていった。これまでインド古代語といえば、古典サンスクリット語のみ限られていたが、いっそう古いヴーダのサンスクリット語に関する報告を一八〇五年に行った。

こうして少しずつではあるが、イギリス人のインド研究が進展していった。けれども、当時のヨーロッパ人の東方への関心はきわめてうすいものであった。偶然、一九世紀初頭のナポレオン一世のエジプト遠征によって、ロゼッタストーンが発見された。これをシャンポリオンがみごとに解読すると、東方に目を向けるヨーロッパ知識人が増加した。その典型がウェルスリーである。一七八六年から一八〇五年までインド総督の地位にあった彼は、イギリス東インド会社の官吏教育機関をつくるために、つぎのように主張した。

東インド会社の文官は、もはや商事会社の代理人とは考えられない。かれらは立法家、裁判官、外交官、地方の知事たる職能をはたすことが要求されている。かれらの基礎教育に、インド人の歴史、言語、慣習、作法、およびマホメット教徒やヒンズー教徒の法律、宗教、さらにアジアにおける大英帝国の政治的、経済的利益等に関する詳しい知識が付加されねばならない(1)。

ウェルスリーの計画は、一八〇六年になったとき、ヘールイベリーの手によってインド文官養成所である東インド専門学校（East India College）の設立という形で実現した。これ以後、イギリス東インド会社の関係者のインド研究が活発になる。トッドは「ラージャサスーンの年代記と遺物」をあらわして未開拓の分野を解明し、H・H・ウイルスンは『リグ・ヴェーダ』の翻訳をはじめサンスクリット研究に専念した、プリンセプはアショカ王の碑文を発見して、解読と年代決定にあたった。ボジソンはダージリンに居住し、動物学・地理学・人類学の研究を行ったほか、ネパールやチベットの文物を紹介して、サンスクリット仏典を英訳した。

ロイアル・アジア協会

こうした動きに対応して、イギリス本国でもアジア研究のための学術団体が設立される。かつてカルカッタのベンガル・アジア協会の会長を務めたコールブルックの主唱により、一八二三年にロイアル・アジア協会（The Royal Asiatic Society of Great Britain and Ireland）がロンドンで創立される。この協会の目的は、アジア各地の改良を促進すると同時に、自国の知識を高め学芸を向上させることを願って、アジア諸学と文藝を研究するところにあった。いささか文化帝国主義的色彩をのこしていた。同協会は機関誌『ロイアル・アジア協会紀要』（Journal of the Royal Asiatic Society of Great Britain and Ireland）を刊行して、これ以降のイギリス人による「アジア協会の中心地」となった(2)。

ヨーロッパ人によるアジア研究の先駆者はイギリス人ではなく、オランダ人とフランス人であった。オランダ人が一七七八年にジャワ島のバタビア学術協会を設けた。協会の所在地がアジアであることに注目したい。フランス人は中国研究の伝統をもち、一八二二年には中国研究家レミュザと東洋学者クラプロートの尽力によってフランス・アジア協会（Société Asiatique）がアジアをはなれたパリで創立される。ロンドンのロイアル・アジア協会が設立される一年前である。アメリカ人は一八四二年にアメリカ東洋協会（The American Oriental Society）を設けた。ドイツ人はオランダ・バタビア学術協会を継承して、一八四五年にオランダ東洋協会（Des Deutsche Morgenländische Gesellshaft）を創った。

一八世紀後半にカルカッタで誕生したベンガル・アジア協会で、一八三二年六月にはインド学者として知られたジェームス・プリンセプが「日本の不思議な鏡」という論文を書き、日本のいわゆる「魔境」に関心をしめしている。この研究は明治期になってイギリス人のアトキンソンやエアトンといったお雇い外国人の手によって本格化される。この協会はその後も二件の日本関係論文をのせている。一八四〇年にカール・ギッツラフが書いた「輸送船インディア・オーク号の琉球停泊紀」と一八四五年にR・B・スミスが認めた「インドとアジアの一八四三年の地震」の報告がそれである。この学会はロンドンにあるロイアル・アジア協会が創立された一八二三年に、ベンガル・ロイアル・アジア協会（The Royal Asiatic Society of Bengal）と改称して、ロンドンの傘下に入った。一方、フランス・アジア協会の機関誌第二巻（一八二八年）には、クラプロートの筆によって新井白石の通貨改革論が紹介されている。

一八二九年にはカルカッタについでインドのボンベイでロイアル・アジア協会ボンベイ支部（The Bombay Branch of the Royal Asiatic Society）が結成された。この協会の前身は一八〇四年創立のボンベイ文芸協会（The Bombay Literary Society）である。このボンベイ支部誕生が刺激になって、翌年の一八三〇年にはインドのマドラスでマドラス文芸協会兼ロイアル・アジア協会支部（The Madras Literary Society and Auxiliary of the Royal Asiatic Society）が設けられている。この支部の前身は一八一二年創立のマドラス文芸協会（The Madras Literary Society）であった。一八五七年にインドで最初の大学がカルカッタ、ボンベイ、マドラスにつくられたのも、こうした知的背景が存在していたためであろうか。

以前、オランダの支配下にあったセイロン（スリランカ）が、一八〇二年のアミアン条約でイギリスの領有が確認されると、次第にイギリス人によるセイロン文化の研究も活発化してくる。セイロンにはパーリ語の仏教文献が大量に保存されていたので、多くの学者がこの調査を手がけた。セイロン判事長アレクサンダー・ジョンストンが一八三二年にパーリ語の聖史『マハーヴンサ』の英訳を発表すると、ウイルソンやプリンセプなどもパーリ語の起源について論争をして、いよいよ西欧人の知的関心がセイロンに向けられた。こうした状況で一八四五年にセイロン・アジア協会（The Asiatic Society of Ceylon）が設けられて、ロンドンのロイアル・アジア協会の本部と結ばれた。

G・B・サンソムが指摘するように[3]、イギリス人のインド研究は政治上の必要性からはじめられ、インドの諸制度を理解するためにサンスクリット研究がなされた。一九世紀になるとインド各地のロイアル・アジア協会設立のうごきに対応して、イギリスはもとよりヨーロッパのインド研究は相当のレヴェルまで高まっていった。イギリス人の中国研究は、このインドに在住した東インド会社の通訳たちによって開始された。一七三〇年代というきわめて早い時期にアンドリュー・レイドやジェームス・フリントによって着手され、さらに広東のロバート・モリソンやマラッカのウイリアム・ミルンに引きつがれて、本格的な中国研究の端緒が切られる。

中国研究

そこで今すこしイギリス人の中国学についてページをさこう。東京駒込の東洋文庫の蔵書でも知られるモリソンはマラッカに英華協会（Anglo-Chinese College）を開設し、大部な『英華辞書』（"Chinese Dictionary", 6 vols. 1821）を編み、新約聖書の漢訳に着手した。メドハーストは、"An English and Japanese and Japanese and English Vocabulary"（3 vols. 1839）の編者として日本人にも知られた。レッグは儒学教典を翻訳し、これに註釈を付したことで知られる。『書経』、『詩経』、『春秋左氏伝』、『論語』、『孟子』、『大学』、『中庸』は『中国古典集成』（"The Chinese Classics", 8 vols.1861～1872, 1893～1895）に、また『易経』、『礼記』などはマックス・ミューラー監修の『東方の聖なる書』（"The Sacred Books of the East"）にそれぞれ英訳が収められた。ビールは中国仏教の研究に従い、漢訳仏典を読破して、この方面のパイオニアになった。

香港の学会

その中国で、アヘン戦争の結果、香港が清国よりイギリスに割譲された。香港では一八四七年に哲学協会（The Philosophical Society）が誕生し、時のデービス総督の努力で中国アジア協会（The Asiatic Society of China）と発展した。ロイアル・アジア協会の会長オークランドの希望を入れ、同じ年さらにロイアル・アジア協会中国支部（The Chaina Branch of the Royal Asiatic Society）と改称されてロンドンの本部と関係を持つにいたった。この支部はデービスの死後はふるわず、一八五九年に活動をやめてしまった。同協会の紀要には三件の日本関係論文を見出すことができる。一八五五年にはジョン・リカードがこの年の夏に行った日本と朝鮮の沿海の調査報告を発表した。同じ年には東インド電信会社のD・J・マックゴワンが日本と中国の国情の一端を叙述している。彼は同誌に一八六七年にも、日本の大名に売り込んだ蒸気船の統計的記録を提示した。一八五九年には中国学者ビールが箱館周辺の様子を伝えている。

この三つの報告がなされた時代背景を考えてみると、一八五三年にはアメリカのペリーの浦賀来航があり、その翌年には日米和親条約が結ばれる。つづいてロシアのプチャーチンが長崎にあらわれ、日露の和親条約が調印される。そのロシアとクリミア戦争で対抗していたイギリスは、日本の中立を確保するため、日英協約をとり結んだ。このころのイギリスの日本への関心は軍事的側面にかぎられており、政治・経済・社会などに関心をよせるのは、一八五八年に日英修好通商条約が成立して、その翌年に初代駐日総領事（のち公使）としてオールコックが日本に着任してからである。そのため、右の香港の報告はいたって間接的な日本知識とならざるを得なかった。これに関してイギリス外交官サトウは回想録で述懐する。

> 今から二〇年前までは、日本の文学はほとんどヨーロッパ人に知られていなかった。従来、日本語を理解するために使用されてきた手引書は、おかしいほど不充分なもの

だった。外国人の手に入る一、二の歴史書といえば、ティツイングが日本人のオランダ語通訳の助けをかりて翻訳し、それをクラプロートが群盲中の片目の男しか持たないような大胆きわまる自信を持って刊行した「内裏の年代記」(『日本王代一覧』)という貧弱な本と、シーボルトの著書『日本』のためにホフマンが翻訳した一組の年表があるに過ぎなかった。だから、外国の代表たちが、日本との条約関係の仕事を始めるに当って、当面する政治問題の性質を正確に認識するのに困却したことは、前からの経過を知らぬ患者の病気を正しく診断できないのと同様に、あえて不思議ではなかったのである。(4)

上海の学会

上海は一八四二年に開港されたが、アロー号事件の真最中の一八五七年に文芸団体の上海文芸科学協会(The Shanghai Literary and Scientific Society)がつくられた。翌年、この協会が香港の中国支部(The China Branch)と呼応するかたちで、ロイアル・アジア協会ノース・チャイナ支部(The North China Branch of the Royal Asiatic Society)と改名され、香港の場合と同じくロンドンのロイアル・アジア協会の支部に連なった。香港と上海の両協会の関連性は強かったようで、香港で発行された『アジア協会紀要』最終巻(一八五九年)の寄稿者の大部分は上海の協会の会員でもあった。

香港の協会とChina Mail、上海の協会とNorth China Herald、といったようにロイアル・アジア協会の支部と地元の有力英字新聞との結びつきも見のがせない事実である。この様式は後年日本の横浜に出来る学術団体にも継承されることになる。一八六四年三月五日号のNorth China Heraldによると、上海の協会の会則には、(1)中国およびその近隣諸国に関する事柄の研究、(2)『紀要』への論文発表、(3)図書館と博物館の創設、の三点が協会の目的としてあげられている。この会則も上海と横浜では類似性がある。こうした問題はやがて詳述されることになろう。

一八五七年に上海の協会の初代会長となったE・C・ブリッジマンは学会設立の主旨をつぎのようにのべた。

> 中国人は武力には劣っているが、知的な戦いではわれわれと対応できる力をもっている。上海文学科学協会[上海支部の前身]はできるかぎりの大きな力で[知的]武装せよ。そのためには、まず言語の研究が必要である。これを実行するために、中国に滞在しているすべての人びとに研究への参加を呼びかけ、図書館と博物館をつくって資料を収集し、さらに雑誌を発行してその成果を公表しなければならない。(5)

一八五八年一〇月二六日、上海文学科学協会は前回の会合で提案された基本会則の変更を満場一致で採択した。この協会は間もなくロイアル・アジア協会のノース・チャイナ支部(中国名を亜州文会という)となった。機関誌は季刊という形はとらず、十分な論文と資金がそろい次第発行することになった。「上海文学科学協会は一〇月二六日の夕方に会合を開いた。基本会則の変更は満場一致で採択された。協会ははしたがって、今後は王立アジア協会のノース・チャイナ支部となる。機関紙は季刊という形をとらず、十分な論文と資金が揃いしだい発行される(6)」と上海のノース・チャイナ・ヘラルド紙で確認できる。

日本関係論文

この日、S・W・ウイリアムズは「日本について」という講演を行った。彼は、聴衆に対し、日本をたんなる好奇心の対象、なんの同情にも値しないものとして見るのではなく、他国との交渉を通じて進歩する可能性をもつ偉大な国民とみなすよう訴えた。ウイリアムズは一八五三年にペリーに随行して、日本との交渉の通訳にあたった人物である。そのときの見聞録が『ペリー日本遠征随行記』(A Journal of the Perry expedition to Japan. 1853~1854)となったが、公刊されたのは一九一〇年の『日本アジア協会紀要』第三七巻第二部であった。一九七〇年に雄松堂書店の新異国叢書で日本語版が登場した。「日本について」はそのさわりの部分であった。

同年一二月二三日、ロイアル・アジア協会のノース・チャイナ支部の月例会が上海図書館で開催された。この会合は上海文学科学協会がロイアル・アジア協会に加盟し、改称してから最初の総会だった。会長のブリッジマンはいくつかのアジア協会とその他の類似機関のそれぞれの目的と設立年月日を含む詳しい報告を提出した。同じ日、長崎のポンペから送られてきた「日本における自然科学の研究」という論文が読みあげられた。現在、日本人に高等な学問を教えるのに大きな困難があるのは、彼らが算数や代数になじみがないこと、どのヨーロッパのことばをも十分に習得していないことが原因である。しかし、こうした障害は消滅しつつあり、日本人のなかから熱心な科学の学究、とくに製造業や技能の分野で研究者が生まれるだろう、と結んだ。

順調に学会運営をはじめたようにみえたロイアル・アジア協会の上海の支部も、香港の前例にならったわけでもないだろうが、一八六一年に学会活動をいったん中断してしまう。運営資金の欠如と会長のブリッジマンの死去が原因だといわれている。しかし、時の上海のイギリス領事パークスの尽力で、この協会は一八六四年には再建された。彼は同年五月には再開の演説を行った。その後、上海の支部がイギリス人の中国研究の中心的存在となってゆくのだから、パークスの努力はもっと評価されてもよいだろう。翌年の一八六五年、彼は駐日イギリス公使として日本に赴任するが、中国を離れるときまで、この協会のすべての会合に出席した。彼はひたすらアジア研究を奨励した。東方の言葉や民族を研究することによって、偏見や排除を政策から追放し、東西諸国が相互理解することを希望した。パークスの日本赴任に際し、ロイアル・アジア協会は送別の宴を催し、協会の再建を果たした彼の疲れを知らない尽力に感謝した。[7]

機関誌には中国関係の論文が大部分をしめていたが、なかには日本関係の興味深い論文もいくつか発表された。学会誌には、日本関係の論文が激増して、一七件もの寄稿があった。以下に掲げるのがそのタイトルである。狭い穴から外国人が遠望した日本の姿であった。

『上海文芸科学協会誌』の時代に、ジェシントの下田と箱根の様子を伝える報告があった（一八五六年六月）。『ロイアル・アジア協会紀要』には、一八五九年から一八八二年までに一六件の日本関係論文が見出せる。（1）ウイリアムズ「日本」（一八五九年五月）、（2）ポンペ「日本における自然科学の研究」（同上）、（3）コートニー「箱館の気温」（同上）、（4）リンダウ「日本の首都江戸の街」（一八五九年一二月）、（5）ブラウン「英訳『西洋紀聞』」（一八六五年一二月、翌年一二月）、（6）ウイリアムズ「中国と琉球の政治的交渉」（一八六六年一二月）、（7）キングスミル「一八六七年の中国と日本との出来事」（一八六七年一二月）、（8）同「長崎近郊の炭鉱と地質学的状況」（一八六八年一二月）、（9）ビッグモア「中国と日本の土地隆起」（同上）、（10）サイモン「中国と日本での地質調査報告」（同上）、（11）ウイリアムズ「一八〇一年の琉球への使節」（一八六九年、一八七〇年）などがこれである。

注目に値すべき論文は、（5）ブラウンの「英訳『西洋紀聞』」であろう。周知のように、『西洋紀聞』はイタリア人宣教師シドッチの取り調べにあたった新井白石が記述した西洋事情の書物である。この本が外国に紹介されたのは、このブラウン報告が最初である。ブラウンはアメリカ改革派協会の宣教師で、一八五九（安政六）年に来日している。彼は『西洋紀聞』を全訳したが、報告では第一部に上巻（付録をのぞく）と中巻を、第二部に下巻をすえている。序文には、江戸の古本屋で得た原本を英訳したといい、当時の江戸幕府の対キリシタン政策を如実に知ることが出来て興味深い、と書いている。この『西洋紀聞』は写本が一八〇六（文化三）年以降、出まわっている。その二年前にロシア使節レザノフが長崎に来航し、日本人が外国との交渉に目を転じたためか。刊本は一八八二（明治一五）年になって大槻文彦が出した。その前年の一八八一年に日本アジア協会でライトなる人物が『西洋紀聞』の講演を行っている（本書第14章参照）。

オーストリア外交官ヒューブナーは、（4）のリンダウの「日本の首都江戸の街」をとりあげて、こう評価している。「この首都について書かれ発表された文書はさまざまなものが数多くあり、そのうちで最もよく知られ評判がよく、私の読んだかぎり最も優れたものは、ルドルフ・リンダウ氏がロンドン［所在地に関して言えば上海の誤りと思われるが、当時の一般知識人がアジア協会の中心地がロンドンだと認識していたからであろう］のアジア協会ノース・チャイナ支部に送った文書である。そこにはきっと遺漏もあるだろう。いくつかの寺社や、とくに将軍の墓、真珠や日本美術の代表作といったものには、その頃はまだ近づけなかったからである。にもかかわらず、このドイツ人著者の功績はやはりたいしたものだ。その当時は江戸市中を往来するのが難しかっただけになおさらである[8]」と。

（6）のウイリアムズの「中国と琉球の政治的交渉」も興味深い論文であった。ウイリアムズ自身も一八五三年五月に主席通訳官としてサラトガ号に乗って琉球にやって来た。琉球の貴族察度が明朝の創始者洪武帝の五年、すなわち一三七二年に初めて中国に貢ぎ物を贈ったこと、叙任の慣習がつぎの皇帝永楽帝の治世一四〇〇年にはじまったこと（日本が琉球と最初の交渉をもったのは一四五一年だった）、一八六五年にある琉球使節団が北京を訪れたこと（再叙任の使節で、琉球から日本に同様の使節が渡来したのは一八七二年である）などが叙述されている。ウイリアムズ論文は一八七〇年代のロンドンでの「琉球処分」論争の討論材料にも用いられた。同じくウイリアムズの「一八〇一年の琉球への使節」は明の季鼎元の『使琉球記』を要約したものであった[9]。

東洋学者の群像

一八七〇年前後に上海のロイアル・アジア協会の日本研究は事実上その使命をおえる。イギリス人宣教師のサマーズによる『中国日本宝典』（"The Chinese and Japanese Repository"）あるいは『フェニックス』（"Phoenix"）という雑誌がロンドンで刊行されて、多くの日本関係記事が掲載される。一八七二(明治五)年に横浜で日本アジア協会が創立されると、上海の協会の『紀要』には全く日本関係のテーマが扱われなくなる。わずかに、H・B・グッピーなる人物が「長崎近郊の地学的覚書」を一八八二年に報告したのにとどまり、上海のロイアル・アジア協会はいよいよ中国研究に専念してゆく。

この協会と日本との関わりの深い人物についてすこし書きつらねてゆこう。上海のイギリス領事だったパークスは一八六五年に日本へ赴任して、公使にのぼるが、同じ年に上海のロイアル・アジア協会の会長になっていたことに注意しておきたい。幕末の横浜居留地で、ロイアル・アジア協会の「日本支部」設立がとりざたされたのも、この人の日本着任があったからである。また、日本アジア協会の生みの親で、トラブルのたえなかったイギリス人とアメリカ人の融和をはかった、アメリカ人宣教師サイルも同会の会員だったことも注目しておきたい。上海での経験や先例があってこそ、横浜の学会は生まれてくるのである。

もうひとり、著名な東洋学者を紹介しよう。アンリ・コルディエというフランス人で、日本では『日本関係書誌』（"Bibliotheca Japonica"、一九一二年）の編者としておなじみである。彼はアメリカ系のラッセル商会の社員として一八六九年から一八七六年までの七年間上海に勤務した。上海滞在中から東西交渉史の研究に着手し、一八七一年からは上海のロイアル・アジア協会の図書館長になっている。この図書館で欧文の中国、日本、東南アジアに関する図書をつぎつぎと読破していった。その成果として、『中国関係書誌』（"Bibliontheca Sinica"）、『日本関係書誌』、『東南アジア関係書誌』（"Bibliontheca Indo-Sinica"）の代表作が生まれた。筆者の手許にある『日本関係書誌』の刊行年は一九一二年となっているが、本文の大部分は上海滞在中に作成されたものと思われる。この書誌の構成をみると、一八七〇年以前の欧文資料をあつかった本文と、一八七〇年から一九一二年までの分をまとめた補遺の二つの部分から成っている。詳細な本文は上海のロイアル・アジア協会の図書館で作成されたものと推測される。帰欧後、急いで一九一二年までの補遺がつくられたのであろう。日欧交渉史の重要書誌が上海でまとめられていたのは一驚に値する出来事である。

インドや中国をのぞいたアジアでのイギリス人の東洋学と日本との関わりを一言しておく。シンガポールの建設者ラッフルズは、イギリス東洋学の開祖ウイリアム・ジョーンズの言葉に啓発され、東洋諸国と日本に興味をいだき、ケンペルの『日本誌』に基づく日本研究を行った(10)。そのころは、まさにラッフルズがイギリスの日本貿易を復活させようと行動していた時期でもあった。彼の東洋研究の一書『ジャワ史』("History of Java", 1817)にも日本関係の記事が多く登場している。ラッフルズは自ら科学的研究を行い、一方、有力な科学者を育ててその援助に期待した。彼は当初カルカッタのベンガル・アジア協会と呼応して「バタビア・アジア協会」を設立する意向ももっていたが、ジャワがイギリスの領土となったおりに、オランダ人のバタビア学芸協会が援助をもとめてきたので、これを支援することで宿志をとげた。

このようなイギリス人のアジア研究の文脈のなかで、一八七二(明治五)年一〇月三〇日、日本アジア協会(The Asiatic Society of Japan)の第一回総会が開催され、イギリス人の日本研究の本格的な第一歩がふみ出された。この日本アジア協会については後に詳述する。イギリス人は一八八七年にシンガポールのラッフルズ図書館でマラッカ海峡アジア協会(The Straits Asiatic Society)のうぶ声をあげさせ、やがてこれはロイアル・アジア協会マレー支部(The Malaya Branch of the Royal Asiatic Society)となり、一九六四年になってロイアル・アジア協会マレーシアン支部(The Malaysian Branch of the Royal Asiatic Society)と改称された。一八八五年の北京で北京文芸協会(The Peking Literary Society)ができ、これが一八八八年には北京東洋協会(The Peking Oriental Society)となって、ロンドンのロイアル・アジア協会の支部に加わった。一九〇〇年にはソウルでロイアル・アジア協会朝鮮支部(The Korean Branch of the Royal Asiatic Society)が生まれている。

幻のアジア協会

これまでは一九世紀末にいたるイギリス系のアジア研究団体の創立状況を叙述してきたが、つぎに創立までには至らなかった「幻」のロイアル・アジア協会についても言及しておこう。一八三三年、メゲット卿は地中海のコルフ島にアジア協会の支部をつくることを企画したが、この計画は立ち消えとなってしまった。このコルフ島をふくむイオニア諸国は、オスマン・トルコをにらむ軍事上の重要拠点で一八〇九年にイギリスが領有したところであり、メゲット卿は地中海文化とアジア文化との比較研究を試みようとした。一八三五年には、ネーピア卿が中国の広東でアジア協会設立を目論んだが果せず、また同じ年にエジプトでアジア協会結成のうごきがあったが未発に終わってしまった。一八三六年、外交官デービット・ウルクハートはオスマン・トルコのコンスタンティノープルにアジア協会を創設することを提案したが、その後のうごきはなかった。一八九五年にはイギリス北ボルネオ・アジア協会（The British North Borneo Asiatic Society）がロンドンのロイアル・アジア協会に参加を申し込んできたが、その後この協会自体が消滅してしまった。

結成にこぎつけた各地のアジア協会は、はじめ哲学、文学、考古学などの個別の研究分野から出発していったが、ロンドンのロイアル・アジア協会（The Royal Asiatic Society of Great Britain and Ireland）と関係を持ったあたりから、人文科学を中心とした総合的なアジア研究団体を志向するようになっていった。これらの学術団体の最終目的は、パークスが言うように、「アジアの言語と民衆を研究して、偏見と独断の政策を廃し、さらに東洋と西洋の相互理解を深める」ことにあった。ただ、各地のアジア協会が額面通りの成果をあげたか否かは、個々のアジア協会の活動を詳細に検討する必要がある。本書の分析対象となる日本アジア協会の場合はどうだったのだろうか。

日本関係書

一八五三（嘉永六）年のペリー浦賀来航の前夜からイギリスでは日本に対する関心がわずかながら高まった。一八五〇年に大英博物館のトーマス・ランドールが初期日英関係史資料をあつめて、『一六、一七世紀日本帝国覚書』（"Memorials of the Empire of Japon in the XVI and XVII Centuries"）を編んだ。その後、ロンドンの国立公文書館のノエル・セインズベリーがイギリス人の東方発展史料集を主としての書簡四万三千余通を年代順に配列して、『政府文書年代記：東インド、中国、日本、ペルシャ』（"Calendar of State Papers. Colonial Series.East Indies, China and Japan, Persia", 3 Vols. 1862. 1870. 1878）を出した。これには平戸商館関係の抜き書きが二〇〇通ほどあり、巻頭には詳細な解説もあった。さらにはロンドンのインディア・オフィスのチャールス・ダンヴァースとウイリアム・フォスターが東インド会社の東アジア各支店関係文書を年代順にまとめて、『東インド会社関係書簡集、一六〇二～一六一七』（"Letters Received by the East India Company from Its Servants in the East. 1602～1617", 2 Vols. 1896～1902）を出版した。冒頭にはその年代の東インド会社のアジア貿易に関する解説があり、平戸商館についても言及があった。

イギリスでは、一六世紀末より、地理学者ハクルートが世界各地の未開拓地域に関する探険航海記を集大成した。パーチャスが彼の偉業を継いで、一六二五年に『ハクルートの遺著』を出版した。その後、チャーチル、オズボーン、グリーン、ハリス、ピンカートン、カーなどが大部にわたる航海記集を編んだ。ついに一八四六年には、ハクルートの名を冠したハクルート協会が設立され、さらにこの事業が本格化した。この協会は世界中の航海探険や調査旅行、あるいは古典的な地理書や歴史書を選んで、詳細な解題と学術的な註釈をほどこした。また、原文が他国語の著作には英訳を付している。今日まで刊行しつづけており、第一輯は九九部をかぞえ、第二輯もすでに一〇〇部をこえている。日本関係の著作には、平戸イギリス商館長の『リチャード・コックス日記』をはじめとして、数点が含まれている。

　こうしたロイアル・アジア協会とハクルート協会の活動によって、イギリス人のアジアへの関心がさらに刺激されたことは想像にかたくない。しかし、当時の日本には外国人の日本研究を発表する場所がまだなかったので、その役割はもっぱら香港と上海のロイアル・アジア協会かイギリス本国の文芸雑誌がはたすことになった。

外交官の日本研究

日本関係の著作もいくつか出現する。初代イギリス駐日公使オールコックは、三年間にわたる在任期間の文献調査や実地体験をふまえて『大君の都』を書いた。彼は語学書を出しているが、総じて彼の著作に対する後代の評価はきびしい。サトウ[11]、ウィリス[12]、ミットフォード[13]は酷評にちかい言質をのこしている。

　その原因は、オールコックとサトウの日本研究の方法の決定的な相違にある。オールコックが『大君の都』などを執筆するおりに、参考にしたのはケンペル、トゥーンベルグ、シーボルトなどの欧文図書であり、これに自らの見聞を加えたものにすぎなかった。かたや、サトウは来日以降から日本語学習に専念して、数年後には「日本語の読み書きがまったく自由自在で、この点でかれに匹敵する者はほとんどほかにいません[14]」と評された。日本語を十分にマスターもせず日本に関する著作をのこしたオールコックと、日本語に熟達したのちにようやく日本研究を公表したサトウとのちがいは、まさにこの点にある。さらに、ケンペル、トゥーンベルグ、シーボルトに代表される初期ドイツ派と称される日本研究者と、アストン、ミットフォード、チェンバレンとつづくイギリス派の日本研究者の相違は、根本的にはオールコックとサトウとのちがいでもあった。

　そこで、このイギリス派の日本研究が成立する基盤を考えてみよう。イギリス人は伝統的に任地の官吏に現地の文化を研究させ、本国と各国との理解を深めることに心がけていた。この知的土壌のもとにロイアル・アジア協会が、イギリスのアジア進出と歩みを同じくするかのようにつぎつぎと創立されてくる。日本での場合、この指導と監督にあたったのは公使パークスである。彼は日本の政治や社会の情勢を判断するために、有能な部下たち（アストン、ガビンス、ホール、マクラティ、サトウなど）に特殊なテーマをあたえて研究調査をさせている。そして、イギリス公使館内で討論会が開かれ、パークスが対抗者となってさまざまな反対意見を出す。そのため、彼の部下たちはさらに研究が必要となる。かくして外交官たちは自分の仕事に興味を増し、公使館自体も日本の事物についての知識のたくわえを増大する結果になった。このことは、イギリス以外の公使たちは誰も出来なかったことであり、イギリスが他の西欧諸国をリードして対日外交を推進できた一因ともなった。このパークスの計画のおかげで、イギリスの外交青書《ブルーブックス》が興味深いものとなり、ひいては初期の『日本アジア協会紀要』が価値あるものになった。パークスが日英文化交流史のうえではたした業績は、はかりしれない。

　当時のイギリス外交官は若い通訳見習のころから現地人の生活にとけこみ、その生活に興味を持つように奨励された。彼らの勤務は、午前中だけで、午後は自らの興味をそそるもの、たとえば演劇、文学、芸術などの研究に打ち込むことになっていた。一例をあげると、マクラティは大の演劇ファンで、毎日のように芝居見物に出かけて行った（本書第3章参照）。イギリス本国への報告は月に一度書けばよかった。それも最新の情報を船が出航する直前までに執筆すればよかった。当時、この日はレッド・レター・デーとよばれていた。出航の一両日前には、イギリス公使館だけでなく、横浜のすべての事務所は熱気をおびるほど忙しかった。時には手紙や文書を用意するために徹夜することもあった。

幕末の日本学者

幕末の三大ジャパノロジスト（日本学者）といわれるサトウ、アストン、ミットフォードがみなイギリス外交官であったのは、こうした恵まれた環境に置かれていたからである。そのうえ、日本研究のための語学的能力とそれに打ち込める、たっぷりとした時間を獲得したばかりでなく、安価で大量の和書を購入するのが可能であった。まさに、千載一遇ともいうべき時代の幸運にも恵まれた。

　サトウは一八六二（文久二）年に初めて日本の土を踏んで以来、外交官活動のかたわら日本語学習に精を出していた。一八六六年一一月二六日の横浜大火のおり、「満州語や中国語に関する掛け替えのない数冊のノート」（『一外交官の見た明治維新』）は失われてしまったが、日本語学習に関する読書ノートがのこっている。『国史略』、『好逑伝』、『孟子』、『江戸繁昌記』、『日本外史』の読書記録である。原著はいずれも日本人および中国人が作った漢文である。読書ノートはサトウが日本語の語彙力を得るための作業である。こうした基礎作業をふまえて、サトウは日本関係の著作を積み上げていく。「日本語の書体の種々の様式」という論説をかわきりに、『尾蠅欧行漫録』の英訳、はたまた「英国策論」の原文などを書き上げた。明治初年には『元治夢物語』と『日本外史』と『近世史略』の英訳を横浜の英字新聞 Japan Weekly Mail 紙に連載した[15]。

　一八六四年一一月、アストンが通訳見習として初来日した。彼がイギリス公使館に提出した「一八六五年一一月より一八六六年四月までの日本語学習覚書」を読むと、まず柴田鳩翁の『鳩翁道話』を用いて文語の日本語を学んでいる。つぎに老中からの日本語文書、条約文書の翻訳に取り組んだ。精力的な努力が実り、一八六九（明治二）年には『日本口語小文典』を刊行した。[16]おどろくべき日本語学習能力である。

ミットフォードは一八六六年に来日し、一八七〇年まで二等書記官として活動した。彼の先輩外交官であるサトウは『会話篇』を公刊した。一八六七年と翌年にかけてまとめられたが、この本の日本語の練習問題は赴任して間もないミットフォードのために作成されたものであった。ミットフォードの日本語の上達ははやく、サトウも驚くほどであった。一八六九年ころにミットフォードは『太政官日誌』の記事をたくさん英訳している。「『太政官日誌』は、古臭い骨董的な出版物である北京公報と体裁としては殆ど同じであったが、新体制（明治政府）の最初の成果の一つであった。それは、大いに興味深い出版物で、多種多様な変わった情報がたくさんに載っているので、興奮するような事件も起こらず、何の心配もないような時が、しばらく続くと、私は楽しみでもあったが、面白そうな所を選んで、公使館のために翻訳した」[17]。彼は帰国後の一八七一年に『古い日本の話』という本をまとめた。内容は「四十七義士」、「権八小紫」、「数郎」、「田島主馬」、「鍋島化け猫騒動」、「法話会の話」（『鳩翁道話』より）、「『国史略』第一巻巻頭」などである。

通訳見習の日本語学習

一八六七年四月一二日、パークスは通訳見習の日本語運用能力と外交官の日本研究の向上を図るため、イギリス外務省に公使館の図書の充実を予算要求した。その文書には従来から公使館が所蔵していた書籍とこれから購入したい図書のリストがあった。前者には、ケンペル『日本誌』、ワイリー『満州語文法』、プフィツマイヤー『日本民族』、同独訳『柳亭種彦・浮世形六枚屏風』、同『日本語文法』クラプロート独訳『日本王代一覧』、エンドリッハー『中国語文法』、レオン・パジェス『日本書誌』、レッグ『英訳中国古典』などがあった。後者の購入希望の図書には、モリソン『中国語辞書』、プレマール『中国語劄記』、ランドレス「ロドリゲス日本語文法論」、同『中国語文法』、同仏訳『ロドリゲス日本語文法』、フンボルト「ロドリゲス日本語文法論補遺」、メドハースト『英中・中英辞典』、パジェス仏訳『ホフマン日本語文法』、カション『仏英日辞典』などがある。[18]当時の公使館がいかなる辞書を頼りに日本語学習・日本語研究を行っているかの一端が理解できる。

これを受けて、一一月一日、サトウは公使館の通訳見習のためのつぎのような日本語学習計画を立案し、公使パークスの了承を得た。「〈通訳見習の日本語学習計画〉第一。日本語を読解する力をつけるさいに、カタカナを知らなければ、相当の困難がある。第二。ひらかなと漢字の草書は日本人書道家の指導のもとで週二回それぞれ一時間学習すべきである。第三。日本語の書き言葉を学習するための適切な書物が今のところない。サトウ氏が日本人の指導を受けて、文例集をまとめており、それには注意書きや翻訳が付いている。サトウ氏は英語と日本語の話し言葉の原稿を通訳見習に貸与することになろう。第四。ごく日常の範囲のひらかなを修得できたら、もっとやさしい日本語の本でそれを実際にやってみることこそが、この学習の目的である。第五。カタカナとひらかなをよく分かるようになったら、楷書と草書で基本的な漢字を学習すべきである。その後、通訳見習はやさしい段階の日本文の読み書きを始めることになる。それぞれの通訳見習は教師とともに一日六時間勉強すべきである。日本語作文を修得するために、教師は熱意をもって週二回一時間通訳見習に接していただきたい。通訳見習にはヘボンの『和英語林集成』とブラウンの『日本口語文典』が用意される。サトウ氏は通訳見習の学習を補助するために一日一時間一緒にいるようにされたし」[19]。パークスの報告書の形をとっているが、文書作成者はサトウである。このときサトウが編纂中の「文例集」はのちに『会話篇』（一八七三年）として刊行される。

一八六八年一月ころ、サトウは『会話篇』の第二〇章「漢字の勉強」を作成した。「教師―これから漢字をお学びになるについて、昨日字引を求めまして持て参じましたが、これです。学生―だって、まだ引き様を分かりませんのに。教師―なに、引くのは造作もありません。それをまず教えてあげましょう。この字引の総目というものを、まあご覧なさい。この通りなものです。すべて字というものは、もとこれは組み合わせてこしらえたものです。そうだから、よくこの順を覚えてさえおれば、どんな字でも直に引けます道理です。（中略）学生―でも、大変に難しい学問だ。こりゃ、どうも。教師―なに、別に難しいことはございません。勉強次第です。（中略）学生―どうも、お国の学問は大変に入り組んだもので、どうも腰の曲がるまで学んでも所詮覚え尽くせますまい。教師―いえ、まさかそのような難しいものでもございません。本気になって稽古さえすれば何でもないことです」[20]。イギリス公使館での実際の日本語書記官と通訳見習との会話から生まれたものであろう。

日本語書記官としてサトウは一八六九年二月一六日に通訳見習の日本語学習計画に関する報告書を公使パークスに書いた。「クイン氏とホッジス氏は一八六七年一一月に着任し、ドリスコール氏とホール氏は一八六八年三月でした。私の覚書に記した計画に従って、すぐに日本語の口語の練習問題を手渡しました」。文中にある覚書は一八六七年一一月一日に作成したもので、練習問題とはサトウが自ら筆を執った『会話篇』であった。サトウはつづける。「これらは彼らのために私が事前に用意したものであった。日本人が書いた手書きのいくつかの文体を彼らに教えるため日本人の書道家を雇って勉強させました。通訳見習がカタカナとひらかなの知識を十分に得るやいなや、ひらかなで印刷されたかんたんな物語を読むように勧めました。最初の練習問題の意味と構文を理解し、書き言葉の翻訳に私が満足した時点で、『田家茶話』という本を彼らに渡しました。さらに『娘太閤記』という口語文の小説と『日本王代一覧』という徳川家康の時代までの日本の歴史書を熟読するように勧めた」[21]。

サトウの教え子たちのその後を書いておく。クインは「漆器産業」という論説を日本アジア協会で発表したが、これは『イギリス議会報告書』にも再録された。ホッジスは外交官活動に専念したためか、日本研究には目立った業績はない。オドリスコールは加藤弘之の『交易問答』を英訳して注目されたが、まもなく腸チフスで他界してしまった。ホールは頑張った。一八六九年一〇月、パークスがイギリス外務省に「通訳見習のホール氏が『復古論』と題する三部より成る日本文の小冊子を翻訳した」と報告した。原本は明治維新の原因と天皇政治の合法性を主張したものである。さらに彼は『藩論』も英訳したが、パークスは一八七〇年一月にこれをイギリス外務省に送付した。ホールの二つの英訳はともに『イギリス議会報告書』に活字化され、ついで『復古論』はJapan Weekly Mail紙にも登場した。他方、一八七一年に日本政府が小原重哉らの監獄制度使節団を香港とシンガポールに派遣しており、ホールは現地で一行の世話を焼いている。そのおり、ホールはイギリスの裁判制度を語った。これは一八七二（明治五）年に英国士官ジョン・ホール口訳『英国裁判所略説』として刊行された。

東方の通訳官

イギリスのスペクター（Spectator）誌の一八八二年一二月号は「東方の通訳官」（Interpreters in the East）という論説を掲げ、つぎの日本と中国でイギリス人通訳官が果たした役割を回顧し、つぎのように高く評価している。「中国と日本で領事館のすべての外交官は通訳見習から外交官としての経歴をスタートする。ときどき、赴任国の言葉や文学の試験に合格しても、その成績次第で、その後の昇進が左右させられることがある。本人が高い階級を獲得したいときには、話し言葉に通じ、少なくとも書き言葉を十分に習得していることが肝要である。（イギリス外交官は）母国語の通訳官ではないので、永年修練を重ねて、自国と赴任国で使われている異なる文字の文書を解読しなければならない。そして、すぐれた東洋学者になるのは、中国と日本の領事館の外交官である。両国の領事館報告はまったく完璧の出来であり、イギリス外務省が刊行したすべての国の報告書のなかでも最も価値のあるものである。執筆陣の高い資質は十二分に証明されているし、かつ外交業務に入ったその日から実施され、在任中に絶えず行われる訓練の素晴らしさも証明されている」。

「北京や江戸で双方の代表が議論すべき重要な問題が山積しているにも関わらず、最近の一〇年あるいは二〇年の間の英中、英日の政治的交渉が比較的円滑に行われ、この二国の王宮（通訳官はここで最初に彼らの注目を浴びる）で公使が自らの要求を主張できたのも、完全で申し分のないほどの信頼を置ける通訳官の大活躍に負っているといっても過言ではない。「地中海の東」とよばれる場所では、イギリス外交はまったく進展がなかった。トルコやレバント地域の公使や領事たちは中国や日本で実行されている訓練を実施したことがなかったのである。中国や日本での訓練はインドの文官たちの伝統ともまったく遜色ないものである。中国や日本でのイギリス外交官が役に立つ公僕なのは、言葉を自由に操れるからだけではない。領事館での教育が、彼らの職務として活動した現地の人々の生活や考え方に精通するように仕向けたからである。こうして、助言者としての通訳官の有用性や信頼性が膨大に広がったのである」[22]。

日本研究団体

日本の新聞の父たるジョン・ブラックによれば、幕末の一八六六（慶応二）年のころ、横浜に居留していた外国人、とくにイギリス人が日本での文化研究団体の設立を熱望し、出来得ればロンドンとのロイアル・アジア協会と関係を持った学会をつくりたいと念願した[23]。この背景には、一八六五（慶応元）年のイギリス外交官パークスが日本へ公使として着任したことがある。意外に思われるかもしれないが、一八六四年の上海でロイアル・アジア協会ノース・チャイナ支部を再建し、その後、会長に就いている。パークスは、アヘン戦争に参画し、厦門、福州、上海、広東などに勤務したため、外交官活動に目をうばわれがちである。今日の評価とは別に、当時の在日外国人はむしろ文化の保護振興のリーダーの立場を彼に期待していた。ところが、パークス着任時の日本は、攘夷派の志士たちがうろうろしていた動乱の渦中にあたっていて、結局、横浜の外国人たちの切なる願いは叶えられなかった。

このような学術団体の誕生をみるのは、政情が安定し、外国人の日本研究の基盤がようやく整備しはじめた明治初年のことである。横浜の外国人居留民が新しい学会を設立する準備をしていたころ、ロンドンでは新しい雑誌が創刊された。日本アジア協会の設立にさき立つ二年前、一八七〇（明治三）年に宣教師サマーズが『フェニックス』（"Phoenix"）誌を創刊した。巻頭はサトウの「エゾのアイヌ」であった。サマーズ自身も「日本の最近の変化」という論文を書いた。日本で起こっている政治経済の変化が報告されている。同誌の第七号には一八六八（明治元）年刊行の『人民告諭大意』がミットフォードによって英訳されている。一八七一（明治四）年の五月号にはホフマンの「日本の酒」の小論があり、翌年の二月号には日本のことわざが掲げられている。一八七三（明治六）年、『フェニックス』誌は終刊をむかえようとしていた。編集人のサマーズが開成学校の英文学と哲学の教授として招請されたからである。この雑誌は、あたかも日本アジア協会設立（一八七二年）の露払い役をはたしているかのようである。

『フェニックス』誌のことを言及したついでに、同じころのイギリス文芸状況にふれておこう。スティーヴンの主宰する大衆文芸雑誌『コーンヒル・マガジン』誌、保守系ウィッグの伝統をもつリーヴが主導する高踏的評論誌『エディンバラ・レビュー』誌、トーリー系の季刊評論に登場した日本論は、急激な進歩という観念と「奇妙」と「異質」といったラベルであった。本国イギリスに戻っていたオールコックやミットフォードがオピニオンリーダー的存在であった。ミットフォードは『コーンヒル・マガジン』誌などに『鳩翁道話』の英訳、切腹の検分記、『忠臣蔵』の解説を発表した。また、チェンバレンが能や和歌の紹介を『コーンヒル・マガジン』誌で行い、日本研究のスペシャリストの誕生を知らしめた。「我々がすでに日本人の生活についてずいぶん知悉しているのは、おどろくほどである」とある西欧知識人が言ったように、一八七〇年代後半のイギリス人の日本研究は道徳や宗教の領域にまで手を伸ばした。

日本語著作の英訳

一八七〇（明治三）年初頭、横浜で英字新聞の Japan Weekly Mail 紙が誕生した。イギリス外交官がここを舞台に日本研究を展開していた。そのトップを飾ったのは、F・O・アダムズの日本の養蚕業に関する報告であった。彼はこの問題を調査するために前年の一八六九（明治二）年の夏に日本の内陸部に入った。ウジが日本の蚕を攻撃するので、これを根絶することが目下の最重要な課題になっている。しかし、この問題を日本人はほとんど理解していなかった。彼は近代的な機械の導入による絹の改良を提案した（一八七〇年一月二九日号）。つぎにアストンが加藤祐一の『交易心得草』を英訳した。そこで主張されていたのは貿易奨励の議論である。「自由な交流で急速な進歩を遂げている世界にあって、日本だけが後塵を拝してはいけない。交易の発展は自然の素晴らしい道理に従っている」と。自由貿易を標榜するイギリスには我が意を得たりの思いである（二月五日号、同月一二日号）。ドリスコールは加藤弘之の『交易問答』を英語に移しかえた。頑六という保守的な人物と才助という進歩的な人物の交易の意義に関する対話である。才助の議論にイギリス人は共鳴するが、頑六を代表する日本人の伝統的な見解にもふれることができた（三月一九日号、同月二六日号）。アストンは大阪の商業システムに関する議論もしている。「問屋は大阪の商業システムの基本である。各商業分野の卸商人は問屋仲間とか問屋の組を組織している。問屋仲間ということばはギルドと訳せるかもしれない」と。アダムズは日本内地への養蚕業調査の旅に出た。『養蚕秘録』の英訳を挿入して、蚕の四回の休息の名前の起源に関する伝説を紹介した（七月三〇日号、八月六日号、同月一三日号、同月二〇日号）。一八七一（明治四）年になると、サトウが馬場文英の『元治夢物語』の英訳を連載した。「一八六四年秋、日本が初まって以来前代未聞の動乱が京都で起こった。軍隊が駐留し、弾丸が宮中の周辺を飛び交った。猛烈な紅蓮の炎が天を焦がし、怒涛の大波が地を飲み込む。日本全国で大騒動が起きた。この騒動は一日にして成らず。一二年前の一八五三年の夏の六月三日、アメリカ合衆国使節のペリーという男が、突然四艘の軍艦を率いて相模国の浦賀にやってきたからである」。こうして一八五四年から一八六四年の日本の現代史を叙述する（二月二五日号から七月一日号まで）。

トゥールーブは一八七〇（明治三）年六月一六日から七月一日まで越後地方東部と岩代羽前地方の視察を行った。養蚕業や鉱物資源を調査した。彼は思いがけず戊辰戦争の傷跡を見る。「女子供を途中で見かけたが、この国を去って海岸に向かっていた。聞くところでは、彼らは会津藩の最後の一団であり、今この国を離れて来たのかなたの藩に送られるのだ」（四月二二日号）。サトウは高野長英の『戊戌夢物語』を英訳する。彼は長英のイギリス情報の詳しさに注目した。「長英はイギリス人をオランダの中傷の犠牲者と見ており、平等な名誉をあたえるべきだと明言している」（一二月二日号）。さらにサトウは年末から翌年の一八七二年九月七日号まで頼山陽の『日本外史』の英訳を連載した。サトウは全訳を希望していたが、Japan Weekly Mail紙の紙面の都合で巻一から巻四までにとどまった。

イギリス公使館の人びと

以上のイギリス外交官の日本研究は、これから日本アジア協会で繰り広げられる研究の基礎固めになった。オーストリア外交官ヒューブナーは一八七一（明治四）年九月一七日にイギリス公使館の日本研究熱について言及している。「江戸の英国公使館の現在の構成は以下のようになっている。代理公使はF・O・アダムズ氏、二等書記官は現在空席であるが、築地のドーメン氏が代行している。一等通訳官つまり「公使館の日本相当書記官」ともよぶべき存在がM・E・サトウ氏。彼はまだ三十歳そこそこであるが、現存する最も優れた日本学者の一人である。それから、通訳官の指導下におかれ、日本語を学んでいる四人の「研修生」（通訳見習）。彼らは公使館の敷地内にあるきれいな小住宅に住み、研修期間中は二百ポンド受給している。そうして十分に成果を上げれば、通訳官として公使館（東京）か五条約港（函館、新潟、横浜、神戸、長崎）に配属されることになっている。領事館への道は平等に開けているが、しかしもっぱら日本勤務だけである。この制度はすばらしい成果を収めているようだ。この青年たちはいい意味での競争心を燃やしてめざましい進歩を遂げており、一生の大部分を過ごすことになるこの国に強い愛着をおぼえ、また暗闇に包まれているこの日出ずる国にいつの日か光明をもたらして寄与しようとしているのである。しかし、学ぶことが好きなのは、この「研修生」たちだけではない。公使館全員が学ぼうという意欲を持っているのである[24]」。

次章から検討対象として扱われる日本アジア協会（The Asiatic Society of Japan）は、一八七二（明治五）年に創立されて以来、英米人系の日本研究団体のパイオニアの役割をはたし、今日まで永続してきた学会である（日本最初の学会でもある）。本書では、日本アジア協会の機関誌である『日本アジア協会紀要』（以下、『紀要』と略記）（"Transactions of the Asiatic Society of Japan"）を主要史料に用い、これに横浜の親日的英字新聞のJapan Weekly Mailをはじめとする日本の内外で発行された各種新聞、さらに関係者の回想録・日記・書簡などをまじえて、日本アジア協会の歴史的意義を明らかにしてゆきたい。

第1章 日本アジア協会の成立 ——一八七二

Asiatic Society

横浜の親日的英字新聞であるジャパン・ウィークリー・メイル（Japan Weekly Mail、以下、JWMと略記）紙の一八七二（明治五）年七月二七日号に‘An Asiatic Society’という意味深長な論説が掲げられた。いま世界は「事実探求」の時代に突入しつつあるが、その標的のひとつが日本である。三年前には日本という名前を欧米の印刷物に見出すのはまれだったが、今や日本の進歩に言及しない新聞を探す方がむつかしくなっている。「しかし」と論説は問いかけている。

> この古く興味尽きない日本について、新聞が知らせている以上に詳しい知識を、私たちは持ち合わせていないのではないか。日本の歴史、古物学［考古学］、地理、地学、風俗習慣、芸術、文学について、我々はほとんど、いや全く知らない。しかし、ごく少数の研究者は同時に数多くの異なった方面に頭をはたらかせている。歴史家は日本の年代記のもつれた糸をたぐりよせて、日本歴史の謎を解明する手助けをしてくれるであろう。地質学者はこの国を調査して、分析結果の概要を示してくれるであろう。専門家たちは、各々の得意の分野で日本に関する世界の知識の一般的集積に貢献する。けれども、どうやって、その情報のすべてを接ぎ合わせたらいいだろうか。どういう方法でその焦点を合わせたらいいのか。この居留地社会を啓蒙し、ヨーロッパに日本情報を広めるには、どのようなやり方が受け入られやすく有効であろうか[1]。

こうした意見は、ひとりJWM紙の論者のみならず、横浜居留地の少数の知識人もいだいていた。一八五四（安政元）年の開港以後、欧米人の日本研究は一歩一歩着実なあゆみをみせていたが、その成果を発表する場所が日本にはほとんどなかった。そのため、在日外国人の日本関係論文は、香港あるいは上海のロイアル・アジア協会か、海のかなたのロンドンの文芸雑誌に投稿しなければならなかった。日本自体に本拠地がない外国人の日本研究はいかにも心細い。日本の外国人社会に日本文化百般を啓蒙し、欧米社会に日本事情を紹介するには、どうしても居留地に日本研究機関を創設する必要がある。

このように考えた横浜居留地の紳士たちがモデルとして選んだのは、イギリスのロイアル・アジア協会であった。彼らが提案したのは、「インドや中国のアジア協会の各地の支部が実施してきたことを日本でも実行することであった」(2)。しかし、この企画は当初あまり熱心には受け入られなかった。すぐれた論文であふれた機関誌を一年に何回も発行し、日本についての奥の深い考察で世界を注目させる、などということに自信がなかったからである。先述した日本研究団体設立の話が一八六五（慶応元）年に結局は立ち消えになったのも、これと同じ事情からであろう。しかし、一八七二（明治五）年の段階ではいささか状況が好転していた。たとえば、同じ年の八月一九日付のアーネスト・メイスン・サトウの手紙である。

ホールはたいへん良い日本研究者になった。彼の翻訳は全般に良い出来である。マクラティは大いに進歩をしめしているが、とくに書き言葉に関する上達がめざましい。ロングフォードはそれほどでもない。才能は十分にあるともいわれるが、今だにその資質をあらわしていない。ガビンスはこれから良くなるであろう。ポールとウーレイには進歩のきざしがみえない(3)。

同年四月ころ、公使パークスもイギリス公使館にいる通訳見習の待遇改善と日本語学習能力の向上を図るため、秘策を練っていた。通訳見習の給料を上げるための計画を立てた。（1）任地に派遣される段階で、通訳見習にまず二五〇ポンドを支給する。（2）二年後に実施される日本語の試験に合格したら五〇ポンド昇給する。試験問題は口語の日本語とやさしい日本語文書の英訳である（3）法律手続きと海運業務の双方の知識が十分にあると見なされれば、さらに五〇ポンド増額する。（4）その後の日本語（主として書き言葉）の第二次試験に合格すること。日本語から英語へ、英語から日本語へ、ともに通訳も翻訳もできることが有能かつ敏腕な通訳官に必要な資格となろう。これに合格すると、さらに五〇ポンド昇給し、一等補佐官の官位が得られる(4)。さらにパークスは通訳見習の窮状をイギリス外務省に訴えるため、同月一一日と一八日に開催された諮問委員会に出席して、このころの主張を声高に張り上げた(5)。

日本語運用能力の向上と給料の増額という、こうしたアメとムチの人事政策のおかげで、いわゆるパークス学派に属する人びと、つまり、在日のイギリス外交官の日本語学習の進展がかなりはかられている。オーストリア外交官ヒューブナーのことばを借りると、「公使館員全員が学ぼうという意欲を持っている。みんな日本と日本人男性・女性のことしか話さない。未知のものには好奇心が刺激されると見えて、みんな謎を解くのに熱心」(6)だという。一方、キリスト教の神父たちは「ただひたすら祈り、待ち、この国の言葉・風俗習慣・歴史を学んで研鑽を積み、つぎの条約改定の折には少しはいい成果が得られるものと期待して、外国貿易に門戸を開いた日本がキリスト教の布教にも門戸を開く日は近い」と希望していた。これらの在日西欧人の個々の業績はいずれ行うとして、このように一八六五年から一八七二年の間に、イギリス公使館員とかアメリカ宣教師を中心とする外国人の日本研究の強固な知的基盤が確立されていたことは注意しておこう。

そのため、ＪＷＭ紙の論説子は、つぎのような希望にあふれた言葉で'An Asiatic Society'という論説を結ぶことができた。

日本の外国人社会の知性の総量と多様性は、日本研究を行う機関を創立する根拠となるし、それを供給する保証ともなる。このような信念をもって、この研究会に入会する。この研究会の控え目な開会と初期のおぼつかない足どり以外のものを予測することは出来ないけれど、年ごとにその活気と展望と人気が増してゆくことには疑いを入れない[7]。

この一件には、日ごろ口うるさいジャパン・パンチ紙も賛辞をおくり、同紙の一八七二年六月号に「アジア協会」なるさし絵をそう入した。ところで、前出のＪＷＭ紙の一八七二年七月二七日号には'Notice'という項目に、来たる七月二九日に会合が開催される旨の記事がのせられていた。「お知らせ。来たる七月二九日（月）の午後三時より［横浜］外国人商業会議所で会合を行います。議題はロンドンのロイアル・アジア協会の目的にそった学会を組織する件です[8]」と。七月二七日号の論説と「お知らせ」を書いたのは、おそらくＪＷＭ紙の編集人兼経営者のＷ・Ｇ・ハウエルであろう。一八七七（明治一〇）年の帰国までＪＷＭ紙の編集にあたるかたわら、英米人系の日本研究団体の発展に多大の尽力をした人物である。ＪＷＭの紙面に日本文化関係の論説を多くのせることになったのも、彼の努力と手腕によるところが大きい。

設立総会

七月二九日には予告通り横浜の外国人商業会議所でアジア協会の設立総会が開かれ、予想以上の成功を収めたといわれる。この日の様子は八月三日号のＪＷＭ紙にも報じられた。まず、イギリス代理公使で協会会長のワトソンが登壇した。協会は漫然と存在するのではなく、積極的に築き上げてゆく存在であることを示し、ワトソン演説は万場の理解を得た。さらに「人間の知力が及ぶものでありながら、これまで科学のメスが振るわれなかった分野で、しかも事実を集積すれば科学の対象となる分野がいかに多く残されているかを示し[9]」、日本研究という処女地が広大にあることを強調した。「ブドウ酒を飲む人はブドウを採集する人の仕事をめったに軽べつはしない[10]」とのたとえで、当面は理論研究よりも実証研究に進むべきだと示唆した。つぎに演説した、ロンドンのロイアル・アジア協会の要職に就いていたジャドウェル提督は、ある種の幻想を追い散らすのに懸命になった。それは協会の会員になるにはそれにふさわしい学識が必要だという幻想である。シャドウェルは自分が属していたロイアル・アジア協会の例を引いた。ロンドンの協会は水曜日の夕方にたびたび開かれている（日本のアジア協会もこれをまねて当初水曜日に会合を催した）。その会員になるには年会費二ギニーを払えばよい。入会申込者が大きな科学的業績をあげていなくても会員証を得ることはできる。

シャドウェルがよろこびにあふれた、にこやかな態度で演説をしたとき、実は彼の胸中をかすめた不安がもうひとつあった。横浜で競馬が実施される週、もっと言うならば競馬開催日の夕方にアジア協会の例会を開くのにはかなりの抵抗がある。競馬のあとの夕食に打ち興じてから科学的なまじめな会合に出席するのは人の情けとしては考えにくい。その杞憂は的中した。数カ月後の第一回例会が開かれた水曜日は、横浜の秋の競馬の初日にあたっていた。横浜の外国人は年に二回競馬熱にとりつかれる。三日間の興奮のあと、六カ月の憂うつな日々がつづく。競馬が開催される日、店の前には覆いが掛けられ、ドアには鍵がかけられ、老若男女もこぞって競馬場に出かける。居留地から二、三マイルのところにある根岸の美しいスタンドである。海を見れば根岸湾が一望できる。陸に目をむけると冬には富士山が雪をいだいている。一般聴衆はおろか協会会員ですら例会の出席をためらった。ところが、当日の発表は全く素晴らしい、有望なものだったので、協会関係者の嘆きはさらに深まった。参加者は女性が大部分で三五名だったという。

シャドウェルは早急にロンドンとの手続きをふむべきだと主張した。この発言をうけて、イギリス人たちは日本研究を奨励し、ロンドンのロイアル・アジア協会との提携を目指し、日本支部設立に向けて力強く歩もうとしたのである。また、ワトソンとシャドウェルはともに、この研究団体は横浜居留地だけにとどまらず、関係諸方面との連絡を緊密にする必要性をあらためて強調した。

設立総会の二カ月後の九月二八日になると、イラストレイテッド・ロンドン・ニュース紙が七月二九日の設立総会の一件を報道し、「横浜に王立アジア協会（Royal Asiatic Society）の支部を設置するための会合がこのほど催された」(11)と書いた。横浜の出来事がロンドンに二カ月遅れて伝えられたのは、もっぱら当時の船便の事情であろう。横浜とロンドンの間の航行は、ほぼ二カ月を要した。横浜居留地のイギリス人ばかりでなく、イギリス本国の新聞も、横浜にイギリス人主導によるロイアル・アジア協会の支部が設立されることを当然のことのように理解していた。当時としては、これは「思い込み」ではなく、「常識」であったことはロイアル・アジア協会の諸活動の文脈から当然の帰結であった。

アメリカ人の動向

こうしたイギリス人たちの動きをにが虫をかみしめながら眺めていた人びとがいた。一〇月二四日にはアメリカ人のグリフィスとアンチセルが会談して、日本人と外国人の'Nihonlogues'（日本研究）のためのアカデミーをつくる話し合いがもたれた。アメリカ人はこの年のはじめに文学社会連合会（A Literary and Social Union）という研究組織を大学南校につくっていた。日本研究の研究機関ではなかったが、ここに参集した研究者は、数日後に迫った横浜の日本研究団体のアメリカ側の有力な創立メンバーが含まれていた。アンチセルとグリフィスの会談は、イギリス人側の構想と対立する事柄が含まれ、ロイアル・アジア協会の日本支部設立を目論んでいた人びとをいらだたせたにちがいない[12]。はたして、一カ月後、イギリス人とアメリカ人が対立した。

第一回総会

一〇月三〇日、横浜のゲーテ座で日本アジア協会の待望久しい第一回総会が開かれた。会場となったゲーテ座は、一八七〇（明治三）年に開場したばかりの「アマチュア劇団のために建て、劇団に楽な条件で貸した」劇場であった。オランダ人ヘフトが本町通りの六八番（現在の中区山下町六八番地）につくった。二〇〇人程度の収容能力があった。早くも一八七二（明治五）年にゲーテ座は財政危機におそわれた。さまざまな議論ののち、居留地より出資者をつのり、多目的施設のパブリック・ホールとして蘇生することになった。これ以後、ゲーテ座はときどきパブリック・ホールとよばれた。本書はJWM紙の表記にしたがい、これ以降、パブリック・ホールと書いてゆく。一八七三（明治六）年一二月に発表された会計報告では、収入として、「日本アジア協会使用料」の項目が立てられ、三五ドルが計上された。この年、パブリック・ホールは二〇二ドル五一セントの黒字を出し、順調な再スタートが切られた。

学会の主導権を握るイギリス派はロイアル・アジア協会のロンドン本部の会員で、たまたま来日中であったシャドウェル卿を同協会の名誉会員に据え、ロンドンと提携することを切望した。名誉会員に推たいする件は了承されたものの、アメリカ派の大反発によって、ロイアル・アジア協会の支部を名乗ることは不可能となった。結局、アメリカ派の主張が通り、独立の研究団体としての日本アジア協会が発足した。ロンドンの協会とは機関誌を交換するのにとどまった。

日本アジア協会が設立されたのちも、イギリス人関係者はロイアル・アジア協会との連携になお固執して、ロンドンの本部に数回にわたって支部設定の願いをひそかに出していた。一九一一（明治四四）年にロンドンの協会は日本アジア協会の要請書を受け取った。これは東京の協会の誤解にもとづくものだったので、ロンドンの協会は「様ざまな支部をコントロールするつもりはない」と応えた。一九一二（明治四五）年五月にも同じことが繰り返されたが、事態は変わらなかった。一九三六（昭和一一）年になって、やっと日本アジア協会は準協会としてロンドンに公式認定された。協会設立から六〇年後のことである。

これを発端として、イギリス・アメリカ戦争が泥沼化した。アメリカ人クララ・ホイットニーが、初めて日本アジア協会の例会に参加した。そのおりに、「パークス夫人以下イギリスの婦人方は部屋の片側に並び、アメリカの女性と日本人の婦人方は反対側に並んで、まるで向き合った敵の陣地のようであった」[13]という感想をのこしたのもそのあらわれであろう。協会を支援していたJWM紙自体も日本アジア協会に派閥的で排他的な雰囲気があることを懸念して、その意思がまるでないことを強調せざるを得なかった。設立当初からJWM紙は若い協会を必死に弁護しなければならなかった。前途に一抹の不安が感じられた。さらにつけくわえるならば、この対立は居留地社会での両者の対立を反映したものであり、グリフィスも「イギリス人とアメリカ人がこんなにも対立しあっているのは残念である」[14]と書きしるしている。

従来、日本アジア協会の創立について以下のような説が通用していた。在日英米人の間の橋渡し役として、アメリカ人宣教師サイルが最も力を尽くしたのは、日本アジア協会の創立である。この協会は大学南校のアメリカ人教師たちの会話から生まれたといわれている。グリフィスはサイルを「日本アジア協会の父」とよんでいる[15]。――サイルを日本アジア協会の主要創設者とするのは、サトウも認めており、異存のないところである。しかし、日本アジア協会が、大学南校でのアメリカ人教師の会話から生まれた、とする見方はアメリカ側を過大に評価したものである。前述の文脈からわかるように、アメリカ人たちが創ろうとしたのは、'Nihonologues' のためのアカデミーである。むしろ、当時はそれまでイギリス人がアジア各地で培ってきたロイアル・アジア協会の伝統を継承しようとする考え方が大勢をしめていた。日本アジア協会の創立にはイギリス人の努力のほうが大きかったように思えるが、右の見解が残っていたのも、居留地での英米人の対立を実証するものであろうか[16]。

琉球覚書

一〇月三〇日の日本アジア協会総会では、サトウとハドロウの二つの講演があった。サトウの講演は'Notes on Loochoo'（琉球覚書）といい、琉球の歴史、気候、産物、家屋、宗教、習慣、衣服、毛髪、文字、言葉に関する琉球文化論であった。サトウは新井白石の『琉球国事略』、『中山国志略』、『琉球国志略』などを利用している。実地調査ではなく、文献による研究である[17]。以下にサトウ論文の要点を引いておこう。

> 琉球のことを中国人はLiu Kiuと、日本人はRiu Kiuと発音している。この諸島は北太平洋上にあり、緯度二四度から二九度のところに位置している。名前のいわれは、竜が長々と寝ている格好に似ているところから由来すると言われるが（すなわち竜休）、そのような意味では漢字には表現されていない。一四世紀のはじめ、琉球は中山、山南、山北の三つの王家に分かれたが、一四三〇年ころには一つの王家のもとに統一された。そのときより、琉球は島尻［南部］、中山［中央］、国北［北部］の三つの地方に分けられた。中央部に王都の首里、その港としての那覇が置かれた[18]。

サトウは琉球の名称と地理的位置から筆をすすめていく。琉球の由来は分かっていない。隋書の東夷伝に「琉求国」の名が見える。しかし、これには定説がなく、台湾説、沖縄・台湾全域説、沖縄・台湾部分説、誤伝説などさまざまである。隋書の叙述は北史や宋史にも引きつがれたが、元史では「瑠求」の字をあて台湾らしい地域をえがいている。一一八七年、琉球の最初の国王舜天が即位した。一二六〇年代に久米島・伊平屋島・慶良間島・奄美諸島が入貢して、沖縄諸島と奄美諸島が琉球国の版図になった。一四世紀になると、琉球は分裂して中山、北山、南山の三つに分かれた。三山は自らの権力を補強するため競って中国の明と朝貢・冊封関係を結んだ。なかでも積極的なのは中山で、入貢回数をほこったばかりか、一三九〇年には宮古・八重山諸島が中山に入貢し中山王の力は次第に増していった。中山の尚巴志は一四一六年に北山をほろぼし、一四二九年に南山を征服して、琉球の統一をはたした。その前後から尚は日本・朝鮮・東南アジア諸国との交易を行った。サトウは琉球の対外関係に言及する。

新井白石の『琉球国事略』という日本語の文献には以下のことが述べられている。日本と琉球の最初の交渉は一四五一（宝徳三）年に開始された。後花園天皇の時代に琉球人が将軍足利義政に千本の糸に通した貨幣を献上したのが最初の交流である。当時の日本では貨幣を鋳造しておらず、通貨の大部分は中国から買い入れた永楽銭であったので、この貢物は大いによろこばれた。このときより、琉球人はひんぱんに兵庫へ船を送り、一五八〇（天正八）年にも使節を派遣した。琉球と薩摩の関係はつねに友好的であり、毎年、鹿児島へ貢物を積んだ船がやって来た。しかし、一七世紀のはじめ、尚という琉球の王は、宗主国の中国の明との親交を強めるために、日本との交際を破棄しようとした。薩摩の大名である島津家久は事情の説明を求めた信書を急送した。しかし、琉球王がその使者を追い返してしまったので、家久は激怒し、駿府の徳川家康の許しを得て、琉球に軍勢を派遣した[19]。

琉球の貿易船は九州や兵庫ばかりでなく、関東の六浦《むつうら》まで入港した。足利幕府は琉球奉行を置いて、貿易を管理した。応仁・文明の乱が起きると、琉球船の兵庫入港が絶え、薬草、香料、染料など魅力あふれる商品が入手できなくなった。その間、堺商人が琉球貿易にのり出し、コショウや蘇木を注文した。その後、博多商人と堺商人の対立があり、琉球との交易は九州に限られた。坊ノ津と博多が中心地となった。

一六〇〇（慶長五）年の関が原の戦いに破れた島津氏は、領国経営に破綻をきたしていた。そのなかから、琉球出兵計画が浮上してくる。一六〇五（慶長一〇）年に島津氏から駿府に出兵の出願がなされる。翌年、琉球平討が許された。徳川氏は対明国交回復交渉の仲介役として琉球を考えていたが、琉球がこれを拒否すると、島津氏に命令を下して一六〇九（慶長一四）年に琉球侵攻をはじめた。

『新撰年表』という年代記を繙くと、一六一一（慶長一六）年から一八五〇（嘉永三）年までに、徳川将軍の居城たる江戸に一五回もの琉球使節がやって来た。しかし、中国にも距離が近いことを考えれば、琉球が明の朝廷からも冊封を受けていたことは驚くにあたらない[20]。

定説によると、琉球使節の江戸上りは、一六三四（寛永一一）年から一八五〇（嘉永三）年までに一八回である。琉球からの使節は、謝恩使あるいは慶賀使と呼ばれている。このほか、薩摩に捕虜となった尚寧王が徳川将軍に謁見するために、一六一〇（慶長一五）年に江戸上りしており、『新撰年表』（一八五五）はこれを第一次の琉球使節とかぞえているようである。また、一八七二（明治五）年には維新慶賀使節が東京にやって来た。一〇月一四日に琉球の正使尚健が参内し、国王尚泰は琉球藩主となり、華族に叙された。サトウが前掲の論文を読み上げたのは、この時の琉球使節の行動に触発されたものを思われる。蛇足だが、一六一〇年と一八七二年の琉球使節は前述の一八回の謝恩使・慶賀使とはやや目的を異にしている。

中国と琉球との交渉は六〇八年よりはじまる。日本の場合は八世紀初頭前後からである。中国のほうが早くから結びつきがあった。さらに、元朝の世祖すなわちクビライ汗による琉球派兵、下って明朝の洪武年間（一三六八～一三九八年）にはじまる進貢および冊封制度の確立など、中国との琉球の関係も密接なものであった。ついで、サトウは為朝伝説にふれる。

一二世紀以前の琉球の歴史はほとんど知られていないが、実際の年代記は舜天から始まる。舜天は一一八七年に王位についた人物である。舜天は有名な武将である源為朝の息子であったといわれる。為朝は一一五六年の保元の乱に敗れて伊豆大島に流刑の身となったのち、脱出して琉球に渡ったとされた人物である。舜天の名は子々孫々受けつがれ、五世代にわたって王位をしめた。最後の王はわずか五歳の子だったので、人びとは彼をさしおいて、浦添の長たる察度を王に選んだ。現在の藩王尚泰はその直系で、舜天から数えると三四代目になる。[21]

源為朝は伊豆大島で流刑の身となってからも付近の諸島を従えて勢力をふるった。しかし、一一七〇年に狩野茂光の追討軍とたたかって、自殺している。巷説では、琉球に渡って、舜天を産みおとしたとされる。仮に舜天の別称尊敦《そんとん》とよばれるアヂ（土着の有力者や外来の実力者の総称）の実在はあったとしても、為朝とのつながりを実証するものではない。サトウは琉球の気候・産物・動物・植物に筆をすすめるが、家屋についての記述をみることにしよう。

琉球人の家屋の建て方は日本風である。床は地面から三、四フィートの高さにあり、たいていの家屋は平屋建てである。これはこの地方に台風がよく襲来するからである。これらの家屋は、丈夫な厚い中国風の瓦で屋根を葺いている。米を貯蔵する建物は木造藁葺きである。これらの建物は高さ約五フィートの木柱の上に建てられており、アイヌ人の穀物倉に類似している。ただし、建て方ははるかに入念である。[22]

以前、サトウはエゾ［北海道］へ赴いたことがあり（サトウ『一外交官の見た明治維新』参照)、アイヌ人の集落でアイヌ種族の説明を聞いている。このころの経験を文末にそえたのであろう。そのことはサトウがロンドンの『フェニックス』誌に投稿した「蝦夷のアイヌ」('The Ainos of Yezo'. 1870) に詳しい。これは二ページほどの短文であるが、アイヌの村の様子、衣食住、タバコ、酒の好み、言語、文字についてスケッチした。アイヌ語の数詞、名詞、形容詞、動詞などにも言及した。今度はアイヌから琉球に目を転じた。さらにサトウの筆は琉球の衣服・髪型・女性・結婚・葬儀・宗教の各方面にわたっている。最後に琉球の言語について語った。

鹿児島のウイリス博士が送ってくれた語彙の実例から判断すると、現在の琉球人が話す言葉は、日本語とほとんど異なっていないようである。薩摩方言は、日本のほかの地域では見かけない単語などを含んでいるが、この薩摩方言との間に密接な関係があるのではないか。そう推測しても、あまりひどい間違いではなさそうである。しかし、この天は個別に検討すべき課題であろう。(23)

琉球方言は鎌倉時代以前の日本語の語彙や文法が多く残っていて、時代と距離によって文化の違いは生じたものの、その祖語は日本語と同一である、と言われている。一八一六年に琉球を訪れたイギリス人キャプテン・バジル・ホールの一行に加わったクリスフォードは積極的に琉球語の語彙を採集した。以来、西欧人は日本語と琉球語の関係に興味を示し、両語の類似性を指摘する声もあったが、学問的実証には到らなかった。その点でサトウ論文も同一線上にあり、彼自身は琉球語の研究には手を染めなかった。これを大成したのは、サトウの友人で、キャプテン・バジル・ホールの孫であったイギリス人日本学者B・H・チェンバレンである。彼の一八九〇年代中葉の一連の研究によって、日本語と琉球語が姉妹関係にあることが実証された。

論文の波紋

サトウ論文は、もともと『フェニックス』誌からの再録であり、後年、二重掲載だったことをサトウはアストンに宛てた手紙で弁明している。ともあれ、サトウ論説は、一八七三(明治六)年三月一五日号のJWM紙に掲載され、さらに日本アジア協会の『紀要』の創刊号の巻頭をかざった。また、二年をへた一八七五(明治八)年三月二一日号のファー・イースト(Far East)紙にも登場した。なお、サトウはこの協会の有力メンバーであり、協会設立のおりにはかなりの尽力があったと思われるが、この時期に彼は日記をつけていないので、その動静が分からない。サトウの父の手紙に「[日本]アジア協会を沈没させないために、どうか出来るだけのことをして下さい。そうすればあなたの名声はいっそう明白なものとなります」(24)とあるのが唯一の消息であった。

当日の議事録を読むと、サトウ論文に対する質疑応答があり、興味深い内容が含まれる。ブラウン博士によると、ベッテルハイムが今から数十年前に琉球に滞在し、聖書を翻訳するために現地の言葉を学習した。ヴィクトリア司教である彼はセント・ルークの福音書を印刷した。ベッテルハイムは琉球語訳の『四福音書』を出版したのち、漢訳日本語訳対照の『路加伝福音書』を上梓した。一八五五（安政二）年の刊行であり、本文に反点をつけたあとカタカナで訳されている。その後、彼がアメリカに戻ってしまったので、その聖書は江戸のハリスの許に届けられた。さらにブラウンとヘボンの手に渡った。その当時、西洋人が日本語を理解できなかったので、日本人は聖書の日本語訳を読むことはできなかった。また、サイル氏の理解するかぎりでは、ベッテルハイムは琉球では、キリスト教伝道に成功していない。彼が広場に行ったときには現地人は彼に警戒心を抱いていたが、それでも彼は伝道をつづけた。議論はサトウ論文に触発されて、談論風発の呈であった。しかし、司会者はサトウ氏の論文はたいへん興味深いが、今日はもうこの課題を深める時間がない。次回にまた討論されるとよい、と示唆した。[25]

上海のノース・チャイナ・ヘラルド紙の一八七三年四月一〇日号にもサトウ論文が転載された。同じ日、「琉球諸島」という関連記事ものり、この問題を総括している。「われわれは、もし中国側が日本の要求を回避したいと望むなら、そのために外交的クモの巣を紡ぎ出す豊富な材料を持っていることを十分に述べて来た。しかし、ほんとうのところは、疑問の余地なく、日本の宗主権のほうが中国のそれよりも現実的だ。日本は実際に二五〇年ほど前に琉球諸島を征服し、それ以来、直接的に支配してきた。それに対し、中国との関係はただ美辞麗句のたぐいのものにすぎなかった[26]」。

同紙は琉球、日本、中国の三者の事実関係をつぎのように書いた。

琉球と日本の関係については、最近Ｅ・Ｍ・サトウ氏が［日本］アジア協会で発表した論文の中で、興味深い説明がなされている。（中略）サトウ氏の説では、琉球人と日本人の初めての交流が生まれたのは、琉球人数人が当時権力の座にあった大君の足利義政に小銭一〇〇〇連を献上した一四一五年のことだ。一方ウイリアムズ博士が一八六六年に［ロイアル・］アジア協会のノース・チャイナ支部で発表した論文からは次のことが分かる。それは、琉球の貴族察度が、明朝の創始者洪武の五年（一三七二）に最初に中国に「貢ぎ物を贈った」こと、また叙任の慣習は、次の皇帝永楽の治世一四〇〇年に始まったことだ。以上のところでは、中国のほうが優勢のようだ。[27]

サトウが日本アジア協会で 'Notes on Loochoo' を発表したのは、先述のように一八七二（明治五）年の維新慶賀使節の来日による。しかし、彼はこの論説で直接の言及をさけているが、一八七二（明治五）年の琉球設置から一八七九（明治一二）年の沖縄県設置にいたる、いわゆる「琉球処分」を念頭においたのは明白である。そのため、このサトウ論文は思わぬ国際的反響をまきおこした。ＪＷＭ紙に掲載された彼の論説を出発点にして、イギリスの代表的新聞タイムス紙上で「琉球処分」の是非について論争がくりかえされた。エドワード・リード卿はサトウ論文を根拠として、日本語と琉球語の結びつきを重視し、日本政府の正当性を主張する。これに対して、中国学の権威で大英博物館東洋部の要職であったロバート・ダグラスは、中国が日本よりも古くから琉球との関係をもっていたことを強調した。さらに北京でアメリカ公使を務めたジョン・ラッセルも論戦に加わり、リードが再論をのべて、一応、この論争は決着した。(28)

後日談になるが、一八八〇（明治一三）年一月一五日付の東京横浜毎日新聞にはこんな話が紹介されている。かつて伊地知定馨が編集した『沖縄志』に対し、サトウが種々のコメントを下した。事実の誤りが散見されるが、最も重要な点は琉球国は決して日本の属国ではない、とサトウは反論した。この意見書を「其筋」に差し出した。その筋とは、もちろん、明治政府である。サトウは日本政府が強行に推し進めていた琉球処分に批判的であった。かつて、サトウの『英国策論』は幕末の討幕運動にもてはやされたが、今回の意見書はそんなわけにはゆかなかった。「事実大なる相違あるものなり」と政府要人に判断され、却下されてしまった。明治政府にとってサトウの意見書は不利な材料であったから、当然、無視したのであろう。「目下お取調べ中なりとの風説あり。去《さ》れば英人が彼の事件に付ての心意気ハ是等の事に付ても推知さる可し」と、新聞記者は結んだ。

ホス貝

再び日本アジア協会の総会会場にもどることにしよう。イギリス人外科医ヘンリー・ハドロウ（Henry Hadlow）がホス貝のさまざまなかたちを指摘した‘The Hyalonema Mirabilis’（ホス貝）という論文を読みあげた。ホス貝はそのかたちの美しさから、永年、収集家のあこがれの対象であった。一八七三（明治六）年に来日したドイツ人動物学者ヒルゲンドルフはホス貝を得るために、たびたび江の島を訪れている。(29) ノルデンショルドも江の島の土産屋で「海綿動物のホッスガイの珪土質の立派な骨格」(30)を見つけた。

海洋動物学の研究者にはその形態の特殊性からことに興味が引かれていた。一八六三年のグリーン教授の小冊子にはホス貝はサンゴやイソギンチャクの仲間として花虫綱に分類された。グレイ博士はホス貝を「ほえるサンゴ」と呼んだが、ガラスサンゴにホス貝が付着したしたのは偶然だと思われていた。だから、これ以降、そうしたかたちの貝は発見されなかった。一八六八年にはポルトガルのセトウバル海岸の深海底引き網からホス貝が発見された、との報告があった。ホス貝には海底の泥に沈んだ海綿、あるいは水中で立ったまま海面の茎または根があることが分かった。ハドロウはいう。私の講演を聴いた人びとは休日に江の島の周辺でホス貝を採集されるであろうから、まえもってホス貝の情報をみなさんのまえに提供する、(31)と。

ハドロウの報告は一八七五（明治八）年のイギリス船チャレンジャー号による相模湾ガラス海綿（ホス貝）調査にさき立つ

三年前のものである。海洋動物学史のうえでも貴重なリポートであろう。そして、東京医学校で博物学を教えたドイツ人デーデルラインの一八八三（明治一六）年の調査で、相模湾での海洋生物の分類は一応のピリオドが打たれる。(32) その彼を江の島へ導いたのは、ほかならぬハドロウの論文であった。

ハドロウがこの発表を行った当時は、貝がら学が隆盛期に向かうころで、ヨーロッパの貝の分類学は着実に進展していった。オランダ東インド会社のルムフィウスは広範囲にわたる旅行の際に大量の貝を収集し、これに正確なコメントをつけることに成功した。また、トムソンは深海の生物調査の重要性を認め、一八六八年と翌年の調査をもとに、'Depth of the Ocean' をあらわし、水深一〇〇〇メートルあたりまでは生物が豊かであることを証明した。ハドロウの論文はこうした成果を背景にしたものであった。

つけたりであるが、一八七九（明治一二）年のスウェーデンの北氷洋探険船ヴェガ号の来日は日本の博物学に大きな刺激をあたえた出来事であった（この一件については、本書の第一三章でも扱う）。ヴェガ号の航海記は探険隊指導者のノルデンシェルドが執筆し、その日本滞在中の三つの章は博物学的興味にあふれる記事に富んでいる。ノルデンシェルドがストウスベリーと、九月二二日に江の島へ赴いたときの記事には、土産物屋の店頭に、美しい貝がらに混ざって、ホス貝の美麗な姿がみられた、とある。ノルデンシェルドはこのときハドロウ論文を参照にしたのであろうか。興味深い問題である。

協会とＪＷＭ紙

ハドロウの論文はＪＷＭ紙に日本アジア協会での講演が全文掲載された端緒となった。一八七三（明治六）年三月一日号に登場した。これに先立って、同紙は「日本アジア協会で読み上げられた論文を、今回以降、本紙に掲載する。このシリーズの第一弾はハドロウ博士の「ホス貝」であり、今日の紙面でみることができるであろう」(33) と、日本アジア協会とＪＷＭ紙の提携が高らかに宣言された。しかし、ＪＷＭ社の主筆ハウエルの後押しであろうが、どのような経緯で両者の連けいが計られるようになったかは資料不足で判然としない。

ロンドンのロイアル・アジア協会の代わりに、日本アジア協会を支援することになったのはＪＷＭ紙であった。協会は一八七四（明治七）年から『日本アジア協会紀要』（Transaction of the Asiatic Society of Japan）を刊行するが、この機関誌に論文が掲載されるまえに、ひとまずＪＷＭ紙にその全文が登場する。横浜居留地の外国人はもとより外国でも日本アジア協会の活動の一端が知られた。ＪＷＭ紙は、一八七〇（明治三）年に創刊して以来、ハウエル、ピアソン、リッカビー、ブリンクリー、サッチェルなどが編集人となり、代々、日本アジア協会とのえにしをつづけ、ＪＷＭ紙がJapan Times紙に併合される一九一七（大正六）年まで、実に半世紀ちかくの永きにわたって後援していた。このＪＷＭ紙について、日本考古学の父モースはつぎのように絶賛している。

かりに、これまで外国人の書いた日本に関する書物がことごとく消却されたとしても、『ジャパン・メイル紙』のファイルひとつが残れば、外国人が日本について記録したもののうち、価値あるもののほとんど全部を所有していることになるはずである[34]。

ＪＷＭ紙と日本政府

日本アジア協会の門出を思わぬ方向から後援してくれるものが現われた。この研究団体を支援していたＪＷＭ紙に対して、日本政府が補助金を捻出することになった。政府による間接的な日本アジア協会への手助けということになるが、これはいかなる事情によるものか。つぎの史料がその一端を物語ってくれる。

御国内ノ形勢事情、西洋各新聞紙ニ記載伝播仕候処、多クハ想像臆度ヲ以テ筆記致シ候ヨリ、誤謬難免、殊ニ経済制度上ニ渉リ候事件ニ至リ候テハ、誤伝流布ノ為メ、大ニ御国ノ品位体裁ニ関係致シ候ハ勿論、利害得失ニ渉リ候事モ有之、然ル処各国人民共、東洋懸隔ノ御国故其形勢事情目撃親見難出来候間、總テ新聞紙ヲ以テ憑據ト致シ候[35]。

西洋の新聞紙上の日本情報には誤りが多く、日本政府の外交政策の遂行や民間人の経済活動の障害となった。そのことは、一八七一（明治四）年よりアメリカや欧州諸国を歴遊した岩倉使節団の一行も身にしみて痛感していた。その誤解を解消するには正しい日本紹介を実行せねばならない。その思った日本政府は以下の契約をＪＷＭ紙と結んだのである。

一、日本政府ノ形勢事情ヲ広ク流布セシメ、欧米各国ノ首都ニアル諸人ヲシテ之レヲ知ラシムルコトノ緊要ナルヲ以テ、日本政府ト「ジャッパン・メール」主人「ドブリウ・ヂー・ホウェル」トノ間ニ左ノ約定

一、日本政府ハ「ジャッパン・メール」新聞出版ノ毎次五百部宛ヲ買取、之レガ為メ一箇年五千円ヲ払ヒ、半年分宛前以テ相渡スコトヲ約定ス。即チ一八七三年九月第一日ヨリ一八七四年三月第一日迄ヲ以テ一期トス。

一、右新聞紙ノ全数ヲ欧米各国ヘ布達スルコトハ、同氏見込ニ任スベシ。依テ右送達人ノ入費、郵便料トシテ概算四六八弗ノ高ヲ日本政府ヨリ相払フベシ[36]。

この条文によると、政府はＪＷＭ紙に一八七三（明治六）年九月より五〇〇部の購読料五〇〇〇円と外国の要人への郵送料四六八円を年間払うことが定められた。配達先はＪＷＭ社のハウエルの裁量で決められた。しかし、この取りきめは、政府が当初に期待したほどの成果があがらなかったと評価したためか、あるいはＪＷＭ紙が政府の台湾出兵を厳しく批判したためか、一八七五（明治八）年一二月をもって支援は打ち切られてしまった。ジャパン・パンチ誌の一八七一年第三号で「白い象は日本政府に属する」と書かれ、権力寄りの姿勢を批判されたＪＷＭ紙であったが、ここでは意地をみせた。一八七三（明治六）

年九月から一八七五（明治八）年一二月までにＪＷＭ紙に掲載された日本アジア協会の論文は二八本に及んだが、それは、『日本アジア協会紀要』の第一巻から第三巻までにほぼ転載されたものであった。

横浜行幸

一八七二（明治五）年の後半の横浜居留地の話題となったのは、日本アジア協会の設立よりも、ミカド（天皇）の横浜行幸だった。第一回は八月一五日だった。海から船で上陸したが、日本人の群集は地面にひれ伏していた。第二回は一〇月一四日に行われた。新橋と横浜の間を走る鉄道の開通式に臨席された。第三回は一一月二五日にあった。横浜沖に碇泊していたロシアの艦隊を儀礼訪問するためである。横浜のフランス山に駐屯していたイギリスとフランスの歩兵隊が日本の警察隊とともに守備についた。しかし、外国人の歩兵隊はその任務に熱心ではなかったという。このあたりにも「グレート・ゲーム」とよばれた、イギリスとロシアの対立の影が及んでいた。イギリスのアジア進出とロシアの南下政策のせめぎ合いは、クリミア戦争、中央アジアでの武力衝突、アフガニスタンをめぐる確執、日本近海での対馬をめぐる対立など、あらゆる場面で発生していた。ともあれ、ミカドの三回にわたる行幸は横浜居留地の胸をおどらせていた。

新聞統制

明治政府の新聞統制政策について、一筆しておこう。一八七一（明治四）年に出された新聞紙条例は、驚くほど開明的な性格を有していた。新政府は新聞を文明国家にふさわしい開花の国民を創出するための有力な手段として認識していた。ところが、一八七四（明治七）年一月一八日に民撰議院設立建白書が左院に提出され、これがイギリス人ジョン・ブラックの『日新真事誌』に掲載されて多くの人びとの目にとまると、政府は新聞・雑誌を中心に反政府言論、自由民権論が活発化したことに危機感を深めていった。これが一八七五（明治八）年の讒謗律《さんぼうりつ》と新聞紙条例の発効となって具体化された。日本の司法・警察が直接介入することが出来ない外国系新聞は、政府には気にかかる存在であった。新聞紙条例の第四条に、即効性とぼしい、外国人による日本語新聞の所有、刊行、編集を禁止する一項をあえて設定したのもこのためであった。横浜のＪＷＭ紙は英語で書かれた新聞であったので、この一項に抵触することはなかったが、何らかの心理的プレッシャーにはなったのではないか。

学会構成

一〇月三〇日の日本アジア協会の第一回総会の話題から多様なトピックに広がっていったが、一二月一四日には第二回の月例会が開かれた。横浜のパブリック・ホールでの会合で、まず第一年度の役員がつぎのように決定した。会長――Ｒ・Ｇ・ワトソン（イギリス代理公使）、副会長――J・C・ヘボン（アメリカ人宣教師）、H・ハドロウ（アメリカ海軍外科部長）、書記――E・W・サイル（アメリカ人宣教師）[37]、会計――B・B・ベーカー（商人）、評議委員――S・R・ブラウン（アメリカ人宣教師）[38]、F・V・ディキンズ（イギリス海軍付医官）、R・ロバートソン（イギリス外交官）、E・M・サトウ（イギリス外交官）、A・J・ウイルキンソン（イギリス外交官）、W・G・ハウエル（イギリス人新聞経営者）[39]。

日本アジア協会の会員構成もいちべつしてみよう。同協会の第一年度会員は、名誉会員二名（シャドウェル、アーサー）、通信会員三名（ベーリー、エドキンス、エンスリー）、在住会員（一般会員）一〇九名の計一一四名から構成されている。会員の国籍は、これまで判明したかぎりでは、イギリス七四名、アメリカ二三名、カナダ三名、ドイツ、ロシア、ベルギー、スペイン、日本が各一名となっている。不明は九名となる。一八七一年四月二九日のパークスの報告によれば在日外国人の人口構成はイギリス人七八二名、アメリカ人二二九名、ドイツ人一六四名、フランス人一五八名、オランダ人八七名、その他の西欧人一六六名、計一五八六名であった。この人口比率と日本アジア協会の会員比率が英米人の比較で同じなのは興味深い。唯一の日本人会員とは森有礼のことである。一般会員の八割以上が英米人だと想像される。職種別では、商社員三九名、外交官二一名、日本政府のお雇い外国人一九名、宣教師一二名、マスコミ・軍人一五名という数字になってる[40]。このうち、有力会員には外交官と宣教師が多い。対日外交の推進や宣教の必要上から日本研究を精力的に行うのである。たとえば、サトウ、アストン、パークスはイギリスの外交官であるし、ブラウン、ヘボン、サイルはアメリカの宣教師であった。その他、一般会員の九割が横浜に在住していたことも、初期の日本アジア協会の特色のひとつで、居留地との関係が密接だったことの証拠である。

日本アジア協会の収支についてふれておこう。収入はすべて会費から成っている。一八七三年一月一日から同年一二月三一日までの決算表によると、収入は四四九ドル五〇セントであった。支払いは一五三ドル九〇セントで、二九五ドル六〇セントが翌年に繰り越されることになった。健全な運営といえる。支払いの内訳は、予備費二六ドル、印刷・文具・広告料四七ドル四〇セント、製本代七ドル五〇セント、賃借代三五ドル、家具購入代三八ドルとなっている[41]。賃借代とはグランド・ホテルなどで日本アジア協会の会合を開いたおりの代金であった。また、家具購入代とは博物館や図書館をつくる目論見があり、その計画のための展示ケースか書棚のことであろう。

日本アジア協会と他学会のあいだでどの程度交流があったかを示す指標として、交換図書についてふれておこう。一八七六（明治九）年七月一四日に開かれた日本アジア協会の年次総会で以下の学会と機関誌の交換が行われたことが告げられた。

イギリス・ロイアル・アジア協会、ロイアル協会、ロイアル地理学会、哲学学会、イギリス人類学協会、フランス地理学会、フランス環境適合学会、東洋学者会議、フランス日本研究学会、ウィーン東方研究学会、ドイツ東アジア自然民俗学協会（東京）、ロイアル・アジア協会ボンベイ支部、ロイアル・アジア協会セイロン支部、ベンガル・アジア協会、ロイアル・アジア協会ノース・チャイナ支部、アメリカン・オリエンタル学会、ボストン自然史学会、アメリカ哲学学会[42]。

グリフィス論文

一二月一四日の日本アジア協会の例会（会場はパブリック・ホール）では、アメリカ人教育家で、後年、『ミカドの帝国』など多くの日本関係書をのこしたW・E・グリフィス（Griffis）が‘The Streets and Street-names of Yedo’（江戸の街路とその名称）という講演を行った。今日でも、初めて日本を訪れた外国人たちは、「日本の通りには名前がない」ことを直感的に認識するようである。実際、外国にはどんなに狭くて小さな通りにも名前があるが（住居表示の必要性からである）、日本の場合には大きな通りにしか名前がつけられていない（田畑の範囲を明確にするためか）。それを逆手にとって、江戸（東京）の街路のあり方を論文にまとめたのが、このグリフィスであった。アメリカの詩人ロングフェローはフィラデルフィアに関し、「通りは今もなお森の木の名前を反映している」と発言している。どうやらグリフィスはこのことばから論文の着想を得たようである。

ある街の通りの歴史は、時として、その街自体の歴史でもある。その国の大都市の主要道路の名前は、たびたび、その国の歴史をうつしだす。後代において、そうした名前は過去を解き明かす鍵となり、また、まれに時代遅れになっているかもしれないが、忘れられた歴史の古い社会全体の精神を表に出している[43]。

こう書き出して、グリフィスは江戸の街路研究をすすめる。日本の偉大な統一者である徳川家康にとって、終局において平和的連合を成した国家の首都の通りに、絶えず屈辱感を起こさせ、仇恨をよびさまし、また治癒した傷口をうずかせるような名前をつけることは懸命な策ではなかった。そのため、江戸の街路の名称には、（1）戦場や戦勝をあらわす名前がなく、（2）国民的英雄や偉大に関する名前がほとんどない。一方、（3）自然に由来する名称が多い。今ある街路の一三七一のうち三分の二がこれに属する。柳、松、石、竹、蘭、桜、菊、朝日、亀、猿、富士見など自然や風景に深い愛着をしめしている。また、（4）日常生活の必需品にかかわる名前も多い。材木、つぼ、かめ、塩、油などで、大工、鍛冶屋、染物屋といった職名もある。しかし、（5）全体的には江戸の街路の名称にはバラエティに欠けている。江戸がロンドンやフィラデルフィアのような同質性のある都市でなく、たくさんの村むらが併合して成長した街なのである。「日本の通りの名前には、ヨーロッパの町のような、人目を引く街路標識はない。家々の玄関に家の持ち主の名前、家族の構成員、家の番号、通りの名前を書いた紙片が張られている」[44]。グリフィスは気がつかなかったようだが、日本の表札に掲げられているのは通りの名前ではなく、町名なのである。そのほか、水路、街路と治安の関係にもふれた。江戸の街路名（町名）の六分の一ぐらいが明治政府の政策で変更させられてしまったが、「江戸」という名称は永久に忘れないで記憶されるだろう、とグリフィスはまとめた。彼の指摘の背景には、日欧比較文化の視点があり、当時の日本人には思いもつかない見解となった。

彼の論文が読みあげられたのち、もうひとつの講演が用意されていた。しかし、討論に思わぬ時間がうばわれた。東京大学のハウスと彼の五人の日本人学生による琉球の言葉と歴史に関する論文が控えていた。事情を察したハウスは、その論説の短い要旨を解説したのち、ごく近い将来にこの課題を再度取り上げる旨を伝えた。ハウスらの発表は、結局、翌年の一八七三（明治六）年二月一五日に行われることになったが、これについては次章にあらためてのべよう。ともあれ、日本アジア協会が成立した一八七二（明治五）年は暮れていった。

この章を閉じるまえに、当時の日本アジア協会に対する評価を書き留めておく。明治期の代表的なイギリス人日本学者チェンバレンが自著『日本事物誌』に認めた文章である。

日本アジア協会――この協会は一八七二年、「日本および他のアジア諸国に関する題目について知識の収集と調査」を目的として設立された。本書〔『日本事物誌』〕の中でしばしば言及される『日本アジア協会紀要』とは、かくの如きものである。日本に関する題目で、『日本アジア協会紀要』の中で学問的に論議されていないものはほとんどない[45]。

右のチェンバレンの評価は一八九〇年代のものであった。二〇年間に及ぶ西欧人の日本研究の成果をほこらしく語る。そして、本書を読みつづけていただくと、「日本に関する題目で、『日本アジア協会紀要』の中で学問的に論議されていないものはほとんどない」というチェンバレンのことばが誇大なものではないことが理解できるはずである。日本アジア協会の学問的重みを実感するにちがいない。

第2章　日本ブーム——一八七三

背景

一八七二（明治五）年に、自信なげな、頼りない足どりで発足した日本アジア協会ではあったが、当時の爆発的ともいえるヨーロッパでの日本ブームの余波をうけて、一気に隆盛への道をかけのぼっていった。

このころフランスのパリでは美術界を中心としたジャポニズムの運動がさかんであった。一八六二年ころに画家のゴンクール兄弟が思いがけず『北斎漫画』を発見して以来、フランス印象派の画家たちは浮世絵の画法に注目しはじめた。ホイッスラー、ゴッホ、マネなどがその洗礼をうけた。さらに当時流行していた万国博覧会がロンドンやパリで開かれ、日本から珍しい品物が出展されると、一般市民も日本の庶民文化に目をむけることになる。とりわけ、パリでジャポニズムが流行した要因には一八六七年のパリ万国博とその一〇年後の一八七八年のパリ万国博への日本の参加があった。江戸幕府から明治政府へと政体が変われども、ヨーロッパの日本ブームはおとろえを知らなかった。一八六二年のロンドン博覧会を訪れ、日本の美術工芸にいたく感動した一八歳の青年リバティは、やがてロンドンのリージェント・ストリートに自分の店を持った。一八七五年のことである。リバティはインドのショール、日本の陶磁器、漆器、版画などを売り出した。ウイリアム・モリス、カーライル、ラスキンなど著名なデザイナーや芸術家が彼ももとに集まってきた。リバティは東洋美術工芸品の販路を広げるとともに、手作り民芸運動の中心地となっていった。このブームがイギリス国内に広がってゆくのを支えたのはビクトリア朝時代のイギリス中産階級であった。こうしたイギリスやフランスの日本ブームを反映して、日本を訪れる西洋人の数は日に日に増加の一途をたどった。彼らは「世界漫遊家」とよばれ、世界一周旅行の途上、日本に立ち寄った。二世紀あまり世界に扉を閉ざしていた日本が、珍奇な光を外界に向けて発した。ヨーロッパ人には当時の日本はそのように映った。

フジヤマ

一八七三（明治六）年の例会は一月一一日のホッジスの講演で幕が開いた。夜の八時半から横浜のパブリック・ホールで実施された。この人物は、一八七一（明治四）年にイギリス領事館の通訳見習として来日し、翌年より二等補助官となった。この日の演題は「Fujiyama」（フジヤマ）であった。彼は富士山の溶岩、そこで売られていた御札、日本で自ら発見した矢じりを展示した。そしてつぎの事実を言及した[1]。

四五〇人ほどの信者が山頂に常住している。絹糸を巻くのがふもとの住人の生業である。米や薩摩イモがつくられ、桑の木も植えられている。ミカンとクルミも見かけた。野性のクランベリー、イチゴ、ラズベリーもあった。樺の木が豊富な富士山の一帯には、うすい木の帯がある。その上方には、ツツジと野生のバラが繚乱として咲いている。ある高さまでは草が生い茂っている。コケのはえている場所もある。さらに上に登ると、火山灰と溶岩がある。カッコウが鳴いている。土地の猟師の報告では、イノシシ、鹿、熊、猿、アナグマがいる。魚やあらゆる野生の鳥も知られている。御札は山の悪霊から身を守るためと、火と盗難から守るために、売られている。これは「太陽神」信仰のなごりと認められる。日本人の学者によると、紀元前二〇〇年に「生命の万能薬」をさがすために中国皇帝から派遣された男が富士山を訪れている。丘の涌き水は、夜になるとあふれ出すという。耳には快い音がいつも聴える。西暦八〇八（大同三）年に最初の神社がこの山に建立された。今も神社がいくつもある。この山の神は大権現である。紀元前二一五年に火山が初めて出現したという。琵琶湖が形成され、富士山がそそり立った。七九九年、山頂で三五日間にわたり炎があがった。

ここですこしホッジス論文に注記しておこう。紀年は一年ずれるが、『日本紀略』の八〇〇（延暦一九）年の条に「富士山、嶺を自ら焼く。昼は烟気で暗瞑となる。夜は火光が天を照らす。その声は雷のごとし」との記述に対応する。『古今和歌集』の序文にも、「富士の煙によそへて人を恋ひ」とあり、また、同じ序文で「今は富士の山の煙もたたずなり」とある。これから察すると、奈良時代から平安時代にかけて、富士山はさかんに活動したり、休止したりの繰り返しだったようである。

ホッジス報告はさらにつづく。八六三（貞観五）年にも同様の噴火があり、このときに北西に湖が出来た。甲州の山やまは火におおわれた。一七〇六（宝永三）年にも大噴火がおこり、その結果、江戸にもかなりの火山灰が降り積もった。それで今日の岩穴や小さな丘がつくられた。富士山の標高の調査結果はつぎの通り。イギリスのリナルド号のウイリアム大尉は小田原から山頂までの高さを一〇六一四フィートと算出した。オールコック卿は山頂で一四一七七フィートとはじき出した。ファーガン大尉は一三〇八〇フィートという。これらの調査によれば、富士山《フジヤマ》はモンブラン（一五七三〇フィート）よりも一五〇〇フィート低い。最近の地震が富士山のふもとの一三里から一六里四方にわたって感じられたという。一八五四年にペリーが日本に訪れたとき、富士山の高さを一六四〇〇フィートと算出した。今夏（一八七二年？）の調査では、一四二〇〇フィートと思われる。しかし、これらの調査には疑問が多い。

当時の在日外国人はことのほか富士山への登山に興味をしめし、パークス夫人をはじめ何人もの人間がこれを試みている。また、前記のほかにも、富士山の標高調査を実施した学者がいた。一二二三四〜一二四三七フィート（シーボルト）、一二二三四フィート（クニッピング）、一二三四一フィート（チャップリン）、一二三六〇フィート（ブラント）、一二三五六フィート（スチュアート）、一二四五〇フィート（ミルン）、一二四三七フィート（ライン）、一二三五九フィート（サトウ）と結果はまちまちであった。[2] ただ、このなかで比較的信頼のおけるデータは、チャップリンが一八八〇（明治一三）年に行った観測である。富士山の実際の高度と二メートルしか違わなかった。

ホッジスの論文が読み上げられたのち、ハドロウがある堅い道具を発見したのを指摘した。その道具は日本の原住民が他の原住民族のように石器時代を通過してきたことを示し、さらに日本列島の原住民はその時代以前には住んでいなかったことをあらわしている。ブラウンとグリフィスが議論を行い、神秘的な静けさ、息をするむつかしさ、高地の空にあらわれるインクのようなものに言及した。ブラウンは新潟滞在中に堅い矢じりを見たと発言した。

ホッジス論文はＪＷＭにも『紀要』にも登場しなかった。この理由はふたつ考えられる。ひとつはＪＭＷ紙の一八七二年二月二四日に登場した江戸（東京）から富士山麓の吉田（富士吉田）までの紀行文がすでに存在しているからである。無署名の記述であったが、執筆者はサトウらのイギリス公使館関係者である。サトウは同年一月一七日から二〇日にかけてこのルートを公使館の上司アダムズとともに踏破している。[3] もうひとつはホッジスの僚友であるガビンスがイギリス地理学協会に 'Ascent of Fujiyama'（フジヤマ登山）をのせたためであろう。「アルペン・ジャーナル」紙の編集者フレッシュフィールドは、これに関連してつぎのような発言をしている。

王立地学協会会誌の雑録にロープとアイス・アックスを使用した富士山の冬期登山をした記事が載っているが、日本画などで馴染み深い富士山の標高は一万三千フィートから一万四千フィートほどもあり、冬のこの山の登山は読者も驚くであろう。[4]

この記事の登山者がガビンスであったことは断言できないが、かなりその可能性は高い。このころヨーロッパのアルプスへの積雪期の登山がようやく始まり、一八七四年一月にクーリッジとブレフォールがマッターホルンに登って注目を浴びた。そのことから、富士山への冬期登山がヨーロッパ登山界で強い関心をよんだのである。

日本人の発表

二月一五日の日本アジア協会の例会が横浜のパブリック・ホールで開かれた。大学南校のハウスと五人の日本人学生が再登場した。司会のワトソンにうながされ、五人の学生は「琉球諸島の言葉に関する五つの論考」について論文を読み上げた。これは日本アジア協会での最初の日本人の報告であった。ハウスの言葉によると、たいへん興味深い論文で、日本人が英語で研究成果を発表する能力を示した好例であった。それぞれの論文の長さも適当で、なによりも思考や表現において同世代の英語を母国語にする若人にもひけをとらない。司会者も日本人の知的能力と外国人の指導力を絶賛した。残念ながら、彼らの論説はＪＷＭ紙にも『紀要』にも取り上げられず、陽の目をみなかった[5]。ハウスは元来英文学を教えていたが、日本文化にも興味をしめした。芝居や政局に一家言をもち、義経＝ジンギスカン説を唱えた。のち、日本の条約改正要求を弁護し、これに立ちはだかったイギリス公使パークスを攻撃した。

この日、もうひとつの講演が行われた。バロッサ号の二等乗組員による、ギルバート、マーシャル、マルグレイヴのミクロネシア各諸島の報告「マルグレイブ諸島訪問記」である。ギルバート島のマレー人とマーシャル島のネグロ人は互いに敵対しているとの指摘があった。この講演は「短いが、興味尽きない」との評価があたえられた。なぜか、この発表もＪＷＭ紙と『紀要』に載らず、その内容は知られていない[6]。「日本およびアジア諸国に関する事柄の調査と情報の収集」という日本アジア協会の目的にそぐわなかったためだろうか。

日本の地理

三月二二日にはサトウが日本アジア協会の例会で 'The Geography of Japan'（日本の地理）という講演を行った。会場は横浜のパブリック・ホールであった。サトウ論文はつぎのように筆が起されている。

コーンウェル博士の地理の教科書は、一八七〇（明治三）年に第四七刷に達した本である。それゆえ、大いに普及した書籍といえるが、その一節に以下の記述がある。「日本はニフォン（Niphon）、九州、四国、蝦夷の保護領、南千島、樺太の南半分から成る」と。この文中の名称のスペリングの誤りは言うまでもないが、日本に関してすべての著者がつねに言及し、たえず繰り返される誤りがある。その誤りというのは、日本列島の最大の島［本州］をニッポンとかニホンと表記していることである。日本地理の数多くの特色の中で、誰も多分このことを不思議に感じていないし、理解もしていない。この日本がいくつかの島に分かれていることを明確に指摘はしても、本土に対してつけられた名称の重要性には気がついていないし、そうした思いも浮かばないのである[7]。

安土桃山時代のイエズス会宣教師の日本報告以来の情報をうのみにしているため、今日でも外国人は日本列島にある最大島

〔本州〕をニフォン、ニホンと記しているが、その誤解に気づいていないとサトウは言う。そのことは明治二年から翌年にかけて刊行になった『西洋聞見録』にも同じことが記されていた。著者の村田文夫によると、当時のヨーロッパには「本邦ノ事ニ就テ二大の訛伝アリ」という。そのひとつが日本列島の各島の名称であった。西欧人は一般に「日本、蝦夷、九州、四国」の四大島で日本列島が構成されていると考えていた。蝦夷（北海道）、九州、四国に関して誤りはなかったが、村田は「日本」の間違いを指摘した。すると、ある西欧人は「本邦四大島ヲ統轄シ、三島ニ各種アリテ一島ニナシ、其一島ヲ呼ブ時ハ、何ント称スルヤ」と逆に彼に質した(8)。村田がどう答えたのかは分からない。本州あるいは本土と自信を持って返答したのだろうか。総じて、当時の外国人は、本州のことを「日本」と呼んでいたようで、これは従来の日本側の古地図の慣行にしたがっていた。では、日本人が「日本」を本州と呼ぶようになったのはいつか。

　サトウは横浜居留地をまえにして日本の地理の正しい情報を提供することに意を決した。そして、日本の地理的な成立と各地方の分裂併合による国名の変化、地域的な記事、北海道から鹿児島までの各港・岬・山河など地形的な記事を詳述する。当然、日本人には常識的な叙述が多い。文末には、『諸国名所考』、『皇朝沿革図絵』、『木曽名所図絵』など、和書の参考文献一五部があげられている。最後の一節を引いておこう。

　この日本について、間違ったことが実に多く書かれている。そこで、どんな性質の誤りであれ不正確な記述でも、また、教科書程度の著述で見かけたおりには、これを訂正する機会を逸すべきではない(9)。

　当時の日本政府要人がこのくだりを読んだとしたら、どんなにか随喜の涙を流したにちがいない。日本政府がＪＷＭ紙と契約を結んだのは、右のサトウ論文と同じ考えたかがあることは、前章でみてきた通りである。当時の外国人居留地はサトウの講演にどう反応したのか。当日の議事録を読もう。

　会長のワトソン氏は学会を代表してサトウ氏に礼をのべた。さらに、サトウ氏の論文はイギリス地理学会でも高い評価があたえられるだろうし、ひょっとしたら賞状もいただけるのではないだろうか、と絶賛した。最近、イギリスに赴いた日本使節（岩倉使節団）のメンバーの数人が地理学会の会員になり、日本でもその学会の支部を設立するよう勧められた。（中略）日本人や外国人の測量家による海や海峡の命名方法はあまりにも雑多なので、多くの誤解を生んでいる(10)。

　岩倉使節団の随員でイギリス地理学会の会員となった人物は不明であるが、渡辺洪基と長岡護美が早いころの会員である。このときの示唆が遠因となって、一八七九（明治一二）年、イギリスの地理学会をモデルにした東京地学協会が創立された。サトウ論文は多分に一八七一（明治四）年に実施された廃藩置県を意識したものであったが、"A Guide-Book to Nikko"（一八七五）、"A Handbook for Travellers in Central and Northern Japan"（一八八一）とつづく、サトウの一連の旅行案内記の端緒であることに注目しておきたい。

サトウはＪＷＭ紙に無署名でつぎの六つの旅行記事をのせている。一八七二（明治五）年二月二四日号に富士山登山記を書き、同年三月二日号から一六日号まで三回連載で箱根から熱海までの旅行記を認めている。三月三〇日号から四月二〇日号まで四回連載で日光往還機を執筆し、とんで一八七三（明治六）年二月八日号から三月八日号までの五回連載で東京都京都間の中山道往来記をのせている。また、五月三日号には多摩川渓谷訪問記を、一二月一三日号には大山参詣記を紙面に飾っている。

再び議事録を繙いてみよう。「評議委員の報によると、ハドロウ博士とワトソン氏が本会の図書館に価値ある本をたくさん寄贈してくれた。Ｒ・ビッカース・ボイル氏、Ｗ・Ｇ・アストン氏、クリフォード・ベイト氏、ネイザン・ブラウン博士が在日会員に選ばれた[11]」。四人の新入会員の氏名が銘記されているが、注目すべきはＷ・Ｇ・アストンの加入である。アストンはイギリス帰国中の一八七二（明治五）年に岩倉使節団の世話役を命じられていて、日本アジア協会の創立会員にはなれなかった。内外の諸書に、彼が協会のオリジナル・メンバーだったと書いてあるのは、誤りである。一八七三（明治六）年三月に日本に帰任し、すぐに日本アジア協会の会員となったのである。アストンのほかにも、ネイザン・ブラウンが新会員となっているのが目に止る。著名なアメリカ人宣教師で、辞典編纂にその名をのこす人物である。

ドイツ・アジア協会

サトウが横浜で熱弁をふるっていた三月二二日、東京ではDeutsche Gesellschaft für Naturund Völkerkunde Ostasiens（ドイツ東アジア自然民俗学協会、略称はＯＡＧ）が創立された[12]。この協会はドイツ系の日本研究団体として知られるようになるが、その日は当時のドイツ皇帝の誕生日でもあった。これより先、横浜には「ゲルマニア」というドイツ人クラブがあったが、今度は学術的関心からＯＡＧがつくられた。発起人七一名のうちには、イギリス人としてサトウとハウエルの名が連ねられていた。ちなみに、サトウは日本公使時代の一八九八（明治三一）年に日本研究のパイオニアとしてＯＡＧの名誉会員に推たいされた。

ＪＷＭ紙の一八七三年七月五日号にＯＡＧの記事が載っていた。「ドイツ・アジア協会の創刊号が出版された。外観ばかりでなく内容も正当に祝福されるものであろう。数年前に英訳された秀作『徳川家康の遺訓』も含まれているが、日本の歴史を調べようとする熱意がある、いかなる協会にも必須な論説である。これは天皇と将軍の年代記である。前者は紀元前六六〇年から現在、後者は源頼朝の一一八六年から徳川慶喜の一八六八年までを網羅する。徳川家康の時代からつづく各将軍の家系もある。大きな日本のイカの論文、ホフマン博士の日本の医術の歴史、そのほか興味と重要性にあふれる論文がならんでいる」[13]。

ＪＷＭ紙にＯＡＧの創刊号からいくつかの論文が掲載された。一〇月一八日号には「日本の製紙法」（Japanese Paper）が紹介されている。ドイツ・アジア協会の和紙コレクション一一三点が引かれている[14]。一二月六日号にはホフマン博士の「脚気」が英訳されている。「カッケは漢字の「脚」と「気」の合成語である。日本列島の特有の病気である。インドやマレー半島でベリベリという名で知られているものと似ている。オランダ人やそれにつづいた外国人も同じ病気だと間違った判断をしている[15]」という冒頭の文章が印象的である（本書第10章一六〇頁）。一八七四年一月三日号の巻頭にはドイツ・アジア協会の紀要第三号の内容が言及されている。「巻頭のヒルゲンドルフ博士の論文は日本のカニを扱っている。第二のコチュウス博士の論文は芦之湯の温泉を論じている。その巻末には大地獄（大涌谷）温泉に関するリッター博士の報告がある。鉄道寮技師ボイル氏による京都と江戸の間の中山道の山々の標高の一覧表もある。今年のＪＷＭ紙の第一七号にはレピッシャー氏によるフジヤマの標高の観測結果一一五四二フィートが引かれており、エコー・ド・ジャポンの一八七三年八月二六日号にも転載された。ウェーバー氏は日本海側の茶栽培の論文がつづく[16]」。四月一八日号と五月二日号にはブラントの論文である「日本発見とキリスト教伝来」が前文紹介されている[17]。一八七四年八月一五日号と八月二二日号にはケンペルマンの「神道」（Shintoism）が連載された[18]。

ＯＡＧの例会は、当初、東京と横浜で交互に開かれていた。寺院や仮の施設で当座をしのいでいたが、一八八五（明治一八）年になって神田今川町に最初の会館を設立した。創立当初の会員三分の二は商人だったが、他に医者、自然科学者、日本政府のお雇い外国人などが混っていた。有力な会員をあげると、ベルツ、ミューラー、ライン、リース、レーマンなどがいる。資料を収集した。博物館はほどなく開館されたが、経費がかさみ、しばらくして閉館に追い込まれてしまった。収集した品物はベルツの提案でライプツィヒの民俗博物館に寄贈された。

協会の初期の活動には見るべきものがある。クニッピングは富士山の標高測定をほぼ正確に行ったし、ヘーレンは日本の一七世紀後半の地球儀について興味ある考察を下している。ケンペルマンやフローレンツの日本古典の独訳も見のがせない業績である。こうして、日本アジア協会とドイツ東アジア自然民俗学協会は当時の在日外国人の日本研究の両輪となった。

一八七二年の台風

日本アジア協会のその後の活動に筆をすすめよう。五月一〇日、アイダホ号の艦長ネルソン（Nelson）が例会（会場は横浜のパブリック・ホール）で 'The Typhoons of September and October 1872'（一八七二年の九月と一〇月の台風）という講演を行った。まず、台風の理論を説明し、一八七二（明治五）年八月二五日に横浜を通過した台風のケースを図説した。ちなみに、当時の日本側の史料、つまり横浜毎日新聞の明治五年七月二二日号（一八七二年八月二五日）は「辰（東南）風雨烈し、寒暖計、正午（華氏）八十一度（華氏八一度は摂氏二七度）」と伝えているだけである。

午後四時、強風が東南東から吹いていた。風力は六メートルから九メートル。気圧計は二九・二四度、温度計は八〇度（華氏）をさしていた。天気は曇り。（中略）午後八時、風向きが変わった。西北西から風力七メートルから九メートルの風が吹いてきた。烈しい雨と暴雨がくり返された。気圧計は二八・三二に低下した。（中略）午後一一時、台風は完全に過ぎ去った。[19]

当日の天気の様子が実に細かく叙述されていた。日本側の情報量の少なさとは対照的に、ヨーロッパでの気候学の進展に目を見張った。ついで、九月一一日の台風（アージリシール）の実例が紹介された。データは香港と横浜の間を定期航路としていたアルゲイリシャー号のもので、この船は当日台湾の南岸あたりを航行していた。この日、台湾の南端から二三マイル東北に台風が発生し、その経過が詳細に叙述された。一〇月四日の台風（フランシス・ヘンリ）の記録ものこされた。オーストラリア北部のバンジーメン海峡付近で誕生し、鹿児島県南部の吐《と》噶喇《から》列島を通過した、この台風の消息を追った。

日本での定期気象観察が開始されたのは、東京気象台が赤坂にできた一八七五（明治八）年六月であるから、このネルソンのデータはその空白期間を埋めるものとして貴重である。ネルソン報告は五月二四日号と六月七日号のＪＷＭ紙に掲載された。その気象観測史の一節を引いて参考に供しよう。

一六九八年、キャプテン・ロングフォードは西インド諸島のハリケーンに関する論文で、風向きの変化について叙述し、これをつむじ風とよんだ。一七四三年、スペインの航海士ドン・ジュアン・デ・ウロアは南アメリカの太平洋岸の風について執筆した。カッパー提督は、「インドの」マドラスやコロマンデルの海岸のハリケーンについて講演し、一八〇一年に出版した嵐に関する本に言及した。フランス人著作家ボームは一八〇六年に一書を上梓し、トンキン湾に近い南シナ海の嵐について記述した。ケンブリッジ大学のファラー教授は一八一五年にボストンを通過した嵐について記述した。アメリカ人哲学者レッドフィールドは一八三一年に『アメリカ科学紀要』へ論文を寄せ、西インド諸島からアメリカ大陸沿岸に吹き寄せる嵐について考察した。一八三八年にはレイドが当時不朽の名著とよばれた『嵐の法則』を執筆した。その後レイドの著作に対する議論が頻発した。[20]

ネルソンは、台風の発生とその通過コースの両面で磁気の影響が最も大きいと断言するのはさけた。そして、台風が収縮するのは、大地にぶち当たるよりも、大きな磁気が欠落してゆくからだと示唆した。地球の火山帯にはその衝撃を左右するものがある、と論じた。台風磁気欠落発生説なる珍説をとなえたのである。

ネルソンの論文が読み上げられたのち、これらの点について異なった意見が表明された。このときの議事録には発言者の名前がないので、誰の説かは分からない。最も強調されたのは、メキシコ湾海流のあたたかい水から発生する暖められた空気の流れが台風の通路に吹き込むのだ、という見込みである。注目すべきは、台風での磁気の方向や行動が観測によってまちまちな点である。その観測には十分の配慮がもとめられた。どうやら、ネルソンよりは批判者のほうが気象学について一日の長があったようだ。

その批判者は誰か。アメリカ人のトーマス・アンチセルが有力である。彼は明治五年九月一九日に正院に、一八七二年九月三〇日には開拓使に気象に関する建白書を提出している。そのなかで、一八七二年九月と一〇月の台風に言及している。「当年第八月中此島ニ大風二度アリ。一八六日ニシテ軽ク忽チ止ミタリ。又一ハ二五日ニシテ風勢強ク此海岸最モ甚シ。（中略）当日午前ノ暖度ハ（華氏）八五度ニ近ク微風南ヨリ来レリ。第九時ヨリ風勢漸々増加シ午中ヨリ午後第一時半ニ至ル迄暴雨アリ。第二時ニ及テ風雨最モ強ク天色暗黒也」[21]。かなり具体的な叙述である。

気象学が科学としての形態をととのえたのは、一九世紀中葉のことである。クリミア戦争さなかの一八五四年、フランスの軍艦アンリー四世号が暴風雨で沈没したことがきっかけで、フランスは一八五六年に暴風雨警報業務をはじめ、気象の観測網と通信網を整備した。気象観測は幕末から明治初年にかけて外国人が個別に実行していたが、明治になって日本はヨーロッパの気象学の成果を輸入した。ネルソンの発表はこうした研究状況のひとこまであるが、この一八七三年にはウィーンで世界最初の国際気象会議が開催されたことは忘れてはならない。その会議では観測法の統一や同時刻観測が決められた。もはや気象観測は個人の時代ではなく国家の手にゆだねられつつあった。

日本では一八八〇年ごろに政府による気象事業がはじまり、一八八二（明治一五）年に東京気象学会（日本気象学会の前身）が設立されている。同年、世界の一二カ国が参加して、地磁気、極光、気象などの観測が行われ、日本もこれに参加して、東京の赤坂で地磁気を観測した。これは第一回ポーラ・イヤー（国際極年）であった。この前年の一八八一（明治一四）年には、ドイツ人開成学校教師クニッピングにより日本最初の暴風警報が出された。一八八七（明治二〇）年には北尾次郎が「地球大気の運動と颶風の理論について」という日本最初の本格的な気象学論文を書いている。

岩倉使節団

舞台をヨーロッパにうつす。アメリカと欧州諸国を回覧中であった岩倉使節団がイタリアのヴェネツィアに到着し、五月二九日、同地のフラーリ古文書館で慶長遣欧使節の文書を提示された。すぐに岩倉具視は久米邦武にこれを筆録するように命じたので、後年、久米が編纂の『特命全権大使米欧回覧実記』にも収録されている。イタリア人歴史家グリェルモ・ベルシェーがこれを詳しく調査して、一八七七年に『天正慶長遣欧使節』を刊行した。イタリアにおける日本研究の本格的なはじまりとして特筆大書すべき出来事であった[22]。イギリス公使パークスも岩倉使節団の発見に触発されて、日本アジア協会で‘The Mission to Roma in 1615 of an Envoy from the Prince of Sendai’（一六一五年の伊達政宗の遣欧使節）という講演を行っている。惜しいことに、活字化されなかったので、その内容は知られていない[23]（本書の第8章を参照）。

久米の『米欧回覧実記』が出たついでに、同書にみられる一八七〇年代初頭のヨーロッパの日本像をながめてゆくことにしよう。イギリスのロンドン塔を訪れたとき、一六七三年のリターン号事件のおりに日本よりチャールス二世に贈られたという甲冑一領を実見し、大英博物館では『名所図会』、『三才図会』、『成形図説』、『節用集』などが収まっていることを知る。ケンペルやシーボルトが収集した和書である。フランスではジャポニズリー（日本趣味）の隆盛を実感させられるが、パリのフォンテンブロー宮には「日本古代蒔絵ノ漆器モアリ、又日本支那ノ器代ヲ集メラル所アリ、漆器、漆板、屏風、銅器、陶器、及ヒ支那ノ画等ナリ」とはその典型的なすがたであった。オランダの「東南洋ノ博物館」では、シーボルトが蒐集した品々が満ちていた。狩野派の画家がえがいた馬の金屏風を「頗ル佳ナリ」と評し、西洋人が高く評価したことを伝えた。また、オーストリアのウィーン万国博覧会では日本からの出品物が大いに評価をよんだ[24]。

日露関係史

イギリスでは岩倉一行を案内したのは、外交官で日本学者でもあるアストン（W. G. Aston）その人であった。その彼が六月七日の日本アジア協会の例会で‘Russian Descents in Saghalien and Itorup in Years 1807’（樺太・択捉のロシア人暴行事件）という講演をした。副会長ブラウンの司会で、横浜のパブリック・ホールで行われた。七〇年近く前のロシア人の暴行事件が語られた。一八〇四（文化元）年のロシア使節レザノフの長崎来航に対する日本側の処置を不満として、一八〇六（文化三）年および翌年にロシア人が樺太と択捉でおこした事件をあつかった。俳人の小林一茶は、「春風の国にあやかれおそろしや船」という句を詠い、この事件の推移を見守っていた。しかし、この暴行事件を契機にして日本人のロシア嫌いは助長された。アストン論文の興味をそそる記事をひろってみよう。

一八〇七（文化四）年当時、択捉島の日本人入植者《コロニア》は、かなり賑やかな状態であった。それは、一〇年以上まえに設けられ、今日では一〇〇〇人以上のアイヌ人、二五〇人から三〇〇人の日本人（女人五人を含む）が住んでいる。ただし、日本人のほとんどは南部藩と津軽藩の武士であった。秋田の酒醸造者をのぞいて貿易に従事している者はいない。アイヌ人はマスをとる漁師がふえてきた[25]。

日本人とロシア人のうち、最初に択捉島を支配したのは、実はロシア人であった。一七六六（明和三）年にチョルノイ人なる人物が初めて同地に足を踏み入れた。つづいて、一七七八（安永七）年にはイルクーツク府鎮台タムオフの命をうけたシャバリンが島民四七人をロシアの戸籍に編入した。その後、ロシア正教と思われる宣教師が来島して、島民を入信させている。そのため、一九世紀初頭に日本人の近藤重蔵が択捉島に立ったとき、カモイワッカ岬でロシア人が建てた十字架を発見した。「四寸角度一丈余の材木に処々文字を刻む」[26]（『近藤正斎全集』第二）とあるから、その文字はロシア語であろう。この十字架を倒して、「大日本恵土呂府」という碑標を立てた。先住していたロシア人を追放して、日本の領土権を主張した。この主張の当否は惜くとして、択捉島が日本固有の領土である、とする平成の日本政府の根拠には疑問が多い。むしろ、一八五四（安政元）年に来日したロシア使節プチャーチンが、択捉島に五〇年前までロシア人が住んでいたから、同島はロシア領土である、と強調したのは一理ある。結局、幕臣の川路聖謨の大声に圧倒され、択捉島は日本領となった。こうした歴史的推移を想起するならば、アストンの叙述がきわめて価値の高いものであることが理解できる。

一八七三（明治六）年当時、アストンがこの論文を執筆した背景には、樺太をめぐる日本とロシアの国境問題があった。樺太の国境問題は、一八六六（慶応二）年の暫定協定でも、日露両国の雑居の地として懸案事項となっていた。ロシアの南下と樺太の形勢に重大なる関心をもっていたイギリス公使パークスは、一八六九（明治二）年八月一日、日本政府に樺太放棄策を勧告した。蝦夷地（北海道）の開拓経費に専念せよ、という忠告である。その後、日本政府はパークスの勧告にそうかたちで、一八七五（明治八）年にロシアとの間に樺太千島交換条約を結んだ。おそらく、パークスの指示があったのだろうが、アストン論文も先述のサトウ論文と同じように、きわめて政治的背景を意識した著述であった。そのアストンの講演は七月一九日号のＪＷＭ紙と翌年の一八七四（明治七）年九月三〇日号のファー・イースト（Far East）紙の紙面をかざり、横浜居留地の外国人をはじめとして多くの人びとに読まれていった。

六月一四日号のＪＷＭ紙には、このときの質疑応答がのっている。[27]討論では、日本関係の以前の情報と資料の乏しさとあいまいさを多くの人びとが指摘した。ある質問に答えて、アストンはいう。この文書で言明されている暴行事件がロシア帝国の役人によって実行されたのか、それとも地方領主の単独行動なのか明らかに出来ない。一八〇四年に長崎に派遣された使節が皇帝アレクサンドルから徳川将軍へのものであるのは疑う余地もない。ブラウンは言う。来日以来一三年いくたの困難に直面したが、この日本のことがずい分わかってきた。興味は尽きないけれど、今だ深入りしたことのない分野で多くの調査が行われてきたことに日本アジア協会を祝福したい。パークスはある事実を思い出した。アメリカから来航したモリソン号の来日目的のひとつが難破船員の救助だった事実である。かたや、ロシアの訪問者たちも同じ目的をもっていた。軍人の無能さは目をおおうばかりである。

アストンのエピソードを思い出したので書き留めておこう。時代は明治二〇年前後に下る。若き日の作家岡本綺堂は脚本家をこころざして、イギリス公使館にアストンをたずねた。綺堂の父敬之助が公使館に勤めていた関係で、アストンは岡本を子供のころから知っていた。綺堂はアストンが日本文学に造詣が深いことを頼りに、押し掛けて脚本の話を聴いた。アストンはシェークスピアの全集を持っていたが、岡本にはまだ無理だろうから、自分の知っている脚本の話をした。ありがたいことだが、岡本が脚本の書き方を会得するには何の効果もなかった。とかくするうち、つぎの年の夏になった。アストンは自ら銀座の本屋で見出した小形の仮綴じ本五、六冊を綺堂に貸した。「仲光」、「四千両」、「加賀鳶《とび》」など芝居の正本《しょうほん》を集めてものである。河竹黙阿弥《かわたけもくあみ》の脚本集である。この出来事をきっかけにして、岡本綺堂は作家の道へ入ってゆくのだから、彼にはアストンが恩人である。(28)

横浜の大火

時間の針を一八七三（明治六）年にもどそう。六月一五日の午前二時一五分ごろ、横浜居留地三二番のＪＷＭ社で突然火災が発生した。経営者プリンスはパチパチと柱がこげる音と火のにおいと煙に驚いて目を覚した。すぐに気がついたので、消防士はほどなくやって来た。横浜毎日新聞によると、「器械場焚残り無程鎮火せり」とある。失火の火元は結局判明できなかった。唯一分かったのは、前方のプリンスの部屋か後方のＷ・Ｇ・ハウエルの部屋のどちらかから火が出たことである。失火原因の解明より、もっと重大なのはＪＷＭ社の損失である。焼失した印刷用紙、家具、貴重図書に七千ドルの保険がかかっていたのは不幸中の幸いであった。しかし、若干の書物、出来上がったばかりの印刷物、すでに製本をすませた印刷物、それに『日本アジア協会紀要』の創刊号も焼失した。これらには、全く保険をかけていなかった。日本アジア協会の機関誌は第一号と第二号の合併号として翌年の一八七四（明治七）年に刊行される羽目になった。

このことを日本アジア協会の評議会は数カ月後の一八七三年の総会で言い訳している。六月の火事で、永年にわたる原稿や資料がほのおの中に消えてしまった。しかし、損失はとり返しのつかないものではない。発行予定の論文のほとんどは再生可能であろう。再び論文が陽の目を見て、『紀要』が刊行されたならば、日本アジア協会と他の学会の結びつきが強固なものとなろう。このささいな障害から立ちあがり、私たちの当初の目的を厳格に遂行してゆこうではないか。いささか自己弁護の色彩がないではないが、それでも『紀要』刊行は多少の遅れはあったが実現した。

世の中、塞翁が馬ということもある。この災難で日本政府とＪＷＭ社とのつながりはむしろ強くなった。ＪＷＭ社の火災直後に大蔵卿の大隈重信が主筆ハウエルに見舞状を出していた。

六月二〇日付の大隈宛のハウエルからの感謝の書簡が早稲田大学の大隈重信文書にのこっている。その三カ月後の九月一日には日本政府がJWM社に補助金を出す契約が実施にうつされたのである。この契約内容は前章でみてきた。

一八七三（明治六）年六月一六日号の横浜毎日新聞には、JWM社の火事では「ポンプを用ひて凡七八町海水を吸引して濕灰せ里《り》。実にポンプハ有用な器械と云へシ」とある。日本人は消防ポンプの威力に感心したわけである。一八六〇（万延元）年、横浜の外国人居留民は消防ポンプを一台購入し、さらに消化隊を編成した。一八七三（明治六）年にはオランダ人デヒスの下に居留地消防が薩摩町二三八番に移った。このときイギリスのサンド・メーソン社から蒸気ポンプ三台を購入した。この居留地外国人消防隊は「薩摩町消防隊」と呼ばれて、周辺の人びとの評判を博した。JWM社の火事で使用されたポンプはイギリス製の蒸気ポンプであり、そのポンプを握って活躍したのは右の消防隊である。横浜消防史の記念すべきエピソードであった(29)。

東洋学者会議

日本政府とJWM社との間の補助金の契約がはじまった。奇しくも同じ九月一日、フランスのパリではレオン・ド・ロニーが主宰する第一回国際東洋学者会議が開幕した。この会議にはブロンズ、宗教、民俗の三部門があり、翌年の一八七四（明治七）年一月一三日までつづけられた。これを記念して、パリのオリエンタル劇場では「緑の龍の僧院」が上演された。ル・モンド・イリュストレ紙にも、この様子を伝えるさし絵が挿入された(30)。一〇月一八日付のイリュストラシオン紙にも関連記事があった。

この会議の議事録ともいうべき ‘Congrès International des Orientalistes, 1ère Session――1873’（『第一回国際東洋学者会議報告書・一八七三年』の復刻版が一九九八年に公刊された）によると、日本関係のテーマと討論者はつぎの通りであった。

第三分科会（九月一日）――レオン・ド・ロニー「日本の古代器物」、ロニーほか「日本の石器時代、勾玉、金冠、銀冠について」、「日本の古鏡について」、「日本語の色彩語について」、「福園主人『金譜』（一八五四）仏訳」、「日本・中国の古代器物について」、「日本の古銭学」、今村和郎「長谷寺の碑文」。

第四分科会（九月二日）――ロニーほか「日本語のヨーロッパ表記」、「日本語の音節の表記」。

第五分科会（九月二日）――「民衆教育、とりわけ女子教育、日本におけるヨーロッパ人の産業と通商」、「文明開化に関する考察」、「日本の原始宗教について」、「日本の諸宗教および新仏教」、「日本人における女性の理想像」、「日本政府の歳入歳出――一八七三年六月九日の大隈報告」、「日本の私署証書の筆記体について」、「日本の最近の革命」。

第六分科会（九月三日）――「黄色人種の人類学的特徴について」、「日本人の起源の初期の移動」、「日本人と太洋州諸島の関係」、「日本とアメリカの関係」、「日本の刺青について」、「アイヌ人について」、「アイヌ語テキスト注解」、「福地源一郎『日本歴史の古書』仏訳」、「エルヴェ・サンドニ『日本古代史論』（一八七二）批判」、「漢字の日本渡来について」、「日本の古代文字」、「いわゆる寂昭の文字について」、「漢字の日本音について」、「日本詩の夕べ」、「日本の若干の方言について」、「日本の作詩法」、「万葉集」、「日本文学の主要古典」。

第七分科会（九月三日）――「日本の精密化学（数学）」、「日本の医学」、「日本農業の肥料」、「『藍の栽培と加工』（一八七二）仏訳」、「日本の蚕」、「日本の銅鉱石」、「山崎景義『金石図譜』について」。

まさに、日本文化百般を論じた、壮大な「日本展示会」といった趣であった(31)。そして、この会議の動静は日本人の耳にも達し、九月二三日の横浜毎日新聞は「東洋学公会」という記事を載せて、これを詳しく報じた。当然、横浜居留地の外国人日本研究家たちにも、この報道は伝わり、日本ブームの広がりを実感して、大いに励みと刺激になった。

東洋学公会　第一会議　紀元一千八百七十三年第九月二二日巴里《パリー》斯府に於いて日本学術ならびに開化の議。日本開港以来、内外益を交え、彼此互に情を通じ、従って学術を講究せしより、遂に即今此議を起すに至れり。故に予等日本学術に志し、また彼の開化に着眼する諸君子の之公会に臨れん事を忝うす。はじめ此公会の説を起せしよりに幸に四方の君子これに応ぜられて、今実に此会を起す事を決せり(32)。

これにつづけて、四つの課題を提示した。(1)西洋文字をもって日本語を書するに一定の法を立ること、(2)日本と西洋と開化の比較、(3)日本と西洋と学術の比較、(4)日本学術と西洋学術と彼此互に相補助すること、であった。当面この四つの課題を中心にすえて、西洋人と日本人の相互協力によって日本研究を遂行しようとするものであった。

第3章　会則規定——一八七三

協会組織

日本ブームの深まりのもと、一〇月八日に横浜のグランド・ホテル（現在のニュー・グランド・ホテルとは別物）の一九号室で日本アジア協会の年次総会が開かれた。会長のワトソンの司会で、書記のサイルが年次報告を行った。この一年間の発表者とタイトルが告げられた。サトウ「琉球覚書」、ハドロウ「ホス貝」、グリフィス「江戸の街路とその名称」、ホッジス「フジヤマ」、ハウスおよび日本人学生「琉球語に関する五つの論考」、バロッサ号乗組員「マルグレイブ諸島訪問記」、サトウ「日本の地理」、ネルソン提督「一八七二年の九月と一〇月の台風」、アストン「樺太・択捉のロシア人暴行事件」がそれである。ついで、翌年度の役員選出にうつり、以下のように決った（なお、これ以降連年の役員人事については省略したい）。

会長——J・C・ヘボン、副会長——S・R・ブラウン、H・S・パークス、会計——R・B・ベーカー、記録書記——A・ベラミー、通信書記——E・W・サイル、財産管理者兼図書委員——H・プライヤー、評議委員——E・M・サトウ、A・J・ウイルキン、W・G・ハウエル、B・ドーン、R・H・ブライトン[1]。

役員改選と一部の組織変更があったところで、時間はすこし下るが一八七四（明治七）年に制定された日本アジア協会会則の抄摘を紹介して、理解を深めてもらおう。

第一章　名称と目的

一、本会の名称は日本アジア協会（The Asiatic Society of Japan）という。

二、本会の目的はつぎのとおり。

（a）日本およびアジア諸国に関する事項の調査と情報の収集。

（b）上記の目的を遂行するための図書館および博物館の整備。

（c）本会を読み上げられ、かつ収集されたオリジナルの論文や情報を掲載するための機関誌の発行。

第二章　会員

一、本会は一般会員、在外会員をもって構成する。（後略）

第三章　役員

一、本会の役員はつぎのとおり。毎年の年次総会で選出される。

会長（一名）、副会長（一名）、評議委員（五名）、書記（一名）、記録委員（一名）、会計（一名）。[2]

ここで目新しい条項は、第一章第二条（b）であろうか。つまり、日本アジア協会の図書館と博物館の設置をうたった条項である。インドや中国でのロイアル・アジア協会の先例を踏襲しようとしているので、その前史を記しておくことにしよう。

一七八八年にカルカッタのベンガル・アジア協会が設立されて以来、地質学や動物学・植物学の収集品、人類学の遺品、美術および考古学の遺物を整理研究するための博物館、植物園、動物園の必要性が唱えられた。一八一四年に創立された博物館はこれに応えたもので、今日のカルカッタ博物館の前身となった。カルカッタに植物園が設けられたのは、アジア協会が設立された二年後の一七八六年のことで、以後、インドの植物栽培と植物学研究の中心地となった。一九世紀後半には王立カルカッタ植物園とよばれていたが、イギリスからの独立後はインド植物園と改称された。

セイロン（スリランカ）では一七九九年に植物園がつくられたが、本格的な開園は一八二一年と遅れた。シンガポールでは、ラッフルズの指導により、一八二二年にシンガポール植物園が開かれた。そのラッフルズは、動物園の開設にも情熱をもやし、一八二八年のロンドン動物園の開園に尽力した。[3] このような背景には、ヨーロッパにおける動物学や植物学の、いわゆる博物学の隆盛があり、江戸時代に日本にやってきたトゥーンベルグやシーボルトが『植物誌』と『動物誌』をあらわしたのも、そうした流れにそったものである。

このような動向も、一八五〇年代ごろから変化がみられる。上海のロイアル・アジア協会の前身の設立趣意書には「図書館と博物館を設置して資料を収集する」ことが唱えられている。博物学でなく博言学（言語学）を中心とした施設をつくろうとした。自然科学より人文科学に重きをおいたのである。横浜にできた日本アジア協会は、インドやセイロン（スリランカ）や香港の先例でなく、上海の方式を模索しようとした。

日本アジア協会の図書館と博物館の設立事業は、いかなる発展をみせたのであろうか。図書の収集は、類似の学術団体との機関誌の交換、会員からの寄贈、購入によってまかなわれた。そして、博物館の資料は、もっぱら寄贈に頼っていた。一八七三（明治六）年一二月の月例会では、グランド・ホテルの八号室に図書館を開設し、寄贈をうけた図書や標本を午後四時から六時にかぎって毎日閲覧させることになった。一八七四（明治七）年一二月には、図書館と博物館を設立するための資料を保管するために、横浜居留地二八番に部屋を借り、月二〇ドルの家賃を払っている。数年後、日本アジア協会の拠点が横浜から東京に移っていったとき、図書館を一八七六（明治九）年一月に東京へ移転させた。このときの移転費用として一三ドル二五セントが支払われている。東京での移転先は開成学校であり、一八七七（明治一〇）年には日本アジア協会の図書館で月例会が開かれている。一方、博物館のために資料収集は、あまり進捗しなかったようで、一八七八（明治一一）年には廃止の憂き目にあった。収集資料は東京大学などに寄贈された。

図書資料であるが、『紀要』第六巻第三部の巻末にそえられている蔵書目録 'Catalogue of Books in Society's Library' に登録されている本はこのころまでに収書されたものである。アベル『中国』、イギリス代理公使アダムスの『日本歴史』二巻、ブラウン牧師『日本口語文典』、ディクソン『日本』、エドキンス『中国の宗教』、グリフィス『横浜案内』、クラプロート『日本王代一覧』、ライマン『蝦夷地理調査』、マルコ・ポーロ『東方見聞録』、サトウ『日本歴代年譜』、ティティング『日本図譜』、ホイットニー『オリエントと言語研究』といった単行本一二九部、またアメリカ地理学会、ベンガル・アジア協会、ドイツ・アジア協会、言語学会などの紀要三六点が見える。今日の視点からすると、みな貴重な図書ばかりである。

ところが、第二次世界大戦の戦火のために、そのほとんどが失われてしまった。残った資料は少ないながらも、今日、東京の日本アジア協会の図書館に大切に保管されている。日本アジア協会の消失図書の最終的な旧蔵書にあたるものとしては、一九〇九（明治四二）年に協会が刊行したカタログがある。[4]

日本アジア協会の会則第一章第三項（c）によると、協会の主要活動は月一回の割で開催される例会での論文発表と質疑応答であった。例会は若干の例外をのぞいて一〇月から始められた。開催曜日は土曜か水曜日でほぼ一定していた。年次総会は最初の規約では七月に開くことになっていたが、一八七七（明治一〇）年からは六月に変更された。例会の開催時間は横浜ではだいたい午後八時三〇分ころと定まっていた。東京の場合は午後四時ころが多かった。また、横浜ではゲーテ座（パブリック・ホール）でもグランド・ホテルでも賃料を払っていたが、東京の開成学校や昌平館は無料であった。おそらく、日本人会員であった森有礼や畠山義成らの尽力によるものであろう。議長（司会）は会長がつとめることになっているが、会長欠席の場合は役員中の最年長者が行っている。いずれにせよ、この日本アジア協会は横浜居留地の外交クラブであり、知識人たちとの知的交流の場であった。

規約の第二章第三項には会員の規定がある。当初、会員の種類には名誉会員（Honorary Members）、居住会員（Resident Members）、通信会員（Corresponding Members）の三種類があった。第三会期から通信会員がなくなり、第六会期からは非居住会員（Non-Resident Members）の制度が設けられた。[5] 最初の名誉会員は二名、イギリス海軍少将シャドウェルとイギリス海軍大佐アーサーで、協会設立の功労者というよりは対外的な政治的配慮が濃厚である。第二会期には英語圏の日本学創始者ともいうべきR・オールコック（元駐日イギリス公使）と中国研究家のS・W・ウイリアムズが加えられた。ほかには協会に貢献したのち離日した人物（たとえばJ・J・ライン）、あるいは在外の著名な東洋学者（アメリカ東洋学協会会長W・D・ホイットニーら）などである。第八会期には協会の設立者とみなされたサイルが名誉会員の列に加わった。さきの非居住会員の大半は離日した元の居住会員であった。

協会の設立者の大半は横浜居住者であった。初年度の会員全体についても、居住地の判明する者のうち七割以上が横浜居住者で占められた。協会の設立当初、横浜居留地に深く根ざしていたことを物語る。その後、東京居住者の比重が次第に増大し、一八七八（明治一一）年に至ってついに逆転する。横浜居住会員は一八七四（明治七）年の六八名をピークに、一八七六（明治九）年以降は漸減している。一方、東京居住会員は一八七九（明治一二）年の五九名を頂点に漸増し、やがて漸減する。設立当初の会員には商人が最も多い。初年度ではすべて、次年度でも約七割が横浜の商人であった。商人会員は一八七四（明治七）年の五一名をピークに、一八七六（明治九）年以降は漸減する。お雇い外国人の会員数は急激に増大し、一八七五（明治八）年には商人を追い越し、翌年には八四名となり、全体のほぼ半数を占めた。しかし、以後は減少傾向となる。外交官・宣教師の会員数には経年的な変化がみえないので、商人と御雇外国人の会員数の動向が全体を規定した。

それは協会の地域的特性にも関連していた[6]。横浜・神戸・長崎に居住する会員は商人が中心で、とくに横浜の商人会員数は全国会員の約八割に達する。これに対し、東京・大阪に居住する会員は御雇外国人が中心であり、東京だけでも全国会員の半数に及ぶ。さらに、東京の場合、外交官・宣教師も多く、いずれも全国のほぼ半数を占める。換言すると、横浜と東京の間には一種の分業関係があったといえる。会員の中心が商人からお雇い外国人へ以降したのは、学会活動の中心地が横浜から東京へ移行したのに対応している。商人、ことに横浜商人は初期の協会を支える大きな力であった。しかし、横浜でも神戸でも、とくに長崎では次第に協会から離れる傾向にあった。一方、お雇い外国人は研究面でも運営面でも協会の活動に大きな役割をはたした。しかし、彼らは、一時的な存在であり、その急激な増大と減少が、協会の初期の活動を規定する要因ともなった[7]。

話題をグランド・ホテルに戻すことにしよう。このホテルは一八七三（明治六）年八月一六日に落成式が行われたばかりの新装ホテルであった。JWM紙によると、「その落成にふさわしい公開晩餐会の式典が催され、商業界の重鎮たる人びとが多数出席した。このホテルは、増加の一途をたどる当地訪問客に宿泊施設を提供する目的で建設されたものであり、あらゆる望ましい近代的設備を備えている」という。多くの公共事業を手がけたイギリス人の「パブリック・スミス」ことW・H・スミスがイタリア人写真家フェリックス・ベアトらと出資したホテルである。開業当初の料金は月極め二食つきで六〇ドルである。当時のほかのホテルの倍に近い宿泊代である。一般旅行者の宿泊を行っていたが、お雇い外国人の仮宿舎としても用いられた。一八七五（明治八）年の秋にはビリヤード室や読書室も完備した。日本最大を誇ったグランド・ホテルであったが、一九二三

（大正一二）年九月一日の午前一一時五八分に発生した関東大震災で廃墟と化してしまった。このグランド・ホテルは現在の山下町の向いにあるニュー・グランド・ホテルとは別物である。新装のホテルで清新な学会活動がはじまった。

日本語改良問題

一八七三（明治六）年一〇月八日の横浜のグランド・ホテルで、サトウの代読によりイギリス人宣教師エドキンス（J. Edkins）（北京在住）の'The Nature of the Japanese Language and It's Possible Improvements'（日本語の性質と国字改良問題）という講演がはじまった。

日本語と類似関係にある言語との比較という課題は最も興味のある成果が産まれることが期待されている。この研究分野が新しいもので、実りあるものであることはまだ知られていない。どのようにしたら、収穫が得られるのだろうか。(8)

高名な中国学者であったジョセフ・エドキンスは、こうして講演の筆をすすめた。彼は一八七一（明治四）年に'China's Place in Philology'を刊行し、中国語の位置づけをすませ、ついで日本語の特質とその国字改良問題に目を向けた。当時すでに、欧米人は中国語、モンゴル語、満州語の文法書や辞典をつくり、東方諸国や太平洋の諸言語の比較も可能となっていた。エドキンスは日本アジア協会へ論文を提出した。それまでの比較言語学の成果を参考にして、日本語と中国語を比較し、動詞の位置が異なる点をあげる。さらに日本語とポリネシア語およびマレー語を対比し、形容詞の形態が相違することなどを指摘した。日本語と近隣言語との類似性が稀少であると結論した。この結論は大筋で今日までに到達した日本語系統論の成果にも合致するものである。

エドキンスはワシントン駐米公使の森有礼が一八七二（明治五）年六月に提出した問題について言及した。森はエール大学教授W・D・ホイットニーに書簡を送り、漢文の代わりに英語を日本語の言葉として採用する可否について問うた。これに対して、ホイットニーは日本語のローマ字化を勧めたのである。口語は改めることは出来ないが、文語は言葉を書き表わす道具にすぎないので改良は可能であるとの理由からである。一方、日本語のローマ字書きは欧化主義の日本人知識者に大きな支持を得て、南部義籌の「修国語論」（一八六九年）をはじめ、西周「洋字ヲ以テ国語ヲ書スルノ論」（『明六雑誌』第一巻、一八七四年）や西村茂樹「開化ノ度ニ因テ改文字ヲ発スベキノ論」（同右）などが書かれた。エドキンスは日本語の特異性を考慮して、英語採用に関する注意事項をいくつもあげつつ、日本語への英語の導入し賛意をしめしている。これ以降、日本人知識者に欧米人も加わって、明治二〇年ごろに全盛をみるローマ字運動が展開されるが、このエドキンス論文は外国人側の先駆的作品といえる。エドキンスの講演は一〇月一一日号のJWM紙に登場した。

一〇月一八日号のＪＷＭ紙にはこのときの議事録がのっている。(9)まず、エドキンスが「ゴッド」の訳語に「カミ」という日本語を用いた点に異議が唱えられた。日本語に英語の前置詞を入れると大いに混乱するだろう、との示唆もあった。ブラウンは言う。今日使用されている言葉に大量の漢字が採用されている点で、日本語は最も難しい話し言葉である。現在、日本の学校では中国語の構文ではなく漢字が教えられている。また、アラビア数字も採用された。ワトソンはペルシャでは純粋ではあるが貧弱な言葉が日本語の場合と同じプロセスで導入された、と注意を喚起した。サトウは、エドキンスの提案が実行されたら、「くずれた」日本語よりもっとひどい言葉が広まってしまうのでは、と危惧した。アストンは断言する。提示されている計画は全くユートピア的で実現不可能である。お上の権威で言葉を変えてゆくことは全く出来ない。言葉が変化するのは、天才的作家の影響なのだ。

ケンペル研究

一〇月二二日に横浜のグランド・ホテルの一九号室で開かれた日本アジア協会の例会ではふたつの講演があった。ひとつは初代会長を務めたワトソン（R. G. Watson）の‘Abstract of “Historia Imperii Japonici Germanicé Scripta Ab Engelberts Kaempfer, Londini, 1727”’（ケンペル『日本誌』一七二七年版の要約）であり、もうひとつはＪＷＭ社主ハウエルの代読によるフランス人デシャルム（Léon Descharmes）の‘Itinerany of a Journey from Yedo to Kusatsu, with Notes upon the Water of Kusatsu’（江戸草津紀行と草津温泉）である。

前者はドイツ人医師ケンペルの『日本誌』の解説である。一七一二年、『日本誌』の原型『廻国奇観』を郷土レムゴーで出版した。だが、彼の死後、『日本誌』用の原稿は、イギリス人スローン卿の手にわたった。スローン卿はロンドンの大英博物館のコレクションでも有名な人物である。その後、イギリス人ショイヒツェルが校訂英訳して、一七二七年に“The History of Japan”として上梓した。ワトソンがテキストとして用いたのは、この英訳本である。一七二八年にはフランス語版、一七二九年にはオランダ語版も出た。後者のオランダ語版をもとに、志筑忠雄が『鎖国論』（一八〇一年）という邦題をつけて、ケンペルの本を日本語に抄訳している。母国語による『日本誌』の刊行はおくれ、一七七七年に至って満足すべきドイツ語版『日本誌』が出版された。ワトソンの講演はたんなるケンペル紹介にすぎなかったけれど、ワトソン論文が後年の日本のケンペル研究文献目録に登録されていないのは、どういう事情なのであろうか。ワトソン講演は一〇月二五日号と一一月八日号のＪＷＭ紙に掲載された。

ワトソン論文の要約はつぎの通り。『日本誌』は、一六九〇年九月から一六九二年までの日本滞在を含んだ、ケンペルの胸躍る報告である。同時代の日本および日本人に関する研究もそそられている。ケンペルは日本人が中国人や朝鮮人から分かれたという考え方に反対した。日本人はバビロンから分かれ、最短かつ出来るだけ速いルートで、日本の海辺に到着した。注目すべきは、このときの指導者が日本の皇帝の歴史の端緒をつくったことである。その歴史は、キリスト誕生以前どころか世界創造以前にさかのぼり、万世一系つづいている。

質疑応答に移った[10]。サトウはケンペルの著作は大いに有益ではあるが、日本自体が変革をとげたので、いくつかの叙述は訂正すべきだと論じた。パークスは、ケンペルが完璧な権威だとみなすことは出来ない。とくに、日本人がバビロンからやって来たという考え方にはとうてい承服できない、と断じた。サトウやパークスの指摘は正しかった。ことにサトウはこの著作には幕末のころから関心をもっていた。『英国策論』のなかで、ケンペルを「長崎ニ客居して日本の国体に詳ニ知らさりし」人物とみなした。ケンペルの『日本誌』には「日本ニハ二王ありと言《いい》来《き》連《たれ》り、其一人ハ国家を支配春《す》る天子、他の一人は教主の如きものニして国家の政事を関係世《せ》さる天子なり」という記事があり、支配者としての将軍と宗教的存在としての天皇を指摘する。サトウはケンペルに代表される従来からの西欧人のこの伝統的国家観の誤りを正し、天皇が元首であり、将軍はその政治的代行者にすぎないことを看破したのである。そのことを討論では再言したのであろう。

草津温泉紹介

後者のデシャルムの講演[11]は、東京から草津温泉までの行程と草津温泉の効能を論じた講演である。デシャルムが東京を出立したのは、一八七三（明治六）年八月である。その彼が見た草津温泉は一八六九（明治二）年の大火で復興に苦しむ姿であった。

かつて草津村は大きく、一〇〇〇軒の家々が軒を連ねていたといわれる。一八七二年［一八六九年の誤り］に起きた火災で村はほぼ全滅してしまい、今やっとその廃墟から立ち直りつつある。ひどい病気をなおそうとここにやってくる日本人の数はたいへん多く、間借り部屋を見つけるもの難しい。最も設備のよい茶屋は村の中央にある中川［中沢か］で、ここにはごく低温の温泉があるので、わきたつ湯になれていないヨーロッパ人には最適である[12]。

ついで温泉の概要をしるす。

村の中央には三つの大湯槽があり、西から東へと流れこみ、ここで一ヶ所にあつめられる。それらの湯は村の北東の山腹からわき出して流れ込み、たがいに異なった温泉がここに集められている。その後、丘の近くを通って長野原へと流れる。中央の湯槽とすべての温泉は絶えず調節され、それらは臭気のある湯気となり、植物は温泉の発散物により汚染されて成育がよくない。温泉の流れは五五度以上もあり、草木を枯らしてしまう[13]。

デシャルムは温泉の成分を分析し、ござの湯、熱の湯、脚気の湯、綿の湯などの一八湯を紹介した。これは入湯案内記を英訳したものだが、原著は知られていない。今回の草津への旅にはサトウが発表したものに負っている、とデシャルムは書いた。どの著作を指しているのだろうか。一八七五（明治八）年に刊行された"A Guide Book to Nikkô" の原稿を見せてもらったのか。そして最後に、日光までは例幣使街道をゆくのが良いこと、伊香保温泉の利点をあげる。そのためであろうか、のちにイギリス人女性旅行家イザベラ・バードは日光まで例幣使街道を選んでいるし、多くの外国人も草津や伊香保に足繁く出かけている。当日の例会に出席していたサトウは、デシャルムに感謝の意をあらわし、その行程が人口に膾炙され、これからの旅行者には大きな教導となろう、と賞賛した。さらに、サトウは一八七七（明治一〇）年九月一四日の日記にもデシャルム論文の名を明記した。

デシャルムは論文の冒頭で、「草津温泉は何世紀にもわたって日本での名声をほしいままにしてきたが、この評判を価値あるものにするために、今後の調査研究に委ねなければならない(14)」と強調した。このデシャルムの提言を実行して草津を大々的に世界へ紹介したのは、ドイツ人医師ベルツである。このため、デシャルムの草津紹介は影にかくれ、つい最近まで地元の人びとも彼の名前すら知らなかった。草津を最初に西欧人に認知させたのは、まぎれもなくデシャルムである。彼の論文は一一月一五日号と一一月二二日号のＪＷＭ紙に登場した。ただし、後年の『紀要』に登載された「草津より日光、日光より江戸への紀行」は、両号にはない。例会当日には発表されず、サトウの了解を得て、『紀要』掲載時に追加されたのであろう。

日本の刀剣

一一月二六日になると、イギリス外交官マクラティ（T. H. R. McClatchie）が日本アジア協会の例会（午後八時三〇分から横浜のグランド・ホテルの一九号室で開催）で"The Sword of Japan: Its History and Traditions"（日本の刀剣・その歴史と伝統）という題目で講演した。文字通り、日本刀の歴史と伝統に関する発表であり、彼は仰木伊織（弘邦）の『古刀銘尽大全』（九巻、寛政三年刊）と鎌田魚妙（三郎大夫）の『慶長以来新刀弁疑』（八巻、安永六年刊）という日本刀研究書を紹介し、後者の序文の一部を英訳した。

「新刀弁疑序　曽れ遠く劔の濫觴を尋るに我邦ハ金気異方尓《に》勝《すぐれ》連上世能《の》む可《か》し浮冊乃二尊天の浮橋乃うへに立し事瓊矛を御お路《ろ》し塩海越《を》探《さぐり》里給ひ矛の滴り凝り堅りて島となり利《り》支《し》よ里《り》洲々を生み玉ひ終に大八洲の國と成國の名多き中初矛千足能國登號け玉ふ其古十握八握乃神劔有(15)」。

マクラティの英訳。If we seach out in by-gone days the origin of the sword, we find that our country excelled barbarian localities in regard to metal. In the olden times of the Divne period, when Izanagi and Izamami no Mikoto, standing upon the floating bridge of Heaven, thrust down their glittering blade and probed the blue ocean, the drops from its point congealed and hardened and became an island, after which the deities created several other islands. These eventlly became a large country composed of eight islands, and among the many names of this country. They styled it to the Land of 'many blades.' In its early days, there existed the Divine Sword To-nigiri and Ya-nigiri.[16]

（遠く剱の起源を探ると、わが国は野蛮な国よりすぐれた金属を有していた。上代の神話の時代、イザナギとイザナミの尊が天の浮橋に立ち、輝く刀を下し塩海を探った。その矛のしたたりは固まり、堅くなり、島を造った。その後、二尊はほかの島々を創造された。終にこの島々は八つの島から構成する大きな国となった。その中にはこの国の名が多く含まれる。それらは「多くの剣」の土地と名付けられた。その上代には十握と八握の神剣があった）。

マクラティはふたたび『慶長以来新刀弁疑』を引き、日本刀に刻銘された工匠の名前の由来にふれる。「上代の名工は神気、神息、天座であった。中世では（京都の）粟田口の宗近、安妻、美守、行平、国吉がいる。備前には古くから多くの刀鍛冶がいて、承久年間には名匠がいた。つづいて、正宗と義弘がでた。彼らは今でも有名である」[17]。

一八七三（明治六）年の春、マクラティは日光を訪れた。男体山に登ったおり、山頂の岩かげに半ば雪に埋もれている春秋を重ねた大量の日本刀を発見した。その刀には二一年前の一八五二（嘉永五）年に宇都宮の伊沢義治郎が製作したことが明記してあった。こうした日本刀にはかつての大量の血がしみついていることも事実であるが、また過ぎ去りし日の多様なる精神の根源、とりわけ名誉のルーツであった、と彼は惜しんだ。

明治初年の日本の大都市が平和であることを数年前の同じ土地の状況と比較するとき、彼ならずとも、これは一種の驚きであった。可哀そうな犬が刀の切れ味をためすために斬られることもなく、恐ろしい辻斬りも今はない。日本刀は今や無用の長物となった。しかし、この日本刀に日本という国の守護者としての名誉ある地位があたえられぬものだろうか、とマクラティは語る。それは急激な旧物破壊と価値観の転換に対する驚嘆の眼であった。マクラティ論文は一一月二九日号のＪＷＭ紙の紙面をかざった。

マクラティ講演に対する質疑応答であったが[18]、当時の在日外国人の日本刀への所見が知れて興味深い。

コールドウェル――日本刀は人を殺傷する恐ろしい性格をもっており、ほんの数年前までよく発生していた事件はこの現われである。

サンドウィッチ――日本人とイギリス人が対決した場合、武器として日本刀と木剣とでは、後者のほうが最も効果的である。

ハウエル――数人の有名な刀鍛冶が製作した日本刀は、かつて比肩するものがなかったイタリア人の名工による最高級の楽器に似ている。

ネルソン――日本刀の鉄鋼は、ヨーロッパの鉄鋼と同等か、あるいはそれに勝るであろう。

ブリッジフォード――日本刀の用途は、甲冑を切りさくことにあった。ギリシャとローマの刀剣は武装しない戦いで使われた。一方、長くて重い十字軍の刀剣は、これとはきわめて対照的で、重い鎖かたびらを切るために用意された。［メキシコ原住民の］アズテク人の刀は日本人の剣によく似ている。しかし、アズテク刀はスペイン人侵略者の軽い武装に打ち負かされた。

パークス――古い武器は重いが、時代が下るにつれて、軽くなっている。刀剣の重さも次第に軽量になっている。昔日の日本では、刀は守護者というより暴虐者のシンボルであった。過去三年間に生じた［日本社会の］全面的な変貌によって、帯刀が不許可になり、かつての偉大さとか重要性が失われた。今や、外国人は昼夜を問わず安全に江戸［東京］の街を闊歩できるようになった。

明治政府の開明派は早くから廃刀を主張し、森有礼も献策したが、あっさり拒否された。一挙に廃刀することは無理なので、一八七一（明治四）年には脱刀を任意にしていた。刀に対する士族の執着は強かったが、一八七六（明治九）年、ついに帯刀禁止令が布告された。これは士族が反乱をおこす一因ともなった。

マクラティ

マクラティに関するエピソードがある。彼は日本の演劇の大ファンであった。新富座（古称は守田座）の守田勘弥《もりたかんや》にイギリス公使館の同僚のホールとシーボルトとの連名でこんな手紙を書いている。「去明治十一年六月七日、再造新富座開業之節、貴下ニ於テ在東京外国人ヲ御招待、且御厚遇被下候儀ヲ同国人ニテ深ク礼謝致シ候段ヲ申述べ、且又該時種々御親切被成下候寸報迄、此引幕壱帳ヲ宜シク御受納被下度御願申上候」。この手紙の日付は一八七九（明治一二）年二月三日になっているが、この前後の事情を書き留めておこう。新富座は一八七六（明治九）年一一月の火事を契機に普請を行い、ようやく一八七八（明治一一）年六月に落成をむかえた。七、八日の両日に盛大な開場式を実施し、都下の名士一〇〇〇人あまりを招待した。このとき、イギリス公使館の外交官もこけら落としに参列した。その御礼に外国人が引幕を新富座に贈ることになった。紫の絹布地の中央に松竹梅の円をぬって、そのなかに新富座の定紋のカタバミを色糸でぬい出した引幕である。前出の手紙はこの引幕を守田が受納してくれるよう頼んだものである。一八七九（明治一二）年の三月興行からくだんの引幕が新富座にかけられた。この一件に最も尽力したのが、マクラティその人であった。彼はある日本人に向ってこう話した。「日本には浪人という者が長い刀をさしていて、外国人を見ればすぐに斬るというから、どうぞ日本へは行ってくれるなと、わたしの母は泣いて留めました。ところが来てみると、浪人に斬られるどころか、綺麗な劇場で美しい芝居を見物して、こんな愉快なことはありません」。マクラティは観劇を通じて、ますます日本の文化に興味津々となってゆき、日本アジア協会でレヴェルの高い研究を発表した[19]。

日本の建築技術

一二月二二日の午後八時半から横浜のグランド・ホテルの一九号室で、一八七三（明治六）年の日本アジア協会の最後の講演がイギリス人ブラントン（R. H. Brunton）によって行われた[20]。演題は"Constructive Art in Japan"（日本の建築技術）である。彼は灯台建築のために日本政府に雇われた人物であったから、このテーマは彼の本領とするところである。

今日、ヨーロッパに広まりつつある日本に関する見聞記は誇張されたものであり、恵まれた才能を成し遂げられた進歩と同様に自然の美しさと豊かな国土が、この国を訪れたことがなく、日本人を判断することのない人びとによって過大に評価されている。そのため、期待をいだいて日本に来た外国人は、その土を踏むやいなや大いに失望する。その最たるものは、諸文明国で見られている人為の改善に欠けていることだと思われる。庶民の住宅は見すぼらしく、一般に何等の装飾もない。それらは一時しのぎに弱々しく建築されているし、ヨーロッパの住居では当然とされている快適さが非常に欠けている[21]。

こう書き出したブラントンの「日本建築論」は、耐震論、日本住宅論、石造建築論の三要素から成っている。はじめの数ページには日本の地震の歴史が書きつらねられている。それから、プライバシーの欠如、安全な暖房の欠如など日本建築の欠点と思われる条項をかぞえあげてゆく。一方では日本の伝統的な建造物（寺院や大仏など）の歴史的価値は大いに認めている。だが、全体的には日本の文明開化を推進しようとするお雇い外国人の意気ごみが随所にあらわれている講演であった。ブラントン論文は一二月二七日号のＪＷＭ紙に登場した。石造建築に関する議論は次回の課題としてのこされた。

ブラントンがこのような議論を提出した当時の日本の状況にふれておこう。一八七二（明治五）年二月二六日の火事ののち、文明開化の街づくり「銀座レンガ街計画」がはじまる。工部省のもとめに応じて、ブラントン、測量首長マクビン、横浜建築方スメドレー、製鉄寮フロランらが自案を提出する。それぞれ長所はあったが、結局、イギリス人ウォートルスの案が採用された。一八七七（明治一〇）年五月二八日にいたり、「銀座レンガ計画」が完了し、一丁ロンドンといわれる近代的建築群が出現した。

こうした背景を念頭において、ブラントン論文に対する質疑応答を読むと[22]、当時の在日外国人の建築観が知れて興味尽きない。

サイル――日本建築が何らの「型」に従っているのか。たとえば、中国人はテントを手本としているので、彼らの建物の屋根はどれも明らかな懸垂曲線をえがいている。日本は地震だけでなく台風にもしばしば見舞われるので、日本建築に影響する条件が強いとも考えられる。材質に関して、日本人が木材を切り倒すのにふさわしい季節を知らないのは本当か。

ブラントン――建築の優勢な型はないようだ。建築物が台風の影響を受けやすい点については、日本よりイギリスの方が強烈な暴風雨の力に毎年さらされる。木の伐採についていえば、現在ではひどい乱伐が見られる。何百年も前に植えられた多くの木の組織がしっかりしているから、以前はもっと注意が払われていたに違いない。現在では、よく枯れた木材を入手するのは困難である。

ブラウン――多くの寺院は屋根がとても重たいのに細い支柱が使われていることを指摘して、日本人自身その理由として建物全体はあまり地震の影響を受けてないと言っている。

森有礼――以前、わらぶきの家はいたるところにあった。屋根ばかりでなく家屋の側面もわらぶきだった。テント様式の構造は南方から来ている。

ボイル――日本人の職人はみごとに力を合わせるが、大工としてはそれほど優秀ではない。まして建築物が優秀だとは言えない。彼らの製作する物は、構成が巧みなことは多いが、多量の材料がむだに使われ、とんちんかんなことも多い。これは石造建築物についても言える。彼らの石造建築物を見ると、とても貴重な石切場を十分に活用するすべがよく分かっていない。

スミス――何年か前に日本で入手できた良質の材木について言えば、建築資材の需要が近年よりもゆるやかで安定していた昔には、材木を供給する際に技術と知識がともに発揮されていたに違いない。

日本人会員

ここでブラントン論文に関するディスカッションは終わり、ハウエルが日本人初の日本アジア協会会員となった森有礼の入会を祝福してこう述べた。

「日本紳士の氏名が会員名簿に記されたのは喜ばしいことである。森氏は、この国で教育と進歩の運動を推進したいとの念願を披瀝している。とくに森氏の名前と密接に結びついているこの企画に関して、やや残念なことに私は森氏と見解を異にするが、森氏の考えと努力の真剣さを疑う者はひとりもいない。私たちが何を日本人にもたらすにせよ、私たちが、ここで求める知識の大半は日本人から入手しなくてはならないのは確かだから、この協会の目的である討議と調査を行うために、日本人が私たちの仲間に加わるのは励ましになる」と。何やら本書の冒頭の日本アジア協会の募集を思い起こさせる。

日本アジア協会と日本人会員との関わりが話題に出たところで、日本アジア協会と明六社の関係にもふれておこう。一八七三（明治六）年一二月二二日の例会で、森有礼が日本人唯一の日本アジア協会会員となった。これより先の七月、森はアメリカより帰国して、九月一日に明六社を結成した。この明六社には日本アジア協会会員のアメリカ人グリフィスも加入していた。グリフィスと森には、吉田清成、高木三郎、富田鉄之助、畠山義成など共通の友人も多い。明六社の結成のおり、身近な学会モデルとして日本アジア協会が参考になったのではないか。学会の性格、運営、論文の傾向、会員の動向などの共通点や相違点はどうなのか。いずれも、明治の啓蒙運動の興味尽きないテーマである。

日本ブーム

日本の内外で外国人の日本研究熱がさかんになっていた。一八七三（明治六）年には、イタリアで岩倉使節団の訪問に触発されて、ベルシェーが『天正慶長遣欧使節記』の執筆をはじめた。フランスではレオン・ド・ロニーの主宰による第一回国際東洋学者会議が開かれた。日本では、一八七二（明治五）年に日本アジア協会が創立され、翌年にはドイツ東アジア自然民俗学協会（OAG）も設立された。こうした雰囲気を察知した『ジャパン・パンチ』誌は一八七三（明治六）年一二月号に日本アジア協会を茶化した記事とさし絵を掲げた。同号では、日本アジア協会が「日本アフリカ協会」となっている。[23] いずれにしても、日本アジア協会が横浜居留地の好評を得て、ますます隆盛に向っている様子が叙述されている。

通訳見習の昇進試験

一八七三年にはイギリス公使館で注目すべき動きがあった。五月一五日、東京の公使館から通訳見習の補佐官昇進試験の実施に関するつぎのような回状が日本各地（函館、新潟、横浜、神戸、長崎）のイギリス領事館に送られた。

　議事録。補佐官昇進試験。受験者募集。（1）非技術職の科目を自由かつ明解に語れること、（2）『会話篇』と『交易問答』で日本語の知識があることを示すこと、（3）『百人一首一夕話』のはしがきを除く最初の二章と『北蝦夷図説』の文章を何らの補助なしで英訳し解読すること、（4）日本人教師の助けを借りて、かなりやさしい文書あるいは条約・協定・貿易規則のような公式文書を英訳すること、（5）辞書を用いて日本文が書けること、（6）日本の年代記、度量衡、歴史、地理の知識を示すこと。ハリー・S・パークス。イギリス公使館。[24]

イギリス帰国中、パークスは右記の試験実施の了解と通訳官の昇進に関する予算の確保をイギリス外務省から得たようだ。回状の内容にふれると、『会話篇』はサトウの編纂になり、加藤弘之の『交易問答』にはオドリスコールの英訳がすでにあった。ちなみに、尾崎雅嘉の『百人一首一夕話』の最初の二章に該当する和歌は、一番の天智天皇の「秋の田のかりほの庵の苫をあらみ　我が衣手は露に濡れつつ」から二十番の元良親王の「侘びぬれば今はた同じ難波なる　みをつくしても逢はんとぞ思ふ」までの二〇首である。

五月二〇日、通訳官試験の資格に関するパークスからのつぎのような布告がなされた。

通訳官手当としての給与一〇〇ポンド増額試験。この試験の受験者はつぎのことが期待される。（1）公務やすべての階級の役人との会談に必要な専門技能を用いて自由かつ明解に会話ができること、（2）政治文書、規則、前もって指示された日本人の著作からの引用を英訳をして供給できること、（3）誰かの手助けや事前の準備なしで、急送便や公式文書を英訳できること、（4）日本人教師の助けを借りず、英語から日本語作文ができ、至急便や半公式な覚書を受験者が選択した楷書か行書で書き上げること、（5）日本の商業、貨幣、法律、農産物、政治状況の実用的な報告書を入手できること。付記。一般的能力を証明するため、受験者は自分で選んだ翻訳物や報告書を提出すること。状況が許せば、受験者は公使館で通訳官としての業務を果たすこと。ハリー・S・パークス[25]。

七月一一日にはサトウがイギリス公使館の日本語部門の充実のために図書の購入を申請した。サトウによる解説が面白い。「『佩文韻府《はいぶんいんふ》』。この貴重な中国の辞書は熟語の宝庫である。日本の政治文書は中国の漢文をくずした文体でかかれているので、これを翻訳するおりにはこの辞書は不可欠である。柴田（昌吉）と子安（峻）の『英和辞典』（江戸、一八七三年）。『和訓栞』。日本語の字典。『標註職原抄』。日本政府の古代の職制。『令義解』。古代日本の民法。『標註令義解』。上記の注釈本。『官職備考』。日本政府の古代の職制。『職原抄』に見えない情報が大量に含まれる。『律（養老律）』。古代日本の刑法。『古事記傳』。古事記の注釈書。『古事記』。神道の聖典[26]。」。日本語表現のための辞典ばかりではなく、日本の法律に関する参考書が挙げられている。柴田と子安の『英和辞典』とは、この年の六月に出たばかりの『附音挿図英和字彙』（日就社）のことである。

五月の通達にもとづいた通訳見習の補佐官昇進試験が七月三一日に実施された。受験者は通訳見習のホールであった。当日の模様をサトウが報告している。ホールは日本人ライターや辞書の助けを借りず、日本語文書の英訳と英語文書の日本語訳の試験を受けた。最初の試験問題はイギリス外務大臣（グランヴィル）から日本の外務卿（副島種臣）宛の一八七二年九月二日付の文書で、日本人が外国人に土地を売却することを禁じた内容であった。外務政務官から日本の外務卿宛の一八七三年五月五日付の文書もあり、これは領事裁判での日本人の裁判料金を無料する内容である。第一の文書では、ある場所の意味を取り違えており、もう一カ所では政務官の間違いからいささか誤解をしている。第二の文書では原文の文節の構文を取り違えた場所があった。第二の試験問題は、日本の外務卿（副島種臣）のイギリス外務大臣（グランヴィル）宛の一八七三年一月六日付の文書で、調査航海のおりにイギリス軍艦シルヴィア号を派遣してくれたことに対する日本政府の感謝文である。もうひとつ、一八七三年一月一五日付の文書は日本政府が制定した鉄道規則の修正を提案したものである。この二種類の試験問題に許された解答時間は四時間であった。ホールは最初の課題を完璧に仕上げたが、第二の課題は半分しかできていなかった。英文文書を日本語文にする解釈は正しかったが、文字の組み立てが三カ所間違っていた。ホールの日本語の書き方は期待はずれであった。書き方に多くの時間を充てなかったことは明らかだった。全体から見ると、ホールは解釈に関しては辞書を必要とはしなかったと思われる。試験結果が証明しているのは、日本語に関する翻訳はかなりの技量をもっていることであった(27)。

こうした昇進試験は地道ではあるが、以降毎年着実に実行されていく。駐日イギリス公使館の日本語学習が日本研究に向かうスタートラインである。これは日本アジア協会の日本研究の底辺を広げ、かつ研究レベルの底上げにつながるものであった。

第4章　神道シンポジウム――一八七四

しばらくの間、日本で暮し、開港場の周囲の外国人に指定された狭い区域内で行動するように強制されていると、条約限界線として定められている人為的な境界を越え、もっと奥に入って大日本の神秘的な諸地方を心ゆくまで訪れたい強い欲望にかられる。江戸とその郊外とで日本を研究するのはもう充分だ。[1]

内地旅行権

一八五八（安政五）年の、いわゆる安政五ヶ国条約には外国人の内地旅行の自由がなく、居留地での十里四方の「遊歩」しか許されていなかった。この現状を不満として、欧米諸国の在日外交団は日本政府との交渉に入り、ようやく一八七四（明治七）年になって、「病気療養」と「研究調査」という条件つきで、日本での外国人の内地旅行権を獲得した。[2] 右のフランス人ブスケのことばはそのころの外国人の気持ちを十分表現している。

一八七四（明治七）年に外国人の内地旅行の制限がゆるめられると、『日本アジア協会紀要』にも日本内地への紀行論文が多くなってくる。たとえば、一八七四年から一〇年間にわたる『紀要』には一四六本の論文が公表されたが、そのうちの二五本は地誌に関する報告であった。具体的にみてゆこう。

第一巻――サトウ「琉球覚書」、同「日本の地理」。第二巻――デシャルム「江戸草津紀行と草津温泉」、ブリッジフォード「蝦夷紀行」、ローレンス「常陸および下総訪問記」、ブラキストン「東北日本紀行」。第三巻――セント・ジョン「仙台湾測量調査」、リンド「中山道と三国峠を経由した新潟紀行」、デシャルム「江戸・新潟間の二つの道」、セント・ジョン「大和地方の内陸部紀行」、ヘーツル「一八七二年の長崎の気象観測」、ガビンス「青森新潟佐渡紀行」、ダラス「置賜県《おいたまけん》要録」。第四巻――ブラントン「沖縄島訪問記」、ロバートソン「ボーニン諸島」、マーシャル「中山道経由の江戸から京都への旅」。第五巻――ロバートソン「カロリン諸島」、ホッジス「一八七二年八月の伊豆大島訪問記」。第六巻――マクラティ「江戸城」、ディキンズとサトウ「一八七八年の八丈島訪問記」、ライン「日本の気候」。第七巻――ヴィーダー「東京から見える五つの山」、サマーズ「大阪覚書」。第八巻――アトキンソン「八ヶ岳・白山・立山」。第九巻――ヘールツ「箱根山の芦ノ湯の鉱泉」、ウーレイ「長崎の歴史」。第一〇巻――ダイヴァース「草津温泉覚書」。

ところが、一八八二（明治一五）年以降には『日本アジア協会紀要』の地誌関係論文が激減してしまう。これは前年の一八八一（明治一四）年にサトウとホーズの編集になる『中部および北部の日本旅行案内』という本格的な日本旅行ガイドが刊行されたためである。

蝦夷紀行

だいぶ筆が先走ってしまったが、一八七四（明治七）年の日本アジア協会例会は、イギリス海軍軍人ブリッジフォード（Bridgford）の 'A Journey in Yezo'（蝦夷紀行）という講演ではじまった。一月一四日の午後八時半から横浜のグランド・ホテルで行われた。ブリッジフォードは前年の一八七三（明治六）年八月から一〇月まで蝦夷地（北海道）に滞在していた。その報告は淡々としている。

蝦夷は今日北海道とよばれ、一〇の地域に分けられている。その名称は北見、手塩、根室、釧路、十勝、日高、胆《い》振《ぶり》、渡島《おしま》、後志《しりべつ》、石狩である［北海道の各支庁の名称であるが、このほかにも網走、上川、空知、宗谷、桧山、留萌がある］。石狩地区は最大の広さを持ち、約三五〇三平方マイルの面積があり、石狩川が全域を流域にしている。比較のために一例をあげると、テームズ川は三〇八六平方マイルを流域にしている。函館から札幌までは、下野辺、森、落部、長万部、黒松内、寿都《すっつ》、磯谷、岩内、余市、小樽、銭箱を経由した。（中略）札幌は蝦夷の新しい中心地であり、広大な石狩平野の南端に位置している。アメリカの都市計画をまねて、幅広い道路が四方につくられた。[3]

つぎに掲げるのは、講演終了後の質疑応答であるが、[4]ことにパークスの要約はよくできている。

パークス――この論文は横浜で公表された最初の蝦夷に関する報告と思う。蝦夷周辺では外国人が条約の規定により旅行を制限されているので、何の障害もなくこの自然にあふれた土地を旅してみたいとお思いだろう。この土地では時おりアイヌ人や熊を見かけるだけであるが、函館付近の岬への遊歩が許されているだけである。しかし、ブリッジフォード大尉の場合は事情がちがう。一八六九年に旅行をしたのである。東海岸の浜名湾から右折して西海岸の岩内岬をめぐり、そこから石狩川、噴火湾などをへて函館に戻った。最近、スワロー号の一行が実施した旅は東海岸の根室から函館までである。根室で同船を放棄したのち、蝦夷のすべての海岸線の巡回をやりとげた。しかし、ブリッジフォード大尉は蝦夷の中央部と主要河川［石狩川］を紹介してくれた。その報告は人口不在についてこう説明している。二四六名のアイヌ人がブリッジフォード大尉が記述する広大な平原の唯一の居住者だとすれば、日本人が蝦夷をこれまで全く開拓しなかったのである。その面積は、イギリス軍艦シルビア号が海岸線の走行測量をして、三万四五〇六平方マイルと算定された。それはアイルランドより約三千平方マイル大きい。ところが、アイルランドの五五〇万人の人口に対し、蝦夷には公表された調査結果でも、一二万三六六八人しかいない。すぐれた将軍である源頼朝の弟の義経が入植した〔誤解〕一二世紀以来、蝦夷があらゆる進歩をとげたか否かは疑問が多い。函館での八年間の観測結果では、最低温度華氏二度、最高温度華氏八四度であった。ブリッジフォード大尉が叙述しているように、広大な平原では大麻、小麦を筆頭に米をのぞいたあらゆる種類の穀物が生産できる。しかもまたこうした平原が未開墾のままになっている。函館での外国貿易も全く停滞している。漁業も大漁の割には、重税のため、思ったほど盛んでない。札幌の街は首都とよばれ、外国をまねた街づくりがすすんでいる。こんな場所にある街を日本人はどうしようというのか、はっきり分からない。同地には貿易もなく、役人が集まって来ているだけである。

ケプロン――ブリッジフォード大尉の指摘に一言申し上げたい。大麻が蝦夷では大量に育成されるだろうと言われるが、大麻の繊維をうまくより分け、製品にする機械がまだ発明されていない。日本の大麻は世界でも折り紙つきであり、ロンドン市場でも高値をよぶことだろう。マニラ麻の価格の三倍の価値はあるだろう。蝦夷の炭鉱も広大であるが、採掘した石炭を海岸まで輸送するのが全く困難であろう。大資本をぬきにして利益があがるとは考えにくい。鉄道建設も必要となろう。

ケプロンの反論

以上が日本アジア協会での質疑応答であるが、最後の発言者であるケプロンは、後年、ブリッジフォード報告を手厳しく批判した。

英国のある軍艦の艦長がいる。英国公使ハリー・パークス卿の力を借りて、日本当局から島の「見物」をする許可をもらう。この重要な冒険は、島に関する最も重要な情報として新聞に報告される。長い艦上生活を経験し、世界各地を訪れているので、艦長はあらゆる農業の実際と科学的知識を持つと思われ、新聞もそう報道し、本人もそう信じている。島を僅か歩き、たぶん何週間か調査をして帰り、特に島の気候と農業資源に関し、「日本」アジア協会で報告する。(5)

ケプロンは蝦夷（北海道）の知識に関して第一人者とひそかに思っていたから、ブリッジフォードの報告がもてはやされることに我慢が出来なかった。そして、「蝦夷はシベリアの気候で住むに適しない不毛の地という誤りは」ブリッジフォード報告をはじめとして「日本の英字新聞や「日本」アジア協会が再三再四繰り返してきたが、この説は徹底した体験と観察により、実体が十分明らかになり、誤りであることが証明された」とケプロンは強調した。このケプロンの主張は妥当性があるのだろうか。

ブリッジフォードの記述は、その後に蝦夷地（北海道）を訪れる人びとの良いガイドとなった。イギリス人女性旅行家イザベラ・バードが蝦夷地への旅を思い立ったのは、この論説を読んだからだった。一方、バードの『日本奥地紀行』の種本は、ブリッジフォードの論文とライマンの『北海道地質総論』だと断言する人もいた。そのことを知ってか、ケプロンはブリッジフォード論文を意識して、後年の回想録で以下のような非難をしている。

バード夫人は、日本に関するその著書『人の通わぬ道』［『日本奥地紀行』］を、蝦夷はシベリアの気候で、という決まり文句で始めている。これは、東京か横浜に何年か住むとか、あるいは世界旅行の途中ちょっと立ち寄って日本帝国を見物し、本を書いたり、［日本］アジア協会で話をするための材料を集める、英国人一般の繰り返す言葉にすぎない。男であろうが、女であろうが、この気候を不動に事実として受け取っている。なぜならば、ハリー・パークス卿と［日本］アジア協会が、このように公表したからである。そして、いったんこう記録されると、人はいつもこの仮説に固執する。(6)

ケプロンの批判の鉾先は、バードやブリッジフォードにとどまらず、日本アジア協会、ひいてはイギリス人の日本研究にまで及んでいるかのようである。あるいは、アメリカ人のケプロンのイギリス人への対抗心と私怨なのだろうか。その問題に入るまえに、ケプロンが「シベリアの気候」になぜこだわっているのか、その背景を説明しよう。一八七一（明治四）年、ケプロンとアンチセルが蝦夷地（北海道）に派遣された。その一方のアンチセルは、同地は亜寒帯の気候であり、農業には適していない、と報告した。横浜の英字新聞（暗にジャパン・ウィークリー・メイル紙をさしている）と在留イギリス人たち（これも日本アジア協会の人びとを暗示している）は、その報告をうのみにし、蝦夷地（北海道）の気候はシベリアの気候だ、と短絡してしまった。――こうケプロンは非難して、温帯説を打ち出したわけである。

ケプロンの主張通りだとしたら、以前、アメリカ人学者サイードが『オリエンタリズム』という書物のなかで非難した「オリエントを支配する知的権威」が存在することになる。さしずめ、その実例が日本アジア協会ということであろうか。ところが、実際はそうでもないようである。ブラキストンといえば、津軽地方と蝦夷地（北海道）の間（津軽海峡）に鳥類分布を区別する境界線（ブラキストン・ライン）の存在を実証した人物であり、右の問題についても一家言を持った人間であった。その彼がケプロンを批判しているのである。

しかしこのことは、ケプロン将軍が自分の到着以前に蝦夷で行われたことをすべて無視し続けたやり方のほんの一断片にすぎない。ほかの例では彼は次のように述べている。――「一八七一年において、蝦夷は寒冷で不毛の地と見なされていた」と。もし彼がロンドンの『英国王立地学協会』発行の会報について調べていたら、蝦夷の風土に関するかなり充実した統計がある

のに気づいただろうが、それをしなかったのである。ところがあとになって、彼もその会報を大いに借用しているのである。(7)

ブラキストンの議論にも検討の余地があるが、これが当時のイギリス人知識者の代表的意見であった。ケプロンとそうした人びととの感情的対立はしばらく続いたようであるが、いずれにしてもブリッジフォードの報告を契機にして、蝦夷地（北海道）に関する西欧人の知識は深まりをみせていった。ブリッジフォード論文は二月一〇日号のＪＷＭ紙にのった。二月五日号の横浜毎日新聞にも日本語訳の要約があり、横浜周辺の日本人にもこのディスカッションが知られた。

伊勢神宮論

二月一八日の日本アジア協会の例会で報告されたサトウの“The Shintô Temples of Isé”（伊勢神宮論）はブリッジフォード論文以上に波紋をよんだ。伊勢神宮は日本人にとっては伝統的な聖地で、それはギリシャ人やアルメニア人にとってのパレスチナ、マホメット教のメッカに相当する、と説明して話をつづける。

毎年、とくに旅行に適した温暖な春の季節が多いが、数千人という信者が伊勢参りに出かける。民衆は伊勢神宮の神々を「大神宮様」と呼んでいるが、江戸の職人などは、すくなくとも年に一度伊勢参りをすませ、「大神宮様」の加護を求めておかないと、暮らしを立ててゆくことはできないと考えているほどである。農民の場合、この信仰はいっそう強い。（中略）どの日本人の家にも、「神棚」とよばれるものが飾ってある。これは木製で、神社の小さな模型である。そこにはさまざまな神の名を記した紙の御札が収めてあるが、そのうちのひとつは、かならず天照皇大神、すなわち、伊勢神宮の主要な祭神の御札である。(8)

最近にいたるまで伊勢神宮は外国人にはほとんど知られていない土地だったので、サトウは東海道から伊勢に至る細かい道程をしめした。「参詣者は鳥羽より約八マイルの古市という町に宿泊するが、この町は両神宮の間に続く長い丘の上に位置している。町全体が宿屋、飯盛宿、歓楽を目的とする店などの集まりでその大半は大規模である。もっとも通りに面する切妻のたたずまいからは、こうした事実は連想できない(9)」。真面目な参拝をするはずなのに、日本人は伊勢詣でにかこつけて、「旅の恥はかき捨て」とばかりに快楽に走っている。敬虔なキリスト教徒であるサトウには信じられない光景であった。ついで、外宮と内宮の構造を詳細に報じた。

外宮の正殿の長さ三四フィート、幅一九フィート、高床は地上六フィートにあって地中に直接掘り立てられた木製の柱がこれを支える。（中略）木階、高欄、板扉は豊かに銅板で飾られているが、注目すべきは、信州の上諏訪、下諏訪神社のように長く仏教徒に支配された社に見られる華美の彫刻を欠いている。（中略）神道の建築は原始時代の小屋に由来し、仏教の影響の大きさに従い、多少の装飾的変化を伴う。両神宮に付属するすべての建物は、この様式に従っており、その単純さと脆弱さは、失望の念を禁じえない。（中略）日本建築の脆弱性は、当然、創立当時の建物を今に伝えることを不可能にした。実際のところ、二〇年に一度、隣接する敷地に交互に建て替えるのが、太古よりの習わしとなっていたようである。[10]

本居宣長の『古事記伝』、平田篤胤の『古史成文』と『古史伝』を引いて、両宮の神がみや御神体の神話と歴史を講じた。

サトウが伊勢に赴いたのは、一八七二（明治五）年一二月のことである。このときは南方海岸の灯台巡検のために航行した蒸気船サボー号に便乗し、参議の大隈重信と工部大輔の山尾庸三のとりなしで、サトウはヨーロッパ人として初めて伊勢を参拝することが出来た。これより先、朝鮮の人間が伊勢を私詣したことはあったが、西欧人の参拝は皆無であった。一八七〇（明治三）年のとき、イギリス人が参拝を申し出た。これを受けた神宮旧禰宜の申し立てで、大参事大宮司代を連れて上京した。政府に伺いを立てたが、ついに参拝の件は拒絶された。しかし、一八七二（明治五）年一〇月二四日に神宮宮司がサトウの参拝の件で伺いを立てると、教部省からの正式許可がおりたことを一〇月二七日に正院が通達した。そこで、サボー号は一二月一日に鳥羽へ着艦し、翌日、サトウは待望の伊勢神宮参拝をはたした。

このころ外国で日本の宗教政策が問題となっていた。岩倉使節団が欧米を訪れた時にも日本の宗教政策が野蛮きわまりないとの非難をうけた。とくに浦上村キリスト教徒弾圧（三〇〇〇余人流刑）に対して批判が集中した。そこで日本政府は自らが野蛮でないことを証明するために、伊勢神宮の外国人参拝を許した。秘密主義をすてて日本の神道の本山を開いてみせた。

神道シンポジウム

サトウの報告は在日外国人にきわめて強い関心をよびおこし、白熱した議論をよんだ。その背景には、日本政府が一八七二（明治五）年三月に教部省を設置し、神道を新国家の指導理念にしようとしたことがあった。以下に掲げる議論はＪＷＭ紙にはすぐには公開されず、「先週の水曜日の例会でサトウ氏が伊勢神道に関する論文を読み上げた[11]」と二月二四日号が冷淡にふれただけであった。『紀要』にその全文が登載されているので、これをもとに議論を再現しよう。

ヘボンが口火を切った。神道とは何かを理解しようと、懸命に努力してみた。ずい分がんばっても報われることがないので、かなり前からこの研究をあきらめてしまっている。神道の祈禱書の一冊の小冊子をのぞいて、この研究課題について信頼すべき書物を見出せなかったからである。たいていの祈禱書には、人間が罪を犯した場合、これを浄める必要があると書いてあるだけなのである。

　サイルはオリファントの『エルギン卿遣日使節録』の「神道という宗教は、世界のさまざまな宗教のうちで、きわめて高い位置をあたえられるのにふさわしい成果をうみ出している」との一節を引用した。

　サトウは神道には道徳律が欠けているとのヘボンの意見に賛意をしめした。事実、この見解は本居宣長がはっきり示している。本居は近世の純粋神道復興を推進するひとりであった。彼によれば、道徳律は中国人が発明したものである。これは中国人が非道徳的な民族だからである。だが、日本では道徳律を体系化する必要はなかった。どの日本人も自ら心の命ずるままに行動すれば正しく行動ができるからである。善良な日本人の至上の義務はミカドの命令に服従することである。この命令が正しいか否かは問題ではない。君主の性格をあげつらうのは、中国人のような非道徳的な民族だけがすることである。本居が解釈する神道とは、日本人を精神的奴隷状態にして、その批判的活力を減ずる手段にほかならない。一八六八年の革命〔明治維新〕後、時をうつさずミカドの政府が神祇官に高い地位をあたえ、太政官と同じレヴェルに位置づけたのも、こうした理由からである。

　ブラントはこう考えた。古代に存在した神道とごく近年にミカドの宮廷周辺の著述家たちが発展させた神道の協議とを区別する必要がある。元来、神道は力を生みだすと考えられた光、火、太陽など、生命に共通する源泉への崇拝であった。その後、この主要な力をいくつかの原理に分解し、各宗派に特殊なカミをあたえ、これを代表させるのが便利だと気づいたのである。神道と古代中国の宗教とが、きわめて類似しているのを示す明白な証拠がいくつもある。

　パークスも他の人々と同じように神道とは何か分からなくて失望していることを表明した。たいていの日本人も神道をどう説明したらよいか、全く途方に暮れているようだ。だが、かつての土着信仰が近年になってにわかに政治的手段のひとつに転化していったとすれば、この状況にも納得がゆく。そのような状況下では、神道も宗教としての性格を失ってゆくだろうし、この国の支配者の都合の良いように神道がつくり変えられるのも時間の問題であろう。国家の元首は誤りがないという考え方は、神の子孫であることを主張する支配者の場合に当然あてはまる議論であり、中国や日本はおろか、いずれの国でも政治的目的に役立つ教義である。ともあれ、神道の意味をさぐるためには、遠い古代までさかのぼらねばならないのは明白である。神道の起源は中国の古代宗教と密接に関連しているとのフォン・ブラント氏の意見には全く同感である。神道という名称自体がそのことを示唆している。「神道」とは「神がみ、ないし精霊たちの道」という純粋に中国的な表現である。サトウ氏が論文で語っていた御幣も、ごく古い時代の他のアジア諸民族の迷信とも関係があることを示唆している。薄片や紙につけた木の棒を振る儀式は、精霊に注意を喚起するためのものであるが、蝦夷のアイヌやインドの高地部族にも見かけられる。インド人、ビルマ人、中国人の場合では、この棒が旗とか幟《のぼり》にかわる。現代日本で行われている慣習と儀式のいくつかが、どれほど古代の日本の神話と密接に関連していたのか、これをサトウ氏の論文が明らかにしてくれたのは興味深い。また、神武神話とは何かも知り得た。西暦紀元前六〇〇［六六〇］年にさかのぼるという、神武天皇の有名な誕生日［即位日］をつい先日軍艦と砲台から祝砲で祝ったばかりである。神道の利点をのべたオリファントの評価には賛成しかねる。もし神道が大きな成果をあげていたとしたら、また神道が日本人の宗教的感情に深く根をおろしていたとしたら、あれほど完全に仏教にその地位を奪われることはなかったであろう。

ブラウンはいう。私見では、神道はことばの正しい意味での宗教ではない。この国に一四年以上も滞在している間に、私は神道を知るための努力をしてきた。この国の著作を調べてみても、報われたことはほとんどなかった。神道の中身がいかに空虚なものであるかを知るのみであった。『古事記』はこの課題を広範に扱っているといわれる唯一の著作である。これを通読してみても、骨折り損の成果しかなかった。この本は無神論的な性格を有している。最初の物質に創造主が欠けているからである。『古事記』には道徳体系がなく、倫理の問題が議論されず、儀式の規定がなく、信仰の対象としてのみ神がみを指定していない。宗教に不可欠な一切の要素が神道に欠けている。どうして神道を宗教と呼びうるのか全く疑問が多い。神道はこの世に知られている他のどんな宗教よりも、貧弱であり、空虚であり、子供じみている。日本政府は長い間優勢であった仏教に代わって、神道を普及させようと努めている。これが至難の業であることは明らかである。仏教には人間の宗教的感情に訴えるものがあり、そのため長い間民衆の信仰となってきた。神道には人間のこころにしみ入るものがない。政府は神道が活気もなく生命力を失ったものであることを暗黙のうちに告白している。神道を広めるために係官を全国に派遣した際、小冊子を授けた。だが、この本は日本の神聖なる書物から抜いてきたのではなく、孔子や孟子からの借用であった。このひとりよがりの宗教への関心を復活させようとする試みは完全な失敗に終わるにちがいない。

森有礼は日本人の立場から、さらに明治政府の要人として反論する。神道の体系の中心的観念とは死者を敬う感情だと思う。今日行われている神道の政治的利用について、現在日本に存在する絶対的な唯一の政府を支えるために神道を利用するのは正当なことだと思う。ただし、日本の古代の記録が全く信頼性に欠けるものであるのは認めざるをえない。

ブラントは指摘する。日本人がのこした世界創造の歴史もインドや中国の神話ときわめてよく似ている。この話が西方から伝来したことを疑う人はほとんどいない。この神話が伝来した時代はいつなのか、という難しい問題が再びまき起こってくる。仏教伝来ののち、最初の渡来人によってもたらされたと思われる。西欧諸国が理解しているような宗教の性格が神道にあることを知る人は今日ほとんどいない。来世の観念の叙述が何も見出せない。死んだ首長と一緒に牛馬や御供の者が葬られる事実は、この世から来世がつづいているとの信念を証明するにはほど遠い。同じ習慣は古代中国にもあった。孔子でさえも死者とともに木像を葬る習慣を語っている。人間がいけにえになるかもしれないとの恐れからこの習慣を非難した。日本の歴史の記録によると、この習慣が初めて行われたのは第二〇代天皇の西暦四一五年（允恭天皇の時代であるが、そのような記事はない）である(12)。

総括

かなり多岐にわたるディスカッションであった。これまでの議論をある学者は「明治七年の神道シンポジウム」とよんだが、まさにその通りである。ここで問題提起されたのは、（1）神道の本質とは何か、（2）神道の政治利用について、（3）日本古代史の信憑性、の3点であった。森発言はこの三点について日本人としてとりあえずの答えを出している。一番切実になってくる課題は（2）のように思われる。（1）は宗教的サイドからの神道理解の問題であり、神道を静止した状態から考えてゆこうとするテーマである。これには先人の考察があるから(13)、それに任せておこう。当日の参会者や横浜居留地の外国人が知りたかったのは、神道と政治がどのような関わりを持って、これから発展してゆくのか、という問題である。いわば動的《ダイナミック》な神道理解の問題である。この点については、サトウとパークスの発言が示唆的である。

「神道は宗教としての性格を失い、やがてこの国の支配者にとって好都合な内容のものに作り変えられてゆくだろう」とは、明治二〇年代以降に顕著になってゆく国家神道の強制を予見するかのようである。同席していた政府要人の森有礼が「政府を支えるために神道を利用するのは全く正当なこと」と主張したのは、パークスの指摘に応じたものである。と同時に「現在、日本は新たに組織されたばかりであり、唯一の画一的信仰［神道］の維持は、良い政府にとって不可欠なことだ(14)」という岩倉具視の見解と軌を一にする、いわば明治政府の公式見解であった。

このパークスの趣旨にそって、明治末年に日本の心理状況に警告を発したのが、チェンバレンの「新宗教の発明」であろうか。なお、（3）の日本古代史の信憑性についての議論は、のちにサトウ自身が別稿を用意しているので、そのおりに論じよう。

この日のサトウの講演の質疑応答は、もちろん、三月七日号のJWM紙に掲載された。しかし、もっと注目しておきたいのは、この記事をうけて、三月八日号と翌日の九日号の東京日日新聞と三月二二日号の横浜毎日新聞に日本アジア協会の例会での質疑応答の部分が日本語に抄訳された点である。さらに東京日日新聞では、三月一八日号、三月二五日号、四月一四日号、四月二四日号、四月二九日号と五件もの投書があった。つまり、日本人の間でも「明治七年の神道シンポジウム」は評判をよんだわけである。

日本人の反応

そこで、すこし日本人の反応を追跡してみよう。まず、日本アジア協会の紹介のしかたである。「横浜ニ於テ、アジアチック・ソサイテー即チ東洋集会ト唱ヘ毎月集会アリ是レ有名ノ西洋相集テ亜細亜中ノ事ヲ談論スルナリ間ニハ我国人モ出頭スルコトアリ」[15]。協会の性格を正しく伝えているが、名称を「東洋集会」と訳出しているのが興味深い。さらに「東洋集会ハ支那ノ上海ニテ最モ盛ナル由、横浜ニテモ高大ナル一館ヲ立テ有志ノ人々毎月数次集リテ議論セリ、誤謬ナシト為サレドモ西洋人ノ心ヲ学事ニ用フルコト亦見ルベシ」[16]。上海でのロイアル・アジア協会との関連に言及しているところをみると、当時の日本の知識人は、「イギリス人主流の協会」と日本アジア協会を地位づけているようだ。

読者の投書がはじまるのは三月中旬からである。東京日日新聞の三月一八日号には三木唯一なる人物の投稿があった。どこが日本人に関心を呼んだのだろうか。「横浜ノ東洋集会ニテ神道ノコトヲ論ゼシヲ見ルニ日本ニ伝フル所ノ神道ナル物ハ畢《ひっ》竟《きょう》宗教ト為スベキ深義アルコト無シ」。これはキリスト教宣教師ブラウンの「神道はことばの正しい意味での宗教ではない」という発言をうけたものである。三木の神道論議はほとんど深まることなく、「日本未ダ確ナル法教アラズ、速ニ真実公正ノ宗教ヲ引メテ以テ共ニ無量ノ洪福［幸福］ヲ蒙ランコトヲ欲ス」と結んだ。いわば神道普及歓迎論である。

東京日日新聞の三月二五日号にも千木高知という人の投書があった。ただし、論旨は三木と同じく国家神道歓迎論であり、神道が「この国の支配者にとって好都合な内容のものに作り変えられてゆくだろう」（パークス発言）という憂慮は全くみられない。千木は日本アジア協会での議論について、「当日集会ノ洋人ハ各国ノ碩学ニシテ内地ニ留学スルヤ亦復十数年或ハ二十年ノ久シキヲ減ル人也。其談論能ク皇国古典ヲ考証シ又支那及ヒ近境今昔ノ風俗ヲ緩引シ、會テ我ガ神国ヲ軽視セズ。是レ読書ノ親切如此ト雖ドモ多年留学皇化ニ漸浴スル所アッテ然ルナラン歟《か》」と、西欧人の日本研究を好意的に評している。しかしその研究成果は本人の努力にも負うが、神国日本で皇化されたのも一因だと論じている。

美濃国厚見郡岐阜中新町に住む高木真蔭は横浜毎日新聞の三月二二日号と東京日日新聞の四月一四日号に同文の二重投稿をしている。「海外ノ哲人我横浜ニ、アシアチック・ソサイテー、ヲ開キ本年二月十八日美国《アメリカ》ヘブン氏会長トナリテ我神道ヲ議セシ一章ヲ見ル。所論邦人ノ説ト同一ニシテ感スル亦多シ。然レドモ鄙見ト大ニ徑庭スルアリ。故ニ左ニ持論ヲ摘要シ次ニ諸氏論説ノ要旨ヲ褒貶シ貴社新聞ニ托シテ之ヲ世界ニ質ス」。「世界ニ質ス」とは大げさであるが、高木は横浜毎日新聞にサトウ、ヘボン、ブラウン、パークス、森などの緒論を紹介し、東京日日新聞でその問題を指摘している。高木の主張はつぎの八点ほどである。（1）ヘボンとサトウは日本語に精通しているのだから、内外の教法宗旨の区別を論じてほしい。（2）サイルがオリファントの説を引いて、「神道ヲ世界ノ宗旨中ニテ高尚ノ位地ニ置ク」としているのは卓見だが、「神道ヲ人為ト看做セシハ」不当である。(3)ヘボンとサトウが神道を「修身ノ教」というのは、宗旨あるを知って教えあるを知らない議論である。(4)本居宣長の説にしたがって、「神道ハ只人民ノ心ヲ奴隷ニスル器械」だとサトウが断言するのは、「一隅ヲ知テ他ヲ推度スル理論」にすぎない。(5)ブラントは昔の神道と今日の神道学者の説とを区別していない。(6)パークスが「日本人モ分明ニ神道ヲ講明スルニ差ユルト見エタリ」と言っているが、その通りで、日本人の学者の不勉強である。(7)ブラウンは『古事記』を精読したと言っているが、まだ理解が不足している。(8)ある人は、「神道ハ全ク日本ニ生セシ者ト見ヘタリ」と反論された。このほか、いくつか細かい議論もあるが、高木はつぎのように結んで筆をおいた。「上件西哲ノ所論神道ヲシテ宗旨外ノ者ト看做セシ見識実ニ我碌々タル神道学者ノ及フ所ニアラス。嗚呼外人ノ学識ニ於ケル豈歓美スヘケンヤ。豈差耻スヘケンヤ」[17]と。西欧人の日本研究家の議論は今の日本人神道家の議論よりすぐれている、と賞賛したのである。

右の記事を書いた高木の経歴は不明であるが、幕末に『神葬私考』という本を書いている。その後に出た東京日日新聞の四月二四日号と四月二九日号は、「レリジョン」の訳語に対する小さな指摘であった。ちなみに、一八七六(明治九)年にはフランスも伊勢神宮の宗教調査を行った。このときフランス文部省から派遣されたのはエミール・ギメであった。

日本の子供のあそび

三月一八日にはグリフィスが'The Games and Sports of Japanese Children'(日本の子供のあそび)を日本アジア協会の例会で講演した。この論説は、四月四日号のJWM紙に登場し、さらに彼の代表作『ミカドの帝国』の一章に挿入され、山下英一訳『明治日本体験記』(平凡社東洋文庫)として邦訳された。グリフィス論文は日本の子供文化を論じている。

子供の遊戯や競技のようなものも気をつけて見る価値がある。というのは子供の娯楽には大人の生活のもっとまじめな出来事や行為が反映していると信じるからである。子供の娯楽は子供がたえず見ている大人の生活を予想したり予言したりしていて、必ずしもその生活を理解していないが、いつでもすすんでその真似をする。であるから日本のおもちゃ屋には日本人の生活の縮図がある。(中略)オールコック氏の本の中で最も楽しい表現の一つは「日本は子供の天国である」であった。[18]

グリフィスはペンを進める。日本の神社仏閣で行われている縁日のにぎわいを、欧米と比較して、かの地では教会や寺院のそばの壁や目につく場所には葬儀屋の看板や墓堀り人の広告があり薄気味悪い、のとは対照的である。さらに、大道芝居、すごろく、カルタ(いろは、百人一首、古今、源氏、詩)、コマ、雪だるま、肝ためし、ひな祭り、端午の節句、大名行列あそび、じゃんけん(石拳、狐拳、王様拳)、地口、といった子供のあそびを紹介した。結論として、子供あそびには歴史や地理や立派な考え方や正しい言葉を教えたり、兄弟、両親、天皇に対する尊敬と従順を植えつけたり、苦しみに対して勇気と軽べつを持つという男らしい美徳を刺激したりする教育的効果があるという。

そして「この問題を研究する人は、日本人が非常に愛情深い父であり母であり、また非常におとなしく無邪気な子供を持っていることに、他の何よりも大いに尊敬したくなってくる。子供の遊びの特質と親による遊びの奨励が、子供の方の素直、愛情、従順と、親の方の親切、同情とに大いに関係があり、そしてそれらが日本では非常にきわだっていて、日本人の生活と性格のいい点の一つを形成している[19]」と結んだ。

グリフィスの論文が読み上げられた後の討議で最も関心を示したのはエアトン夫人であった。彼女は珍しい科学的なおもちゃの実例をいくつか加えた。たとえば、あたためられた空気が昇ってゆくと、可愛らしい色の紙が回転する灯ちん［走馬燈］とか、デカルト学派の学理のようなおもちゃである。今日、東京の街頭で売られている可愛らしい巧妙な発明品が低価格なのは、日本での工業製品のレートを反映している。時おり、コマの店で、本当に怖いお化けの面を見かける。キズから血がごくごく流れている青白い顔のマスクである。この面を子供がかぶるのか。日本は「子供の天国」だといわれている。たしかにすべての人がこのことを心に浮べ、若者はみんな幸福にみえる。では、ほかの国ぐにより子供が幸福なのはどういう理由からか。彼女は基本的な原因を四つあげた。（1）子供の着物はゆるやかで、しかも温かい。外国の子供の服装よりも快適である。（2）日本の子供は豊富な大気と太陽の下に多くの時間あそんでいる。これは火鉢の炭火からくる有毒ガスを考慮してもさらに有利なことである。（3）家のなかに家具があまりないので、親が「さわってはいけない」とやかましく言うことがない。やわらかくて厚い布団は、日本の家ではカーペットとベッドをかねている。子供が力をこめてよじのぼり、まぐさがもり上がってくるが、そこは子供には格好の遊び場になる。（4）これは重要なことだが、子供は大事にされている。母国でひんぱんに見られるような、あるときは平手打ちをくらい、またあるときは甘やかされる、ということはない。

エアトン夫人の疑問に答えて、グリフィスがのべる。先述の日本人がつくった科学的なおもちゃ、とりわけ「デカルト学派の学理」とよばれる代物は、日本のガラスの鉢で出来ているが、もともとは外国製品のマネである。赤い筋や幽霊の傷のような形相の血ぬられたマスクは、子供でも使って遊んでいる。「百物語」や「こんだめし」の不気味なあそびでは、これを少年たちは用いない。だが、ほんのたわむれとして、役者のまねをして身につけることもある[20]。

エアトン夫人は、工学寮や工部大学校で物理学や電気工学を教えた夫に随伴して、来日した。グリフィスと同じように、夫人は日本の子供に興味をもち、一八七九年には‘Child-life in Japan and Japanese Child Story’という本を公刊している。

日本人子供文化研究の権威同士の、当時としてはレヴェルの高いディスカッションであった。

気象観測の提案

三月一八日にはグリフィスの講演に先立って注目すべき提議がなされた。ブラントンは言う。気象観測所を使用するためにワシントンの指令室へ名誉会員が申請を出していたが、「アメリカ陸軍海兵隊の」准将から返事が届いた。文部省のマーレー博士と私は本会の先週の評議会でこの件に関する委員になった。以下の内容の報告が評議会の同意を得た。「専門的観測を行うという条件つきで、日本アジア協会に器具を喜んで貸与する。このことがウィーン国際条約で決議された。そして、観測データがワシントンに郵送されることになった。協会自体では気象観測事務を遂行できないし、そうした希望を持っている単なるアマチュアでも無理なことである。しかし、日本政府の援助で、現在、気象結果を保有し、あるいは保持する立場にある省庁がウィーンで採用されたシステムによってこれを維持するよう指示するべきかもしれない、と要求できるであろう。この方面で日本アジア協会は日本と外国の政府間の最も重要な科学的事柄の仲介者になれるかもしれない」(21)。

ブラントンはこの報告に同意したマーレーからの手紙を読み、燈台寮こそがその成果を保持できる唯一の役所だと示唆した。しかし、これについては鉱山寮が気象結果を持っているのを知っているし、工学寮の管理下の江戸［東京］の工部学校にもそれが保存されていると思う。この点については、たぶんエアトンがこの役所に勤務しており、若干の情報を提供してくれるかもしれない。パークスの質問に答えて、ブラントンはさらに言う。気象観測所を広く普及して、この国の津々浦々に設置する必要がある。江戸［東京］、神戸、長崎など適当な場所がよいと示唆した。観測は計器を読み込むだけなので、そんなにむつかしくはない。燈台寮の今の燈台守でも出来ることだ。

サイルは科学的観測結果を調査する必要性をうながした。とくに、現在の日本ではまだ最終的な取りまとめが行われていない。彼はワシントンのアーベ教授の手紙を読み上げた。その手紙には、ウィーン会議の同時計画に従って観測することの利点がのべられ、その観測結果が商業、農業、漁業に価値がある点も指摘した。ブラントンの工学寮への示唆に関連して、エアトンは言う。日本政府が気象観測を実施する役所にどのような決定を下したのか知らない。現在の感触では、純粋な天文観測は海軍省に任されているようだ。工部学校も気象学的性格をもつ観測をしている。サイルの考え方に賛成で、政府はそのことを知らしめるには今が絶好の機会である。

日本が気象観測システムをととのえ始めるのは、この日本アジア協会でのディスカッションの翌年にあたる一八七五（明治八）年であった。そこで右の議論を補足する背景説明をしておこう。ブライトンも指摘していたように、このころ、灯台と水路部観象台と大学の三カ所で気象観測が行われていた。ブライトンの指導により、一八七一（明治四）年ころから九つの灯台と二つの灯船が気象の記録をのこした。神子元島、剣崎、石廊崎、樫野崎、潮岬、和田岬、江崎、伊王島、佐多岬の灯台と、本牧（横浜）と函館の灯船である。これらには晴雨計、寒暖計、雨量計がととのえられ、毎日の午前九時と午後九時に天気、気圧、風向などを測った。この記録は月末になるとブラントンの許に報告された。ブラントンはこのデータをまとめ、一八七五（明治八）年六月にイギリスの探険船チャレンジャー号が横浜に入港したとき、隊長のトムソンに贈った。さらにイギリス気象委員会に転送され、委員会は、"Contribution to the Meteorology of Japan, 1876" と題して出版した。

一八七一（明治四）年に兵部省海軍部に水路局が設けられ、「測天観象」を事業のひとつにした。これは天文と気象の広い分野のものであった。しかし、ここでの観測は貧弱であり、一八七三（明治六）年一〇月の観象台の器械としては「晴雨計寒暖計ノ二器アルノミ」という状態であった。翌年七月、観象台は落成したが、イギリスの最新の気象観測器械（原基晴雨計、累管晴雨計、原基寒暖計、検湿儀、乾湿寒暖計、量雨器、検風儀、太陽寒暖計）が入ったのは、一八七五（明治八）年七月になってからである。一方、大学すなわち、開成学校では東京気象台に雇われる以前のドイツ人クニッピングが開成学校内の官舎で一八七二（明治五）年一〇月から気象器械をそろえて毎日の定刻に観測をしていた。このデータはドイツ東アジア自然民俗学協会の『紀要』第一巻（一八七四）に「江戸における気象観測」として発表された。——こうしてみると、日本アジア協会での討議は当時としては最先端のシンポジウムであった。

第5章 『紀要』創刊号刊行 ——一八七四

一八七四（明治七）年はさまざまな出来事があった年だった。江藤新平や板垣退助が民撰議院設立建白書を提出して、自由民権運動の先駆となった。一方では不満士族の反乱の火種は消えず、江藤新平が佐賀の乱をおこした。政府は国民の眼を外に転ずべく、台湾出兵を決定した。学術関係では、前年に設立された明六社がいよいよ『明六雑誌』を創刊し、西周の「洋学ヲ以テ国語ヲ書スルノ論」が話題となった。日本アジア協会も機関誌を発行するはこびとなった。

日本列島の風と海流

一八七四（明治七）年四月一五日に横浜のグランド・ホテルで開かれた日本アジア協会の例会で工部省燈台局のA・R・ブラウン（Brown）が‘Winds and Currents in the Vicinity of the Japanese Islands’（日本列島周辺の風と海流）という講演を行った。ブラウン論文は四月二五日号のJWM紙に掲載された。その要旨は以下の通り。

日本海流として知られる海流は、日本の南方海岸を規則的に流れている。太平洋の「メキシコ湾海流」とも呼ばれているが、それは大西洋の同名の海流によく似ているからである。黒潮、つまり日本海流は、太平洋の大潮流の一部をなしている。この海流は北緯一〇度から二〇度までの長きにわたっている。ルソン島（フィリピン）から台湾と宮古諸島の間を北に流れ、北東に向きをかえたのち、九州南岸にあたる。その支流は九州の西海岸を北上し、朝鮮海峡をぬけて、日本海に入る。本流は九州の南から四国の南海岸をすぎてゆく。潮ノ岬から、この海流は江戸湾［東京湾］の南方諸島へのコースをとる。[1]

今日までの研究成果によれば、日本海流の本流は、関東近海よりさきでは小笠原海流とよばれている。支流は対馬暖流、津軽暖流と名前をかえ、樺太の北の韃靼《だったん》海に達している。このほか、日本近海の海流として、親潮、オホーツク海の表面海流、亜熱帯反流などが知られている。

ブラウン論文に対するディスカッションを再現してみよう。[2]

サイルがのべる。今回はとくに海軍の紳士方を招待していたので、彼らの姿が見えないのは残念である。日本列島沿海の海流の問題は、最も重要な課題のひとつである。ハーマン号、エリエール号、リリーフ号、そして今度はニール号を失ったことを想起すれば、苦痛を伴う悲劇ではあるが、興味のあるテーマである。いずれの事件も正体不明の強力な海流のせいで、ほとんどの不幸がまきおこった。この海流については、まだ今日確実有効な知識がないようである。瀬戸内海、さらには紀伊水道、豊後水道、下関海峡でたびたび出くわす激しい海流に関して、パシフィック・メイル郵船のフーバー船長がこう発言したと思う。ある時は南または南東の風が吹き、またある時には北風、西風、北西風が起るので、前記のいくつかの水道で海流が不安定になってしまう。もちろん、他の影響、たとえば潮の干満なども関連している。

ブラントンは発言する。ロック・アイランド［神子元島］、下田から六マイルの所にある島では海流が北東に流れているとのブラウン艦長の発言はたぶん正しいかもしれないが、その地域では干潮時は東北東に、満潮時は西南西に流れるとの中国人の水先案内人の言葉は疑うべくもない。また、ロック・アイランドと海岸の途中では、満潮のときに物すごい速さの南西方向の流れが生ずる。航海士の間ではよく知られたことだが、風を伴って何度も駿河湾に流れ込む海流がある。この海流がおそらくニール号難破の原因のひとつになったのであろう。［一八七四年三月一二日、日本からフランスの博覧会に出品物を搭載したニール号が伊豆の妻良《めら》沖で沈没した］。

マクドナルドは言う。自分はこの課題について永年考えてきた。もう昔のことになるが、一八六二年と翌年に『海洋雑誌』に投稿したことがある。以前、順調に観測をおえたあとで、江戸湾で一六時間に六〇マイルの東南東の海流に出合った。

ピットマンがつづく。ハーマン号、エリエール号、リリーフ号、ニール号の難破は日本沿岸のまだ知られていない海流の影響によるとの発言は、まったくその可能性が高い。ニール号については、ブラントンも指摘しているように、伊豆半島の岬あたりの駿河湾から江戸湾へと注ぎ込む海流が存在するかもしれない。しかし、内海の海流と干潮は、その土地と潮の流れによるもので、日本だけ特別なものではない。悪天候では内海の海流の動きがよく分からないのは航海士には知られており、あながち海流の影響とまではいえない。この論文で取り扱われた課題の重大性は十分認知されており、それゆえに、もっと調査が必要な課題のひとつである。日本沿海の海流の知識が全く貧弱であることは疑うべくもない。

ハーマン号は一八六八（明治元）年の夏にロシアのデ・カストリ湾で海難事故にあった。かつて同号はイギリス軍艦としてクリミア戦争で活躍したが、その当時はパシフィック郵船会社の所属になっていた。ボイラーの鉄板が破れて蒸気が吹き出し、五人の中国人乗組員が即死、ふたりの副機関士もやがて死亡した。のこりの人びとはたまたま乗り合わせていたヘボンの手当てをうけた。さらに、この船は翌年二月一三日に横浜沖合を航行中岩礁で座礁し、二七〇名の生命が失われた。

パシフィック郵船会社のエリエール号が「海図に記されていない岩に衝突して」（『ヤング・ジャパン』）と遭難したのは、一八七三（明治六）年一〇月のことだった。二六日九時に函館に向けて横浜を出港したが、二四時間後、豊間《とよま》（福島県いわき市）の北東四マイルの沿岸で座礁した。幸い乗客と乗組員は無事上陸した。エリエール号は乗り上げた岩礁からずり落ち、海底に沈み、メイン・マストの先端しか見えなくなった。

常陸下総紀行

五月一三日の横浜のグランド・ホテルで開かれた日本アジア協会の例会では、イギリス人外交官ローレンス（C. W. Lawrence）の'Notes of a Journey in Hitachi and Shimosa'（常陸および下総訪問記）が読みあげられた。報告者が欠席のため、同僚のサトウが代読した。

筑波山は江戸の北約六〇マイルのところにある。二つの山の頂が江戸のいたる所ではっきり見える。もし、山と呼べるならば、常陸で一番高い山である。標高は三〇〇〇フィートを越えることはないが、近傍にある山やまよりは実際以上に高くみえる。筑波山への道は水戸街道といい、千住をしばらく行ったところで奥州街道と分かれている。千住経由で水戸街道にたどりつくより近い方法は、吾妻橋で隅田川を渡って浅草へ行き、そこから向島に入れば、水戸街道にたどりつく。新宿《にいじゅく》は中川の川岸にあり、近くに富士屋という良い旅館がある。つぎの宿場町は松戸である。松戸までは平坦な道がつづいている。松戸に入る前に、街道は西利根川（市川）を横切る。[3]

ローレンスの旅はつづき、鹿島と香取の両神社の由来なども述べられた。報告終了後、サトウは請われてつぎの点を説明した。近年よくささやかれている仏教寺院の移転は、仏教は根絶させようとしているだけでなく、江戸時代に仏教の寺に封印されていた神道の社を分離して清浄なものにしようとしている［神仏分離］、と理解されるべきである。[4]

ローレンスは前年の一八七二年六月一八日から七月四日にかけて京都から江戸（東京）への旅を行っている。その行程は京都→大津（六月一八日）→草津→守山→武佐（一九日）→愛知川→高宮（二〇日）→鳥居本→番場→醒ケ井→柏原→今須→関ケ原（二一日）→鵜沼→太田（美濃加茂）（二二日）→伏見→御嵩→細久手→大久手（二三日）→大井→中津川（二四日）→落合→馬籠→三留野→野尻（二五日）→須原→上松→福島（二六日）→宮ノ越→藪原→奈良井→贄川（二七日）→本山→洗馬→下諏訪（二八日）→和田→長久保（二九日）→芦田→望月→山田→塩名田→小田井→追分（三〇日）→沓掛→軽井沢→坂本→松井田→安中（七月一日）→板鼻→高崎→倉賀野→新町→本庄→深谷（二日）→熊谷→鴻巣→桶川→上尾→大宮（三日）→浦和→蕨→板橋→江戸[5]（四日）。

深海測量

同じ五月一三日、アメリカ海軍大尉ベルクナップ（Belknap）が、‘Concerning Deep Sea Sounding’（深海測量）という講演を行った。一八五八年にヨーロッパとアメリカの間に海底電線が完成した。この出来事から海洋と海底の調査がさかんになった。これを受けて、ベルクナップは、深海の音響測定に用いられた器具を説明したのである（水中音響測定は一八二六年のコラドンによるスイス・ジュネーブ湖での実験にはじまる）。

海洋の深さの正確な決定は、海洋関係者と科学者が永年心を痛めた問題であった。しかし、今や科学的解決の道が開かれたように思われる。あらゆる航海での科学的調査の活発化と今日の通商の必要性、さらには海底ケーブルによる電信で世界のどんな遠隔の地とも即座の交渉が求められたことにより、深海音に関して満足できる成果が得られ、以前は困難で実現不可能であった仕事が容易になった。[6]

ベルクナップの報告の内容は、サンディエゴからハワイ、小笠原諸島を経て横浜に至る航海中に実施した深海調査であった。しかし、もっと興味深かったのは、ベルクナップ以前の先人による深海調査の歴史である。以下の記述はベルクナップ報告にそったものである。まず、ヘラルド号の船長デンハムが南大西洋の深海四万六〇〇〇フィートを調査した。ついで、コングレス号の艦長パーカーがブラジルの海岸に沿って五万フィートの深海を調べたが、もっと深かったという。彼につづいて、ウォルシュ艦長とベリーマン艦長も同様の調査を実施した。その後、大西洋のセント・トーマス島とバーミューダ諸島の間で、チャレンジャー号が二万三二五〇フィートの深海（プエルトリコ海溝）を発見した。また、アメリカ合衆国の海岸線をビーチ教授の指揮のもとアメリカ海岸調査隊が調べたこともあった。それから、リー艦長のドルフィン号、ブルック艦長、サンド艦長などがこれにつづいた。そして、一八六八年から一八七〇年のイギリス艦船の調査には、カーペンター博士とW・トムソン教授が同乗して大成功をおさめたが、一八七五（明治八）年には日本海域で時おり調査する予定だという。[7] ベルクナップの報告は五月三〇日号のJWM紙の紙面をかざった。

当日の討議の様子である。談論風発のディスカッションである。W・E・エアトンのコメントがあった。ベルクナップ大尉はその論文で深海音調査の器具の歴史を巧みに叙述された。彼が言うように、正確な結果を得るための試みの方法は四つのやり方に分けられるかもしれない。まず、ラインをほぼ垂直に維持するために非常に重いおもりを用いる（錘測《すいそく》）。そのおもりはそれぞれの測深器の端につけなければならない。というのは、ほうり投げられた金属の単純コストは、今日のような長い航海では、ばかにならないからだ。つぎに、表示器を記録した「新案測程器」のような器具を海中に投げて施設する。第三に、おもりを海底まで降ろした時に測定するだけの目的で、本当に軽いラインだけにおもりをつける場合も時おり生ずる。均等な回数で平坦な時でも海水は流動するので、妨害されずに落下していった本体は空中で落下した場合とは全く異なることが証明されている。ちなみに、空中では時間が二倍でも、場所は四倍になる。だが、後者の深海調査方法では、おもりばかりかコードまで失われてしまう。前述のすべての方法は程度の差こそあれ、上層や下層に海流がある深海では、不満足なものであると証明されている。ウイリアム・トンプソン卿のピアノ線ワイヤー施設は効率を高めた。価値ある張力測定に関する論文をベルクナップ大尉から拝聴して、私がそのシステムについて若干述べようとするのとは違っていることが分かった。一八七二年にブライトン［イギリス南海岸の都市］で開かれたブリティッシュ・アソシエーションの会合でウイリアム卿が大衆の面前で初めてその方法を明らかにした。そのおり、私にあたえてくれた事実は、たぶん、今の私にこの発明が誕生する一連の考えについて何か一言いわせるだろうし、ベルクナップ大尉がざっと考えてきた課題に私が外見上だけでも接近するのを許してもらえると思う。

サイルがベルクナップの技術論に多少のためらいがあるのを素直に表明した。トンプソンの器具の利点のいくつかは成果を明らかにしていないのではないか、と私も不安になった。ウイリアム卿には明々白々のことだが、正確な深海調査には、コードではなく丈夫なワイヤーが使われるべきである。それゆえ、まず挙げるべき点は、おもりが海底に到達した瞬間に機械の操作が自動的に停止する仕組みを考案することである。これは彼が全く巧妙なやり方で成功した点である。ワイヤーの端に小さなおもりを装着するのである。これには、一方の端に二五尋のロープがあり、もう一方の端には海底から標本を持ち上げる容器におもりをかけておく。ふたつのおもりと、それによって行われる重要な部分が存在する点は、論文を拝聴しておおむね把握できたと思う。このワイヤーはかなり頑丈につくられたドラム缶で傷つけられてしまう。ドラム缶はきわめて単純な摩擦破損でいつも動いてしまうのである。それを調節するため、下部の重いおもりが海底に近づくとき、ワイヤーの全体の力より減速させる力が弱くなる。だが、下部のおもりが海底に横たわっている時には、とりわけ海床に自動停止のギアーが到着した瞬間に、その圧力は最も強くなってしまう。ワイヤーはゆるまずに全く垂直につり下っている。そして、全体が作動して、正しい深さを計る。この機械が製作されてから、ウイリアム卿ははじめのころに経験した困難のひとつは十分な強度の細いワイヤーを得る点であった。これはピアノ線を採用することで最終的に結着がついた。しかし、細いピアノ線のワイヤーは深海調査のための使用があまり一般的ではなかったので、最良の品質のワイヤーを選んで採用することになった。ウイリアム卿が直面したもうひとつの困難は、ワイヤーがあまり傷つかなくてすむドラム缶をつくる必要に迫られたことである。というのは、そのドラム缶が急速な回転で得た機械の運動量を小さくしなければ、おもりが海底に到着した時に摩擦破損で突然器具が停止してしまうのを防げないからである。ビスケイ湾でウイリアム卿が初めてこの器具を用いて深海調査を試みた。そのとおり、ぐるぐる巻かれたワイヤーがぴんと張りつめられて、ついには降りてきたドラム缶とぶつかって、傷つけられた。そのため、ドラム缶を手で止めておく人間が必要となった。海の深さが一二〇〇尋以上あり、また調査船には人間が二、三人しか乗っていないのに、ウイリアム卿な何事にも屈せずに根性とがんばりでみごとにこれを成功した。この根性とがんばりが彼の事業の性格を物語っていた。海底から引き上げられた標本はブリティッシュ・アソシエーションの会合で展示された。——海洋学のあけぼのを伝える議論であった。

六月一七日の日本アジア協会の例会では、一挙に四つの講演が行われた。ブラキストン、アストン、サヴァティエ、ヘボンの四人であった。

東北紀行

第一のブラキストン（Blakiston）の講演は 'A Journey in North-East Japan'（東北日本紀行）という東北地方への旅行記である。一八七三（明治六）年一〇月二八日から一一月九日にかけて踏破された記録である。「北緯三七度の日本の東海岸（太平洋沿岸）の豊間《とよま》沖でパシフィック・メイル・スティームシップ社のエーリエ号が遭難して数カ月がたつが、この紀行文を書こうと思い立ったのは、この事故がきっかけである[8]」と印象的な文章を冒頭にかかげる。彼が豊間に滞在したのは事故から間もない時であったから、メイン・マストの一本がしっかり見えた。この豊間をかわきりにブラキストンはニューウェル船長を旅路の友として東北縦断を実施する。そのコースは、豊間（福島県いわき市）→平→四倉→前之浜（一〇月二八日）→広野→木戸→富岡→新山→浪江（二九日）→小高→原町→鹿島→中村（福島県相馬市）→駒ヶ嶺（三〇日）→亘理→岩沼→仙台（三一日）→吉岡（宮城県大和町）→三本木→古川→築館→沢辺（宮城県金成町）→一関（一一月一日）→水沢→黒沢尻（岩手県北上市）（三日）→花巻→盛岡（四日）→渋民→沼宮内《ぬまくない》（岩手県岩手町）（五日）→中山→一戸→福岡（岩手県二戸市）→金田一（六日）→三戸→浅水→五戸→藤島（青森県十和田市）→三本木（七日）→七戸→野辺地（八日）→青森（九日）である。

興味深い叙述が散見されるが、たとえば一〇月二九日の広野の記事が関心をよぶ。「三里進んで、広野村で馬を乗り換える。そこからの一里はでこぼこ地帯で、ほとんどが松林であり、道は木戸という小さな場所につづく。両側の溝には粘土質の岩が見える。海岸には海水の塩分で水分が抜かれた小屋があった。平からこのあたりまでには、かんたんに掘り出せそうな岩がごろごろしており、農業をしていた人々が倉庫として使ったほら穴がたくさんある。そのいくつかには戸や鍵が付けられていた。真偽のほどは定かではないが、日本のこの地域に住んでいた原住民の住居として使われたと言われている[9]」とある。二〇一一年の東日本大震災で大きな被害を受けた地域でもある。

論文に地名の誤読が多いのは、外国人のためやむを得ぬことであろう。彼はこれ以前の一八六九(明治二)年に蝦夷を旅行し、その報告‘A Journey in Yezo’をイギリス王立地学協会誌に発表している。その日本語訳は西島照男訳『ブラキストンえぞの旅』（北海道出版企画センター）である。日本アジア協会でのブラキストンの講演は、七月四日号と七月一一日号のＪＷＭ紙に連載された。

日本語比較研究

第二のアストンの講演は‘Has Japanese an affinity with Aryan Languages’（日本語はアーリアン語族と近似性をもちうるか）という、日本語とアーリアン語族の近似性を考察した論考である。日本初の日本語とインド・ヨーロッパ語族の比較論である。

> インド・ヨーロッパ語族すなわちアーリアン語族を構成する諸言語が共通の祖語から出たという事実は、永年、十分認められている。（中略）エドキンス氏の示唆深く価値も高い「言語における中国の位置」という論文でも、中国語がアーリアン諸語のひとつであることが指摘された。さて、日本語にもその余地があるのだろうか(10)。

ヨーロッパからインドにかけた地域の言語が共通の祖語を持つことは、古くから知られていた。歴史言語学者がさらにその範囲をひろめて、東アジアの言語とインド・ヨーロッパ語族との共通性を見出そうと懸命な努力を傾けていた時期もあった。そうした研究史をうけて、アストンが日本語とインド・ヨーロッパ語族の関わりを言及した。

日本語は古代において全く他諸国語と独立していたのか、あるいは、今日のインド・ヨーロッパ語族のように相互に関連したものなのか――こうした問題提起を行い、アストンは後者の見地に立って論考をすすめた。日本語の文法組織はインド・ヨーロッパ語族のそれとは大いに異なるが、日本語と他諸語との間に共通の祖語があると仮定した場合、グリムの音韻法則が適用できる。その音韻推移の関係を証明しようとして、若干の単語を日本語とサンスクリット語・ラテン語・ギリシャ語・英語・ドイツ語で比較した。

アストンの日本語とインド・ヨーロッパ語族の関係の仮説は、今日の学界では全く等閑に付されている。論法はきわめて大胆である。さらに、日本古代の音韻組織の研究は、この当時、未発達だったため、アストンの言語の比較にも妥当性を欠いていた。アーリアン語におけるグリムの音韻推移の法則と日本語の音韻組織を比較して、つぎのような関係を示した。

アーリアン語	日本語
p、b、bh、f、	b（m）、f、
k、g、gh、ch、	k、g、
t、d、th、	t、d、ch（チ）、ts（ツ）、

そして、これを証明するため、単語の比較を行った。いくつかの例をあげよう。

日本語	サンスクリット語	ラテン語	ギリシャ語	英語	ドイツ語
a（吾）	Aham	ego	ego	I	Ich
na（汝）	Tuam	tu	tu（su）	Thou	
na（名）	Nama	nomen		Name	
omo（母）		mater	mêtêr	Mother	
taku（焚）	Dah	lignum	daio		

彼は日本語の音韻組織の知識を欠いていたため、比較も大胆にすぎた。アストンの仮説は今日では全く無視されている。ところで、文末で彼はこう述べる。

　この論文が言語研究という分野のごく一部しか考察できなかったのは明らかである。たとえば、ロシア語のような、これまで参照されることのなかったアーリアン語族の支語が、他のどの言語よりも密接な類似性を提供してくれるかもしれない。ウラル・アルタイ語族と日本語の近接性という課題は誰も取り上げていない。（中略）私が気づいた限りでは、日本語はアジアの他の言語とも密接な関係を有していない。近接な関係を明白に確立していないことは、きわめて明瞭である。アーリアン語族の諸言語にみられるような近似性は、ウラル・アルタイ語族の諸言語には認められないように思われる。（中略）アイヌ語は、たぶん、この期待に大いに応えてくれるかもしれない。しかし、学問的検討をするまでには、まだ十分知られていない言語である(11)。

日本語とインド・ヨーロッパ語族との近似性という問題はともかく、日本語がウラル・アルタイ語族との関係があると言い出したのは、ドイツ人東洋学者のクラプロートが最初である。その後、シーボルト、レオン・ド・ロニー、ホフマンなども同様の説を唱えたことがある。明治二〇年代以降の日本語系統論のなかで、日本人学者にもこの種の考え方に共鳴する人びともいたが、語彙の比較の際に音韻法則を軽視する人が多かった。これに対してアストンの説は慎重で、文法構造、数詞などいくつかの要因を検討して、ともかく「日本語のアジアのどの言語とも近似関係がうすい」との結論に達した。今日の日本語系統論の主流にそった見解である。

　当日の議事録を読んで、外国人日本研究家たちがアストンの講演をどのように受けとめたのかをみてゆくことにしよう。グットウィンが私見をのべる。日本語とアーリアン語族との間に示されている関係は確信できるものではない。異なった言語の間に見せかけだけの同一のルーツが存在することが、密接な関連性を証明することにはならない。おそらく、世界中のすべての言語のいくつかの共通ルーツがある調査を示すことはできよう。たとえ何がしかが証明されようとも、地球のすべての国ぐにはひとつの大きなファミリーの一部にすぎない。しかし、言語の構造、組織、発達における外見上の「類似」だけでなく、そこに存在する相違も考慮する必要に迫られる。日本語の文法的性格はアーリアン語族とはかなり異なっている。日本語の類似性を検討する場合、第一にすることは構造上で多少でも共通性が判明される諸言語を発見することである。つぎに、アーリアン語族と他の語族を分けている広大なギャップを調整することである。同様の試みはエドキンスがすでに行った。彼は中国語とアーリアン・セム語族との関連性を確立させた。彼が示した共通の語根のたくさんの実例は明らかに錯覚ではあるが、その主張には今なお真実があるようにもみえる。

ホールは言い放つ。アストンは、中国語とアーリアン語族との語根の共通の起源に関するエドキンスの見解を検証しようとして、類似の結果を得るために日本語の調査にも同じやり方を採用したことを強調している。氏がこの試みに成功したかどうか疑しい。私自身も日本語とヨーロッパの言語の語根に共通要素を見つけるのに失敗した。（中略）すべての背景には、アーリアン語族の各言語にグリムの法則で関連づけられた語源的同一性がそれぞれの言語に密接した構造的近似性が大部分をしめていることを絶対忘れてはならない。そして、基本的に異なる文法構造である日本語の場合には、この支えが全く欠落している。その結果、語源的類似性とかけ離れた事例からの推論はほとんど説得力を失ってしまう。さらにアストンが論証している事例にもたいへん疑問が多い。日本語の「ナ」［名］は、英語の「ネーム」、ラテン語の「ノメン」、ギリシャ語の「オノマ」などに似ていると主張している。アストンは、アーリアン語学者のように、つぎの点に気づかねばならない。語頭の硬音か軽音の喉音がすべてのアーリアン諸語において、このルートの基本部分を形成する。また、音声が自然消滅する過程では、この喉音は「ネーム」という実名詞の場合はかすれてゆく事例に近いけれど、まだその豊富な形跡は「ケン」（知る、不面目など）のように同じルートで他の枝で生きのびている。日本語の「ナ」とか、それと同じ起源の単語にさえ存在するこの喉音の形跡を発見するのはアストンには困難であろう。

ブラウンは語る。この論文はたぶん十分ではないにしても、日本語とアーリアン諸語との近似性に決して多くを主張していない。例示された類似性の実例は、空想的な代物ではなく、また偶然の一致の代物でもないが、本当の言語学的基準にふさわしい事例は他のものから見出せる。言語の類似性を研究する唯一の正しい方法は文法構造を調べることだとする、この論文の目的には賛同しかねる。語彙の比較から始めるのが即効性も確実性もある方法なのだ。アストンが引用した最初の単語、日本語の「ナ」と英語の「ネーム」は、誤った実例として嫌われたが、明らかにアーリアン諸語が起源である。その単語は東洋諸言語のほとんどに通用する。インドでは、その発音は「ナム」と「ナオ」が伝わっている。一方、サンスクリット語では「ナマン」である。そのふたつの形が日本に伝わって、「ナ」と「ナマイェ」となった。（中略）日本語とアーリアン諸語の比較は貧弱な成果しか示さなかったけれど、言語学的調査、とりわけ日本語とギリシャ語の比較という豊かな分野を供給してくれる。ビルマ語と日本語とは、語彙だけでなく文法構造でもたいへん強い近似性がある。[12]

以上がディスカッションの大要であるが、明治時代の日本語の比較言語の状況をここでいちべつしておこう。西洋の言語学理論が輸入され、日本語の系統や帰属の問題がやかましく論じられて、百家の説が唱えられた。たとえば琉球語（チェンバレンほか）、アイヌ語（バチェラーほか）、朝鮮語（アストンほか）といった隣接諸国はもちろんのこと、中国語（パーカー、松村任三ほか）、チベット・ビルマ語（パーカーほか）、ウラル・アルタイ語（クラプロートほか）も同系統の言語であると唱えられた。さらにはマレー・ポリネシア諸語（ラベルトン）、インド・ゲルマン諸語（田口卯吉）、ギリシャ語（木村鷹太郎）などと日本語を強引に結びつけようとする説まであらわれた。しかし、日本語との姉妹語関係が実証されたのは琉球語だけであった。

フランス人ブスケはアストンの論文を読み、『日本見聞記』につぎのような感想をのべている。「この非常に毅然たる区別があるにもかかわらず、アーリア諸語に近づけることが一度ならず敢行された。「あらゆる言語は唯一の言語の方言である」という旧派の原則に依拠して、この接近を試みた人々すらも、文章論的にはいかなる相関関係もあり得ないことを認めざるを得なかったし、またいろいろな環境のなかで発展してゆくうちに、一方ではサンスクリット語を、他方では中国語を、またウラル・アルタイ諸語や日本語を生むことになる可能性のある、なお非常に粗野で原初的な一つの共通言語を原始の時代に想定せざるを得なかった。しかし、近代言語学はこれらの帰納を斥けている」[13]と。

日本アジア協会の議論にもどると、アストン論文に対してかなり激しい意見がつづいた。そのため、アストンは日本語とアーリアン諸語との比較研究を断念して、日本語とは最も地理的に近い言語である朝鮮語との関わりを調査してゆくことになる。その後、アストンは一八七九（明治一二）年に「日鮮両語比較研究」をロンドンのロイアル・アジア協会に提出するが（この論文の日本語の抄訳が池田次郎他編『日本文化の起源5』平凡社、にある）、このときの日本アジア協会の講演はそのための準備だったともいえる。なお、アストンの講演は一八七四（明治七）年六月二七日号のＪＷＭ紙に登場した。

日本植物研究

第三のサヴァティエ（Savatier）の講演は'On the Increase of the Flora of Japan'（日本の植物種の増加）という植物学の研究成果であった。ＪＷＭ社主筆のハウエルが英訳して、さらに代読までしている。サヴァティエは一八六六（慶応二）年に来日して、建設中であった横須賀製鉄所のフランス技師団の主任医師となった。かたわら、一八七一（明治四）年に三浦半島と富士箱根地方に遊び、植物の新種採集につとめた。彼が植物学に興味をもったのは、従弟に植物学者がいたからという。日本アジア協会で発表した論文は日ごろの成果の一部であり、日本の植物区系を構成している植物の種類の増加について論じている。サヴァティエらが命名した日本の植物をあげてゆくと、じややなぎ、はなびぜきしよう、くさたちばな、たにたで、たちくらまごけ、たかねますくさ、やぶすげ、じゃくじょうそう、はないぜきしよう、たちぶうろ、おとこぜり、などである。サヴァティエとフラシェによる『日本植物目録』はこの翌年の出版である。右のサヴァティエの講演では、日本と東アジア、ならびに北アメリカとの間の植物区系の関係、そして、ミシェルがかつて日本の植物区系の大半は日本の固有であると論じたのを自分はたしかめた。たとえば、一三九の確実な種のうち、六八は日本の特産である。しかし、満州、朝鮮半島、北中国の沿海地域の研究がすすむにつれて、この割合はおそらく減るだろうと結論づけている。[14] このサヴァティエの講演は六月二七日号のＪＷＭ紙の紙面をかざった。

一八世紀にリンネが登場して植物学が樹立されると、未調査地域への植物研究が本格化した。キャプテン・クックの航海、グリメンのシベリア植物調査などで多くの成果がみられたが、中国の奥地や南アメリカの本格的調査は一九世紀を待たねばならなかった。当初、植物調査は科学的に行われていたが、やがて園芸植物を目的とする採集家も参加するようになった。日本でも一八世紀にはリンネの高弟トゥーンベルグが植物採集を行っている。一九世紀中葉に日本が開国すると、ウィリアムズ、ライト、ウェイリッヒ、ホッジスン、ビーチ、フォーチュン、ホール、オールダムなどサヴァティエの先人も多く輩出した。

気象観測

第四のヘボン（J. C. Hepburn）の講演は'Meteorological Observations'（気象観測）という気象観測データの提出であった。副題には「一八六三年から一八六九年までの横浜での観測」とあった。一部を引いておこう。

横浜の町は、北緯三五度二六分、東経一三九度三九分の場所にある。江戸湾の西側に位置している。太平洋に最も近いキング岬からほぼ三七マイル、湾の突端にある江戸から二〇マイルのところにある。（中略）日本の雨量は、世界各国と同じ程度である。降水量の三分の二は四月から一〇月までの六ヶ月間に降る。夏の軽装ですごす時期は六月下旬か七月上旬から九月中旬までである。降雪は軽いので、ほとんどの地域で二、三インチにも及ばない。ただし、一八六一（文久元）年の冬には二〇インチの深さになった。氷は一インチあるいは一インチ半の厚さになることはめったにない。霧はめったになく、ヒョウも同様である。カミナリはしばしば起るものでなく、激しいものでもない。地震はよく発生し、一ヶ月に一回以上はある。しかし今のところ、横浜外国人居留地には、それほどひんぱんに起きているわけでもないし、強烈なゆれは感じたことがない。[15]

一八五九（安政六）年一〇月一七日、ヘボンはコロンビア大学の委嘱をうけ、気象学会会員として日本の気象を報告するために、観測器具を持参して神奈川に到着した。そして翌年の三月六日付の書簡には、一八五九（安政六）年一一月一日から四カ月分の気象観測データが記入されている。さらに、一八六一（文久元）年一一月二三日付の『ジャパン・ヘラルド』創刊号には、一八五九年一一月から一年分、第二号には次の一年分、その後は毎号に一週間分の気象観測結果をのせ、一八六四（元治元）年四月三〇日号では「ヘボンによる」ことが明言されている。以上のデータの提供はすべてヘボンによるものと思われる。また、一八六四（元治元）年度のイギリス領事館報告にも「ヘボンの観測による」として一年分の観測結果がそえられている。このヘボンのデータに関してつぎのアンチセルのコメントがある。「平文（ヘボン）氏ノ調タル所ハ一八六〇年代四年以上ニ渉レル者也同氏ノ記所ノ暖（温）度ハ余ガ東京ニ於テ調タル者ヨリモ其度数少シク高ク是レ蓋シ横浜ノ地勢ニ依レル者ニシテ其地タル海面ニ等シク加之高岡ヲ以囲繞セラルヲ以テ東京ノ如キ平原ヨリモ暖度猛勢ナルナリ[16]」。ヘボンが測った横浜とアンチセルが計った東京の温度差の原因を指摘している。

こうした実績をふまえて、ヘボンは一八七四（明治七）年六月一七日の日本アジア協会で上記の報告を行い、一八六三（文久三）年から七年分の気象データを公表したのである。一八六三年から一八六九年までの年間と月別の平均気温、各月の最高気温と最低気温の二つの表が掲載されている。石井研堂の『明治事物起源』に「文久三年米人ヘボン氏、横浜にて暫時測量に従事したることあり[17]」と書かれているのは、右の一連の事実を裏づけるものである。ちなみに、ヘボンの講演は、一八七四（明治七）年六月二七日号のＪＷＭ紙に掲載された。

紀要創刊

話は前後するが、一八七三（明治六）年一〇月八日の日本アジア協会の第一回年次総会において、これまでの一年間に講演された論説をまとめて、機関誌『日本アジア協会紀要』が一年以内に創刊されることが報告されていた。しかし、同年六月一五日に発生したＪＷＭ社の火災など諸般の事情が重なり、約束が果せず時がすぎていった。その間にも会員からは『紀要』の刊行を急ぐようとの声が高まってきた。待望久しい『紀要』が第一号と第二号の合併号というかたちで、一八七四（明治七）年の秋に創刊になった。これをＪＷＭ紙はすぐに報じた。その記事を掲げて、この章をとじることにしよう。

『日本アジア協会紀要』（一八七三年一〇月二二日から一八七四年七月一五日まで、一八七四年横浜刊行）。私たちの手許にある素晴らしい著作、日本アジア協会刊行の第二巻には関心の有無に関わらず様ざまの論文が収録されている。この国の現状と歴史、そして言語をふくめた沢山の問題について、この興味尽きない日本について知識がつけ加えられる。この協会の機関誌のページを通じてすでに広く通用している論文を抜粋するのは余計なことだろうが[18]、日本アジア協会の著作はヨーロッパでも認められつつある。

第6章 日本学の第一人者——一八七四

純粋神道の復活

一八七四（明治七）年八月二九日のＪＷＭ紙に、日本学の第一人者サトウの 'The Revival of Pure Shintô'（純粋神道の復活）という論説が登場した。この論文は日本アジア協会での口頭発表こそなかったが、九月三日、九月一九日、九月二六日、一一月一四日、一二月五日、一二月一九日、一二月二六日のＪＷＭ紙に連載され、さらに『日本アジア協会紀要』の第三巻第一部別冊に再登場した[1]。一八七四（明治七）年二月一八日に日本アジア協会の例会で講演した「伊勢神宮論」につづく、サトウの神道研究の第二弾である。九八ページに及ぶ長大な論文である。

ここで「古神道」（純粋神道）というのは、仏教と儒教哲学が日本に導入される前に、日本人によって抱かれた宗教的な信仰のことであり、その「復興」とは、外来思想を排除し、神道の原初的な形式を提示しようという近世の学者たちの試みのことである。この学派は、神道という名称そのものを拒絶する。この学派によると、仏教と儒教の導入以降、区別の必要上この名称が使われるようになるまでは、かかる表現は古代の宗教的な信仰について用いられたことがなく、それ故この信仰が中国名で呼ばれることを理由に、その起源は中国に在るとする議論はまったく意味がないという[2]。

サトウがこの論文を認めた動機は、当時行われていた日本政府の神道政策への疑問であった。荷田春満、賀茂真淵、本居宣長、平田篤胤、契沖の生涯と神道学説史をたどり、かたわら日本の紀年の不確実さを考証によって実証し、『古事記』、『日本書紀』、『古語拾遺』などを参照して、神道の起源、仏教と儒教の関わり、日本人の信仰の時代的推移を論述してゆくのである。

サトウは『古事記』の信憑性を問題にする。この本は神道の古学派の典拠であった。まず、『古事記』と『日本書紀』の成立年代そのものの問題であるが、初期のミカドたちの寿命が異常なほど長いこと（武内宿禰の寿命は三五六歳であった）、『古事記』は『千字文』の日本渡来を二八五年としているが、同書の成立はもっと遅い、などさまざまな疑問が指摘された。しかし、「儒教がおそらく仏教に先行したことだけは確実にいえ」、『古事記』の叙述は仏教と儒教の影響をうけていることが予想される。

神道に決定的な影響をあたえたのは、空海の両部神道論であった。神道との合体に成功した仏教は、「ミカドからその臣下の最下層にいたるまで全国民の宗教となった」徳川時代におよんだ。純粋神道は「ついに一個の形式になり、その実績は忘れ去られて」しまった。神道には両部神道のほかに、吉田（卜部）兼倶が一五世紀のおわりに創始した唯一神道、伊勢外宮の神主出口信義が一六六〇年ごろに始めた伊勢神道、山崎闇斎の垂加神道がある。

こうした記述からでも、神道がいかに外来宗教と交わり、日本人の信仰が変化していったかが推測できる。しかし、神道本来の性質を調査するには、インドや中国における仏教、儒教、道教などの広汎な知識を必要とする。幸いなことに、『古事記』、『万葉集』、『日本書紀』、『古語拾遺集』、『祝詞』などのなかに、神代研究の豊富な材料があり、賀茂真淵、本居宣長、平田篤胤の考察をもっぱらにしたのも、これらの本であった。そして、彼らが荷田春満とともに純粋神道の復興派をなすものであるから、彼らの生涯と著作について若干の解説をこころみ、彼らのいだく神道本質論を通じて、純粋神道の本来の性質を知ることが出来る。

サトウは荷田春満を「神道学派の創設者」と称した。春満が日本語や日本文典の研究を力説したことは、『倭学校啓文』で知られるが、それは主として『万葉集』の研究であり、それも作歌が直接の目的であって、『古事記』や『万葉集』の研究ではなかった。本居宣長は賀茂真淵を「古学の創設者」とよんだ。真淵によって『万葉集』研究は『古事記』などの研究手段となったからである。『古事記』注解は本居宣長に託されたが、賀茂真淵の古事記研究が春満の比でなかったことは、真淵の『国意考』で知れる。真淵において、中国哲学の批判と『古事記』にあらわれる古代精神の主張がようやく積極的となる。それが宣長に至ると、古代精神は宗教的信念になる。宣長は真淵の委嘱にこたえて、三二年の星霜をへて、一七九六（寛政九）年に『古事記伝』を完成する。この著作と平行して彼が神道論を展開したのは『直毘霊《なほびのたま》』である。サトウは宣長の神道精神を追求したあと、つぎの批判を下す。

本居は純粋神道を今日の生活の規範たらしむるために復活せんと努力するいかなる目的にも反対する。彼の目的はその真実の形における神々の時代を再現しようとするに過ぎない。現世において移りすぎるものの一切は、その本性において善であれ悪であれ、神々の行いである。人間は一般に事物の経過にはほとんど影響をもたない。現代の慣習に反して、古代の「神々の道」を行うことを主張するのは、かの「道」に対する反逆であり、それに優らんとするこころみに等しいであろう。（中略）彼が万事において本国をよしとし、古代をよしとする偏見のはげしさは、おそらく彼が思案し著述した当時においては、日本のナショナリティの痕跡を一切抹消するかの観を呈した中国思想とその表現形式の支配に対するひとつの反動によろう(3)。

つぎにサトウは平田篤胤の神道思想にうつる。平田は『古史伝』、『霊の真柱』などにより、天地創造のプロセス、日の支配者としてアマテラス大神、神がみの系譜を詳しく紹介した。さらに篤胤は『古史徴開題記』で朝鮮文字が「神代の文字」に起源をもつことを主張する。以下、サトウは論文の三分の二を費やして、平田の生涯と学説の紹介をした。そして、言う。

彼らの自国の伝説と仏教徒および古代中国人の伝統との類似をしきりにいう。それは後者が日本人からの借用であることを理論で説明されるもので、この彼の陳述を吟味するのが容易でないことは残念である。というのは、もし仮定の類似が実際にあるとすれば、それは日本人とアジア大陸の各種族との関係を追求するうれにはなはだ有益だからである(4)。

こうして神道学説史をたんねんにたどるという作業を通して、その往きつく先が、『古事記』や『日本書紀』を読み、古道を解明することをサトウは自覚した。

この論文の目的は、神道を主題とする著作活動をした近代の一学派（国学者）の見解に沿ったものであり、いずれが相違しているのか、その特定を試みたわけではない。しかしながら、古伝を絶対確実なものとする主張や、その霊妙不可思議な、あるいは超自然的な現象を含んだ事柄を前提にした彼らの結論こそ、まさにそのことのために信憑性が薄いといわざるを得ない。神道の本質とその起源についての結論は、歴史的に研究された通常の教典によって導かれるものでなくてはならない(5)。

事実、サトウは 'Ancient Japanese Rituals'（古代日本の祭祀）という長大なる祝詞の研究を『日本アジア協会紀要』（第七、九巻）に発表した。このサトウ論文の刺激をうけて、一八八三（明治一六）年にはチェンバレンの『英訳古事記』が刊行され、一八九六（明治二九）年にはアストンの『英訳日本書紀』が発表された。論文のおわりに、サトウはこれからの神道研究の手段を提言する。

研究をすすめる上でもっとも有効な方法は、『古事記』、『日本紀』に出てくる神話、『延喜式』のなかにある祝詞の巻やその他の巻が豊富な資料を提供してくれる儀式や祭典、これらを他の古代宗教の場合と比較してみることである。しかし、何よりもまず大切なことは、残存する基本的な文献を正確に解釈することであり、この目標を目指すにあたって、真淵や宣長や篤胤が行った言語学的な仕事は、そのなかに当然不完全な部分が含まれているとしても、測り知れない助けになるだろう。彼らが残した業績の価値を正当に評価するためには、古代の文献を学ぶ方法として、宣長が提唱して手続きに従うのが最善であろう。すなわち、

『源氏物語』や他の物語で使用する言葉の綿密な分析から出発することである。そこには『万葉集』を読み解く鍵があり、『万葉集』の正確な知識なくしては、『古事記』や『日本書紀』や祝詞で使用されている漢字の意味を、到底正しく読みとることはできないからである。[6]

このサトウ提言は、当時の在日西欧人の日本研究に大きな転機をもたらした。まず、グットウィンの「日本の言い伝え」とアストンの「土佐日記紹介」がこれに応じた。ともに『紀要』第三巻第二部に掲載された。さらに、ケンペルマンの「神代文字」（『ドイツ・アジア協会誌』第二巻）、ターリングの大宝律令の研究（『紀要』第七巻第二部）、トロウプの日本仏教研究（『紀要』第一四巻第一部）などがつぎつぎと発表された。

ヘールツの鉱物学

一八七四（明治七）年後半、サトウについで活躍が目ざましいのがオランダ人化学者ヘールツ（Greerts）であった。'Useful Minerals and Metallurgy of the Japanese'（日本の有用な資源と金属）という演題で、一〇月一四日、一一月一八日、一二月二三日の三回、日本アジア協会の例会で講演した。[7]会場は三回とも横浜のグランド・ホテルであった。第四回以降の講演もあるが、それは別の機会にコメントしよう。講演内容は、第一回が「鉄」、第二回が「銅」、第三回が「鉛と銀」であった。本稿ではその三つの講演をまとめて解説する。

第一回の「鉄」の講演では、まず総論として日本の金属利用史がのべられる。その第一史料としてあげているのは、ケンペル『日本誌』、シーボルト『日本』、トゥーンベルグ『日本紀行』である。これの補助史料としてスタニスラ・ジュリアンとシャンピオンの『中国の古代・近世の産業』（一八六九年）とブルガーが一八三六年に『バタビア協会報』に発表した日本の銅鉱に関する論文を用いた。ブルガーはオランダ商館員として長崎の出島に滞在していた。つぎに、平瀬徹斎『山海名物図会』、小野蘭山『本草綱目啓蒙』、住友氏『鼓銅図録』などに基づいて、鉄、銅、鉛と銀、水銀、金、砒素化合物、亜鉛および錫、アンチモンなどの順で日本有用金属論を展開する論旨を明らかにした。

各論である「鉄」について言及した。日本には多種の鉄鉱があるが、主流は磁鉄鉱である。七一三（和銅六）年に近江で発見されたのが初例で、主要産地は播州、伯耆、薩摩、出雲、若狭、石見、日向であった。他の鉄鉱として、鏡鉄鉱、褐鉄鉱、赤鉄鉱、粘土状鉄鉱、鍾乳状鉄鉱、黄鉄鉱、蛇眼石をあげ、その特性と産地が指摘された。つぎに鉄製練の問題が取り上げられた。

ヨーロッパでは一八世紀以来、近代化学を応用して鉄産業は大きく変化した。けれども中国や日本では不完全な炉がそのまま用いられている。最近ごく少数の日本人はヨーロッパ型の炉の有利性を知った。けれども多くは適当な設備をするための投資を好まない。すぐれた炉の建設に投資しないのは、きわめて不経済であり、こうした経済性に対する顧慮にとぼしいのが、日本の金属産業一般の欠点である。[8]

この問題点をふまえて、ヘールツは製鉄法を略述した。石や耐火粘土でつくった円筒型炉が通常用いられたが、製鉄のプロセスはヨーロッパと同じで、還元を利用している。鹿児島近郊に西洋炉が建設されたことにふれている。日本古来のタタラ製錬にはヘールツは言及していない。一八九一（明治二四）年にルードウィヒ・ベックが『技術的・文化史的にみた鉄の歴史』を書いた。そのなかの日本に関する記述は、まことにお粗末で貧弱であった。ヘールツ論文を読んでいれば、多少ともましな叙述ができたはずである。

当日の議事録を読んでみよう[9]。イギリス人のエラスムス・ガワーが発言した。彼は幕末に来日し、土佐鉱山の調査にあたり、明治になって北海道開拓使や高島炭坑などで働いた。若干の指摘をしたあと、彼は言う。現在、常陸地方で日本人のために数基の溶鉱炉を設置しようとがんばっているところです。常陸には有望な鉄鉱があり、一八フィートから八フィートまでさまざまな厚さがある。つぎにブラントンがのべる。ヘールツ論文でも叙述され日本でも普及している、時によっては七日間という長期間にわたって鋳型の状態で銑鉄《せんてつ》に保っておく工程に関し、これはイギリスで行われているベッセマ製鋼法の原理に似ている点がある。エアトンもこの論文で述べられていた、日本人が採用している製鉄法について言及した。この鉄は鉄のワイヤーを作るために用いられたのかどうか誰か教えてくれないでしょうか。自分は最初全く厚さの異なる鉄のワイヤーが必要だったが、工学寮では全く入手できないのである。この問題に答えて、ウイルキンは言う。私は論文の著者ではないが、日本人がそのような鉄のワイヤーを製造したことは知らない。このあと、議論は銅のワイヤーの品質をめぐって、エアトン、ゴーランドが長時間発言した。

このためであろうか、ヘールツの第二回の講演では「銅」が扱われることになった。その講演では、まず小野蘭山の『本草綱目啓蒙』（一八〇三）を引いて、八世紀に日本最初の銅銭である和銅開珎が鋳造された事実を紹介する。つぎに各種の銅鉱の記述に入り、黄銅鉱、黒銅鉱、班銅鉱、灰銅鉱に言及した。「日本の銅は世界的に有名である」とベックは言ったが、これは江戸時代の日本とオランダの貿易を反映したものであった。銅製品が日本の日常生活まで浸透しているのをみて、ヘールツは銅を日本の「ナショナル・メタル」と呼んだ。その後、主要な鉱石以外の銅鉱に言及し、マラカイト、青マラカイト、青石、自然銅、赤銅鉱の形態や産地について叙述した。そして、製錬法に及び、製銅を発達させるには、（1）全国に通じる道路の建設、（2）西欧と同じ基礎による自由な鉱業法の制定、（3）鉱山の排水設備、製錬のための西洋の知識、経験、機械の導入、の施策が必要であると強調した。

きわめて実用的な提案であり、交通機関と法律制定にふれている点は、すぐれた見識であった。ついてヘールツは日本での製錬プロセスを説明し、焙焼→熔解（カワ銅の製造）→荒銅の製造→間欠銅の製造→棹吹銅の製銅とつづく過程を詳述した。そして、最後に棹銅の成分分析と江戸時代の銅輸出などの問題についてページをさいた。

第二回の議事録を繙いてみよう。[10] サイルからいくつかの質問に答えて、ヘールツはのべる。「ヤキ」は緑がかった色の鉱物であり、それ自体は銅には多くは含まれていない。にもかかわらず、銅鉱が近くにあることが分かるので指標としてよく使われている。今回の議論は前回にくらべ低調だった。銅について は前日の例会でさんざん議論し尽くしたためであろうか。電話線を海底にすえるのに鉄のワイヤーが良いか、それとも銅のワイヤーが秀れているのか、という議論だった。

第三回は「鉛と銀」の講演であった。日本での銀の発見は七世紀中葉のことであり、鉛は日本ではあまり利用されていない。一三世紀から一六世紀末まで銀が多く産出されたが、一八五三（嘉永六）年以後の産出量は少ない。日本での硫化鉛を紹介し、つぎに鉛の製錬法を説明した。それから、銀について説き及び、自然銀、輝銀鉱、灰銅鉱、ガレナ（硫化鉛）の四種の銀鉱に筆をさいた。日本での銀産地をあげ、銀製錬にはヨーロッパとは異なる四段階の作業があることを指摘した。その銀製錬はポルトガル人によって日本に伝えられたらしい。最後に、少量の銀を抽出しやすいパッチンソン法は、まだ日本では知られていないと結んだ。

第三回の議事録に目を通してみよう。[11] 司会のグットウィンの質問に答えて、代読者のエアトンはのべる。日本では水銀はほとんどない。私が気づいたかぎりでは、日本では水銀は中国から輸入して使用している。つねに日本での水銀の価格はイギリスよりはるかに高い。ブラントンが日本の銅像の暗い色に言及したことに関連して、エアトンは言う。これは水銀の混入で出来たのではなく、青銅が軟らかいため鉛が多く含まれてしまうからである。花びんや他の青銅製品が出来上がると、外側がかなり加熱される。溶かす時点で急速に酸化される。そして、一様に暗いところが出来てしまう。このプロセスの詳細を知りたかったので、日本の青銅を注意深く分析している人がいないか、私は協会に問い合わせた。数カ月前にはモーウン氏に依頼したら、フランス・アカデミーのその紳士から連絡が来た。サイルは言う。カリフォルニアのサンホセの近くのニュー・マルマデン鉱山から大量の水銀が産出される。水銀が話題になったので、次回のヘールツの論文は水銀を扱うことになった。

第一回から第三回までのヘールツの講演はJWM紙の一〇月二四日号（第一回）、一二月五日号（第二回）、一八七五（明治八）年一月一六日号（第三回）の紙面をかざった。

仙台湾測量

一八七四（明治七）年一〇月一四日の日本アジア協会の例会で、イギリス人セント・ジョン（St. John）の‘Observations on the Bay of Sendai" という講演があった。「仙台湾の測量調査」であり、ファー・イースト紙も彼の行動を報じており、当時注目をあびていた。論文が読み上げられたのち、ブラントンとの間でつぎの質疑応答があった[12]。

ブラントンはセント・ジョンの調査結果に若干の示唆をあたえて、こう言った。石巻にはつい先日出かけていった。全体的に清潔で豊かな町である。だが、河川を横切る砂州は海面から二、三フィートしかないので、船の航行には大きな障害になっている。河口に船を横づけ出来る場所がないので、港には全く不都合である。しかし、石巻の東方にはアイカワ（鮎川か）という港があり、南東方向に小さく弧をえがいて、船の良い停泊地となっている。しかし、この港の背後には険しい丘があるので、商業の港としては利用できない。

セント・ジョンは、シルビア号の艦長として、一八七一（明治四）年、測量船春日とともに北海道東北海岸の測量に従事した。その調査をもとにして、翌年、海軍本部による海図が作成された。彼は一八七三（明治六）年から一八七九（明治一二）年まで海軍省の御雇外国人として測量の業務に専念した。著作にはイギリス王立地学協会会報に投稿した「蝦夷の旅」（一八七二年）という報告のほか、日本滞在中の見聞をまとめた"Notes and Sketches from the Wild Coast of Japan"（1880）がある。彼の仙台湾報告は一八七四（明治七）年一〇月三一日号のＪＷＭ紙に登載された。

新潟紀行

一一月一八日に横浜のグランド・ホテルで開かれた日本アジア協会の例会で、"Description of a Trip to Niigata, along the Shinshiu Road and back by Mikuni Pass"（中山道と三国峠を経由した新潟紀行）というJ・A・リンド（Lindo）の講演があった。当日、著者は欠席のためR・V・ボイルが代読した。なお代読者のボイルはイギリス人の鉄道技師として一八七二（明治五）年に来日し、二年後の五月には京都・神戸間の鉄道を竣工させた。さらに中山道にも鉄道を設けることを献策した。一方、論文執筆者のリンドはオランダの陸軍軍人で、一八七二（明治五）年に利根川流域の測量をした。今回は信濃川流域の河川視察が目的のようで、講演も東京と新潟の間の往還記であった。ルートは東京→大宮→上尾→深谷→本庄→新町→高崎→安中→軽井沢→小諸→高田→新潟で、信州を経由して東京から新潟まで踏破した記録である。帰路は新潟→長岡→浦佐→湯沢→三国峠→高崎というコースをとり、高崎以降は往路と同じである。碓氷峠の坂本の叙述を引いておこう。

中山道の次のところはきわめて興味があった。人力車で登ることは無理で、苦痛を欲しないならば、駕籠《かご》もよく、何も注文をつけないのなら、徒歩か馬の背にゆられて行くこともあり得る。景色は鮮明で、五月はフジ、ツツジが満開で美しい。それぞれの崖の端では美しい眺望が得られる。山なみや渓谷が変わってゆく。坂本の谷合はとくに素晴らしい。[13]

実に日本らしい景色である。外国人の日本内陸部への旅行制限がゆるみ、「病気療養」と「学術研究」の目的なら旅券があれば、未知の土地に足をふみ入れることが可能となった。当時、これを彼がいかによろこんだか、リンドの筆はかなり素直に表現している。もうすこし彼の記述を追ってゆくと、「信濃川はライン川に比すべきものである」と感嘆したかと思えば、「三国《みくに》の景色は壮大であるが魅力的とは言えない」とのストレートな感想もある。一方、「女たちや娘たちが糸をひき、家の主人は腕枕して眠りこくっていた」とは、まさに上州のかかあ天下の叙述である。

リンドの報告が読み上げられたのち、質疑応答となったが、当時の議事録を読むと、その興奮が伝わってくる。[14]まず司会のパークスが口火を切った。リンド氏は一つだけでなく二つも興味深い旅を叙述してくれた。新潟への両ルートには見るべきものがあふれている。しかし、この報告の面白いところは旅に限ったものではない。新潟は目覚しい将来が約束された場所である。開港場として外国貿易のために開かれたと言われるが、実際は信濃川河口の砂州が自然の障害となって、鎖港されている。まわりの土地は豊かなので、その広大な米作地域は日本の穀倉地帯という名をほしいままにしている。鉱物、石油、茶、タバコ、麻なども生産されている。

このパークス発言は、つぎのリンドの記述を受けたものである。「新潟はあらゆる面からみて、商取り引きにはまさに格好の地である。信濃川が越後の荷物輸送にあって唯一ともいえる主要交通路であるだけに、新潟に立派な港湾施設が備われば、生産地より荷馬によって、現在、陸路で運ばれている産物はすべて、まず間違いなくこの地に集まってくる。しかし、砂州が、現在、河口に拡がり、それが今年には水深わずか五メートルを残すまでに塞いでいる。これが原因で新潟での取り引きは、ここ数年にわたって、ほぼ完全に停滞したままになっている。この砂州の上に適当な防波砂堤工事がなされれば、あらゆる点で有益な事業となろうことは疑いない。日本人が言うのには、越後は日本で最も豊かな国のひとつであり、ほかの地方がこうむった飢饉を一度たりとも経験したことがないと自慢している。新潟から運び出される品の取り引きは、確実に重要となってゆこう。この豊かな国で取れる主たる産物は、米、茶、藍草、銅、石灰、石油である」。[15]

パークスの指摘をうけて、各人が新潟論を展開した。エアトン夫人が発言したのち、ヘールツが越後地方について若干のコメントをつけ加えた。ブラントンも新潟や信濃川に関して長口舌をくりひろげ、ブレントが新潟と長岡の間の交通に言及し、ボイルも新潟に到る信濃川渓谷の様子にふれた。このリンドの紀行報告は、一八七四（明治七）年一二月一九日号と翌年一月九日号のＪＷＭ紙に登場した。新潟に住みたい外国人が増えたであろうか。

この数年後の一八七七（明治一〇）年一二月六日号のノース・

チャイナ・ヘラルド紙を読むと、状況ははかばかしくない。当時の新潟には、フランス人二名、ドイツ人三名、オランダ人二名、イギリス人四名、イタリア人一名の計一二名しか外国人が居住していないのだ。商取り引きに従事している者が四名、キリスト教関係者が四名、教員が二名いて、それぞれ自然科学と英語を教えている。一名はレストラン経営者で、肉屋、パン屋などを兼業している。女性はわずか一名しかおらず、しかも東京より近い場所には外国人女性がいないと伝えている。当時の新潟がいかに外国人には不人気だったか分かる。原因は港が砂州に埋もれて使いものにならなかったためである。

木ろうの製造法

一二月二三日の日本アジア協会の例会（会場は横浜のグランド・ホテル）では、H・グリッブル（Henry Gribble）の 'The Preparation of Vegetable Wax'（木ろうの製造法）という題目の講演があった。グリッブルは一八七九（明治一二）年ごろ当時の司法省の代言人（弁護士）であった星亨との知遇があった。星亨が早矢仕有的（丸善社長）にグリッブルを紹介した書簡につぎの一節がある[16]。「小生の知人にて横浜在留英ヘンリー・グリッブルと申者有之、右は會て長崎にて商店を開きたる事もあり、久敷《ひさしく》東洋貿易に従事、彼我貿易上の慣習をも承知在罷候者に有之」といい、「同人儀は極《きわめて》篤実なる人にて、特に商法上の計算等にも老練」と書きそえた。この星書簡をよむとグリッブルははじめ長崎で貿易を営んでいたが、一八七九（明治一二）年ころまでには横浜に移り、交易を生業とした。グリッブルと星がどのようにして知り合ったのか分らないが、グリッブルは長崎時代から横浜関係者との間に交遊があったようだ。そして、グリッブルが長崎商人であったため、当日は横浜ユナイテッド・クラブの支配人W・H・スミスが代読した。木ろうの作り方がテーマである。木ろうの木は、はぜの木であるうるしの木に近い種類である。木ろう生産は九州地方の主要産業であり、肥後、肥前、島原、築後、築前などで行われている。はぜの木の実を圧さく機でつぶし、そこからしみ出たものが蜜ろうと獣脂との中間のもので、これをあたため、純化し、ろうそくを作る。貿易取り引き上、これは日本ろうとして知られている。論文読了後、サイル、エアトン、パークスから質疑応答があった。一八七五（明治八）年一月一六日号のJWM紙に掲載された。日本アジア協会の当日の議事録を読んでみよう[17]。

サイルは豆から油をぬき取る中国で使用されたやり方が同じように日本で採用されている点に注目した。W・E・エアトンはサイルの発言に対し、スクリューを動かすのにくさびが使われたのか説明した。また、日本の木ろうと中国のそれはどうして違うのか教えてくれたらありがたかった、と言った。W・H・スミスは水圧をほとんど用いていないのに驚きをあらわした。そして、論文のテーマに関してパークスが書いたノートを読み上げた。「支払った値段で木ろうが作れないのは残念だ。これはもっぱら製作費がきわめて高いためである。日本でもっと工業化がすすみ、もっと一生懸命に働いてくれたら、低価格で生産できると思わざるを得ない。イギリス滞在中にも話したことだが、もっと沢山の供給が可能なら、（木綿の）染色技術の工程も大いに採用できるにちがいない」。

この日、パークスはなぜ例会に出席できなかったのだろうか。一八七四（明治七）年には日本の台湾出兵があり、パークスのかつての同僚ウェードの仲介で日本と清国の衝突は回避された。パークスはこの一件の後始末を行っていたのではないか。

金星の運行

以上、ヘールツ、セント・ジョン、リンド、グリッブルの六論文が『日本アジア協会紀要』の第三巻第一部をかざり、別巻としてサトウの「純粋神道の復活」がそえられた。こうした公式の記録には残っていないが、一八七四（明治七）年の一二月八日にエアトンが日本アジア協会で講演を行ったようだ。この講演はJWM紙や『紀要』に登場しなかったが、トーケイ・ジャーナル紙やファー・イースト紙に載っている(18)。横浜のグランド・ホテルに一三〇名ほどの聴衆をあつめた。演題の正式名は知られていないが、金星の運行に関するものであった。一八七四（明治七）年一二月九日におこるはずの金星の太陽面経過にかなり前から天文学者が大きな関心をよせていた。これを観測することで、太陽視差を決定しようというのである。一六七七年、イギリス人天文学者ハーレーは、太陽と地球との距離を測定する間接的な方法として小惑星、水星と金星の太陽面経過を重視した。ハーレーの計画は一七六一年と一七六九年の金星の太陽面経過のおりに実施された。金星の太陽面経過の回数はひじょうに少なく、一七六九年を最後に同じ現象が起きていなかった。その待望久しい現象が一八七四年一二月九日におきたのである。（この現象は一八八二年一二月五日にも起き、最近では二〇〇四年六月七日、二〇一二年六月五日にも同じ現象があり、さらに二一一七年一二月一〇日、二一二五年一二月七日にも発生する）。この年、アメリカ、フランス、イギリス、ロシア、イタリア、ドイツ、メキシコが、観測条件のよいアジア地域に大々的な観測隊を派遣した。日本にはアメリカ、フランス、メキシコの天体観測隊が来た。アメリカは長崎、フランスは長崎と神戸、メキシコは横浜（野毛山と山手本村）で観測所を設営した。日本人も東京海軍観象台班（麻布飯倉町）、開拓使福士成豊（函館）、内務省地理寮（品川旧御殿山）などが観測を実施した。翌日に控えた世紀の天文ショーを横浜居留地の外国人はエアトンの解説に胸をおどらせた。

ちなみに、長崎では一二月九日の午前一〇時二四分五秒、午前一〇時五一分九秒、午後二時四二分七秒、午後三時一〇分四秒の四回にわたり金星の太陽面経過がはじまった。

第7章 新しい波 ――一八七五

江戸新潟の旅

一八七五（明治八）年の一月一三日から六月三〇日までに行われた講演は、『日本アジア協会紀要』の第三巻第二部を構成した。その巻頭をかざったのは、一月一三日に横浜のグランド・ホテルで開かれた日本アジア協会の例会で行われた 'Itinerary of Two Routes between Yedo and Niigata'（江戸・新潟間の二つの道）という講演で、講師はデシャルムであった。前年の八月五日から九月八日までの約一カ月間の夏休みの紀行文で、冒頭に旅行の目的と経路が示されている。猪苗代湖以北を旅行し、会津地方を経過して、新潟までゆき、それから信濃の山地をぬけて、東京に戻ることが目的であった。デシャルムの旅はつぎのルートで実施された。

東京→杉戸（八月五日）、杉戸→新田（六日）、新田→小沢（七日）、小沢→日光（八日）、日光（九日）、日光→今市→大渡→船生《ふにう》（一〇日）、船生→玉生《たまにう》→倉掛→高阿津→石上（一一日）、石上→木綿畑《きわたはた》→室野井→［那須］湯本（一二日）、湯本（一三日）、湯本→綱子→白河→飯豊（一四日）、飯豊→長沼→滝ノ原→追分→中地《なかじ》（一五日）、中地→会津若松（一六日）、会津若松（一七日）、会津若松→坂下《ばんげ》→野沢（一八日）、野沢→下野尻→宝川《ほうかわ》→津川（一九日）、津川→新潟（二〇日）、新潟（二一日）、新潟→内野→竹野町（二二日）、竹野町→寺泊→出雲崎（二三日）、出雲崎→荒浜→柏崎（二四日）、柏崎（二五日）、柏崎→鯨波→柿崎→高田（二六日）、高田→新井→二本木→関川（二七日）、関川→野尻→牟礼→善光寺［長野］（二八日）、善光寺→篠ノ井→坂城（二九日）、坂城→上田→長久保（三〇日）、長久保→和田→下諏訪（三一日）、下諏訪（九月一日）、下諏訪→上諏訪→金沢→上蔦木《かみつたき》（二日）、上蔦木→円井《つぶらい》→韮崎→甲府（三日）、甲府→石和→河口（四日）、河口→上吉田→山中→須走（五日）、須走→御殿場→仙石原→木賀（六日）、木賀→［箱根］湯本（七日）、湯本→小田原→大磯→戸塚→神奈川→東京（八日）。

デシャルムの旅行記は日記風に各地の状況を書きとめている。旅程にしたがって、いくつか紹介しておこう。八月一〇日には日光から船生までを踏破している。「今町からの道はみごとな景勝地を通り、大渡《おおわたり》へ向って北方へと至る。［日光の急流］

大谷川《だいや》を渡るが、この川は支流であり、鬼怒川になり、いっそう峡谷になり、流れは深く速く、鮎という魚がたくさんいる。この流れは荷馬では渡れず、左岸の次の宿場はこの川から三〇町もあるので、旅はかなりの遅延を生ずることになる。さして重要でもない村、船生《ふにゅう》で一泊する」。

八月一六日には猪苗代湖の叙述がある。「猪苗代湖は日本で最も大きく、絵のように美しい湖のひとつである。［会津］若松と湖畔のあちこちの場所との間では、小規模の取り引きが行われているが、近隣地域における全般的な道路の欠如から商売上の動きをにぶくしている。日本の内陸の全てにいえることだが、ここでも立派な道路を建設することで、一般の富の増長はかなりの推進が期待しうる。猪苗代湖岸は快適な避暑地として推薦できるが、欧米人が生活するうえでは、あらゆる物資がきわめて不足していることを述べておかねばならない。気温は冷たく、冬には数週間にわたって川は凍る」(1)。

講演後の質疑応答で(2)、まずパークスが先陣を切った。良い地図が不足しているので、デシャルム氏の論文を聴いた人のなかには充分情報を得られなかった人もいたのではないか。以前からの実感だが、この協会で旅行に関する報告が読み上げられるたびに、そんなことを考えつづけていた。そこで、大型の日本地図を用意して、協会の例会のたびに提示しておいたらどうだろう。その地図をみれば一目で地方、県、主要都市、山脈、河川、道路などこの国の重要な地理指標が分かるようにしておきたい。カーギルが示唆をする。私が目を通した日本の外国語地図はたいへん不完全である。一方、日本語の地図は、なかにはまことに素晴らしいものがあるが、日本語を読めない人にとってはアフリカの古い地図のようなもので、ただ海岸線のところが分かるだけである。協会の費用で地図を購入してはいただけないか。ブラントンは六種類の地図をつくることを提案した。第一は蝦夷と本州の猪苗代湖までの地図、第二は琵琶湖のさきまでの本州の地図、第三は本州の残りの部分の地図、第四は四国と周辺の海岸の地図、第五は九州と周辺の海岸の地図、そして日本全土の地図である。これらを全部完成させるには約四〇〇ドルかかるだろう。デシャルム報告は、一月三〇日号と二月六日号と同月一三日号のJWM紙に三回連載された。

日本の建築技術

ブラントンが壇上に立ち、'Constructive Art in Japan'（日本の建築技術）という論文を読みあげた。この論説は前回の一八七三（明治六）年一二月二二日の論文の続編にあたり、タイトルも同じである。

一八七二（明治五）年に江戸（東京）で発生した大火以来、当地の役人たちは、大きな屋敷に火が広まるのを許してしまう建築方式の採用にたいへん心を悩ましている。まさにその立派な実例が江戸（東京）の新しい大通りに出来ている。小さなレンガ造りの家がうすっぺらな木造建築（日本全国で一般化されているもの）にとって変わった(3)。

このほか文明開化期の日本の建築様式の問題点を数えあげた。ブラントン論文は一月二三日号のＪＷＭ紙に登場した。論文が読みあげられたのち、以下のような質疑応答があった。

カーギル――グロテスクで虚飾的な外国式建物は、横浜を例にとると、新しい公会堂、税関、新しい郵便局、イギリス領事館である。

パークス――林業法の制定と道路の整備が現政府の深刻な課題となって迫ってきている。

サイル――日本人の労働者には従弟制度が欠如している。

エアトン――東京の大通りの新しいレンガ建築が快適だというブラントンの意見には全く賛成できない。ヨーロッパの古いゴシック建築様式が東京の新しい赤レンガ建築を満足させるか疑わしい。日本人のような明るさと陽光を好み、新鮮な空気をいっぱい取り入れる民族には、小さな窓、ベランダを欠いた、中世建築の全体的な憂うつさはほとんど好まれないだろう。(4)

この議論のなかで唐突な印象をあたえるのは、パークスの林業法に関する発言である。明治政府は国有林経営体制の確立などの近代的林政を急いだ。その原点は一八七五（明治八）年の大久保利通の「本省事業ノ目的ヲ定ムルノ議」であった。パークスのことばはこの建議書を意識したのであろう。その後、一八七九（明治一二）年に山林局が設置された。一八八二（明治一五）年には東京山林学校が開校し、林学知識の普及に努めた。林業に関する法律ができたのは一八九七（明治三〇）年の第一次森林法からであった。

地震や火事に関する議論もあった。前回のブラントンの論文では「銀座レンガ街計画」に言及したが、このころになると政府の東京都市計画に大きな変化のきざしがあった。一八七三（明治六）年の神田福田町火事跡地計画、一八七八（明治一一）年の神田黒門町火事跡地計画など防火を中心とする都市計画が立案される。銀座や日本橋の見ばえのする街づくりよりも地味ではあるが安全な都市計画が唱えられた。大蔵省のお雇い外国人パウル・マイエットがかのドイツ・アジア協会で『日本家屋保険論』を発表すると、大蔵省は一八七八（明治一一）年に火災保険制度を考え、東京中心地区へ強制火災保険制度の導入をはかった。立法にはいたらず、一八八一（明治一四）年に挫折した。

ドイツ・アジア協会

一月三〇日号のＪＷＭ紙にドイツ・アジア協会の記事が載っている。協会の紀要が刊行され、その内容が紹介されている。巻頭論文は駐日ドイツ公使ブラントの日本の爵位に関する研究である。公・侯・伯・子・男の爵位のことである。ホフマンは醤油・酒・みりんの製造法を論じている。ブラントは前年九月一三日の台風に言及した。マックス・ミュラーが日本の音楽について研究した。この研究はＪＷＭ紙の二月二〇日号の冒頭に詳しく解説されたうえ、ドイツ語から英訳された論文自体も掲載されている。つぎに神武天皇以降の日本の土地制度の変革を論じた論文もあった。ヘールツ論文は日本の薬学を考察している。リッターの蝦夷南部への紀行も載っていた。日本人の古代の服装の図版もあった。さらに、ライン博士の日本の博物学の研究、ドーニッツのアイヌの研究の寄稿があった。

大和内陸紀行

二月一七日に横浜のグランド・ホテルで開催された日本アジア協会の例会では、パークスがセント・ジョンに代わって、'An Excursion into the Interior Parts of Yamato Province'（大和地方の内陸部紀行）という報告を行った。一八七〇（明治三）年一一月二二日、パークスは紀州侯訪問のため、パークス夫人、兵庫大阪イギリス領事ガウワー、アストン、そしてセント・ジョンとともにイギリス軍艦シルヴィア号で和歌の浦に到着した。紀州侯の歓待をうけたが、セント・ジョンはガウワーとともに紀州侯の禁猟地で狩猟の招待をうけ、四〇頭以上の獲物を持ち帰った。数日後、セント・ジョンはパークス、アストンとともにシルヴィア号で帰帆した。そのとおりの見聞をまとめたのが右のセント・ジョン報告である。紀伊、大和、伊勢の東側を叙述し、さらに串本から鳥羽にいたる海岸線も詳報した。これらの場所は当時の外国人には未踏の地であったから、彼の報告は有益な情報となった。

当時の議事録を読むことにしよう。まず、サイルが口火を切った。大和地方の丘には木のおとし樋《どい》やドイツとか（アメリカの）オレゴンで見られる滑降装置がつくられているのか。もし、本当に正真正銘のシャモア［カモシカの類］が大和にいるのなら、たいへん魅力的に思える。ブロートンは言う。セント・ジョン海軍大佐は大和地方に巨大なオークの木があるという。私たちの知るかぎりでは、オークは蝦夷にはあるが、本州ではこれまで実在するのを聞いたことがない。このほか、エアトンも発言をもとめ、意外なほど熱のこもった討論がくりひろげられた(5)。

セント・ジョン報告は三月一三日と同月二〇日のJWM紙に連載された。イギリス議会報告書は自国の政策に関してさしさわりのないものを公開している。上下両院に印刷物として提出される。この文書の日本のセクションに、一八七五（明治八）年四月二二日付のイギリス公使館員プランケットから公使パークスにあてた手紙がある。日本の鉱山を論じたリポートであるが、そのプランケット報告にセント・ジョン論文にふれたところがある。

セント・ジョンは勝浦という小港の近くに炭鉱があるという。この石炭は売り物に十分なる秀れた品質である。五〇トンほど採掘してみたが、外見上すばらしい。他の石炭をまぜても、まったく見劣りしない。その石炭はたいへん堅くて重い、さらには煙の心配はいらない。以上の内容がイギリスの政治家の耳目にふれた。この報告がイギリスの対日外交政策にどのように活用されたのかは定かではない。

相互開催の提案

三月一七日の日本アジア協会の例会で重大な発言が飛び出し

た。通信書記のサイルが「東京の外国人会員を増加させる」との見地から、協会の例会を横浜と東京とで交互に開催してはどうか、という提案をしたのである。(6) この提案はエアトンの賛意を得、さらに満場一致で議決された。その背景をすこし書き記してゆこう。

一八七三（明治六）年一月一一日の例会において規約草案が採択されたが、その全文は伝わっていない。一八七四（明治七）年七月一五日の年次総会で決定した規約の前文が『紀要』に掲載された。その規約によると、例会は初期の一〇月から始められた。最初の規約では、月末に近い土曜日の午後八時三〇分からとされていたが、一八七四年の規約ではその都度役員会で決めることになった。実際は会期ごとに土曜日や水曜日に一定していたが、ときおり他の曜日にも行われていた。会期は年次総会で締めくくられる。一八七四年の規約では七月ごとの開催が定めされているが、一八七七（明治一〇）年からは六月に変更されている。年次総会の開かれる七月初旬あるいは六月末から、つぎの会期の第一回例会が催される一〇月までの三カ月ほどは夏休みであろう。

横浜の例会はグランド・ホテルなどで午後八時三〇分ごろから開催されたが、東京在住者は一泊覚悟でなければ参加できなかった。さらに東京在住会員が増えてくると、当然、東京での例会を要望する声が強くなる。さきのサイル発言はこうした背景をうけたものであろう。かかる意見が大きな発言権を得て、例会が横浜と東京で交互に開催されることになった。そして、役員会も両地に置かれ、東京と横浜に役員が分かれた。(7) たとえば、東京の評議委員には、森有礼、アストン、コーチラン、ヴィーダー、マーレーなどが就任した。一方、横浜の評議委員には、ブラウン、ヘボン、エルドリッジ、ハウエル、ケンリック、ロバートソン、ウイルキンなどがなっている。

英仏駐屯軍の撤退

この東京部会開設問題と多少とも関わりがあるのは、イギリス・フランス両軍隊の横浜撤退である。時代は幕末にさかのぼり、一八六三（文久三）年、イギリスとフランスは日本人攘夷志士から居留地民を守るため、自ら横浜防衛にあたることを幕府に認めさせた。居留地の初期の数年間は、浪人やならず者がうようよいたので、外国人住宅街は恐慌状態にあった。だから、住民たちは英米軍隊の駐屯を歓迎した。イギリス海兵隊の大部隊が日本に赴任したのは一八六四（元治元）年五月二九日のことだった。フランスの海兵隊もこれと同じころに上陸し、オランダも少しおくれて岸辺に小分隊を設置した。軍人とともに、技術者、病院関係者もやって来た。最盛期には、イギリス軍が一〇〇〇人、フランス軍が三〇〇人も常駐していたから、横浜の街も活気にあふれていた。明治になって、居留地に平安がもどると、今度は駐屯軍自体が日本の財政負担の重荷となった。在日公使館は本国政府にたびたび軍隊の横浜撤退をうながしたが、日本の内乱や政情不安を考慮して、ロンドンやパリの政府はこれを認めなかった。明治政府も撤退を要求し、一八七一（明治四）年にイギリスが駐屯軍を三〇〇人に縮小した。横浜での軍事的緊張がゆるんだところで、人びとはゆっくり学術研究に着手しようとする余裕が生まれた。こんな背景から、やっと一八七二（明治五）年に日本アジア協会が誕生したのである。そして、一八七五（明治八）年三月になって、イギリス・フランス両国の軍隊は撤退を完了した。

横浜毎日新聞の明治八年三月三日号は軍隊の横浜出立の様子をこう書いている。「昨二日ノ朝七時英艦アドウエンチユーア英兵ヲ乗セテ此港ヲ発シ香港ニ向ヘリ此船蒸気ヲ上ゲテ乗過ル時数艦ノ軍艦ニテハ水夫綱具ノ上ニ並立チ高声ニ其出立ヲ祝シタルニ英兵モ答礼ヲ為シタリ」。また、横浜の英字新聞ジャパン・ウィークリー・メイル紙の一八七五年三月六日号もこう記している。「海兵隊の出立[横浜撤退]は今週の最大の出来事だった。以前も時おりあった不景気も、居留地が異常にさびしくなることで、さらに増加することだろう。軍隊は横浜周辺の日本人にも大きな損失をあたえることだろう[8]」。

この英米軍隊の横浜駐留を西欧諸列強による日本の「半植民地化」の第一歩だと位置づけていた学者もあったが、これは実情を知らずに駐屯軍の力を過大評価したもので、この説は最近では説得力を失いつつある。やむを得ず自衛のための最低限の武力を持っただけである。イギリスとフランスの軍人のなかには家族を連れて横浜を出てゆく者もあった。ある人びとは草創期の陸軍・海軍・工部などの学校のお雇い教師として東京に転任していった。このため、横浜にはかつてのにぎわいが失われていた。一方、東京にはお雇い外国人による新しい文化が芽ばえつつあった。東京部会開設の根はこのあたりにもあった。

この事態に対応するかのように、明治九（一八七六）年四月四日には東京府から「外国人居留地外住居ニツキ布令」が下されている。東京の居留地は築地にあったが、このころになると居留地の外に住む外国人たちも増えてきた。そこで、従来から住んでいた者にはこれを認めるが、「其他之外国人ヲ一時之止宿ニ非スシテ同居為致候儀ハ不相成旨」を伝えた。新参の外国人は居留地外に住むことは出来ないとの趣旨であるが、現実には横浜からの参入者を含めて、外国人の東京居住が多くなった。そのため、工部省はお雇い外国人の居住地として第二大区九小区の赤羽製作所の跡地を「外国人居館地」として使用したい届けを内務省に出している[9]。ちなみに、当時の東京は一一大区制がとられ、ほぼ今日の二三区を一一の区域に分けていた。第二大区は現在の港区にあたり、「赤羽製作所の跡地」とは今日の赤羽橋あたりになる。

日本の言い伝え

三月一七日の例会ではグットウィンとヘールツの講演があった。前者の演題は'On Some Japanese Legends'（日本の言い伝え）といい、日本の民話がテーマである。グットウィン（C. W. Goodwin）は冒頭で述べる。

ドイツ農民の口伝を集めた民話をグリム兄弟が刊行した

から六〇年以上たつが、それには興味と困難さえ伴う、追求しがいのある新しい学問の基礎があった。世界のいかなる国のいかなる地方の民話をせっせと収集記録して、さらにそれぞれを比較してみると、好奇心に富んだ結果が多く得られるであろう。民話がいつ、どのように世界へ広まっていったか、という問題も最も興味を引く事柄である。本稿の目的は、たんに、材料を公開し、日本人学者の注目をこの民話研究にむけさせ、日本の民話の全貌と西洋の異なる国々の民話の潮流とを比較研究させることにある。(10)

そして、アイルランド民話「ノックグラフトン村の伝説」(The Legend of Knockgrafton)と『宇治拾遺物語』の第三段「鬼に瘤取らるる事」を比較検討してみた。「このアイルランド民話は五〇年以上前に農民の話を採取したものである。ヨーロッパのほかの場所にこのような話が見いだせるかどうか分からない。私の印象ではアイルランド以外には知られていない。日本の話はミットフォードが簡潔に書き記している。彼のようには、この課題の参考になるいかなる文献も私には入手できない。私の友人であるイギリス領事館のホール氏が親切にも、この文献がどこにあるか確かめてくれた。日本語の『宇治拾遺物語』という書名の第二巻をあたえてくれた。その物語は宇治の物語集を省略したものである。この本は一六六四年に刊行されたが、一三世紀に書かれたものと思われる。作者は不明である。ホール氏は親切にも日本語の原文を読み、以下の翻訳を私に供してくれたのである」。ホールは寛文四(一六六四)年の版本を入手したようだが、万治二(一六五九)年本の重刷本か。

日本において比較文学が最初に紹介されたのは、一八八九(明治二二)年ごろの東京専門学校(早稲田大学)で行われた坪内逍遥の「比照文学」という講義であった。逍遥が参考にした文献はアイルランド人ポズネットの『比較文学』(一八八六年)であった。このことからすると、グットウィンの講演は逍遥の授業を一四年もさかのぼる先駆的業績であったにもかかわらず、右の彼の提言は全く生かされなかったことになる。西欧の文献に目がいって日本の居留地での活動に気がつかなかった、当時の知識人の典型的な行動をみる思いである。

この論文に登場した『宇治拾遺物語』の第三段の英訳はイギリス公使館の同僚J・C・ホールによって行われた。「これも今は昔、右の顔に大きなる瘤ある翁ありけり。大柑子《おおかうじ》の程なり」という冒頭の本文をホールはこう英訳した。The following also happened now a long time ago. There was an old man who had a big wen on the right side of his face. He went (cut wood on) mountain Taiko.(つぎの話も今では遠い昔になっている。顔の右側に大きなこぶがある老人がいた。彼はタイコウ山に木を伐りに行った)。日本語の原文では大きなミカンくらいのこぶがあった、という意味である。英文では木の伐採に行ったことになっている。「大柑子」をタイコウと誤読している。だから、後半はホールの誤訳である。こうしたキズはあるが全体の話の意図はよく通じている。さらに、グットウィンとホールはこの話の原典を追求した。「J・C・ホール氏の日本語教師を通じて、ひとつの写本を手に入れた。ホール氏は日本語のテキストを読み、これにも英訳をしてくれた」。そのタイトルは The Story of the Ambitious Mice（大きな鼻の話）であるが、その原文はいまのところ不詳である。これまでの研究によると、中国の戦国末から秦代ころの『産語』のなかに瘤取爺の説話があり、明代の『笑林評』にも同型の話が載っている。後者が日本の『嬉遊笑覧』に引かれている。

グットウィンの講演は一八七五（明治八）年の四月三日号と同月一〇日号のJWM紙に登場したが、これをたまたま母国イギリスで読んだアーネスト・サトウが以下の感想をのこしている。「ジャパン・メイル紙によると、グットウィンかだれかが『宇治物語』と『宇治拾遺物語』を英訳すべきだといったそうですが、ホールがこれに興味をもってくれればよいのですが」と。[11]

以前、サトウはホールがたいへんすぐれた日本学者になったことをよろこび、その翻訳の出来映えに高い評価をあたえていた。サトウがそうしたコメントをのこした一八七二（明治五）年までに、ホールは『復古論』と『藩論』の英訳をすませ、それをブルーブック（外交青書）にそう入し、イギリス外務省の日本理解を深めさせた。ちなみに、『復古論』の翻訳は一八六九（明治二）年ごろに行われたが、のちJWM紙にも登場している。ホールは『宇治拾遺物語』などの文学作品の完訳は志向せず（サトウの期待を裏切る形になったが）、むしろ日本の法律に興味をしめしていった。

当日の議事録を読んでみると、当時の外国人日本研究家の反応が知れて、興味深い。ヘボンやハウエルが発言をもとめているが、まとまっているエアトンの意見を紹介しておこう。

グットウィン氏が比較した話には相互の関連性がほんとうにあるのだろうか。外見上の一致は顕著であるが、ほかの国にも似たような話があるように思う。たとえば、「こぶ男の話」とか「こぶ人間」とかの道徳性は『アラビアン・ナイト』のなかの「四〇人の盗賊」やミットフォードによって語られた「舌切りスズメ」のそれである。近年、その成果が著しくなってきてはいるが、異なった国ぐにの民話の研究は同じような性格をもつ話に共通の語源があるかどうかにかかっている。[12]

当時の比較民話研究の状況を解説しておこう。この研究はグリム兄弟の『グリム童話集』からはじまった。二人の故郷カッセルで収集を開始した民話が、ドイツやゲルマン民族の枠をこえ、インド・ヨーロッパ世界にも広がりを持つことが分かってきた。そして、グリム兄弟は昔話の起源をアーリアン語族（インド・ゲルマン語族）にもとめた。ついで、ドイツ人インド学者テオドール・ベンファイは、一八五九年にインド説話集『パンチャ・タントラ』のドイツ語訳を出版し、インド起源説を唱えた。これよりさきの一八五六年にはドイツ生まれのインド学者マックス・ミューラが『比較神話学試論』を書いて、これとほぼ同じ説を提唱した。以上の考え方は、あまりにヨーロッパ中心的であり、今日これを支持する人はほとんどいない。ただし、日本アジア協会でグットウィン論文が発表されたころは、そのような考え方が主流であったことは肝に銘じておくべきである。

長崎の気象観測

三月一七日のもうひとつの講演は、ヘールッの'Observations on the Climate at Nagasaki during the Year 1872'（一八七二年の長崎の気象観測）である。文字通り一八七二（明治五）年の長崎における気象データである。冒頭にある外国人による長崎気象観測史が面白い。ヘールツによれば、その端緒はF・J・スタンカルトが一八四五（弘化二）年から一八四八（嘉永元）年の間に行ったもので、このデータはオランダの専門誌に送られた。第二回目は一八五五（安政二）年に実施され、そして第三回目はポンペによる一八五七（安政四）年から一八六二（文久二）年までの観測であった。

長崎での気象観測の足跡は一八世紀までさかのぼることが出来る。スウェーデン人日本研究家トゥーンベルグが一七七五(安永四）年九月から翌年一〇月まで出島で観測を行っている。一七七九（安永八）年にもオランダ商館関係者がこれを実施している。さらに、スタンカルト、ポンペなどを経て、一八六一（文久元）年にはシーボルトも行っている。目を日本各地に転じると、琉球の那覇でフレ（Fuert）牧師が一八五六（安政三）年一二月から一八五八（安政五）年九月まで気象を観測している。箱館では、ロシア領事館付医師アルブラケット（Albrecht）が一八五九（安政六）年一月から一八六三（文久三）年六月まで、コステロフ（Kosteroff）なる人物が一八六三（文久三）年七月から一二月まで、イギリス人ブラキストンが一八六八（明治元）から一八七二（明治五）年まで気象観測を行っている。神奈川ではヘボンが一八六〇（万延元）年に実施し、横浜でも同人が一八六三（文久三）年から一八六九（明治二）年まで観測している。このことは本書の第5章で言及した。新潟では、ドイツ領事レイスナー（Leysner）が一八七〇（明治三）年から一八七四（明治七）年まで計測している。そして、大阪ではオランダ人ハラタマ（Gratama）が一八六九（明治二）年から一八七一（明治四）年まで気象観測を実施している。

こうした外国人による日本各地の気象観測も一八七二（明治五）年以降、ほとんど途絶えてしまう。地方測候所がつぎつぎと設立されるからである。一八七二（明治五）年には函館で日本最初の測候所が出来る。一八七四（明治七）年には札幌でも実施された。その後、長崎、野蒜、新潟、留萌、根室、和歌山、京都、青森、金沢、高知、大阪、岐阜とつづいて行く。もちろん、一八七五（明治八）年に東京で本格的な気象観測とシステムが開始されたことも忘れてはならない。

ヘールツの報告後、エアトンが示唆に富んだ発言をしている。

ヘールツ博士の報告は当時開催されていた[ウィーンの]第一回国際気象会議に提出された。二四時間のうち四回あるいは二回も観測したのは大変よろこばしい。この示唆は東京あるいは横浜で観測された報告にも役立つものである。[13]

発表当日は著者が欠席のため、ブラントンがペーパーを代読した。ヘーツル報告は四月一七日号のＪＷＭ紙に掲載された。外国人居留民も興味をもって読んだことだろう。

青森新潟紀行

四月一四日、日本アジア協会の例会が東京の開成学校で開かれた。この学校は東京大学の前身で、旧幕府の開成所の流れをくむ。一八七二（明治五）年の学制以降、開成学校（のち東京開成学校）と称し、法学、化学、工学などの学科をもうけていた。外国人教師による専門教育がほどこされた。当然、こうした御雇外国人の多くは日本アジア協会の会員になっていた。

会場ではイギリス人外交官Ｊ・Ｈ・ガビンス（J. H. Gubbins）の 'Notes of a Journey from Awomori to Niigata and a Visit to the Mines of Sado'（青森新潟佐渡紀行）という報告が同僚のプランケットによって代読された。「青森はとりたてて面白い街ではない。街の半分以上が近年の火災で焼失してしまった。この街の有名な名物は豆と砂糖でつくった砂糖菓子である。とくに産業はなく、交易の要路として珍重されている」[14]という叙述で筆がおこされる。一八七三（明治六）年に大火があり、諏訪社などが消失している。また砂糖菓子は青森飴といわれ「其名高く四方に売与」されていた。ガビンス報告は、青森から日本海の町をすぎ新潟へ赴いた紀行文と佐渡鉱山の見聞記の二本立てである。

当時の議事録を繙いてみよう。[15]ダラスが語る。論文に関連した地域で聴いた会話は東京で話されている言葉とは大いに異なっている。近いうちに、米沢の会話についての報告をすることを約束する（本章一一七頁参照）。アンチセルが注意をうながした。この論文で扱われた山脈の叙述は実に面白い。この地域のことはあまり知られていないが、江戸以北の山なみとこのあたりの山脈にいくらか似ているところがあるのを著者は気づいている。日本の北部には二つのはっきりとした山なみがある。ひとつは北方の、樺太から連なっているもので、蝦夷の西海岸（日本海側）を南に下り、出羽南方にいたる。第二の山なみはアリューシャン列島とカムチャッカ半島から始まり、前記の山なみと同じルートをとる。この二つの山なみは地質学上では大いに異なる性格をもっている。アンチセルはその理由を詳説するが（北海道構造線と千島弧の議論である）、ここでは省略しよう。その後、シェンク、スミスが発言した。サイルは、この論文で記述されている賃金のレートが一日二銭五分から四銭とは低いのではないかと疑問を呈した。これに対してダラスがこの地域ではその程度がふつうであると述べた。その理由として、この地域では人夫を一日一〇銭で雇えることをあげた。さらに、クニッピングの要請に答えて、ダラスは日本製の地図を開示した。マーレーも京都で立派な地図を見たと言いそえた。

ガビンスがたどったコースは、青森→新城→浪岡→藤崎→弘前→碇ヶ宿《いかりがしゅく》（関）→白沢→大館→鶴形→豊岡→鹿渡《かど》→虻川《あぶかわ》→久保田（秋田）→道川→松ヶ崎→本荘→平沢→小砂川《こさがわ》→女鹿《めが》→吹浦《ふかうら》→酒田→浜中→大山→三瀬→温海《あずみ》→鼠ヶ関→勝木→大沢→蒲萄《ぶど》→村上→岩船→塩谷→桃崎→築地→真野川→新潟である。四月二四日号のＪＷＭ紙に掲載された。

置賜県要録

五月三一日の日本アジア協会の例会は午後八時半から横浜のグランド・ホテルで催された。イギリス人C・H・ダラス（C. H. Dallas）が 'Notes Collected in the Okitama ken, with an Itinerary of the Road leading to it'（置賜県要録）という講演を行った。ダラスは大学南校をへて、一八七一（明治四）年から米沢の学校に赴任して英語とフランス語を教えた。一八七五（明治八）年三月に米沢を去った。その直後の講演である。講演では、東京から米沢までの経路と米沢の地理、歴史、気候、産物などを紹介した。(16)

米沢の町は盆地の南東の端近くに位置し、町自体は大きいが、見た目にはさほど感じがいいという町ではない。前県会が石油ランプの街灯をたてたが、路上の照明などは経費の無駄と思いこみ、住民達はそれらを取りこわしてしまった。廃藩置県が上層階級に重圧となった厳しさは、次の事実からもある程度推測がつく。つまり、重臣達、特に家老職に選ばれる数少ない家柄では、敷地内に米を栽培するため、伝来の邸宅を取りこわしてしまい、現在では屋敷内の離れで生活している有様である。この地方には温泉がいくつかあり、小野川・赤湯・五色がもっとも有名である。それらの温泉はすべて、いくぶん鉄分と硫黄分を含んでいるようだ。五色温泉の湯は、日本神話のなかでルーキナ［ローマ神話の安産の女神］に相当するどの女神の霊験もあらたかな湯である。土地は非常に肥沃で、米も多量に産出し、西部海岸まで移出できるほどで、そこから大量に函館へ回送されると言われる。小麦・大麦・じゃがいも・欧州種の人参・かぶが栽培されている。柿・ぶどう・くるみ・栗が豊富で、昨年［一八七四年］は小規模ながら、ワインの醸造が試みられた。(17)

ダラス報告のあとの質疑応答にも興味深い事柄が多い。ブラウン博士はこう述べた。日本には、古い時代の地誌の由来を明らかにするために、その上部にある残骸を掘りおこすニネベ［アッシリアの古都］やバビロン［バビロニアの古都］もなければ、おおいを取り除くべきエルサレム［パレスチナの古都］もない。また数世代に亘って忘れ去られた古代の遺跡を古物に対する興味やらで光をあてようとするイリアド［ギリシャ詩人ホーマの作と伝えられるトロイ戦争をうたった叙事詩］もない。以前、日本でつくられた建築の材料は朽ち果てているので、地面の表層をひっかくしかない。この国がきわめて古いという理由ではなく、古さゆえに朽ちやすい記念碑がさらにこなごなになりゴミと化してしまうからである。[18]

後年の研究者は、この前半のコメントを引用して、サイードの『オリエンタリズム』に関する問題点を指摘した。サイードの主張するオリエントに存在する「知の支配」は、日本にはありえない、という見解である。[19]筆者もこの研究者の見解を支持したい。このことは本書第4章六九頁にみえる、一八七四（明治七）年一月一四日のブリッジフォード報告での、ケプロンやブラキストンらの対応を検討して、明白になった。このダラスの講演は一八七五（明治八）年六月一二日のJWM紙に掲載された。また、最近では松野良寅訳「置賜県収録」（『城下町の異人さん』所収、遠藤書店、昭和六二年）という日本語版まで出ている。ダラスは一八七一（明治四）年一〇月から一八七五（明治八）年二月まで米沢中学校で教べんをとっていた。しかし、いかなる事情か分からないが、一八七二（明治五）年五月からは「文部省雇置賜県出張」という扱いになっている。この米沢滞在中にダラスは日本アジア協会に発表した二つの報告の筆を執っていた。一八七五（明治八）年三月に米沢をあとにし、横浜に出て日本アジア協会の書記になっている。しかし、ダラスの本業は公認会計士であり、横浜居留地二八番で欧米向けの運送会社の代理店も開いている。一八八五（明治一八）年に離日し、上海で石炭や銅を取り扱う貿易商となった。

話は変わるが、イギリスの博物学者ジョン・バラックの『自然美と其驚異』（岩波文庫）という本に「大洋の深所」という一節がある。従来、深海には全く動物は生棲していなかったが、その常識をくつがえす一連の出来事があった。ある人物の調査の結果、海の底にも特有の動物界が存在することが証明された、と。――これを察知してか、横浜の英字新聞ジャパン・ガゼット（Japan Gazette）紙の六月一五日号にパルマム・キ・メルウィトなる人物が投書している。昨日の日本アジア協会の特別例会でチャレンジャー号のウイヴル・トムソン教授が講演をした。この感激をひとり占めしてしまうのは申し訳ないから、ジャパン・ガゼット紙がその詳細を報道してくれないか、というのがその内容であった。同紙はその意見をくんで、メルウィトの投書の下段から講演の様子を詳述した。[20]

チャレンジャー号来日

六月一四日、横浜のグランド・ホテルで日本アジア協会の特別講演会が開催された。講師はもちろんトムソンであった。イギリス軍艦チャレンジャー号に乗船し、一八七二年一二月から一八七六年五月までの三年半にわたり、周到な計画と国家的支援のもと、歴史的な大探検が実行された。その範囲は、太平洋、大西洋、インド洋はては南極大陸近くまで及んだ。その途中、日本にも立ち寄り、横浜と神戸に停泊している。六月一〇日には東京に赴いて、明治天皇を表敬訪問している。チャレンジャー号が江の島でホス貝などの海洋生物の調査をしていたことは、ハドロウ論文でも言及されていたが、太平洋の黒潮の観測も行った。

特別講演会の全文が六月一九日号のＪＷＭ紙とジャパン・ガゼット紙の六月二三日号および二四日号に掲載されている。その報告書にもとづいて概要を記してゆくことにしよう[21]。当日の司会で日本アジア協会の会長であったブラウン牧師が口火を切る。昨年五月の協会の発表で、チャレンジャー号が世界で最も深い海底「プエルトリコ海溝」を大西洋で発見したことが伝えられた。その地点はセント・トーマス島とバーミューダ諸島の付近で、その深さは二万三二五〇フィートであった。以来、同号が江戸湾に姿をあらわす日を鶴首の思いで待ちこがれていたが、やっとその夢が実現した。会場には東京と横浜の外国人居住民の名士のほとんどが顔をそろえていた。

講師のトムソンが演壇に立った。まず、まず、電線ケーブル施設といった商業的要請から深海調査が必要になったこと、イギリス政府が巨額な財政援助をしてチャレンジャー号を出帆させたことを語った。同号は世界各地で海の深さをはかった。計器は鉛のおもりにひもをつけ、海中にたらすという原始的なものだった。しかし、ひもには目盛りがついており、それを捲きあげるのに蒸気機関を使用した点が進歩していた。アドミラル・アイランドを過ぎて日本に向う第一ポイント（水深一一〇〇尋《ひろ》）でグロビゲリナ軟泥（その大部分はグロビゲリナほかの有孔虫類の死骸から成る）を発見した。さらに北上して、カロリン諸島やマリアナ群島を通過した（マリアナ海溝の発見にいたらず）。パプア（ニューギニア）と日本の間の観測地点ではこれとはすこし様相が異なっていた。第四地点ではグロビゲリナ軟泥が見出されたが、第五地点では赤土に変わった。赤土は日本までつづいた。さらに日本では灰色の軟泥も加わった。

チャレンジャー号の行程は六万九〇〇〇海里（一一万キロメートル）に及び、各種の観測を行った水域は合計三六二カ所に達した。その航海の結果、つぎのことが判明した。（1）海底の地形がほぼ明らかになった。（2）海底の泥は動植物の死体である。（3）水の温度は季節によって大差はない。（4）海水の塩類の組織はどこの海でも変わりがない。（5）コンパス（羅針盤）の磁針は真北を指さず、少しずつずれるが、この差は海の場所によって違いがある。チャレンジャー号は海洋学の始祖とされ、その報告書は海洋学のバイブルとなった。さらに、この探検が刺激になって、ドイツ、フランス、アメリカ、ノルウェー、スイス、ロシア、オランダ、スウェーデンの諸国は競って探検船を出動させ、はなやかな海洋探検の時代が到来した。

しかし、当時の日本の学界はチャレンジャー号の訪日に対応できる水準にはなく、その正しい評価はついになされなかった。ひとり在日外国人が大々的な歓迎を行った。チャレンジャー号が来日した一週間後の一八七五年四月一七日号のＪＷＭ紙は「四月一一日、チャレンジャー号、イギリス海軍、トンプソン、ニューギニアより、一三〇〇マイル」とかんたんに伝えている。同日号の「日本アジア協会」の欄にはこのチャレンジャー号入港に関連した記事がある。この船が到着した三日後の四月一四日の日本アジア協会（会場は開成学校）の例会で、会長がある提案を行った。同号の高級船員、とりわけ調査団のために、歓迎レセプションを開くことが認められた。思いがけない同邦人のもてなしにチャレンジャー号の人びとは感激したことであろう。六月五日、日本滞在中の調査を終えて、同号は横浜にもどってきた。日本政府要人や学界へのあいさつまわり、駐日公使館や在日外国人との送別会、そしてその返礼パーティーもこなした。フランス外交官の送別会の翌日には、日本アジア協会のフェアウェル・パーティーがあった。

六月一六日、チャレンジャー号はホノルルへの出帆にさき立ち、日本政府や外国人の有力者を招いて船上パーティーを実施した。パークス夫妻の顔もみえた。それにしても、同号来訪が日本の学界にインパクトをあたえた痕跡は全くなかった。ともあれ、同号によって各海洋の観測、測温、採水、生物採集など組織的な近代的観測がはじめられた。その成果はトムソンらの筆により、深海調査後二〇年をへて刊行された『チャレンジャー号報告』（五〇巻）に結集した。

土佐日記紹介

六月三〇日には東京の開成学校で日本アジア協会の例会が開かれた。アストンが 'An Ancient Japanese Classic'（土佐日記紹介）という講演を行った。内容は『土佐日記』の紹介にすぎないが、西欧人の日本文学研究の着実な一歩であった。アストンはいう。

貫之は、日記がふつうの男によって書かれるが、これは、ある女の日記を書くのが目的である、と読者に語りながら始める。したがって彼は「ある男」という漠然たる呼称のもと、つねに三人称をもって彼自身のことを語る。しかし貫之の時代には「ある女の日記」という言葉のなかにはこれ以上のことがふくまれた。この時代には学者は中国語の研究にうちこんで、他の言葉で文章をつくるということは滅多になかった。日本語の培養はほとんどあげて婦人にまかされた。日本の婦人が、彼らにまかされた本来の文学の名声を維持するという仕事を立派にはたしたことは、称賛にあたいする。日本文学の最善の時代の最善の作品の大部分が婦人の労作であったという注目すべき事実に匹敵するものは、ヨーロッパ文学史には見当らないと信ずる。これが属する時代の言葉の標準とみとめられ、日本の小説の親である『源氏物語』は婦人によって書かれた。『伊勢物語』、『枕草子』や当時の和歌の多くのものも、また、そうであった。神道宗教のバイブルである『古事記』にあつめられた伝説も、婦人の口から伝承されたと想像すべき理由すらある。カナの発明以前に書かれたこの最後の作品を除いて、漢字は婦人の書いた著作にはほとんどまれにしか使われない。中国の言葉も著しく制限されている。したがって、貫之が「女の日記」を書くというときには、その当時の婦人がふつうに使われる文体をもって日記が書かれたことを明らかに意味する。(22)

こうして時代背景をのべたあと、アストンは『土佐日記』の文学的価値について語る。

この『土佐日記』の唯一の取り柄は、当時の日本の旅人のごとくありふれた日々を、平明な、しかし優雅なことばで綴っていることだけである。だが、まさにこの特質のゆえ、この『日記』は日本の古典文学のなかで高い地位をしめ、日本語に特有な文体で書かれた模範的な文章の一例として、今日まで読みつがれたきた。『土佐日記』の文章は、全体として読みやすく、日本の古代文学を学ぶ者が最初に読むべき作品として、推奨にあたいする。(23)

アストン講演(24)の延長線上にあるのは、彼自身が一八九九(明治三二)年にまとめた“A History of Japanese Literature”(川村ハツエ訳『日本文学史』、七月堂)であった。この『土佐日記』に関する章も、同書の第三巻第三章にもうけられている。このアストン論文は一八七五(明治八)年七月二四日号のＪＷＭ紙と七月三一日号のファー・イースト(Far East)紙の紙面をかざっている。当日の日本アジア協会の議事録を読んでみよう。

ブラウン――千年近く前の日本人の風俗習慣に光を投げかけてくれていて、たいへん価値がある。

アストン――エアトン氏の御質問にお答えします。御幣は神道のすべての社でお目にかかる白い紙片です。それは通常清浄さを意味するものです。しかし、エアトン氏がおたずねになっている御幣にひねりが加えられている意味はよくわかりません。

サイル――御幣が今いったような清浄さのシンボルであることを十分に証明できるものがあるのか。また、それにカミという言葉が使われているとしたら、「神」(Deity)の意味に用いられているのか。

アストン――御幣はもともと布でつくられており、紙ではなかった。御幣に書かれているカミとはまさしく「神」(Deity)のことである。

パークス――アストン氏の論文の価値は日本の古代文学という、たいへん重要ではあるが、これまで研究されていなかった分野を開拓した点にある。(25)

家康の遺産

六月三〇日、アストンの講演のあとをうけて、Ｗ・Ｅ・グリグスビー(W. E. Grigsby)が‘The Legacy of Iyeyas’(徳川家康の遺産)という発表を行った。グリグスビーはオックスフォード大学のバイオル・カレッジとインナー・テンプル法律学院を卒業した。一八七四(明治七)年から一八七八(明治一一)年までの間、東京大学および東京開成学校で法学、工学、数字を数えた。専門はイギリス法、国際法、列国交際法であった。そんな関係で、このときの発表内容は、イギリス外交官ラウダーの英訳の助けを借りた、徳川家康の「法度」に関する法律学的研究となった。「家康の遺産」とは日本に立法制度を導入したことだといい、この出来事を三つの面から検討をこころみている。第一は社会状況、第二は法律の性質と性格、第三は家康が後継者たちに示唆したマニュアルの特質であった。日本の家族制度、結婚制度と政略結婚などの議論をかわきりに、グリグスビーの筆は多方面にわたる。「封建制度と将軍はともに崩壊した。家康の政治は今や歴史学者の関心でしかなくなった」として筆をおいているが、グリグスビー自体の認識が甘いので、底の浅い考察に終始した。グリグスビーの講演がJWM紙に発表されなかったことや当日の日本アジア協会の議事録を読むと、そのへんの事情がなんとなくわかる。

パークス――いわゆる家康の遺産とその立法的価値の確実性について疑問を呈したい。武士階級が権力を握る以前にも、日本人は法律作成方法に精通していたと確信する。

サイル――その問題は日本人の実際の国民性から生ずるまことに興味尽きない問題である。「家康の遺産」もそうであるが、まずは中国の考え方を借用し、やがて運用段階では中国のものとは似つかわない性格の法律になっている。そこには、外国の影響を強く受けつつも、時間がたつとそれを解消してしまう、強い根源があるに相違ない。[26]

その議論が深まる果ては、日本人の外来文化摂取論であり、国民性に対する考察であった。

米沢方言

ところで、日本アジア協会での口頭発表はないものの、JWM紙の紙面をかざり、『紀要』に登場した論文がある。その前例はサトウの「純粋神道の復活」であったが、今回はダラス（C. H. Dallas）の 'The Yonezawa Dialect'（米沢方言）である。ダラス論文は、米沢方言の語調、音節、意味、特殊語彙、語法などを論じたもので、外国人による日本の方言研究の先駆となった。

比較対象の標準として、東京の普通語を引き合いにあげれば、米沢の方言は、つぎの諸点において異なっている。（1）その独得の語調において、（2）ある音節の発音について、（3）ある語に伴う意味において、（4）東京語にはない語がある点で、（5）その語法と表現の使い方において。[27]

右の五つの特徴を指摘したあと、ダラスはそれぞれの論点を具体的に説明しているが、本書では（1）と（2）の一部分だけ紹介する。

（1）その語調は、ひどく旋律性に乏しく、鼻に抜けず、歯もぴったり閉じたままなので重苦しく、粗野で、極度の鼻音になる。下層階級の人達の中では、舌がよく回らないので、この状態は一段とひどいが、概して言えば、教養のある人達にはそのようなことはない。一語一語の発音の仕方が、著しく異なっているため、この方言や他の特質は別として、ただそのことだけで、聞き慣れない人には、ごく普通の会話の内容でさえ全く理解しにくいことになる。
（2）音節の発音については、〈イ〉と〈ヰ〉の間に区別があり、両者とも東京では〈い〉と発音されるが、後者〈ヰ〉の方だけが〈い〉と発音されていて、前者の〈イ〉の方は〈え〉と発音される。こうして五〇音の「い、ろ、は」は「え、ろ、は」となり〈犬〉は〈えぬ〉、〈石〉は〈えし〉となるが、〈井戸〉は〈いど〉、〈医者〉は〈いしゃ〉と発音される。[28]

このダラスの論文によって、会津方言は後学の関心事となった。のち、チェンバレンは会津方言を『紀要』に寄せているし、なによりも一八九八（明治三一）年には柴潤生（米沢出身の言語学者保科孝一のペンネーム）による日本語訳「米沢方言」が『風俗画報』に発表された。明治三〇年代になって、ようやく日本人による日本語口語や方言の研究がはじまったが、柴（保科）の邦訳もそれを反映したものであった。松野良寅による「米沢方言」（『城下町の異人さん』所収）という形で再び日本語に直された。なお、言語学者東條操が『方言と方言学』（一九三八）のなかで、「英国方言協会の設立が一八七三年なることを想起すると、英本国の方言研究熱が遥かに日東の米沢の英語教師を刺激したのではないかとも想像される[29]」と述べていることは注意しておくべきである。

そこですこし世界の方言研究に目をむけておこう。この研究が始まったのは一八世紀のヨーロッパであった。ドイツ人カール・フルダのドイツ語方言の研究がその端緒である。このフルダの学統をついだスタルダーはスイス方言の研究を行い、シュメーラーはババリア地方の文法書をあらわした。もちろん、グリム兄弟の方言研究も忘れてはならない。イギリスではガーネットの方言研究が知られている。彼の背景にはスキートの主唱で一八七三年に創立されたイギリス方言協会があった。ケンブリッジ大学内に本拠をもち、八〇冊の方言号叢書を出版した。一八九六年、この協会は所期の目的を十二分に達成して解散した。

ダラスの論文掲載にさき立ち、日本アジア協会は七月一四日に年次総会を開催した。会場は横浜のグランド・ホテルであり、夜の八時半から始まった。書記が年次報告を行い、今年度中に一五件の口頭発表があった旨をつげた。そして、サトウとダラスのふたつの投稿論文を含めた一七本の原稿を印刷にまわして、『日本アジア協会紀要』の第三巻を刊行することになった。

第8章　ターニング・ポイント ——一八七六

一八七三（明治六）年九月、日本政府とＪＷＭ社との間に、外国への日本紹介の一手段としての契約が実施された。しかし、ＪＷＭ紙が台湾出兵を批判したこと、その実効が期待したほどではなかったことで、政府は一八七五（明治八）年一二月でその契約を打ち切ってしまう。ハウエルの主宰するＪＷＭ社はもとより直接的打撃をうけたが、同社との友好関係にあった日本アジア協会も間接的被害を受けたようで、一時の勢いがすこし衰えたように思えた。

ヘールツの論文

『紀要』の第四巻には、ヘールツの筆になる論文が三本ある。第一は、'Preliminary Catalogue of the Japanese Kinds Woods'（日本の樹木の予備的目録）である。日本でよく見かける樹木の目録で、松、檜、杉、白樺、椎、楢、桑木、沈丁花、桐、桂、椿、梅、桜、桃などのかんたんな説明があった。その冒頭でいう。

> 以下の目録には日本人はちがう樹木だと見なしている木の和名、漢字、植物学的名称を掲げてあるだけである。今日に至るも、日本の樹木は完全には知られていない。トゥーンベルグも『日本植物誌』で若干この点についてふれている。ミケルも『シーボルト日本植物誌』第二巻でいくつかの針葉樹の用途を論じている。ビーチもオールコックの『大君の都』の第二巻四八〇ページで三六種類の樹木をあげているが、そのうちの一五種類のものは未決定のままであった。ほかの日本関係書の報ずる情報も、本稿で言及するほどの価値はない。それゆえ、筆者にはこの課題についての十分なる知識を持ち合わせていない。（中略）日本の植物学の古典的著書である小野蘭山の『本草綱目啓蒙』は正確な日本名を知るのに役立った。[1]

この記述を手がかりに、今すこし外国人の日本植物採集の研究史を書きそえておこう。一六九〇年から二年あまり滞在したドイツ人ケンペルは『廻国奇観』（一七一二年刊）の第五巻に日本植物三二四種を記録している。これは一六六六（寛文六）年に中村惕斎があらわした通俗的博物書『訓蒙図彙』をもとにしたものである。植物の命名と記述はリンネの植物分類体系が出現する以前であるから、日本の本草学者と根本的にかかわりなかった。一八世紀半ばに来日したスウェーデン人トゥーンベルグは西欧の植物学を確立したリンネの高弟であった。彼は本草学に詳しい中川淳庵に日本の植物をたずねた。トゥーンベルグが知るところとなった日本植物は八一二種で、新属二六、新種三九〇をかぞえる。注目すべきは、それらをリンネの新しい体系のもとに整理した点であろう。彼の『日本植物誌』は一八二八（文政一一）年に伊藤圭介が『泰西草名疏本』（全三巻）として出版された。

一八二〇年代に訪日したドイツ人シーボルトは先人に敬意を払って、長崎・出島の植物園にラテン語で「ケンペル、ツュンベリー、見たまえ。あなたがたが植えた木はここに、緑に栄え毎年花を咲かせています。育てた人を忘れずに、そしてまごころをこめた花環をささげるのです。シーボルト」と刻んだ記念の石を立てた。そのシーボルトが採取した日本植物はぼう大なもので、約二〇〇〇枚、種類約二〇〇に及んでいる。初代イギリス駐日公使オールコックの『大君の都』の付録にはビーチの「日本の農業・植物に関する覚書」がそえられている。このなかには「江戸・神奈川近辺の主要な樹木」、「日本の樹木および花に関する追記」（針葉樹について）、「ビーチ氏によってイギリスは移植され、現在同氏とその子息の庭園で栽培されている日本の植物に関する覚書」という項目がある。ともに、植物の種類を列記し、その特徴についてかんたんな説明がそえられている。ビーチは園芸商ビーチ家の一族に属し、ヤマユリをイギリスに紹介した。前出のミケルは日本に来たことはなかったが、一八六七年に『日本植物序説』を書いている。ヘールツの目録は、日本アジア協会での口頭発表はなく、JWM紙にも掲載されなかった。

第二は、'Useful Minerals and Metallurgy of the Japanese'（日本の有用な資源と金属）と題する講演の第四弾で、一八七五（明治八）年一〇月二〇日に東京の開成学校で発表されたものである。テーマは「水銀」であった。日本では、水銀の原鉱である辰砂がとぼしかったので、水銀製錬が重視されなかった。一八六五年の香港のロイアル・アジア協会の紀要でエドキンスは、中国では辰砂を主成分とする仙丹が不死の霊薬として用いられた事実を指摘した。さらにアラビアでは錬金術がさかんであったが、この技術は七一一年にスペインに入った。この事実をふまえて、ヘールツは西洋錬金術の源は中国にある、と主張した。つぎに、『天工開物』を引用して、に日本が中国から学んだ水銀精錬法について説明をくわえた。水銀の用途を詳述し、水銀軟膏、堕胎剤、水銀漏、銀朱、霊砂、紅升葯（丹）、青乳について言及した。そのなかで特筆すべきは「鏡」であった。日本の青銅鏡の組成、鋳造法、研磨法、表面を水銀アマルガムにする方法、表面仕上げ法などを記述した(2)。

当日の議事録を読もう。まず、サイルの質問に答えて、アンチセルが口をはさむ。水銀あるいはその鉱石の地学的位置づけについては正確なことは言えない。鉱床のかなり広い範囲から見出せるのである。カリフォルニアのアイドリア鉱山ではより古い瀝青《れきせい》の地層から見出せる。スペインのアルマデン鉱山では雲母のなかに片岩がわれている。他の鉱山でもさまざまな岩石から発見される。ここまで話してきたとき、例会は時間切れとなった。そこで、あらためて一〇月二七日にディスカッションの場をもうけることになった。(3)

二七日の討議はアトキンソンの独壇場の様相を呈していた。ヨーロッパでは古い時代から水銀は産出された。日々の改良を重ね、できるだけ器具をかんたんにして、より完璧な工法を導入していった。やがてウルが鉱床から水銀をとり出す最良な方法を発明した。しかし、日本人の工法とウル博士のそれとの類似は著しかった。(4)

アトキンソンはヘールツ論文の「鏡」の項目を引いて、ロンドンの自然科学誌『ネーチャー』に「日本の鏡」という論考を寄せた。同誌で青銅鏡をつくるときの研磨の圧力の差が魔鏡現象の原因を生み出すのであろう、との見解をしめした。これをうけて、エアトンとペリーが「日本の魔鏡」という論文を発表し、にわかに外国人の日本魔鏡研究が活発化した。(5)これより半世紀ほどさき、プリンセプが一八三二年のベンガル・アジア協会に「日本の魔鏡についての覚書」を投稿し、魔鏡現象を説明している。その後、この魔鏡についてブリュースター（一八四二年）、パーネル（一八六六年）、ハイレイ（一八七七年）、トムソン（一八七七年）が言及しているが、依然として結論は得られていない。いずれにしても、海外において日本の魔鏡にかなり化学的な関心がもられていた。

ヘールツの第三の講演は 'Useful Minerals and Metallurgy of the Japanese'（日本の有用な資源と金属）のシリーズ第五弾である。一八七六（明治九）年二月一六日に東京の開成学校で開かれた日本アジア協会の例会で口頭発表した。「金」に関する論考である。古くから日本は金の多い国として知られ、日本近海にあると思われた金銀島をさがして、スペインの航海者（一六二〇年）、オランダ船（一六三九年と一六四三年）、イギリス人タスマンがやって来た。オランダの調査隊は金銀島を発見できなかったが、小笠原諸島、蝦夷、国後、択捉の各島をみつけた。日本に最初に来たポルトガル人は、日本に金が多くあることを知ったが、それは産出量が多いのではなく、採掘されなかったためであった。つぎに日本人による金の分類を紹介し、彼らが河床と山で産する金を別個のものと考えていたらしいと述べる。つまり砂金（狗頭金、瓜子金、麩麦金、砂金）と山金（馬蹄金、橄欖録、黄牙）の区分であるが、その名称は本草学の影響をうけていた。その後、ヘールツの考察は金貨、採取法、産地など金に関するさまざまな事柄に及んだ。結論として、日本の金は将来も銅や鉄の場合のように、有望で利益ある事業とはなりえないだろう、と結んだ。(6)

当日の議事録をいちべつしてみよう。司会のアンチセルは非難する。ヘールツの作品は科学論文というより文学的である。日本の金山についてあまり情報をあたえていない。著者は一八七三年に薩摩の四つの金山を訪れている。近年、日本人が採用した掘削法は（アメリカの）ネバタやカリフォルニアで用いられたものと同じくらい良い。アトキンソンは指摘する。一八七四年に公刊されたプランケットの報告〔Report by Mr. Plunkett on the Mines of Japan イギリス領事館報告〕では日本が産金国であるか否かが問題となったが、金鉱の資産価値は二五万円であるが、そのうち二〇万円は経費に消え、収益は五万円ほどしか残らない。それゆえ日本の金は豊かではない。サマーズは反論する。アトキンソン氏は機械化されたときに産み出される日本の利益を考えていない。ヴィーダーはつけ加える。カリフォルニアの金鉱では中国人労働者が手作業の効率をあげている。カリフォルニアの金鉱は太平洋沿岸の火山地帯にそって点在している。その後、アンチセル、サイル、エアトン、スミスなどがさまざまな角度から自論を述べ合った[7]。

ヘールツの‘Useful Minerals and Metallurgy of the Japanese’（日本の有用な資源と金属）のシリーズ第四回と第五回は、一八七五（明治八）年一一月六日号と翌年二月一九日号のJWM紙に掲載された。この日本の鉱物に関する五つの論考は、日本人の関心のよぶところとなって、一八七八（明治一一）年に『新撰本草綱目砿物之部』として日本語に翻訳されている。

日本の樹木の強度実験

一八七五（明治八）年一〇月二〇日の日本アジア協会の例会には、ヘールツの発表のほかに、R・H・スミス（Smith）の‘Experiments upon the Strength of Japanese Woods’（日本の樹木の強度実験）という報告があった。報告者のスミスは、一八七四（明治七）年から一八七八（明治一一）年までの間に東京大学および東京開成学校に勤務し、機械学・法学・工学・数学を教えていた人物である。だから、この報告自体は学問的に高さがあらわれていた。講演内容は、一八七五（明治八）年の五月と六月に開成学校で実施された日本の樹木についての強度テストのデータである。杉、神代杉、イチイ、ヒノキ、サワラ、赤松、姫小松、松、カヤ、モミ、白檜、イチョウ、カシ、栗、柳、ケヤキ、山桐、シゲ、ホーノキ、桂、桐、柿、黒柿、桜、梅、楠、ケンジュ、ケンポ梨、百日紅《サルスベリ》、黒部杉、密目《ミツメ》桜、トーヒ、玉楠、ヒバ、破竹、モウソウ竹、真竹、黒竹の木が対象となった。それぞれの樹木から三本の棒をつくる。その棒の長さ一メートル二〇センチ、タテ五センチ、ヨコ三センチである。その棒に一キロから一〇キロまでのおもりをつけて強度を計った[8]。外国人が日本の樹木にいかに感心を持っていたかが理解できるが、JWM紙にはこの報告はのらず、かろうじて『紀要』に掲載されて、人目にふれるようになった。専門的すぎて、当時の一般外国人には興味がわかなかったのであろう。当日の議事録もない。

神田孝平の論文

一〇月二〇日の日本アジア協会の例会では、久しぶりに日本人の講演があった。兵庫県令の神田孝平が行った‘On Some Copper Bells’（銅鐸について）という講演である。文字通りの銅鐘に関する論考であり、『日本書紀』、『日本紀略』、『日本後紀』、『日本三代実録』、『今昔物語』などを引いて、銅鐘の献呈の歴史をのべている。日本アジア協会での日本人初の活字化された論文であり、一一月六日号のJWM紙の紙面もかざっている。当日の議事録を読むと、このころの時代の一端もわかる。

　異常なほど沢山の銅像が妙な形で日本で発見される。ほとんどは土に埋もれていたり、ほかの骨董品もそうであるが、歴史に対する無知から、ひどい状態におかれている。青銅の大きさは二インチから五フィートまで各種多様である。最大のものは奈良[の東大寺]で見ることが出来る。（中略）会場に掲示された青銅が中国製かどうかが問題となり、上海のイギリス領事館のミードウス氏のもとへ送って、調べてもらうことになった。その後、鐘を専門的に研究している北京のブッシェル博士のもとへ転送されるはずである。[9]

付言だが、神田はこの後も銅鐸へ興味をしめし、「古史中銅鐸ノ事」、「銅鐸出所考」などの論考を『東京人類学会雑誌』に投稿している（神田乃武編『淡崖遺稿』）。

日本の樹木

一〇月二七日、東京の開成学校で日本アジア協会の例会が開かれた。この日の講演はリンドの‘On Some Japanese Woods’（日本の樹木）であった。海軍武官赤松則良のオランダ留学時代の論文（一八六五年一〇月二日にアムステルダムで発表した「日本羅針盤に関する小論」と思われる。この論文は沼田次郎「幕末のオランダ留学生――赤松大三郎とその蘭語論文」――『蘭学資料研究』第四巻第六九号所収、にその全文がある）を紹介し、日本人のオランダ語読解力のたしかさを実証する。そして、本論に入り、ヒバ、ヒノキ、スギ、アカマツなどの樹木の特性と産地を詳筆した。リンド論文は一一月一三日号のJWM紙に登場している。当日の議事録を読んでみよう。[10]

　アストンは言う。新聞広告でスミス教授の日本の樹木に関する論文を期待していたが、代わりの論文にさしかえられてしまった。エアトン夫人はこの課題についてのリンド氏の論文に関連した会合を大いに歓迎しているようだが、日本の樹木について協会では何ら得るところがなかった。協会はできるかぎり変更を知らせてほしい。アンチセルは反論した。リンド氏の論文はたいへん面白いものだし、スミス氏の樹木の強度実験もしかりである。そして、アンチセルはその理由をよどみもなく語った。さらにペリーも補強意見をのべる。最後に再びアンチセルが発言して閉会となる。

ドイツ・アジア協会

一一月二〇日号のJWM紙にドイツ・アジア協会の記事が載っている。『紀要』第八巻の内容を説明している。日本人の三宅博士の日本の産科に関する論文を皮切りに、ハインリッヒ・シーボルトの土人形の考察があり、ヒムリーはタイフーン

（typhoon）の語源をアラビアに求めた。シェンクの甲府紀行もあり、ヘールツはラッカーと魚用の毒の分析を行った。ウエストファルは日本と中国の算盤を比較した。そのほかにも興味深い論文があった。

日本の風と海流

一二月一五日、日本アジア協会の例会が東京の開成学校で開かれた。スコット（Scott）が'On the Winds and Currents of Japan'（日本の風と海流）という講演を行った。『紀要』第二巻にある、キャプテン・ブラウンと同系統の研究であった。日本の気候の特色も概観している。ヘルマン号、リリーフ号、そしてニール号の難波に触発されて、日本沿岸の海流を調査し、さらにペリュー諸島から台湾までの一〇〇〇マイルの海潮を六〇日かけて観察している。スコット論文の一部を引こう。

まず言っておきたいのは、私の経験が一八六〇年から一八七〇年までのものであることである。一八七〇年の秋に私の船が小田原湾でなくなってしまった。この年の一〇月一三日に同地を通過した台風のためである。（中略）私の経験では、雨雲は東から西南に吹き、快晴の天気は西から北東へ吹く風がもたらす。（中略）黒潮、つまり日本海流はトンキン湾かシャム湾に源流をもつ。その海流は北方のラペルーズ海峡までつづき、夏には北緯四一度の日本沿岸の太平洋まで達する。（中略）最後に、この暖流は横浜の気温に大きな影響をあたえているように思われる。横浜の外国人居留地は北風と南風のちがいを意識することで、その気候の多様性を知ることができる。私見では、西方の海岸地帯の気候は、横浜の気候よりも規則的である。[11]

当日の著者のスコットが欠席したため、サイルがこの論文を読み上げた。それが終わると、アンチセルが詳細なコメントをくわえた。スコット以前のデュペンの論文は今なお価値があり、再読吟味されるべきものである。ことに、太平洋の西側の風向きと海流について正しい結果が報告されている。ほとんど注目されなかったようであるが、スコット論文にはあまり報告されていない黒潮に関してすでに発表している。日本の北東を通過する黒潮（暖流）の主流は、大部分は太平洋に吸収されてしまうが、北東に向って勢力を保ち、北緯五〇度のベーリング海峡までたどりつく。その後はアメリカ大陸を南下して、オレゴンやカリフォルニアまで流れてゆく。また、アンチセルはスコット論文が黒潮の南の起源をタイやベトナムにもとめている点に反対した。その海流の始まりは、せいぜい南シナ海であると断言した。このアンチセル発言はまだつづくが、やがて、ヴィーダーが討議をまとめる総括を行い、その日の例会は閉会した。[12]

日本の海流の温度

このスコット論文は一二月一八日号のＪＷＭ紙に掲載された。この論文に関連して、同紙の一二月二五日号に前出のＪ・

H・デュペン（Dupen）の'On the Temperatures of the Japanese Water'（日本の海流の温度）が登場した。デュペン論文は一二月一五日に日本アジア協会の例会で読みあげられたことになっている。デュペンはイギリス軍艦リングトーブ号の乗組員であった。その発表要旨は「日本の気候が海流の影響を受けている、というスコット少佐の言明と意見には全く賛成である。しかし、私見では、南方の海流は上海の方向から流れをかえ、南海岸にあらわれる」というものである。

日本政府とＪＷＭ紙

同年一二月、ついに日本政府とＪＷＭ紙との関係が断たれてしまった。アメリカ人ルジャンドルはアメリカ公使デ・ロングの推薦で外務卿顧問になった。彼は明治政府の新聞政策にも積極的に発言し、一八七四（明治七）年七月八日にはつぎの献策をした。

諸外国の日本に対する信用は現在高まりつつあるが、その影響が心配されるのは、横浜外字新聞である。横浜の外字新聞社は、知識に乏しくその反響を度外視して、日本や日本国民に敵対的な横浜の貿易商を満足させるべく、ひたすら反日的態度を示してきた。（中略）こうした日本に対する中傷は、たとえそれが不条理なものであり、知日派の間では相手にされないとしても、本国民が信じる以上日本政府に傷がつくことになろう。これに対抗するためには、日本政府が東京に独自の報道機関をもつことが必要である。[13]

ルジャンドルの念頭にあったのは、ジャパン・ウィークリー・メイル紙ではなく、治外法権下で反日的論調をつづけるジャパン・ヘラルド紙とジャパン・ガゼット紙であった。しかし、彼の献策は翌月にも効果をあらわした。政府を支持する論調を張っていたＪＷＭ紙が、台湾征討に直面して俄然政府批判をぶった。そのため政府は八月にハウエルに対して契約破棄を迫ったが、このときは報道の中立性を規定した約定第七項を楯にハウエルが巧みに抗弁したため、契約はつづけられた。しかし、一八七五（明治八）年一〇月になると、「近時ニ至リテハ、政府ノ記事刊行ノ用ヲ中付タル新聞社モ有之ニ付、内国ノ事情ヲ各国ヘ公布シ各新聞ノ誤謬ヲ弁駁スル等「メール」ノ手ヲ借ラストモ差支ハ有之間敷」と政府が見なすようになり、一二月、ついに両者の契約は期限切れ解消となった。

その後、一八七六（明治九）年には、「ジャパン・メイル紙買収案」も提出されたが、実現をみなかった。しかし、一八七四（明治七）年のルジャンドルの献策は、一八七七（明治一〇）年一月のトーキョー・タイムス（The Tokio Times）紙の創刊で実現される。発行人は親日家で知られたアメリカ人Ｅ・Ｈ・ハウスであった。[14]

沖縄島訪問記

一八七六（明治九）年の日本アジア協会の最初の講演は、ブラントンの"Notes taken during a Visit to Okinawa Shima——Loochoo Islands"（沖縄島訪問記）であった。横浜のグランド・ホテルで開かれた一月一九日の例会においてである。前年の一八七五（明治八）年一二月九日、ブラントンは鹿児島湾から汽船ターボル号に乗り、二日後の一一日に那覇に入港した。当時の琉球は明治政府の「琉球処分」に対応して、藩論が沸騰し大騒動であった。

ブラントンは那覇の港に言及する。港の外にはサンゴ礁があり、入港する船を波浪から防ぐ役割をはたしているが、逆にこれがあらゆる船舶の入港を制限している。汽船が湾内に入ると、たくさんの小船が集まってくる。この小船は日本の伝馬船のようなものではなく、木をくり抜いた丸木船である。港から出てゆく船は大型船であるが、その形は中国のジャンク船に似ている。首都の首里は山手にあり、ここからの眺めは素晴らしい。街路の両側には石垣があり、石垣の背後に民家がある。住宅構造は日本の住宅と同じで、床が高く、部屋には畳がしかれ、障子や唐紙がこの間に立てられる。

ブラントンは農村地方をまわったおり、行商の婦人たちに興味をもった。そこでは、日本茶、薩摩産のタバコ、イギリス製に似た木綿の生地があった。つぎに琉球を訪れた外国人に言及し、イギリスからやって来たアルセスト号やライラ号、はてはバジル・ホールやペリーの来琉についてふれた。琉球の農産物の主流は薩摩イモであり、各地には水田もある。水田では二毛作が行われている。そのほか、砂糖キビ、オレンジもつくられている。琉球にはポニーという小型の馬がいて、これが旅行者の輸送手段にもなっている。同地には材木が少ないので、もっぱら石材が建築用材、道路の舗装、塀などに利用されている。ここの石材加工技術は日本より進んでいる。歴代王府の居城となった首里の王城にも詳しく筆をさいている。琉球の建物の構造は、おおむね日本風と中国風を混ぜ合わせたものである。この土地の言葉は古代日本語（日本ではすでに古語となって使用されていない）が、そのまま同地の地方語になっている。

ブラントンの琉球訪問記で注目されるのは、琉球の旧体制の封建体制が叙述されている点である。琉球王国時代の支配階級は日本でいう士族であり、この階級のさらに上位に属しているのが貴族階級で、彼らは世襲的な特権を持っている。下層階級、つまり庶民や平民は「無系」とよばれる。住民の教育はもっぱら儒学であり、これは日本と同様である。琉球王国時代は政治経済の両面で封鎖社会であった(15)。

彼が琉球を訪れたときには、すでに琉球王朝は廃され琉球藩になっていた（一八七二年九月）。一八七五（明治八）年六月には、法律顧問ボアソナードの意見をいれて、内務大丞の松田道之を首里藩府に派遣した。九月に帰任した松田は琉球藩を廃して、沖縄県を置くべき旨を上申した。ブラントンは、こうした「琉球処分」の激動期の琉球を実見した。彼の報告は一月二二日号のＪＷＭ紙にのった。

アイヌの毒矢

一月一九日の日本アジア協会の例会には、もうひとつの講演も行われた。Ｓ・エルドリッジ（Eldridge）の"On the Arrow Poison in Use among the Ainos of Yezo"（アイヌの毒矢の使用）であった。エルドリッジは、一八七一（明治四）年から一八七四（明治七）年まで、北海道の開拓使で農学を教え、医学も担当した人物である。その後、横浜に来て、一八七九（明治一二）年から翌年にかけて、野毛の個人病院を手伝う。さらに、一八八四（明治一七）年から翌年までは、神奈川県十全医院の医師として活躍した。

彼は熱弁をふるう。毒薬兵器は一般に投げやりとか吹き矢とかいった飛び道具であり、これを用いている地域は広い。ジャワ、ボルネオ、セレベスの原住民はウパスの木の汁から採集した毒を使っている。南アフリカのブッシュマンは二種類の毒矢を用いているが、ともに毒を含んだアマリリスの根の汁にヘビの軟膏蓋を混ぜ合わせたものである。北アメリカの大平原に住む原住民のインディアンたちはガラガラヘビの毒矢を使用している。もっと有名で一番関心のある毒矢は、南アメリカのアマゾンやオリノコの原住民が用いるキューラレとかウーラリとよばれるものである。この基本成分はストリキースの種の汁、ヘビの軟膏蓋などである。

アイヌはクマやシカを狩猟する武器として毒矢を用いた。毒の種類はトリカブトの根である。これはアルカロイド系の猛毒で、大きなクマもひとたまりもない。使用する場合には、乾燥した根をくだき、水分を加え泥状にして矢にぬり込む。このなかにイケマの根やアカエイの尾、クモなどをすりつぶしてまぜ合わせることもあった[16]。

エルドリッジ論文は一月二九日号のＪＷＭ紙に登場した。この報告は反響をよび、二月一九日号のＪＷＭ紙に二つの投書がのった[17]。ひとつはＸというペンネームの文である。エルドリッジの論文は楽しく拝読させていただいたが、昨夏の私の中国での体験から興味深い事実を二つ示そう。第一は、あるイギリス人の娘がサソリに指をかまれた。すぐに処置はしたものの、少女は数時間にわたって最も激しい痛みを訴えた。中国人の召し使いが中国北部では良く知られているタランチュラ種の大きな黒いクモをもってきて、痛むところに置くと、たちどころにあとかたもなくなった。第二のケースはその少女の父親かサソリに足をかまれ、数日間痛みをこらえていた。この場合の唯一確実な治療法は「ヘビの湿布」を見つけることだった。もうひとりの投稿者イングリッシュマンも同様な体験を語っているが、これは省筆しよう。

ヘールツの論文

二月一六日にはヘールツが日本アジア協会の例会（会場は東京の開成学校）で講演し、日本の地下資源を語った。その全文が二月一九日号のＪＷＭ紙にのった。一連のヘールツ報告について、もはやページをさく必要はあるまい。ジャパン・ガゼット紙の広告によると、三月四日の午後四時から新橋の蓬来舎でアトキンソンによる「藍」についての講演があった。その内容は不詳である。

ボーニン諸島

三月一五日に横浜のグランド・ホテルで開かれた例会で、イギリス外交官ロバートソン（Russell Robertson）が‘The Bonin Islands’（ボーニン諸島）という講演を行った[18]。主題は小笠原諸島の歴史である。小笠原諸島は小さな列島であり、北・南・中央のグループに分かれる。横浜から真南約五〇〇マイルに位置する。一六世紀のスペイン航海者たちに知られていて、アルソビスポ（大僧正）諸島と名づけたらしい。一五九三（文禄二）年にこの諸島の南グループが大名の小笠原貞頼によって占領された。小笠原島と命名される。以前、無人島《ブニンシマ》といわれ、英語でボーニン島と発音した。今日まで小笠原諸島にはあらゆる浮浪者が住んでいた。一八二七年にイギリス軍艦ブロッサム号が父島を訪れたとき、イギリス捕鯨船ウイリアム号の生き残りがいた。ブロッサム号の艦長ビーチはこの列島をイギリス領として占領した。一八三〇年には五人の西欧人とおぼしき人間がハワイ諸島から来島した。そのうち三人はイギリス人らしい。その後、イギリス軍艦エンタープライズ号（一八五一年）、アメリカのペリー艦隊（一八五三年）が寄港した。かかる経緯をへて、一八七六（明治九）年一〇月、日本政府は小笠原諸島の開発着手を駐日各国公使に通達し、国際的に日本領土としての主権が認められた。

これより先の一八七五（明治八）年一一月二一日、日本政府は田辺太一、小花作助らに小笠原諸島の調査を命じ、工部省所属の明治丸で横浜を出港した。その翌日、イギリス総領事ロバートソンを乗せたイギリス軍艦カーリュー号も小笠原諸島へ向った。明治丸は全速力で航行し、三日後の二四日に小笠原諸島の父島に投錨した。一方、カーリュー号はゆっくりと航海して、二六日の朝に到着した。

ロバートソンの筆は小笠原諸島の住民構成にうつる。彼によれば、当時、住民の総数は六九名で、そのうち六五名は父島で暮し、三名が母島列島にいた。住民のうち五人が白人である。名前をウエッブ（イギリス人）、ルスール（フランス人）、アレン（ドイツ人）、ローズ（オランダ人?）、ブラバー（ポルトガル人）と称していた。また、ロバートソンはナサニエル・サヴォリーの未亡人とも面会している。サヴォリーは一八三〇年に最初に小笠原諸島の外国人移住者として渡来した人物でもあった。三五年間、この島で生活したが、その間、ペリー提督やプチャーチン提督、中浜万次郎とも会っている。そして、ロバートソンは、横浜在住の外国人はみじめな生活をしている小笠原諸島の外国人居住者の救済のために物資を送るべきだ、と提案した。小笠原諸島の日本帰属を認めたイギリス公使パークスではあったが、このロバートソン提案にしたがって、イギリス出身の老人ウエッブに物資の援助をあたえたらしい。一方、パークス夫人もある人を通じて衣類や日用品を贈っているが、これに対してウェッブは心をこめた感謝の手紙を夫人に送ってきている[19]。

ウエッブがこの手紙を書いたのは一八七九（明治一二）年三月七日のことであるが、間もなく彼は他界してしまった。運命なのだろうか。

ロバートソンの講演で感じられることは、政治問題に全くふれていないことである。もちろん、小笠原諸島の日本帰属は彼自身も認めている。むしろ、当時のうわさでは、無宗教で人殺しや犯罪の多い未開人の島とされていた小笠原諸島に来てみると、平和を愛し環境に満足しているユートピアのような場所だったことに一驚している。文字通りの孤島のロビンソン・クルーソーたちの物語である。このロバートソンの報告は、イギリス公使パークスの指示によるものであろうが、小笠原諸島に対するイギリスの関心のほどが知られる。また、後年、日本学者チェンバレンも代表作『日本事物誌』（初版、一八九〇年）で「小笠原諸島」という項目をわざわざ設けており、一八九〇年代に至るまで西欧人一般に注意が引かれていた。時代は前後するが、ロバートソン報告は三月一八日号と同月二五日号のＪＷＭ紙に連載されて、横浜をはじめとする在日居留民の話題をよんだ。当時の議事録をすこし引用してみよう。

ブラウンは言う。彼地に居住する六九名の国籍は様ざまで、捕鯨船がたびたびその島じまを訪れていた。その小さな社会はアメリカ、イギリス、フランス、ポルトガル、太平洋諸島（サンドウィッチ島［ハワイ］・ラドロン島・キングスミル島など）、日本、そして原住民の人びとで構成されている。近年、日本政府は小笠原諸島を領有する試みに失敗したが［誤解］、おそらく、まだ主権が彼ら住民のもとにあり、それを手放したくないからであろう。ロバートソン氏の結論はその諸島民の社会的・文化的・道徳的状態を知るうえで、熟慮すべき価値がある。[20]

日中の記譜法

四月一九日に東京で開かれた日本アジア協会例会で牧師サイル（Syle）が 'On the Musical Notation of the Chinese and Its Counterpart in Japan'（中国の記譜法――付録・日本の記譜法）を読みあげた。管見のかぎりでは、このサイル講演の全文はＪＷＭ紙にも『紀要』にも見あたらない。ただし、この影響か定かではないが、珍しくドイツ・アジア協会の論文がＪＷＭ紙にのっている。五月六日号と一三日号には 'Notes upon Japanese Music'（日本音楽ノート）が、さらに五月一三日号には 'A Comparison between Chinese and Japanese Music'（日中音楽比較）がみえる。四月二九日号のＪＷＭ紙にサイル論文に対する質疑応答が掲載されているので、これに基づいて討論を再現してみよう。[21]

エアトンは言う。工学寮の学生タカミネ［のちに東京音楽学校校長となった高嶺秀夫か］は三味線、琴、月琴で用いられる調絃法の研究をしている。実験を始めたとき、タカミネは独自に結果を出そうと思ったので、ミュラーの日本音楽についての網羅的な論文に着目しなかった。三味線は六通りの標準方式の各々に従ってつぎつぎに調絃されたが、このとき、第一絃はふつうならば糸巻きを使って絞るところを、三味線の棹へ差し込んだ小さな滑車に通して重りを使って締めた。これは六通りの調絃法のいずれでも相対振動数を確認するための処置で、追加の重りを第一絃へ加えて、まず第二絃と音を合わせ、そのあと第三絃を合わせた。張った絃の振動数は張力の平方根に比例するので、六通りの調絃法のいずれの相対振動数もこうして確認できた。（中略）月琴は琵琶に似ていて絃の数が少なく、大きさもほぼ等しかった。しかし、調絃法は琵琶と異なり、胴体は梨の形ではなく円形をしており、絃をはじくのに使う撥《ばち》も異なっていた。撥は亀の甲の小さな切れ端で、長さ二インチである。月琴はもともと中国から日本へ伝来したもので、一五年前は日本人のお気に入りの楽器だった。

　琴は絃の数が少なく、取るに足らない楽器だとミュラーがのべた点にサイルは異議を唱える。東京の各音楽学校で教えられている二絃琴をおもちゃと見なすべきではない。この楽器は、左手にはめた象牙または骨製の爪で絃の長さが決められ、右手にはめた同様の爪で絃がかき鳴らされる。こうして出るかんたんな音以外にも、左手を離す瞬間に爪を絃の上に滑らされるとなめらかな音が得られる。

　六月一四日の日本アジア協会の例会は、東京の女学校で開かれた。この「女学校」とは何か。これを比定するのは難しい。一八七六（明治九）年当時、これに該当すると思われる学校が四校ある。築地のA六番にあった女学校はこの年に廃校になるが、協会が例会を開いた時には存在していた可能性もある。また、同じ築地の外国人居留地のB六番にも女学校があった。この学校は同じ年の秋に新栄女学校に吸収されるが、ここで日本アジア協会の例会が開かれたことも否定できない。この新栄女学校の後身が今日の女子学院である。また、前出のA六番女学校を引きついだ原女学校（成樹学校）の創立は一八七六（明治九）年九月であるが、これは役所に届けた公式の開校である、これ以前に私的に学校運営が行われていたかもしれない。したがって、この原女学校でも例会が行われた可能性がある。この問題は新しい史料が出てこないかぎり、現段階ではなんとも結着がつかない。[22]

日本の綿花栽培

六月一四日の例会では、ふたつの講演があった。T・B・ポート（Poate）の“On Cotton in Japan”（日本の綿花栽培）は、『和事始』の英訳もふくめて、日本の綿花栽培を論じている。

　綿花植物は日本の在来のものではなく、きわめて早い時期に導入された外来直物である。しかし、ごく近年に至るまで、日本ではあまり普及しなかった。原産はインドであるが、長い間、その半島だけに栽培が限られていた。[23]

ポートは『和事始』を英訳して、七九九（延暦一八）年に日本の綿花栽培が開始された事実を紹介した。その原文は『日本後紀』巻八にある。同年秋七月、参河国に見知らぬ船が漂流した。二〇歳くらいの人物がいる。布で背をおおい、犢鼻《とくび》を着て、袴《はかま》ははいていない。左の肩から紺の布を袈裟《けさ》がけにしている。言葉が通じないから、どこの国の人間か分からない。中国人はこれを見て崑崙人《こんろん》だと言った。彼はのちに中国語を習うと、自ら天竺人《てんじく》と称した。そして、彼の持ち物をみると、「草実」のようなものがあった。これを「綿種」という。これが綿種の日本伝来である。

その後、一五世紀以降に温暖な地域で綿作が行われた。江戸時代に綿作は最盛期をむかえ、とりわけ河内木綿はその名を天下にとどろかせた。明治に入ると、日本全体で綿作が衰退する。繊維（綿毛）の短太な在来綿は、機械紡織に適した外国の綿花におされた。一九一六（大正五）年ごろには、最後まで残っていた河内木綿がその使命をおえた。とはいえ、ポートが報告した明治初期には、まだ日本の木綿は健在で、外国産の木綿には脅威と映った。

一八世紀の後半からイギリスの綿工業が急速な伸びをみせる。従来、インドのキャラコと中国のナンキーンといった綿布を輸入していたが、このころになるとインド綿業の勢力を押しつぶしていった。一八二〇年前後をさかいに、イギリスの綿製品は激流のごとくインドに流入していった。つぎに狙いをつけたのが中国市場である。アヘン戦争以後、中国の港を開かせたが、それでもイギリスの輸出は思うように伸びない。そのため、イギリスはインドで栽培したアヘンを中国に売りつける。ポートの論文には、こうしたイギリス商人のアジアへの進出と焦りが反映されている。事実、ポートの不安通り、日本は明治二〇年代になると香港市場に進出して、阿波縮や紀州木綿などを華麗なる色彩に仕立てて輸出する。ポートの報告後、パークスとアトキンソンが意見をのべた。(24)

パークス――きわめて実際的なテーマについて詳しく論じられている。もし、日本が自国の消費に十分なだけの綿花を栽培できれば、それは十分よろこばしい。もし輸出できれば、さらに良い。しかし、それはありえないだろう。山国の日本では平坦な土地は期待できない。さらに、日本の綿花は素晴らしいが、短い繊維なので、ヨーロッパでの要求には応じられない。どのくらい生産できるか分からないし、綿花栽培を手がける農夫もあまりいない。この国はいつでも収穫がすくないので、日本は中国から大量の生綿を輸入しなければならない。一八七三年の輸入額は一四万六五六九ドル、一八七四年は一一万五〇七六ドル、一八七五年は二五万五六九〇ドルだった。一方、収穫高が少ないので、イギリス毛糸の購入の必要性が日増しに高まっている。

アトキンソンがたずねる。最初にもたらされた綿花の苗木がどのような植物学的性質をもっていたか教えてほしい。ポートは答える。日本での収穫高は低く、アメリカの半分ほどである。ヴィーダーはアメリカ綿花を導入するのは日本にもよい節約にもなり、やってみる価値があると考えた。奴隷州《スレイブ・ステート》［アメリカ南部一五州］では、南北戦争以前には、土地は綿花畑でみちあふれていた。自由州《フリー・ステート》［アメリカ北部州］にも奴隷労働力による綿花栽培を拡大しようとしたのが、南北戦争の原因のひとつになった。綿花は世界をゆるがす商品だった。このポート論文は七月一日号のＪＷＭ紙に掲載されて、横浜居留地の商人たちの話題をよんだ。一八七六（明治九）年三月に刊行された『農業雑誌』の第五号に山本亮吉による「綿の説」という論考があるが、これとポート報告とは何らかの関連があるのだろうか。

江戸京都往還記

Ｄ・Ｈ・マーシャル（Marshall）が、"Notes of a Trip from Yedo to Kioto via Asama-yama, the Hoku-Rokudo and Lake Biwa"（中山道経由の江戸から京都への旅）という報告を行った(25)。東京から京都までの往還記であるが、当時の外国人にはなじみのうすいコースがとられた。ルートはつぎの通り。東京→高崎→軽井沢→浅間山→草津→長野→新井→糸魚川→親不知→魚津→富山→高岡→金沢→小松→福井→木目峠→琵琶湖→大津→京都。一例として、草津峠から渋峠へ抜ける道の叙述を引いておこう。

浅間山、白根山そして近傍の国ぐにがよく眺められた。また、比類なき富士が水平線上にそびえ立っている峠や白根山や浅間山には少しばかりの雪があった。さらに下って行くと、川中島とよばれる美しい平地の景色となる。日本の物語では、信玄と謙信という二人の英雄の間で大きな合戦が行われたという。しばらくして高くそびえ立つ妙高の峰みね、戸隠のいただきに雲がかかってきた(26)。

報告者のマーシャルは開成学校（東京大学の前身）の教授である。一八七五（明治八）年七月に同僚のダイヴァースとアトキンソンの随行を得て、「大旅行」を完遂した。

マーシャルが報告を終えると、パークスがコメントをくわえた。「これからの外国人はマーシャル氏の北陸道の報告にもとづいて彼地への旅行を企てることになるだろう。すくなくとも、この地方に関する最初の報告である」と。

パークスの指摘にあるように、マーシャル報告のオリジナリティーは北陸地方の叙述になった。マーシャル以前にも、イギリス外交官トゥールーブが越後、越中、加賀、能登の紀行文をロンドンの地理学協会に発表している（一八七二年）。また、彼の同僚サトウがこの地方を通過しているが、その見聞はすぐには活字にはならなかった。その後、『能登――人に知られぬ日本の辺境』（一八九一）の著者でアメリカ人天文学者パーシヴァル・ローエルも、マーシャルが踏み開いた道を歩いて、能登半島にたどりついている。マーシャルの紀行文は一八七六（明治九）年七月一五日号のＪＷＭ紙に登場した。夏の登山シーズンを控えて、在日外国人たちは日本の山岳地帯に思いを馳せたにちがいない。これに触発されてＷ・Ｂ・Ｍなる筆名の人物が同紙の一一月二五日号に浅間山登山に関連して、『農喩』の一部を英訳して紹介した。その筆者とは、のちにチェンバレンと"A

Handbook for Travellers in Japan”の共編を行ったウイリアム・ベンジャミン・メイスンのことである。

鉱泉・東洋学者会議・日本アジア協会

このころB・W・ドゥワースが日本アジア協会に‘Chalybeate Springs’（鉱泉）という論文を投じている。W・E・エアトンがJWM紙の八月九日号に投書した質問に、ドワルスが同紙の八月一二日号に答えたものである。ドワルス論文は加筆訂正されて、『紀要』に再登場となった。「数カ月前、有馬温泉の鉱泉水の分析を依頼された。その成果を日本アジア協会に公表できることを光栄に存じます。この水の温度は摂氏二三度です。一リットル中の成分は塩化ナトリアム一四・七一グラム、二塩化カルシュウム二・八九六グラム、塩化カリウム一・二八一グラムなどである」と報告している(27)。たいへん短いリポートであった。ちなみに、ドワルスは一八七五（明治八）年から一八七九（明治一二）年まで大阪司薬場につとめるかたわら、内務省衛生局で製薬および化学を教えていた。有馬温泉の化学分析は彼にとってお手のものだったにちがいない。

六月一四日、サマーズの発議で、同年九月一日にロシアのペテルスブルグで開催される東洋学者会議にイギリス帰国中のサトウを代表として派遣することを決定した(28)。しかし、これに関して正式な連絡が日本アジア協会からはなく、サトウは自分が代表に選ばれたのを六月二四日号のJWM紙で知った。彼はこの会議には出席しなかった(29)。東洋学者会議とは、一八七三（明治六）年に第一回総会がレオン・ド・ロニーの尽力でパリで催された会議であった。この会議に出席するとは、世界でも第一級の東洋学者だと公認されたことを意味した。なお、サトウはこのことイタリア人日本学者アンテモ・セヴェリーニと交友を得て、彼が主宰する‘Bollettino Italiano Degli Studi Orientali’（『東洋研究彙報』一八七六年創刊）に寄稿することになった。ただ、匿名で草したらしく、サトウの論説をどれに比定すべきか分からない。

七月一四日に日本アジア協会の年次総会が開かれた。会場は東京の開成学校である。書記は、前年度にヘールツをはじめとする一一件の講演があったことを報告した。ほかの四件の寄稿を含めて、『日本アジア協会紀要』第四巻を構成することになった。

日本の紋章学

新年度の最初の講演は一八七六（明治九）年一〇月二五日に東京の開成学校でイギリス外交官マクラティが行った‘Japanese Heraldry’（日本の紋章学）であった。ヨーロッパと同じように、日本でも紋章学が生まれた。しかし、馬上試合《トーナメント》とか十字軍という強力な刺激がなかったから、日本の紋章学は、西洋のような、高度な発展をとげることはなかった。紋章は、上流階級にとどまらず、商人も使用した。大名は鎧《よろい》、冑《かぶと》、旗、羽織、袴に用いた。紋章で好まれる柄は、竹、大根、菊、桐、葵、小鳥、蝶、流水、扇、漢字、幾何学的図形などであった(30)。このマクラティの講演は一一月四日号のＪＷＭ紙に掲載された。

当日の議事録を読んでみよう。[31]ヘールツがたずねる。徳川家の家紋であるみつばはタチアオイのことなのか。またはちがう葉なのか。マクラティは、その家紋の葉の日本名は、たしかにタチアオイである、と答えた。エアトンは言う。一族がちがう家紋を使用する点はイギリスの習慣と似ている。羽織の背に一つ、肩口に二つ、合計三つの紋をつけるのは、最近ファッションである。記章を研究することは家号の研究にもなる。日本の酒場ののれんにかかっている有名な印はイギリスの酒場と同じものである。「いいワインはブランドを必要としない」（Good wine need no bush）ということわざを思い出させる。ファウルズは首をかしげた。天皇家の紋章である太陽と菊の記章は、もともとはヒマワリだったのだろうか。パークスの指摘にこたえて、マクラティは中国の記章について言及した。中国の街の門を守る衛兵には、特別の紋章があることに気づいている、と。

ヘールツの論文

一一月八日の日本アジア協会の例会（会場は東京の開成学校）では、ヘールツが'Useful Minerals and Metallurgy of the Japanese'（日本の有用な資源と金属）の第六回の講演を行った。今回のテーマは、日本の豊富にある砒素化合物、亜鉛、錫、アンチモンなどであった。[32]例会での質疑応答の記録は残されていないようであるが、ヘールツの講演は一一月一一日号のＪＷＭ紙に登場した。

現代神道の火葬

一一月二二日に東京の開成学校で開かれた日本アジア協会の例会ではアストンとパークスの講演があった。[33]前者の演題は'On Modern Shintô Burial Ceremonies'（現代神道の火葬）といい、神道の葬儀についての発表である。この発表はどこにも活字化されなかったので、その詳細は不明である。ただ、『紀要』に議事録が残っているので、質疑応答だけは分かる。

エアトンがたずねる。火葬のおり、刀のつかに白い紙をまく日本人の習慣について知りたい。パークスが答える。これはごく自然に行われる習慣で、衣服の重要な部分に哀悼のシンボルをたんに置くだけである。イギリスで軍隊の兵士が黒い服を着るのも同じような習慣である。アストンがつけ加える。葬儀の時は町人でも帯刀を許される。スミスは仏教と神道の葬儀はしばしば混合されているのではないかと疑問を発した。サイルは言う。日本ではもちろん混合されているが、中国でも同じようなことがある。儒教を学んでいた人間が仏教徒だったこともある。この他、マーシャルも質問したが、議論が重複するので、省略することにしよう。

伊達遣欧使節

パークスの演題は'On the Mission to Rome in 1615 of an Envoy from the Prince of Sendai'（一六一五年の伊達遣欧使節）といい、伊達政宗の慶長使節支倉常長に関する研究であった。一八七三（明治六）年に岩倉使節団がイタリアのヴェネツィアの文書館で披見した文書の紹介である。議事録にパークス講演のいきさつが記されている。

この講演では、価値の高い古めかしい絵画と絵入り文書も紹介された。これらは東北行幸のさい、仙台で明治天皇に献上された。絵画のほうは、イタリアで発見された使節の肖像画である。文書のほうは、ローマ市の自由権を得た文書である。岩倉[具視]閣下の御好意と協会の尽力によって、この夜、会長がこれらの資料を会員諸氏に提示することができた。[慶長遣欧]使節の時代の日本の歴史に新しい光を投げかけるものとして、大いなる興味をもって会員たちは耳を傾けていた(34)。

パークス講演の詳細は知られていないが、トーキョー・タイムス（Tokio Times）紙の一八七七（明治一〇）年一月六日号の無署名記事 'Japan and Roma in the Seventeenth Century'（一七世紀の日本とローマ）で、およその見当がつく。慶長遣欧使節の派遣事情がのべられ、関係文書のいくつかが紹介された。支倉常長がローマ法王から与えられた「ローマ市自由権」の文書について、アストンがこれを英訳した。

恵み深きローマ市の保護官ルドヴィクス・ヴィンチェンティウス・ムトウス・デ・パパズリィス、ヤコブ・ベリウスが最も高名で卓越したフィリッポ・フランチェスコ支倉六衛門にローマ市民権を授与する件を元老院に提議したゆえに、ローマの［元老院と］市民はこの件をつぎのように決議した。すなわち、この慣例はローマ市の草創期の王政の時代に行われ、つづく共和国の時代にも実施され、わが現代にも見逃されていない。ローマの貴族院と市民は、全世界からこの恵み深き街に集まって来た異国の有徳で高貴な人びとを、卓越した先人たちがそうしたように、親切にするだけでなく寛大に厚遇した。彼らをこの地に育った貴族の一員に加え、偉大なローマの名において、ローマの市民権を授けた(35)。

マクラティがつづいて「証書」の四隅を飾る家紋についての考察を行った。

この文書は羊皮紙に書かれており、印章と署名がある底辺部が破損している。上部と四隅を囲むように飾り字が添書されている。文書の頭部のへりの中央に、ローマの覇権に服従し、東方諸国でのローマ・カソリック教の発展をほのめかす、東方諸国の母語が描かれている。この右には、古き伝説を暗示する、雌オオカミの乳を飲んでいるふたりの子供が描かれている。ローマの建設者で双子のレムスと一緒のロムルスがテヴィレ川の波に捨てられた後に子供時代をすごした様子が筆にされている。中央の絵の左手には古代ローマの規範が記されている。そこには十字架に紋章の模様が形づけられている。十字架にはＳＰＱＲの文字があるが、これは「ローマの元老院と市民」という意味である[36]。

支倉の文書について、パークス、アストン、マクラティというイギリス公使館の外交官（この場合、日本研究家というべきか）たちがなみなみならぬ関心を寄せていたことがわかる。トーキョー・タイムス紙のハウルとイギリス公使パークスの不仲はつとに有名であったが、このころはまだイギリス公使館からの情報が同紙に流れていたのだろうか。

一八七六（明治九）年七月三日号の東京日日新聞には、これに関連した記事がのっていた。明治天皇の東北行幸の際の仙台での出来事が詳しく叙述されている。それによると、六月二五日に展示会場に明治天皇があらわれて出品物をいちいち見て歩いた。このときの展示品には、多賀城の瓦硯、伊達政宗の鳳凰丸の置物、藤原秀衡の太刀、源頼朝の笈《きゅう》（背負い物入れ）、安倍貞任の鞍などがあったが、そのなかでもとりわけ関心を呼んだのは支倉常長の肖像画であった。この肖像画は、今日、仙台市博物館の所蔵に帰している。東京日日新聞の記者岸田吟香は「よほど慴たれとも誠によく出来たる油絵にて襟飾《えりかざ》りの袖口などは全く千五、六百年間の西洋の風俗にて黒の衣服と思われ、その製は西洋の信服と日本服とを折衷したるが如し」と書いた。もう一方の文書について、同社の社長福地源一郎の筆はこう記している。「ラテン分（文）ヲ以テ記シ吾曹ガ読了シ能ハザル所ナリト雖《いえ》ドモ、文中ニイダテマサムニ（伊達政宗の音訛）ノ名ヲ明記シ、千六百十五年二月二十四日ゼノアニ於テス「ドン、フィリップ、フランシス、ファシクラ、ロクイエモンドノ」ト記シ、傍ニ邦文ヲ以テ支倉六右衛門ト書セリ」と。ローマの市民権証授与は、ローマ帝国時代の慣習にならったもので、世界の中心はローマであるとの意識から出た儀式であった。

カロリン諸島

一八七六（明治九）年の日本アジア協会の最後の講演は、一二月一三日に横浜のグランド・ホテルで行われた。イギリス外交官ロバートソンの 'The Caroline Islands'（カロリン諸島）という報告である。太平洋の中央に位置するカロリン諸島へのはるかなる紀行文である。イギリス公使館の関心はこんな南の島まで及んでいたのである。その報告は同年一二月一六日号のJWM紙の紙面をかざった。当日の議事録をよむと、コールという人物が興味深い一言をのこしている。「オーストラリア北部の真珠漁りの収穫の減少の結果、シンガポールからカロリン諸島への探索がすこしずつ準備されている[37]」と。

真珠漁りのつぎの有力な候補地として、このカロリン諸島が西欧人の間で有望視されていた。一方、一八七四（明治七）年には日本漁夫がオーストラリアの木曜島に渡航し、真珠貝の採取をはじめた。なお、御木本幸吉が世界で最初に人工真珠を作って以来、日本は真珠王国となったが、南洋で養殖が試みられたのは一九二〇年代である。イギリスの文豪サマセット・モームの短編小説「物知り先生」はこれを背景にした物語である。白蝶貝真珠の養殖地はオーストラリア北部のアラフラ海、インドネシアのセレベス島などがある。黒蝶貝真珠の養殖はボルネオ、フィジーなどで行われた。最終的に南洋真珠の養殖が成功するのは一九七〇年代である。

八丈島の日本語報告

一八七七（明治一〇）年一月三日の日本アジア協会の例会は東京・開成学校内の同協会の図書館で行われた。まず、イギリス外交官ロングフォードが 'A Japanese Acount of the Island of Hachijo'（八丈島の日本語報告）という報告を行った。内容は一八七六（明治九）年九月二〇日号の日日新聞を英訳したものである。高知県の澤尾恵太郎は一八七四（明治七）年五月に八丈島へ旅に出た。分量は四ページの短いものであったが、明治初年の八丈島を知るための貴重な資料となった（第10章一七二頁参照）。ちなみに、この島に最後の流人がやってきたのは一八七二（明治五）年のことである。ロングフォード報告はJWM紙にのらなかったが、『紀要』第六巻第三部の付録として添えられた。小笠原諸島の帰属問題で日英関係がゆれていた時期だったので、当日の司会であったイギリス公使パークスもこの八丈島情報にかなり関心をしめした。

伊豆大島訪問記

つぎに、同じイギリス外交官ホッジス（J. L. Hodges）の 'Notes on a Trip to Vries Island in July 1872'（一八七二年七月の伊豆大島訪問記）という講演であった。伊豆大島は英語ではフリース・アイランドといい、一六四三（寛永一二）年にこの島は流刑の地として知られ、一八世紀末まで流刑人が生存していた。ホッジス報告は『紀要』には登場し、一八七七（明治一〇）年一月二〇日号のJWM紙に掲載された(38)。

日本の正月行事

一月二四日の日本アジア協会の例会は東京の開成学校で行われた。この日の講演は二件あり（実はパークスの「高野山の寺院」という発表も予定されていたが、後述の都合で中止された）その先陣を切ったのは、チャップリン・エアトン（Chaplin-Ayrton）夫人であった。彼女の講演は 'Japanese New Year Celebrations'（日本の正月行事）という、門松、おそなえモチ、正月料理、おとし玉、すごろく、福引きなどの正月行事に関する考察である。その後の質疑応答では、日本と中国の正月のあそびの類似性をはじめ、両国の縁起の良い言葉にも議論が集中した(39)。その講演は二月三日号のJWM紙に掲載され、居留地の人びとの注目をあびた。

和歌の枕詞と掛詞

ついで登壇したのはB・H・チェンバレン（Chamberlain）であった。講演は 'On the Use of 'Pillow-Words' and Plays upon Words in Japanese Poetry'(40)（和歌の枕詞と掛詞の使用）という、和歌修辞法の研究であった。「今夕発表させていただくテーマは退屈と思われる方があるやもしれない。しかし、過去の文学研究者のみにしか興味がないように思える日本の作詞法が、実は現在の外国人社会にとってさえも大きな価値をもっていることを、この発表の最後のところで示そうと思う」と何やら暗示的にはじめられる。和歌の修辞の特色として、古代には枕詞が、中世には掛詞がある、と指摘してつぎのようにつづける。

　枕詞それ自体には無意味な語だが、つぎにくる意味がある単語がそれを枕にして頭をのせている。英語の類似の例をあげてみると、the gallant Captain, the learned Professor, His Holiness the Pope, His Majesty the Kingというが、私たちはこれらの人びとを心からgallant, learned, holy, majesticと思っているわけではない。今日では事実が消滅して言葉だけが残っていて習慣化された形容詞にすぎない。枕詞も同様である。「久堅之」は「空」につく。「ひさごの形」の短縮形で青空の形をリアルに表現したものであった。今では「天」に関するすべてのものに用いられ、「宮殿」にさえも使われる。豪華さにおいて、この世のものとは思われないからであろう。枕詞は詩的装飾であり、五音節が多く、四音節のものや、それ以下のものはたいへんまれであり、七音節のものはない。前置されるもので、後置されることはない。「草枕」は「旅」に、「ちはやぶる」は「神」に、「それみつ」は「大和」につく。賀茂真淵は『冠辞考』で枕詞を五種類に分けたが、西洋人にはつぎの四種類が便利であろう。

（1）形容または比喩の性質のもの　泣く子なす——「慕ふ」という動詞に。泣く子なす慕ひ来まして（万葉五―七九四）。

（2）本来の意味を失っているもの——ひさかた、しきたへの。

（3）歴史的神話的事件を暗示するもの　はやびとの——薩摩地方の枕詞。隼人《はやびと》は帝の宮殿を守護した軍隊で、その任に当たったのが薩摩の人だったから。

（4）洒落のもの　ももたらず（百たらず）——「やそ」（八十）「い」あるいは「いそ」（五十）にかかる。

　チェンバレンの考察は枕詞にうつる。「日本人文学研究者が掛詞の研究に沈黙しているのは、特殊な注目を喚起するほどのものではない、ごくシンプルなものと思っているからである」となげきながら、掛詞をつぎの三種類に分けて説明をすすめる。

（1）序詞——西洋人の眼から見ると、punning introduction（ごろ合せの前置き）とよんだ方がよいかもしれない。百人一首の「すみのえの岸によるなみよるさえや夢のかよひじひとめよくらむ」（藤原敏行）を例にとれば、意味は最後の三行に尽きる。「よる波」は「夜」を導く以外には意味はない。

（2）西洋の地口に似たもの——まつがねのまつこととほみ。

（3）旋回軸となる語——最も複雑なpun（しゃれ）でふた

つの意味をもっている。一語がピボットの役をする。詩的フレーズのはじめの部分が何らの論理的結末をもたないうちに、後の部分が非論理的に始まっている。この技法は九世紀以降、現代に至るまで日本人にたいへん好まれている。洪水のように流入した中国文明の影も、また最近のいっそう破壊的と思われる西洋文明の嵐もみごとに乗り切って、なお存在しつづけそうに思われる。

結論において、本来の意味を失った語句を好んで用いるところに、日本人の精神的傾向の特色がある、と喚起した。最後に、チェンバレンは「聖書の詩篇の日本語訳は万葉集の長歌にならった韻文訳でなければ、日本人の耳を満足させないであろうから、和歌の研究を忍耐強く積み重ねてこそ可能である」との提言をした。論文の冒頭で暗示した「日本の作詩法が現代の外国人社会に大きな価値をもっている」実例をしめしたのである。つまり、『聖書』や賛美歌の日本語への翻訳のうえで、古歌の韻律の研究の必要性を強調した[41]。

講演終了後の質疑応答では、司会のサイル牧師は自らの中国での経験をふまえて口火を切った。中国の詩歌の堅固しさとわざとらしさは、アクセントではなく、語調のある種の一致をもとめるリズムの規則性にほとんどの原因がある。大部分の一般的な韻律は各行八音節で、四行目のあとに一定の中休みがあり、退屈な音の連続を生みだしている。五音節の韻律や七音節の韻律もある。ただし、後者は戯詩をのぞくと、めったに耳にしない。三〇年近くまえ、私［サイル］はこの件で牧師のメドハースト博士［英中辞典や聖書漢訳に従事］の御知恵を借りに行き、中国の詩歌に存在する韻律と作詩法が賛美歌に有効か否かの見解を知りたかった。結論はあまり良いものではなく、むしろ、それを採用するとあまりに多くの困惑が生まれてしまう、とのことであった。

漢詩の作詩法や漢訳聖書の問題から入っていった議論は、いよいよ佳境に入る。グリグスビー、スミス、チェンバレンとの間に枕詞と形容詞の分界線の議論があった。さらに枕詞の初例が問われた。チェンバレンはいう。枕詞という名称がいつごろから用いられたかは不明である。ただし、平安時代の天暦年間に矢田部宿禰公望があらわした『日本紀私記』には「発語」という言葉がみえる。さらに一条天皇の時代に四条大納言が著した『新撰髄脳』には「歌枕」という語がある。鎌倉時代には仙覚律師が「諷詞」という語を用い、今川了俊は自著『落書露顕』に「枕詞」という名義を使っている。その後、一条禅閤の『古今童蒙抄』には「神の枕詞には千早ぶるということ説々定らず」とあり、「枕詞」という名を始めて用いている。「枕詞」の名称は室町時代よりおこった、なお、江戸時代には下河辺長流、契沖阿闍梨は旧説を守り「枕詞」と唱えたが、荷田春満、賀茂真淵は「冠辞」という語を使用した。チェンバレンの講演は、一月二七日号のＪＷＭ紙をかざった。後年、日本学の権威となるチェンバレンが日本アジア協会でのデビューをはたした。

ハウエルの帰国

来る人もあれば去る人もある。永らくＪＷＭ社の経営者兼主筆で、日本アジア協会の運営にも最大の協力を惜しまなかったＷ・Ｇ・ハウエルの送別会が同じ一月二四日の例会で催された。この日のパーティーには横浜居留地の代表的人物六〇名ほどが参加した。

一八七三（明治六）年には日本政府と海外むけの購買契約を結ぶなど、ＪＷＭ社の経営は好調であった。しかし、翌年の台湾出兵に対日批判を厳しくつづけたため、一八七五（明治八）年には政府との契約を解かれてしまった。このことからＪＷＭ社の経営が不振におちいった。とうとう一八七七（明治一〇）年一月二〇日をもって、ハウエルは横浜在住のイギリス人ピアソンにＪＷＭ社の経営権を譲渡してしまった。売却額は三五〇〇ポンド（当時約一万七五〇〇円）だといわれている。三月に横浜を出帆するフランス船で帰国するので、日本アジア協会はこれまでの彼の功績にむくいるため、送別の宴をもうけた。

サトウは三月八日の日記で、ハウエルの離日は横浜居留地にとって社会的、文学的そして音楽的に大きな損失となるだろう、と書いている。(42)やがて、サトウの予言通り、ＪＷＭ社の経営は安定を欠き、ピアソン、リッカビーといった経営者兼主筆も西南戦争の報道や筆禍によって、反感と不評を買って退いていった。かわって経営の安定を達成したのが、フランシス・ブリンクリーであった。ブリンクリーはその子と二代にわたる親日家として知られ、父は数多くの日本関係書をのこしている。彼は一九一二（大正元）年一〇月に死去するまでＪＷＭ社を主宰した。その努力もあって、日本アジア協会とジャパン・メイル社の関係は、後者が倒産する一九一七（大正八）年までつづくことになった。

しかし、ピアソン、リッカビー、ブリンクリーといった歴代編集者と日本アジア協会との関わりは、あくまでも間接的なものであった。それはジャパン・メイル紙に登場した日本アジア協会の論文と関係記事（議事録、開催広告など）の件数を比較してみると一目で理解できよう。ハウエルが主宰していた一八七二（明治五）年から一八七七（明治一〇）年の六年間に前者は九五件、後者は五七件あった。これに対し、ピアソン、リッカビー、ブリンクリーとつづく一八七八（明治一一）年から一九一七（大正六）年までの間に前者は八六件にあり、後者は一八五件になった。とくに、一八八〇（明治一三）年から一九〇五（明治三八）年までの二五年間には日本アジア協会の論文がＪＷＭ紙にほとんど掲載されなかった。この事実からサトウの悲観的な予言は適中してしまった。

ハウエルの編集になるＪＷＭ紙は、日本アジア協会の機関誌的役割を果した。そればかりではなく、ニュース、船舶事情、商況にかぎらず、詩とか小説という文学一般も幅広く掲載し、居留地の文化向上あるいは日本理解に大いなる貢献をした。彼のＪＷＭ社退社によって、日本アジア協会もひとつのターニング・ポイントをむかえるので、会員たちはハウエルとの別れをたいへん惜しんだ。(43)

第9章 明治一〇年 ―― 一八七七

蘭学ことはじめ

一八七七（明治一〇）年二月二四日に横浜のグランド・ホテルで開かれた日本アジア協会の例会で、久しぶりに日本人の筆になる論文が読み上げられた。大学南校で英文学を教えていたハウスは、過日、投稿があった'The Early Study of Dutch in Japan'（日本の蘭学ことはじめ）という論考を説明した。その論文は一八歳の日本人学生が執筆したもので、彼はハウスの教え子で、現在、アメリカ留学中である。彼の名は箕作佳吉といい、日本の学問の世界で名を残した箕作一族の一員である。父の箕作秋坪はすぐれた蘭学者である。兄の菊地大麓も立派な成績でロンドン大学の入学を許され、ケンブリッジ大学でも優等であった。また、いとこの箕作麟祥はフランス文学の翻訳で最高の名声を得た人物となった。著者は若いが、その論文は日本アジア協会に自信をもって紹介できる代物である。――ハウスはこう述べて、箕作佳吉の論文を推奨した(1)。箕作論文は杉田玄白らの『蘭学事始』にはじまる日本の蘭学摂取にまつわる論説であり(2)、そのエピソードをつらねてゆくが、その文末はつぎのようにまとめられた。

> 永い間、蘭学は日本が外国の考え方を知る唯一の経路《チャンネル》だった。蘭学を通じて、日本の医学の真の基礎が築かれた。蘭学によって、自然科学の法則の一端が日本に知られた。蘭学を介して、ヨーロッパばかりか世界各地の歴史が理解できた。以上のように、もし蘭学が日本人一般に普及していなかったら、私たちが現在行っている外国との自由な交流を容易にはできなかったであろう。わが国を代表する人物の多くは、一〇年ほどまえに蘭学を修めていた。啓蒙家で著述家の福沢［諭吉］、有名な外務卿の寺島［宗則］、明治維新の軍事の立役者の村田蔵六、日本のジャーナリズムの基礎をつくった柳川［春三］、また筆者が言及した沢山の人物もすでに蘭学を学んでいた。上記の杉田［玄白］らが残した業績は今日の視点からすると、不完全であったことは否めないが、日本にもこのような歴史があったことは誇りにしてもよい(3)。

論文を読み終えると、司会のパークスがたずねた。論文の文章はすべて箕作が自分で書いたのか。ハウスは、これは一字一句著者から受け取った通りだと出席者一同に断言した。パークスはのべる。説明をきいて、論文がますます興味深いものになった。これには貴重な情報が含まれているが、加えて論文がすぐれた英文で書かれているので、この日本人学生には外国語を完全に学ぶ能力があることが示された。これほど熟達する例はまれなので、日本人の語学力にはいささか疑問がもたれる。だが、日本人が近代言語の習得で一定水準を超えないのが通例なら、それは能力の欠如以外の別の原因に帰せられることをこの論文は示している。

ハウスが所見をのべる。現在、日本人学生の勉学は特定の主題に向けられていて、それについての知識は外国語によって獲得できるので、外国語それ自体の正確な習得にはあまり力が向けられていない。彼らは書物の趣旨をつかみ、教授の講義の要点を理解する程度のわずかな語学力に満足していて、書面あるいは口頭で自分の考えを的確にのべる技術を磨く者は、いたとしてもごくわずかだ。

ホールがコメントする。今、読み上げられた論文は「蘭学事始」の手短な要約だが、この原作はうすい二巻本で、簡潔な文体で書かれ、きわめて鮮明な字体で印刷されている。この理由により、この本は私が日本語を学び始めたときに私の教師たちが真先に推せんした書物である。外国の物産と外国の学問へとくに注意が向けられた時期として記された論文中の年月日は、サトウの「純粋神道」の論文で示されたものと正確に一致する。しかし、出島のオランダ商館の日本人通訳は無知をさらけ出したという著者の意見は間違っている。

パークスは言う。これについては昔のオランダの著者自身の証言がある。これらの著者が世界に伝えた日本関係の貴重な情報は全て長崎の通訳に介して得られたことが分かっているから、通訳はかなりオランダ語に通じていたはずだ。はるか一六九〇（元禄三）年の昔に日本を訪れたケンペルは、日本人通訳を介して全ての情報を得たと明言している。しかし、江戸幕府はオランダ人を通じてときどき入手した全ての情報の恩恵にあずかるのを許そうとしなかったのだろう。最後にパークスは今後とも日本人の論説や協力を期待している旨をのべて閉会の辞とした[4]。

右の質疑応答の内容に関して若干補足をのべる。パークスが指摘した江戸幕府の「情報」とは、和蘭《オランダ》風説書のことである。「鎖国」時代にオランダがもたらした海外情報である。日本人通詞がオランダ語から日本語に直して、長崎奉行を通して幕府要人にとどけられた。フランス革命やアヘン戦争の情報も日本人知識者はこれによって知ることが出来た。幕末には海外事情を知ろうとする諸藩や志士たちの要望から、各藩で風説書の書写が行われた。開国とともにオランダは風説書の献上をやめた。

箕作佳吉の論文は好評のうちにむかえられた。箕作の恩師ハウスが経営していたトーキョー・タイムス（The Tokio Times）紙は二月一七日号に箕作論文を掲載している。また、彼の論文はＪＷＭ紙への登場こそなかったが、日本アジア協会の『紀要』第五巻に登載されることになった。ともあれ、この論文は日本人による蘭学史研究の先駆的著作となった。大槻如電の『日本洋学年表』が刊行されたのも、この年の一一月のことであった。しかしながら、箕作が同論文を執筆した動機としては、一八六九（明治二）年に杉田玄白の『蘭学事始』が再刊されたことがあげられよう。

その後、箕作佳吉は日本の動物学界の権威に転じる。帝国大学理科大学教授、帝国大学三崎臨界実験所所長などを歴任して、応用動物学の発展に貢献したのである。日本人最初の動物学の教授であり、日本学士院会員にもなっている。

日本の刑法典

東京の開成学校で開かれた二月二八日の日本アジア協会の例会で、イギリス人外交官J・H・ロングフォード（Longford）が'A Summary of the Japanese Penal Codes'（日本の刑法典の概要）という講演を行った。元来、イギリス公使館では、同僚のホールが着手をしていたらしい。一八六七（慶応三）年に日本に赴任した彼は幕府の法律について詳しい調査を命じられていた。小原重哉らの日本の役人を連れて香港とシンガポールの刑務所を視察したこともあった。彼らにイギリスの裁判制度を口述した『英国裁判所略説』（一八七二年）という著作ものこした。

ところが、ホールは挫折して、ロングフォードがこの研究を完成したのである。この点について、サトウはアストンへの手紙のなかで、「ホールは努力の持続ということができないようです。そうでなければ、彼の日本の刑法典の翻訳は、もっと早く完成していたはずです」と不満をもらしていた。周辺の嘆きはともあれ、ロングフォードの仕事は一三章一一四ページにも及ぶ大作であった。(5) 三月一〇日号、一七日号、三一日号のJWM紙にその要旨が掲載された。多岐にわたる、日本の刑法典の考察である。

現在施行されたいる日本の刑法典はふたつの法典からなる。『新律綱領』と『改定例律』である。両者は維新以後に編纂され、立法化された。江戸時代には、この国はほとんどの刑事支配は明律と清律として知られるふたつの中国法典にある法律に従って名目上処理されていた。しかし、いくつかの地方権力者はときどき自らの意思でこれらの法典を修正変更していたので、その処理方法はほとんどすべての地方で異なっていた。それゆえ、明治政府は早くからこの問題に関心をもち、日本全国に適用できる法典の調査立案が委託され、その成果が一八七一（明治四）年公布の前述の法典となった。日本で最も適用しやすいようにふたつの中国の法典から単純に抜粋された。しかしながら、各種の犯罪を規定する刑罰をたくさんそのまま導入するために大きな修正が行われた。これらの刑罰はまったく無慈悲で過酷なものであった。死刑がほとんどの些細な犯罪に科され、極悪犯罪を罰する方法としては最も苦痛な拷問の描写を伴う死罪以外には知られていないのである。しかし、新しい法典を立案した委員は刑罰のほんとうの原理は犯罪の程度にはあまり不釣り合いな、極端な復讐的な厳しさのなかには存在しないことに気づいた。さらに、その犯罪の刑罰の確実性において、新しい法典からこうした旧式な野蛮な処刑方法を完全に削除した。刑罰として死刑を命じる犯罪は大いに縮小され、無慈悲な法外な笞打ちは廃止された。大部分の犯罪は、適正な労働、言い換えれば刑に相当する労役をともなう投獄の懲罰を命じるようになった。

目次を書きつらねてゆくと、一般原則（第一章）国内法（第二章）、強盗とスリ（第三章）、殺人（第四章）、口論乱闘（第五章）、悪口雑言（第六章）、起訴と告訴（第七章）、贈収賄（第八章）、偽造罰と詐欺罰（第九章）、強姦と姦通（第一〇章）、雑件（第一一章）、逮捕（第一二章）、裁判と投獄（第一三章）、ということになる。明治初期に朝令暮改した刑法典を意識して執筆された論考であろうか。E・G・ホルサムの "Eight Years in Japan. 1873～1881"（一八八三）の文中にロングフォード論文に言及した箇所がある。封建的刑罰制度がいかに非人道的であるかを痛烈に批判した書物として、ヨーロッパではすでにベッカリーアの『犯罪と刑罰』がある。死刑と拷問の廃止を主張した古典である。同書は一八七一年ころ日本語で紹介されているが、西洋知識人の刑罰観はこの本が出発点である。

ロングフォード論文に関する当日の議事録を読んでみよう。

J・C・ホール氏は考える。イギリス、あるいは西洋諸国の刑法と日本の刑法法典を対比するのはあまり有益ではない。日本の法典と、われわれが知っている（西洋）古代法典を取り出して比較するようなものである。（中略）社会的発展の観点から、日本は西洋諸国と同じレベルにあると想像するのは大きな間違いであろう。この国では、家族がいまだ政治的単位であり、個人的単位ではない。社会的集団の細分化は進んでいるが、まだ小規模である。多くの村では、共通の先祖の住民の家系が伝統を守っている。

ホールは日本社会の後進性を強調したが、エアトンは違う事実を指摘した。

私は佃島（隅田川の河口の小島）の受刑者定住地（人足寄場）を訪れたが、そこの囚人は幸せで自由そうであった。この島は以前幕府が厄介者だと考える人物を隔離する安全確保の場所として使用していた。新法典下ではイギリスの受刑者定住地と同じものに変わった。佃島の寄場には柵がめぐらされているだけである。ここは陸地からそんなに離れていない場所にあり、一見かんたんに逃亡できる。しかしながら、監禁は道徳的なものである。逃亡を二回試み再逮捕されたら死罪になる。

当日司会を務めた会長のパークスが議論を総括する。

明治政府が確立した法制以前の日本の法律の状況を詳しく知る人はいないので、刑法の立法における日本政府の前進を大変素晴らしいと高く評価してはいけない。現存する法典は間違いなく中国の法律に基づいたものであるが、その法律を基本に相当な改良をしたのに等しい。中国法の原理の多くがいまだ保持されている。努力された点は、すべての考えられる犯罪に確固たる処刑をおこなうこと、日本の法律とその運用にみられることの両面で厳密に罪状を定めていることである。西洋人の考えとは共鳴しないものであるが。しかし、この法典は現在の日本人の状況にはふさわしくないことには触れていない。

一〇月一三日号のJWM紙に「日本の刑法典」という論説が登場した。ロングフォード論文を素材にしたものである。「科学的法律制定の実例としては、新法典のランクは高いとはいえない。たんなる翻案としか思えない。（中略）明律と清律の完全翻訳ではないけれど、正確に評価するのは難しい。法律的意味で、この制度が改良されたとは言い難い」という評価であった。

ふつう、西欧人による日本法研究の端緒といえば、アメリカ人法学者ウィッグモアの業績があげられる。彼は一八八九（明治二二）年から一八九二（明治二五）年まで慶応義塾大学の法律科の教授として日本に滞在した。その間、日本の国有法に関心をしめし、一八九二（明治二五）年に 'The Legal System of Old Japan' という著作をあらわす。徳川時代の法は、判例にもとづいて発展したものと理解し、その点でイギリス法に似ていると考えた。また、徳川時代の法制の第一次資料を英訳する試みも行った。こうしたウィッグモアの仕事が脚光をあびたが、それをさかのぼる一五年前にロングフォードの労作がある。なぜ法制史家が等閑視しているのだろうか。参考までに、一九四五（昭和二〇）年までの英米人の日本法研究家には、デ・ベッカー、ギャズビー、ブレイクモアなどがいる。しかし、戦前の日本法はドイツ法の模写にすぎない、との印象を外国人にあたえたようで、ロングフォード以下の研究は例外的存在であった。

明治初年の日本の法制について一言しておきたい。幕末より一八六九（明治二）年ごろまでは、だいたい幕藩法が行われていた。もっとも、前年、新政府は仮刑律を制定したが、これは公布に至らなかった。同年一〇月には原則として公事方御定書によることにした。そして、一八七〇（明治三）年には明清律をもとにし、養老律、公事方御定書を参考にした新律綱領が定められた。ここでは、刑罰体系として笞、杖、徒、流、死が復活した。一八七二（明治五）年には懲役法が制定された。笞と杖は日数に応じて懲役させることにし、懲役を実施できない地方では当分の間、笞と杖で代用することが許された。懲役と死刑を主たる刑罰体系とすることになった。さらに一八七三（明治六）年には中国系ではあるがフランス法などを参照した改定律例が制定され、新律綱領とともに行われた。笞、杖、徒、流の刑名をすべて懲役に改めた。ロングフォードの研究はこの時期の法律の研究である。この時期の刑法は、王政復古の名の下に、律令やその流れをくんだ中国式法制の影響が基底にあった。

ちなみに、一八八二（明治一五）年に制定された刑法にはフランス法の影響が大きかったが、一八八九（明治二二）年の明治憲法ではフランス法に代わってドイツ法が勢力を得るにいたった。

牡丹人の頭蓋骨

三月一四日、横浜のグランド・ホテルで例会が開かれた。エルドリッジが“Notes on the Crania of the Botans of Formosa”という講演を行った。「台湾の牡丹人の頭蓋骨」という、一風かわったタイトルである。台湾の山岳地帯の原住民の研究である。エルドリッジは台湾の民族を二つの種類に分け、中国文明の影響をうけた民族と依然として野蛮な状態にある民族とに区別した。これは清朝時代の表現で「熟蕃人」と「生蕃《せいばん》人」のことである。日本統治時代には前者を平埔《へいほ》族と呼び、後者を高砂《たかさご》族と称した。エルドリッジは後者に属する小部族を研究した。彼はこれを一八の部族に分類しているが、今日の分け方では泰雅《アタイヤル》、賽夏《セイセット》、曹《ツオウ》、布農《ブヌン》、排湾《パイワン》、雅美《ヤミ》、魯凱《ルカイ》、阿美《アミ》、卑美《ピユマ》となっている。「彼らは台湾の南部に住んでいる。骨相学は台湾人の由来を決定する重要な要素となる」と彼は指摘する。これらの部族はさまざまな文化的相違がみられるが、共通した身体的特徴は、低い身長、二重まぶた、炯々として大きな目、淡褐色の皮膚である。さらに、「言語ももうひとつの貴重なガイドとなるが、マレー語と関連性をもつ台湾の口語の調査は不十分である」という。この島に最も古くから住んでいた原住民は南方のマレー系インドネシアンに属しており、彼らの言語はマレー語系のものである。ただし、各部族の言語は互いにほとんど通じないので、これが原因で紛争がよく生じた。「文明化された民族は自らの言語を失い、中国語を使用している」と叙述する。これは平埔族の言語のことで、彼らは早くから漢化されたので、すでに台湾語（閩南《ミンナン》語、客家《ハッカ》語）を常用していた。彼らはその出身地から閩南系と客家系に分けられる。前者は福建を、後者は黄河の中原地帯を祖地とする。エルドリッジは「野蛮部族の言語調査は端緒についたばかりである」と結んだ。(6)

エルドリッジがこの論文を執筆した背景には、一八七四（明治七）年の日本の台湾出兵がある。これはふつう牡丹《ぼたん》社事件とよばれている。“Botan”とは「牡丹」のことである。一八七一（明治四）年、宮古島の日本人が台風のため南台湾の牡丹社に漂流した。このうち、五四人が同地の排湾《パイワン》族に殺害された。宮古島の遭難事件は、明治政府が清朝との国交を開く好機であった。「人民保護義務」を大義名分に、一八七四（明治七）年、日本は台湾に兵を出した。同年、清朝との間に北京条約を結んだ。賠償金を獲得したばかりでなく、清朝に琉球の日本への帰属を認めさせた。琉球処分の国際的「合法」化が達成された。この出兵で持ち帰った「牡丹社」すなわち排湾族の頭蓋骨にエルドリッジが興味をいだいたのであろう。一方、JWM社は日本の台湾出兵を非難したが、このため補助金が取り消される羽目になった。

日本の漁法

三月二八日、東京の開成学校で例会が開かれた。G・E・グレゴリー（Gregory）が‘Japanese Fisheries’（日本の漁法）という講演を行った。グレゴリーは、大学南校（一八七〇～一八七一年）、文部省（一八七三年）、工部省（一八七五年）とわたりあるき、英仏語などを教えたイギリス人であった。講演では日本の漁法についてさまざま論じている。竿釣り（鯉釣り竿、セイゴ竿、ボラ竿、ハゼ竿、カイズ竿、タナゴ竿、エビ竿、ヅヅゴ、蚊針、ナグシ針、手釣り）、縄、網（内網、横手網、かけ網、すき網、テンガイ網、マチ網、オシ網、マス網）、エリ、簗（簗網、エビ網、鯉網、鮒網、鯰網、ツケシバ、高筒、オタツエ）、巻（コシ巻、鰻フニ、ヤス、ウ）と分類している。

鵜飼に関してこう記述している。まず、最初に鵜を捕える。このためには、鵜のよく来る場所に木のおとりを置く。そして、周囲の枝や小枝に黐《もち》を一面につける。鵜がそれにとまると、ぴったりとくっつくのである。このようにして一羽の鵜を捕えたら、こんどはおとりの代わりに、その鵜をヤブの中に置く。こうしてさらに鵜を捕える漁師たちは、この鳥をとても大事に飼うので、夏には気持ちよく過せるように蚊帳《かや》を吊ってやるほどである。講演が終わってから、何人かが発言をもとめた。福井に滞在していたウイッコフがアイ漁の珍しい漁法について語たり、マーシャルが柿のシブや墨についてふれ、パークスもブラキストン論文（一八六九年の‘A Journey in Yezo’か。本書第5章八六頁を参照）に石狩川の漁に関する叙述があることを指摘した。(7) JWM紙の四月七日号に掲載された。

気体の一定誘導容量

四月一八日の例会では、J・ペリー（Parry）とW・E・エアトンの共同講演で‘The Specific Inductive Capacity of Gasses’（気体の一定誘導容量）があった。(8) ペリーは一八七五（明治八）年から一八七九（明治一二）年まで工部省工学寮および工作局で工学を教えたイギリス人である。一方、イギリス人エアトンは一八七三（明治六）年から一八七九（明治一二）年までペリーと同じ工部省工学寮および工作局で理学を教授した。のちに、「日本の電気工学の優位はエアトンに負うところが多い」とヨーロッパの学界も認めている。両者の講演は四月二八日号のJWM紙に掲載された。

その後もふたりは、（1）‘The Importance of a General System of Simultaneous Observations of Atomspheric Electricity’（空電現象の同時観測に関する一般システムの重要性）（四月二五日発表、会場は東京大学内の日本アジア協会の図書館）および（2）‘On a Neglected Principle that may be employed in Earthquake Measurements’（地震観測に採用されるべき等閑視された原理）（五月二二日発表、会場は右に同じ）という共同講演を日本アジア協会の例会で行っている。それぞれ（1）は五月五日号、（2）は六月二日号のJWM紙に載った。前者の空電現象は、狭義では雷放電にともなう電波雑音をさし、広義では降雨、吹雪、台風などの前線や風塵、流星群の落下、火山の噴煙にともなう放電による雑音をも含めた大気雑音をいう。きわめて専門的なレヴェルの高い発表であった。後者の発表は地震学に関するもので、地震計にバネを用いたときの基本運動方程式を論じた。「もしわれわれが地震のメッセージを正しく読み取ることが出来れば、地殻で進行中の変形についてのすべてを学ぶことができよう」と、地震動を連続して記録できる地震計の必要性を訴えたのである。[9] これは専門家の関心をよび、五月二三日の議論だけでは結着がつかず、翌週の三〇日にもディスカッションの場所がもうけられた。日本地震学のあけぼのをつげるエピソードである。

地震研究

当時の西欧人の地震研究に関して一言しておこう。ヨーロッパで地震研究をはじめたのは、イギリス人物理学者マレットであった。一八五七年一二月一六日にイタリアで発生した地震で一万二〇〇〇人が死亡したことが契機となった。しかし、この時期の地震学は地質学者によって行われていたため、記述的学問に力がそそがれていた。日本における地震研究は、ペリー、エアトン、スミス、クニッピングなどのお雇い外国人によって進められた。一八七〇年代の世界には実験地震学はなきにひとしかった。精密な地震測定装置の成功が急がれていた。日本アジア協会での論議が白熱していたのはこの理由からである。さらに一八八〇（明治一三）年二月二二日に横浜で起きた地震をきっかけにして、ミルンやユーイングが地震学に手を染めてゆく。同年四月二六日には日本地震学会が発足し、日本地震学の父ジョン・ミルンが開成学校で最初の講演を行った。これが近代日本地震学の本格的な出発点であった。

ところで、後述の一八七八（明治一一）年一月二六日の会合で、ペリーとエアトンの共同執筆になる三本の論文は、日本の事物とは直接関係のない、純粋に自然科学の論文であったので、『紀要』への掲載にあたってさまざまな議論があった。独立した自然科学部会を設立しようとの話も出たが、結局、沙汰やみとなった（第10章参照）。しかし、これがのちに日本で学界が群立する素地になった。

日本の気象観測

四月二五日の例会（東京開成学校の日本アジア協会の図書館で開催）では、Ｐ・Ｖ・ヴィーダー（Ｖｅｅｄｅｒ）の‘Some Meteorological Observations in Japan’（日本の気象観測）という発表もあった。発表者は一八七一（明治四）年から一八七八（明治一一）年まで大学南校で物理学、幾何学、算術を教えたアメリカ人である。一八七九年三月一日より同年七月三日まで東京の帝国気象台でジョイナーの指導の下に行われた気象観測に言及する（第11章一七九頁参照）。五月一二日号のＪＷＭ紙に登場した。

日本の土着音楽

六月一三日に横浜のグランド・ホテルで開かれた例会で、日本アジア協会の創始者のひとり、サイルが〝On Primitive Music: especially that of Japan〟（土着音楽・日本の場合）という講演を行った[10]。サイルはかつて上海のロイアル・アジア協会でも中国音楽の性質を論じたことがあり、そこで得られた結論をまず提示する。

すべての土着音楽は、えらく距離をへだてようとも、民族の性格がかなり違っていても、きわ立った固有性が見出される。それは、私たちがオクターブと呼んでいる範囲のなかで、わずか六つの音調が用いられている点である。中国、タイ、インド、アラブの音楽の場合も、スコットランド、アイランド、ウェールズ、バスク、フィンランドと同じく、この性格が見出される。若干の例外は、北部中国の場合である。朝鮮と日本は、その宗教［仏教］から音楽が派生したものとして、分類されるべきであろう[11]。

サイル論文の結論として、日本の音楽の本来の性質をたしかめる方法で最も困難だったのは、日本人音楽家の用いる楽譜がまちまちだった点だと述懐している。サイルが中国や日本の音楽に興味をいだいたのは、キリスト教布教という大前提があったからであろう。サイル論文は六月三〇日号のＪＷＭ紙に掲載された。

ヨーロッパ人の間で日本の音階について論争がおこった。ミューラーは、日本の音階は五音符から成り、第四音符と第七音符を欠いている、と論じた。いわゆる「四七《よな》抜き」という日本独自の音階の存在を指摘した。ファとシの音を省略した音階で、演歌の世界に今日でも生きている。これに対して、ピゴットは、ふつうの日本の音階は近代ヨーロッパの音階に合致している、と主張した。しかし、ダイヴァースはピゴットの意見に反論し、日本の音階がヨーロッパのそれと違っている特異性を説明せず、かえって無視している、と非難した。一方、日本人音楽家の伊沢修二は、日本の音楽の第二、第四、第六音は近代ヨーロッパの音階と一致するが、第三音は半音高く、第七音は半音低い、という。さらに、デイトリッヒは、これまでの意見を総合して、つぎの見解をしめした。正しくは五音音符であるが、ときに補助的な二音符を加えて七音音符になる、と。

サイルの論文に用いられたPrimitiveという概念について一言しておく。明治時代に紹介されたタイラーの『原始社会』という書名にみられるように、日本では「原始」とか「未開」という意味でこの単語がとらえられている。しかし、一九世紀以前のヨーロッパでは「先に生まれたもの」の意味に解されており、非ヨーロッパの「遅れた」社会を形容するものではなかった。一九世紀になって、この用語は悪意に解された。サイルの表現も誤解をあたえる可能性が高いが、論文の内容からすると、「土着」との意が最もふさわしい。すなわち、彼は「土着音楽」としての邦楽を考察したのである。

モースの講演

一八七七（明治一〇）年に行われた日本アジア協会の講演で最も反響があったのは、日本考古学の父Ｓ・モースの講演であろう。講演の開催が決定した日、モースは日記にその抱負を書きしるしている。

日本アジア協会が一〇月一三日の会に際して、開会の辞を述べるべく、私を招待した。私は大森の陶器と日本における初期住民の証跡とについて話そうと思っている。(12)

一八七七(明治一〇)年六月一七日、モースは初めて日本の土を踏んだ。一九日の上京の途次、大森貝塚を発見した。九月一六日から発掘がはじまり、一〇月六日にはトーキョー・タイムス紙がこれを大々的に報道した。日本における近代考古学の誕生を告げるものであるが、モースの講演を心待ちにする潜在的読者層を広げる結果ともなった。

一〇月一三日、横浜のグランド・ホテルで開催された日本アジア協会の席上、モースの「日本における古代民族の形跡」(Traces of Early Man in Japan)という発表があり、大森での発掘結果を講演した。一週間前のトーキョー・タイムス紙で予告され、講演の数日前からは横浜の英字新聞各紙が連日広告したことで、モース人気は高まっていた。そのため、大勢の聴衆の参加があり、当初予定した部屋にはおさまりきれず、急きょ大ホールに変更した。(13)モースはいう。「私はかつてこんなに混合的な聴衆を前にしたことがない。大部分は英国人、少数の米国人と婦人、そして広間のうしろには日本人が並んでいた」。かつて、アメリカ人女性クララ・ボイットニーが指摘したものと同じ光景である。モースはつづける。「福世氏は私を助けて材料を東京から持って来て呉れ、私は稀に見る、且つ、こわれやすい標本を、いくつか取扱った」(14)。

講演内容に入る前に以下のことにふれておこう。『紀要』の議事録には欧米の最も知られた貝塚の発見と形態を記述したとあるのみである。モースの講演が「貝塚発見史」を前提としていたとすれば、おそらく、その内容を理解するためにはつぎの背景を記憶しておかねばならない。世界における貝塚の最初の発見例は、デンマークの貝塚である。一八四〇年代から博物学者によるデンマーク沿岸地方の調査がはじまり、一八五〇年代にはスティーンストルップ、ウォルサーエ、フォルチャムメルらの学者の活躍があった。一八六九(明治二)年にスティーンストルップがデンマークの貝塚に関する一書を刊行した。一方、アメリカではワイマンが一八七五(明治八)年にフロリダの貝塚について『フロリダのセントジョン河畔淡水貝塚』という著作を発表した。この発表はアメリカはもとよりヨーロッパの学者の注目するところになった。モースが横浜から東京へ向う車窓で抱いていたのは、こうした発見史であり、それが大森貝塚の発見に結びついたのであろう。

アメリカ人のモースは、日ごろからイギリス人とは折り合いが悪かったらしく、イギリス人が主流派の日本アジア協会にはついに入会しなかった。しかし、大森貝塚発掘の講演を行ったのに、『日本アジア協会紀要』には論文を発表しなかったのは、イギリスの科学雑誌『ネーチャー』(一八七七年一一月二九日号)に同じ内容の論文を投じたためであろう。通説では、以下の記事が日本アジア協会での講演内容だった、といわれる。モースは大森貝塚について述べる。

貝塚は、テングニシ、バイ、サザエ、ビワガイ、フネガイ類、ホタテガイ、ザルガイなどさまざまな種の貝殻から成り、ひじょうに特徴的なカキの二種類もある。そして面白いは約二〇〇フィートの幅をもち、厚さは、一フィートから五、六フィートと変化があり、上には少なくとも厚さ三フィートの土が積っている。今、同貝塚は、湾から半マイル近く離れているけれども、世界各地のこの種の貝塚がふつう存在する位置と同じように、もとは海岸近くに形成されたものに違いない。(15) このモースの仮説は、のちにイギリス人ジョン・ミルンが日本アジア協会で実証する。

日中キリスト教伝来史

一〇月二七日の日本アジア協会の例会（東京大学で開催）で、イギリス人外交官のガビンスが 'Review of the Introduction of Christianity into China and Japan'（日中キリスト教伝来史）という講演を行った。まず中国でのキリスト教伝来を語る。永い間、中国にキリスト教が伝来したのは、一三世紀中葉だと一般に信じられていた。そのため、キリスト教が古代中国の時代に伝来し、それ以降、景教の宣教師団がずっと中国に来るようになっていたことが知られるようになったのは一六二五年からである。(16)

八世紀の中国にネストリウス派の景教が伝えられたが、九世紀にはほとんどすたれ、わずかに蒙古に残存するのみであった。一三世紀に蒙古のヨーロッパ侵入に脅威を感じた教皇インノケンティウス四世が一二四五年に蒙古の首都クーロンに使節を派遣した。これが一六二五年以前のキリスト教中国伝来の根拠となったのであろう。

ついでキリスト教の日本伝来を論じる。一六世紀におけるキリスト教の日本布教はポルトガルの手にゆだねられた。一五四二（天文一二）年のはじめ、ポルトガル貿易船が日本を訪れはじめた（日本に最初に来たポルトガル人が乗っていたのは中国船である）。その七年後、ザビエル、トレス、フェルナンデというポルトガル宣教師団が商船に便乗して鹿児島に上陸した。(17)

日欧の出合いは鉄砲伝来という新技術の導入で始まった。従来、その年をヨーロッパ人は一五四二年と主張し、日本人は一五四三年説を採用した。暴風雨によって生じた出来事だったので、日欧双方に確たる証拠がないためである。ただし、日本でのキリスト教伝来の年は彼我ともに一五四九年が定説である。

キリスト教布教が有利に展開できた原因には、日本での貿易、中国での科学がある。前者の日本での初期の宣教師が成功を収めたのも、通商と大きく結びついていたことは、間違いないという証拠が山ほどある。シャルボアはキリスト教宣教師とポルトガル人貿易家との間の了解をことさら強調している。その一例として、こんなことをのべている。キリスト教に敵意をしめした一大名は日本をおとずれたポルトガル船との貿易を許されたが、それは宣教師が要求した宗教活動を許すことが条件だった、と。貿易と布教は手を携えたものであった。はじめにキリスト教が導入されるきっかけになったのは貿易であった。波乱に富んだ布教を助けたのも貿易であった。後年、フランシスコ会が日本の北東地域で勢力を得ることができたのも貿易のおかげである[18]。

ガビンスは、セメドー、シャルルボアなどの西洋人の著作や日本語文献を用いて、日中両国でのキリスト教の布教史を概観した[19]。当時としては水準の高い研究だったので、戦前の日本近世史で権威のひとり内田銀蔵も自著『日本近世史』にガビンスの説を引いている。ガビンスの発言はＪＷＭ紙の一八七四（明治七）年四月一八日号と同年五月二日号に載ったフォン・ブラント論文 'Discovery of Japan and the Introduction of Christianity'（初出は『ドイツ・アジア協会紀要』）を意識したものであった。日本アジア協会の例会でのガビンスの論考は一一月三日号と一一月一〇日号のＪＷＭ紙に登場した。

日本キリスト教衰退論

このガビンス論文にそえて、同僚サトウは 'Observation upon the Causes which let to the downfall of the Christian mission in Japan'（日本キリスト教衰退論）なる一文を草した[20]。のちに「キリシタンの世紀」と命名された一六世紀中葉から一七世紀半ばにいたる時代を要領のよい筆さばきで論じている。カロン、モンタヌス、パジェスといった欧文文献を史料とし、英訳のある『西洋紀聞』も参照している。特筆すべきは日本語文献を使用して、これを英訳していることである。杞憂道人『闢邪《へきじゃ》管見録』（一八六一年）、金地院崇伝『異国日記』、『長崎御役所留』の手書き文書である。これらの史料を駆使して、キリスト教衰退の原因を考察している。

たとえば、漢文で書かれている『異国日記』には、徳川家康によるキリシタン追放令（一六一四年）が引かれている。「吉利支丹之徒党、適来於日本、非啻渡船而通資財、叨欲弘邪法、惑正宗（中略）日本者神国仏国、（中略）彼伴天連徒党、皆反政令、嫌疑神道、誹謗正法[21]」。この一節をサトウはつぎのように英語に直す。But the kirishitan band have come to Japan, not only sending their merchant vessels to exchange commodities, but also longing to disseminate an evil law, to overthrow right doctrine, ……Japan is the country of gods and Buddha; ……The faction of the Bateren rebel against this dispensation; they disbelieve in the way of the gods, and blaspheme the true Law.[22]

この出来事はパジェスの『日本切支丹宗門史』にはこうある。

> 一月二七日、禁令は京都で発せられた。これによると、諸侯はみな、その領内にいた修道者たちをことごとく長崎に送り、修道者の出発後は天主堂を破却し、キリシタンを

棄教せしめよと言うのであった。（家康の忠臣長谷川）佐兵衛の意向では、宣教師たちを国内から根絶し、棄教を肯ぜぬキリシタンは、全部死をもって追放し、もって宗門を根底から根絶する考えであった。[23]

サトウの補説は細い活字で二〇ページほどにわたった。一次史料の日本語文献を引いてる点は従来の西欧人の研究レベルを抜け出すものである。この姿勢はサトウがのちに大成する吉利支丹研究の出発点となった。

ガビンスの論説に刺激をうけたのはサトウだけではなかった。日本政府の太政官翻訳係は一八七七（明治一〇）年四月から翌年二月にかけて、とある日本宗教史をフランス語から翻訳したのである。一八七八（明治一一）年六月に太政官翻訳の名で『日本西教史』が公刊された。その訳者の序文に言う。

繙くに叙事詳明雑るに議論を以てし傍ら当時政令風俗戦闘等の事に及び大に異聞を博むるに足れり且其書たる百六十余年前の印刷に係り欧州に在て猶稀に存する者と云ふ今や諸国締盟の盛時に際し之を訳する豈無用の業と謂ふ可けんや。[24]

『日本西教史』が日本で翻訳されたのは偶然であった。フランスにいた全権公使鮫島尚信が現地で同書を手に入れ、これを太政官に送ったのがきっかけだった。その太政官の翻訳官も外務省にたびたび出入りしていたイギリス外交官の日本研究のことはよく聞かされていただろう。ガビンスやサトウの「日本キリスト教会史」の研究に刺激を受けたことは間違いないが、もっと重要なことはここで日本人によるこの分野の研究の端緒が開かれたことであった。[25]

日本のタバコ伝来

久しぶりにサトウが日本アジア協会で講演を行った。一一月一〇日の横浜のグランド・ホテルである。題目は“The Introduction of Tabacco into Japan”といい、「タバコの日本伝来」についての考察である。冒頭でサトウは問題提起をする。

タバコが日本へ伝えられた年代については、日本のいろいろな著者によって様ざまな日時があげられている。貝原好古の『和事始』（第四巻、七ページ）には、「タバコは慶長一〇年ころ初めて日本に到来した」とある。これは西暦の一六〇五年にあたる。しかし、貝原氏はこの場合のタバコの意味が、喫煙用の乾いたタバコの葉なのか、それとも移植を目的としたタバコの植物自体なのか、その点について何も説明していない。[26]

サトウは『和漢三才図会』の天正年間（一五七三～一五九二年）説、『煙草記《えんさうき》』の慶長年間（一五九五～一六一四年）説、大槻玄沢の『蔫録《えんろく》』の慶長一〇（一六〇五）年説を紹介して、「この一六〇五年という年号は日本へタバコが初めて植えられた年として、その後多くの学者に認められている[27]」事実を指摘した。これは慶長一〇（一六〇五）年に長崎と桜馬場で初めてタバコの種が植えられたことをさす。始植の年代の考察をすませたのち、『嬉遊笑覧《きいうせうらん》』や『目ざまし草』などを引用し、タバコの日本伝来について次の見解をしめす。「タバコは一七世紀の初年頃に初めて日本で栽培されはじめた。しかし、それが商品として伝来したのはその二〇年も前のことである」と。サトウは従来より唱えられていた慶長一〇年始植説を認め、『目ざまし草』にみえる越後・出雲崎タバコ説を商品化のはじめとして支持している。

タバコと喫煙の習慣が初めてヨーロッパに知られたのは一四九二年である。コロンブスのアメリカ発見の年として想起される年である。その二〇年後の一六世紀前半にタバコがヨーロッパ（スペイン）に伝わったといわれる。一五七〇年にはロンドンの医師ペナとローベルの共著で『新編植物記』という植物学の本が出され、そのなかに初めてタバコの記述があった。イギリスではその数年前にタバコの喫煙が行われていた。ポルトガルでの喫煙の端緒は不明だが、ブラジルに植民したポルトガル人は一五五五年ごろまでにはタバコをのんでいた。一方、スペイン人はメキシコから太平洋を越え、一五七五年ごろにはフィリピン諸島にタバコの喫煙の習慣を伝えている。

サトウは煙管《きせる》の語源にふれた。パイプの日本語である煙管という言葉を、日本人はヨーロッパ語の語源だと信じている。しかし、ヨーロッパの言葉にはそうした語音をもつことばは全くない、と断言する。そして、こう主張した。

「パイプのステム」という意味で使われる羅宇《らう》（rau）という言葉に最も近いものを外国語のなかから捜してみると、reuとかo-reuというのがある。これは『蔫録』によると、パイプという意味の安南《アンナン》語である。一七世紀の初年に安南人が日本を訪れているし、また日本人も安南に出かけている、このことは全く疑問の余地がない(28)。

キセルの語源についてはサトウが唱えたKhsier説が広く認められている。そして、羅宇の語源は今日Lao、Laos 説に研究者の意見が一致している。後年、サトウはシャムの総領事となったときに、ラオ州やカンボジアのことを調べ、キセルの語源がカンボジア語にあることに気がついた。サトウの論考はきわめて興味深いものだったので、質疑応答に入ると、パークス、ホッジスのほかにもホール、ツダ、ヘボン、エルドリッジが発言している。このサトウ論文は一一月一七日号のＪＷＭ紙に掲載されたが、後年、宇賀田為吉によって日本語に翻訳された（『学士会月報』第五二二号など）。

サトウの親友チェンバレンの外祖父のキャプテン・バジル・ホールが一八一六年にイギリス人として最初に琉球を訪れたとき、琉球の言葉について面白い記述をのこしている。

［島民は］クリフォード氏が、各種の事物の琉球語を知りたがっていることをたやすく了解して、彼にかなりたくさんの言葉を供給することができた。その中にはトバコという言葉もあり、これはわれわれの言葉とまったく同じな

ので大いに奇異に思ったが、他の言葉は全然われわれには初めてのものばかりであった(29)。

この場合の「トバコ」とはまさしくダバコのことである。サトウの説では、「一六〇五（慶長一〇）年ごろ、初めて日本でタバコの栽培がなされた。しかし、タバコが商品として「ヨーロッパから」もたらされたのは、これより二〇年も前のこと」であった。タバコの日本移入の時期については百家の説があるが、だいたい一七世紀初頭のことである。琉球の場合も、これに準じても大きな間違いはないように思われる。それゆえ、ホール一行が琉球を訪問したおりに、島民がタバコをすっていても何の不思議もない。

和食の分析

一一月一七日のJWM紙には、ドゥワース（B. W. Dwars）の‘An Analysis of Certain Articles of Japanese Food’（和食の分析）という論文が掲載されている。日本アジア協会の例会での発表はなかったが、サトウへの一八七七（明治一〇）年七月三〇日付の書簡という形で、『紀要』の第六巻に登場した。タイトルからも理解できるように、日本の食物の分析であった。冒頭でいう。

大阪市役所が東京の内国博覧会に送った解説のなかに、分析結果を付した数種類の食物があった。しかしながら、分析の時間がたった三週間と限られていたため、分析は必然的に不完全なものになった(30)。

その欠を補うための日本アジア協会への投稿であった。内容は小豆四種、モチ米、米、裸麦、麦の分析結果である。右記の内国勧業博覧会は、明治政府の殖産興業政策の一環として実施された。第一回は一八七七（明治一〇）年八月二一日から一一月三〇日まで東京の上野公園で開かれた。大阪市役所の出品はこのときのものである。第二回（一八八一年）と第三回（一八九〇年）も東京の上野で開かれたが、第四回（一八九五年）は京都で、第五回（一九〇三年）は大阪で催された。第四回の京都では全国最初の市電が走った。

東京の上水道

一一月二四日にはイギリス科学者R・W・アトキンソン（Atkinson）が‘The Water Supply of Tokyo’（東京の上水道供給）という講演を日本アジア協会の例会（東京大学で開催）で行った。この論文は東京の水道施設の不備に悩む日本人の関心をよび、「東京府下用水試験説」という邦題がつけられて、『学藝志林』の第一巻（一八七七年）に入った。近代的な水道がまだほとんど敷設されていなかった時代に公衆衛生上きわめて重要な年の水質分析の研究を実行したものとして高く評価されている。一一月一日号のJWM紙に掲載された。

アトキンソンは東京大学化学研究室の学生であった石松定、高山甚太郎、高松豊吉の助力を得て、神田上水、玉川上水、井戸水の水質検査を行った。神田上水を検査するため、そこを通る水のサンプルを同じ日に各所で汲み取った。玉川上水でも他日これを汲み取って調査した[31]。井戸水は「向島を除く、すべての井戸は、「広範囲に汚物や汚染物質がはびこっている」という表現が最も的をえている[32]」という。きわめて酷しい評価であるが、当時の『学藝志林』では「広範囲」云々の訳が「プレビヲウス　シーウヱージ　コンタミ子《ネ》ーション」となっており、訳者以外には誰も意味が分からなかったであろう。ショッキングな事件が明らかになることを恐れたためか、それとも適訳が見つからなかったためであろうか。ともあれ、アトキンソンは文尾をつぎのようにまとめた。

　これらの分析結果では以下のことが言明される。（1）この東京に供給される上水は、元来良質である。しかし、木管を通過することで、不浄な水になってしまう。（2）井戸水のほとんどが危険である。さらに、その一部には最悪なものもある[33]。

アトキンソンの講演が終わったのち、チャップリン、ファルダル、ダイヴァース、エアトン、ヴィーダーが討論に加わり、長時間にわたって質疑応答がくり返された[34]。

　アトキンソンの報告に対して、日本人、とりわけ東京在住の知識人もこの分析結果にたいへん関心をよせた。前出の「東京府下用水試験説」という日本語訳が久原躬弦と宮崎道正という東京大学の卒業生の手によってなされたのは、このわずか数カ月後のことだった。なお、アトキンソン論文に関連して数人の日本人の名前が登場した。石松定、高山甚太郎、高松豊吉、そして久原と宮崎である。これらの人びとはアトキンソンの弟子で、のち日本の化学界をリードしていく人材となる。事実、一八七八（明治一一）年、彼らの提唱によって東京化学学会が創立される。久原と高山は会長にも登り、高松は書記をつとめたこともある。ちなみに、後年、高山は初代東京工業試験所長、高松は東京大学名誉教授、久原は京都大学総長になって活躍した。

　アトキンソンの結論に対し、のち『日本アジア協会紀要』（第一二巻）で、O・コルシェルトが駁論を試みている[35]。彼は井戸水および東京市に給水されている水について各種の分析を行った。その結果、アトキンソンの結論に反して、高台の井戸は概して低地の井戸に比べて水が清浄であることが分かった。さらに、東京の地面に打ち込んである竹筒によって掘った多くの掘抜井戸に注意をうながしている。この方式の一般的な井戸は、三〇ないし四〇フィートをふつうのしかたで掘り下げる。それから、その底部に竹筒をかなりの深さまで打ち込む。深さは一〇〇から二〇〇フィート以上にも達する。そして、東京市とその近郊に存在するこの方式の井戸には水があふれるほどに豊富だと指摘する。東京大学からさほど遠くないところに、やはり水があふれている井戸があって、この井戸の背の高い井桁から水がこぼれて、その周辺の地面に流れ出ているのはたいへん珍しい光景であるという。東京市のほとんどの地域は掘抜井戸によって、清浄な送水が行われるだろう、とコルシェルトはみている。アトキンソンとコルシェルトのどちらの説が正しかったか、その後の東京の水道行政をみれば答えは明白である。

　アトキンソンやコルシェルトの議論にさき立って、一八七四（明治七）年の文部省通達に「東京玉川上水上流試験表」がある。これによると、上水は清澄であり、すこしも臭気がない。諸般の利用が可能である。その水質をヨーロッパの水と比較すると、イギリスのスコットランドにあるロフカトリーン湖の水と同じである。この湖の水はグラスゴーで諸物製造の用に供給されている。ゆえに、玉川上水の水は、もし水道中に他物が混じって、その水質が変化しないならば、きわめて上等の水といえる。——おそらく、この調査はスコットランド出身の御雇外国人によるものであろう。かなり楽観的なデータであり、アトキンソンが日本アジア協会に右の論文を提出したのも、この文部省サイドの調査に反発したためであろう。

大和物語紹介

　一一月八日の例会（会場は横浜のグランド・ホテル）でチェンバレンが‘The Maiden of Unahi’という講演を行った。「菟《う》原処女《ないおとめ》」の英訳である。この英訳の末尾で万葉歌人の高橋虫麿の句二首を紹介しているが、[36]彼の主目的は『大和物語』第一四七段の処女塚の英訳にあった。「むかし、津の国にすむ女ありけり」。津の国と和泉の国の二人の男がひとりの女に長い間求婚していた。両人とも年齢、顔立ち、人柄、こころざしのいずれをとっても甲乙つけがたい。女は思案のあげく、津の国の生田の川に身を投げてしまった。二人の求婚者も後を追って同じ場所に投身した。その後、女の墓を中央にして、左右に男の塚をつくった。これが『大和物語』の第一四七段のあらすじであり、菟原処女のいわれである。チェンバレン論文が読み上げられたのちの討論は興味深い。

　サトウは言う。この論文の面白い点は、重要人物を埋葬する古代の習慣に関する言及と、死後に彼らが用うべき品物の記述である。この場合には祭礼用衣服と弓矢が埋められた。この調度は『大和物語』が書かれた時代には貴族の宮廷用衣類の一部を成していた。[37]

　サトウの後半の指摘は、「この男、呉竹《くれたけ》の節《よ》長《なが》きを伐《き》りて、狩衣《かりぎぬ》、袴、烏帽子、帯とを入れて、弓、胡簶《やなぐひ》、太刀などを入れてぞ、埋みける」という一節にもとづいている。この発言をかわきりに、『大和物語』を『万葉集』や『日本書紀』と比較したり（サトウの数年前の論文「純粋神道の復活」の文末の提言に対応している）、はたまた能との関係を論じている。議事録はつづく。

　ホールの所見に答えて、チェンバレンは言う。まず、このような問題に関して自分の見解を実証的に証明するのは困難なので、議論はどうしても「あなたはそう思っても、私はこう思う」といったことになりがちである。私は日本人が叙事詩や教訓詩を有しないのを認めるが、一方、彼らが多くのたいへん美しい叙情詩をもつこと、また能楽の詞章は詩としてそれなりに完璧なものであることを主張したい。日本の叙情詩に関しては、『万葉集』、それに『古今集』や他の二一代集（古今集から新続古今集までの勅撰和歌集）を構成する数多い和歌集に対してホールの注意をうながした。チェンバレンは日本に詩歌の大多数には、ホールのように「凝りすぎた奇想」という言葉を使うのは不当だと言い、さらに日本には非凡な力のある叙情詩を生みだした詩人たちがいたことの実例として、山上憶良の人生の意に満たないことの詩の一部を翻訳で引用した。チェンバレンはある文学の価値がどれほど翻訳しやすいか、外国人に理解されやすいかとの基準によって、判断する見方に反対し、翻訳で伝えようのない美である形式の美こそ私たちがある文学を尊重する理由の半分、もしかしたら半分以上である、と述べた。

ホールの当日のチェンバレンの発表やそれまでの訳業に関連され、世界文学の一部としての日本の詩歌の価値を問題にして、それに否定的な評価を下す発言をした。これに対してチェンバレンは日本の詩歌の評価を擁護した。これがチェンバレンとホールの論争の背景である。この日のチェンバレン論文は一二月一五日号のＪＷＭ紙に掲載された。

江戸城

一八七七（明治一〇）年の最後の日本アジア協会の例会が一二月一二日に東京大学で開かれた。マクラティの‘The Castle of Yedo’（江戸城）という講演があった。「江戸（東京）を訪れる外国人旅行者のなかで江戸城を見学しない者はいない」[38]と筆をおこし、江戸城の各門（桜田門、坂下門など）の由来を説明し、江戸城下の都市形成史を詳説した。さらに、『江亭記』、『江戸名所図絵』、『日本外史』、ケンペルの『日本誌』などの書物を引いて、江戸各所を解説した。マクラティが論文を読みあげたのち、マレーとサトウが江戸地図を示しながら、講演者と質疑応答を行った[39]。マクラティの講演は一八七七（明治一〇）年一二月二九日号と翌年一月五日号のＪＷＭ紙に掲載された。彼はパークスの甥にあたる。将来を期待されていたが、惜しいことに一八八六（明治一九）年二月二三日、帰国の途次に他界してしまう。

第10章　横浜と東京

一八七八

日本の魚の毒

日本アジア協会の一八七八（明治一一）年の最初の講演は一月九日に実施されたスチュアート・エルドリッジの'Fish Poisoning in Japan'（日本の魚の毒）であった。「魚の毒の問題はあまり知られていない問題である」と書き出したが、それはヨーロッパ人には魚（鮭やタラをのぞいて）を食べる習慣になじみがないからである。日本ではカツオやマグロを食べるので、魚の毒が時々話題になる。その代表例はフグの毒である。ヘールツ博士はドイツ・アジア協会でこの問題を取り上げている。それ以前にも数人の研究者がこのテーマの論文を書いた。二年前にもサラワクのホートン博士がフグに似た毒をもつ魚の存在を指摘した。エルドリッジは毒をもつ魚の研究史をのべ、フグの毒の性質を論じた。彼の講演はＪＷＭ紙の同年三月一六日号に掲載されたが、『日本アジア協会紀要』には登場しなかった。

脚気

一八七七（明治一〇）年九月二日、皇女和宮が脚気でなくなった。明治の医学界は必死になって、この病気の原因と治療法を探しもとめていた。イギリス人のお雇い外国人で海軍病院に務めていたウイリアム・アンダーソン（William Anderson）は、一八七八（明治一一）年一月一二日の日本アジア協会の例会（横浜のグランド・ホテル）で、その名もずばりの'Kak'ke'（脚気）という講演を行った。

脚気はビタミンB_1の欠乏による栄養失調症であるが、当時マラリアから発生するものと思われていた。この病気は欧米には見られず、一九世紀のアジアの稲作地帯の奇病として西欧人に知られていた。「ベリベリ病」と名づけられていたが、もとはセイロン語であった。したがって、脚気の治療法は西洋医学にはなく、日本人はもっぱら漢方に頼っていた。その病因も伝染病だと考えるのが一般的であった。梅雨が終わり、夏の日ざしが激しく照りつけると、多くの患者が出た。若者の多い工場とか学校の寮とか軍隊で猛威をふるった。ところが秋口になると、徐々に下火になった。いつのまにか消えゆくさまは、いかにも伝染病を思い起こさせた。江戸わずらいとも呼ばれた。

その原因は日本人の食事方法にあるとの見方が一部で唱えられた。米や魚のせいだといわれた。明治時代の農民は、たいへん貧しかったので、米も魚も買えない場合が多かった。その代わりに大麦や黍《きび》を食べなければならなかった。ところが、これが幸いしてか、都会人よりも脚気にかかる割合がずっとすくなかった。一八七七（明治一〇）年の西南戦争では、熊本籠城軍が精米した白米を食べていたため、多数の脚気患者を出した。しかし、海軍も外洋航海のたびにその多くの犠牲者を出していた。しかし、海軍軍医総監の高木兼寛が、船員のために肉食とパン食を採用して以来、日本海軍軍人の健康が飛躍的に改善された。アンダーソンは脚気の病気について叙述する。

脚気の重い症状は、まったく突然に始まり、急速に進行する。今や患者は、身体を横にすることもできない。彼は床の上に身体を起し、絶えず身体の位置を変える。額にしわをよせ、不安そうに眼をぎょろつかせ、皮膚の色は黒ずみ、青黒い唇は開けたままで、鼻孔を広く開け、額をぴくぴくされている。これはもっとひどい病気のもっと恐ろしい症状を示すものである。この場合に、一瞬の休止もない。ここでは医者はほとんど無力で、脈搏と体温が落ちてゆくのを調べるだけであり、頭脳が炭化した血液によって麻痺し無感覚となる瞬間を待って、臨終の病人がその最後の瞬間を、幸いにも意識のない状態であの世へ去るのをただ見ているだけである(1)。

この病気には、アンダーソンや高木兼寛のほかにも、ホフマン「脚気」（『ドイツ・アジア協会紀要』創刊号、本書第2章四三頁参照）、ベルツ「日本における伝染病」（『ドイツ・アジア協会紀要』第三巻）、ショイベ『日本の脚気』、ヴェルニッヒ『地理医学研究』などの著作や、スクリバの研究がある。明治の医学界が総力をあげて、この脚気の原因解明にむけて努力していた。

アンダーソンの講演は一月一九日号および同月二六日号のJWM紙に再現された。さらに、五月四日、一一日、二五日にも彼の講演に触発された議論がJWM紙に登場した。原因論に関してさまざまな投稿があった。七月には彼の論文が『安氏脚気病説』として、豊住秀堅によって邦訳された。これをうけて、八月一九日、イギリス公使パークスは三條実美に手紙を書いた。「我公使館付属アンデルソン氏今般致著述候脚気病説刊行相成候二部呈上致候(2)」と。どのような事情があったか判然としないが、アンダーソンの脚気に関する論文がパークスから三條実美に贈られたのである。

当時の議事録を読むと、当時の西欧人医師の反応が知れて興味深い。

シモンズ――過去七年間に脚気の症例を何度もみる機会があった。ところが、最初の日本滞在（一八五九年～一八六四年）では脚気を一例もみなかった。当時の日本人は外国人医師には脚気の知識がないと思っていたらしく、彼らは外国人医師の診断をうけなかった。最近にいたるまで、脚気は東インドと日本に特有な病気と思われていたが、今日では南アフリカでもその病例が確認されている(3)。

このあとエルドリッジが函館での脚気診療の体験をのべ、さらに深い医学議論に入り、ディキンズもこれに参加した。そして、シモンズの議論にふれて、アンダーソンは「ブラジルの病例は脚気というよりインド人のベリベリ病にきわめて似ている」と答えた。(4)

ここで明治期の脚気論争について言及しておこう。アンダーソンの高弟たる高木兼寛は、海軍将兵の食事の実態調査を行い、一八八三（明治一六）年に脚気の栄養原因説を発表した。脚気は炭水化物のとりすぎとタンパク質の不足からおきる病気だと断案した。しかし、当時の日本医学界はドイツ流医学を金科玉条とし、ベルツやショイベの「脚気は伝染病であろう」との見解にまどわされていた。石黒忠悳、緒方正規、大沢謙二、森林太郎、三浦守治、榊原順次郎、山極勝三郎、青山胤通といった明治医学界の第一人者と目されていた人びとが、高木の栄養説を批判していた。日本では孤立していった高木ではあったが、世界の医学界は彼を高く評価していた。一八八五（明治一八）年以降、英文で発表した論文が注目を浴びていた。西欧の学者にとって、高木の「食事改善による脚気の絶滅」は画期的な業績であった。現在の栄養学の成果からいえば、脚気はビタミンB_1の欠乏によっておこる。そのビタミンが発見されると、高木の先見性が評価され、ビタミンの先駆者と位置づけられた。マッカラムの『栄養の新知識』、ハリスの『ビタミンとビタミン欠乏症』、ハリソンの『内科学書』、グッテンハイムの『栄養学と栄養疾患』といった栄養学の名著で、ビタミン発見者の先駆者としての高木兼寛の業績がきめて高く評価されている。そして、南極大陸の地名に、エイクマン、フンク、ホプキンス、マッカランという著名なビタミン学者とともに、高木兼寛の名前がのこされている。こうした世界的栄光にかかわらず、晩年にいたるまで高木は「栄養説」非難になやまされた。そして、日本ではビタミン学の栄光は鈴木梅太郎らにうばわれたかたちになってしまった。(5)

ドジョウの研究

一月二六日に東京湯島の書籍館で開かれた日本アジア協会の例会で、宣教師のH・フォールズ（Faulds）が講演を行った。のち、彼は指紋の研究で名をあげるが、このときの演題は'Remarks on the Dojō'で、いわゆる「ドジョウの研究」である。その内容は三ページ程度の短いものであるが、(6)二月二日号のＪＷＭ紙に登場している。「ドジョウという言葉は、ヘボン博士が貴重な辞書のなかで、疑問符を付けてLamprey（ヤツメウナギ）と英訳している。しかしながら、サトウと石橋の両氏の優れた英和辞典では、Lampreyと同義であることを避けて、ドジョウとしている。死んだ魚を解剖して、生きている動物を研究するために、ドジョウという魚を買ってきた。その魚はコイ科のコビットかローチとはかなり異なる種で、思うに、私がスコットランドの小川でたびたび見かけた髭のある魚と同一のものだと思う」。付言であるが、フォールズは一八七四（明治七）年に来日し、九年間滞在して、一八八六（明治一九）年に帰国したが、その間の見聞をまとめて 'Nine Years in Nippon'（一八八七）を上梓している。

石の加熱実験

一月二六日にはエアトンとペリーによる 'Experiments on the Heart Condition in Stone'（石の加熱実験）の講演が行われた。翌週の二月二三日号のJWM紙に掲載された。

この日の議事録を読んでみると、グリグスビーの動議をかわきりに、白熱した討議が行われている。問題となったのは『日本アジア協会紀要』で自然科学の論文をどう扱ったら良いかということであった。議論の対象となったのは、一八七七年にエアトンとペリーが共同提出した三本の論文、「気体の比誘導容量」、「空電現象の同時観測に関する一般システムの重要性」、「地震観測に採用されるべき等閑視された原理」であった（第9章参照）。

グリグスビー――協会規則の第一条と第二条にはっきり謳われているとおり、日本アジア協会で活字化される論文はアジア諸国と密接に関係があるものでなければならない。ゆえに、エアトン氏とペリー氏の共同論文はこれにあてはまらない。

エアトン――日本アジア協会の知的範囲にあてはまらない科学論文の出版に対してはたいへん視野の狭い見解がとられている。ほかのアジア協会、たとえばベンガル支部では科学論文をもとめるだけでなく、それを討議するための特別委員会すら設けている。

ファウルズ――グリグスビー氏の所見は会員全員が心得ておいてほしい。現在の協会の財政状態では、協会が創立されたときに決定した研究以外には、いかなる事柄の研究に対しても出版刊行はできないのである。

ダラス――こころみに、［日本］アジア協会の物理学支部をつくって、そこで自然科学の論文を読み上げたらそうであろう。この種の論文の印刷の良否について採決を行ったらいかがであろう。

ヴェーダー――ダラス氏の動議の採決には躊躇する。また、全体の意見をまとめるのは困難である。ただ、わが協会は日本で唯一の英語が通用する学会であり、日本で行われた調査を活字化しなければならないし、『紀要』は本国の他の学会との接近媒体にならなければならない。著者たち［エアトン他］の意見に共鳴する。

パークス（会長）[7]――それではそろそろ採決にうつりたいと思う。

その結果は賛成一一票、反対九票で、かろうじてエアトンとペリーの共同論文は印刷刊行されることになった。

エルドリッジの論文

二月九日の例会（横浜のグランド・ホテルが会場らしい）で、エルドリッジが 'Notes on the Diseases Affecting Foreigners in Yokohama upon the Basis of Ten Years' Statistics of the Yokohama General Hospital'（横浜十全病院の外国人患者）という論文を発表した。彼の発表はJWM紙にもTASJにも登載されなかったので、その内容の詳細は不明である。ただ幸いなことに、当日の議事録がのこっているので片りんは理解できる。横浜十全病院での医療活動のかたわらまとめた医学論文で、ヘールツらとの間で質疑応答があった。

ヘボン——興味と実益の両面からエルドリッジ博士の論文を拝聴いたしました。自分は丹毒の病例をふたつしか診ていないし、猩紅熱《しょうこうねつ》にいたっては全然診察していない。ある病例には皮膚に猩紅熱の症状があらわれていたが、のどの病気が付随してはいなかった。日本人には体力を消耗している人が多く、それも男子にかぎられているように思われる。昨年は六〇〇〇人もの病人をみたが、その大部分は女性であった。しかし、彼女たちのなかでこの病気にかかっていたのはたった一人だけだった。たくさんの人が慢性リューマチで悩んでいた。アメリカでの経験と比較すると、横浜の気候と生活状態は外国人にとって来日直後は好ましいものである。

ヘールツ——もし筆者がウルシ毒、漁毒、目毒という三つの病気について言及していたら、もっと興味深く、価値のある論文に仕上がっていただろう。

ヘボン——日本に在留している外国人の子供にアメリカの子供より眼病が多いとは思われない。

ヘールツ——当地の外国人、あるいは日本人を含めて、その眼病はヨーロッパ北部のものとはちがう症状である。ラップランドやフィンランドの村では子供の多くが目を相当悪くしている。[8]

こうして、エルドリッジ報告をきっかけにして、在日外国人医師のはてしない医療談義がつづいていった。

薩摩の朝鮮人陶工

二月二三日に東京・湯島聖堂の書籍館で例会が開かれた。このときの講演者はかのサトウであり、その講演タイトルは'The Korean Potters in Satsuma'（薩摩の朝鮮人陶工）であった。[9] サトウは一八七七（明治一〇）年の西南戦争の直前に薩摩を訪れ、伊集院の苗代川の朝鮮人集落で薩摩焼の調査をした。さらに、その後のサトウの朝鮮視察は彼のこの論文の執筆にむかう情熱をたかめさせたことであろう。

サトウ論文の紹介に入るまえに想起しておかねばならないのは、当時の日朝関係である。一八七五（明治八）年八月、いわゆる江華島事件がおこった。日本の軍艦雲揚は朝鮮領海に無断進入したかどで砲撃をうけるや、永宗島《ヨンジョンド》の砲台を占領した。日本の侵略行為であることは明白であったが、日本政府は朝鮮の不法砲撃と主張した。さらに、その責任を問うかたちで、修好条規の締結を迫った。朝鮮の閔氏政権は日本の軍事力のまえに屈し、一八七六（明治九）年二月、日鮮修好条規（江華島条約）

に調印した。朝鮮が自主の国であり、日本と平等の権利を所有する、と修好条規はうたっている。しかし、実質は清と朝鮮との宗属関係を否定し、朝鮮を日本の勢力下に入れようとする狙いがあった。それゆえ、「平等条約」という言葉とはうらはらに、朝鮮に不利となる不平等条約であった。こうして、朝鮮は日本によって強制的に開国させられた。サトウ論文はこうした情勢をふまえたものであり、日本アジア協会で論じられた最初の日朝関係史であった。

　朝鮮からのこの日本にもたらされた芸術のひとつに陶芸がある。日本人はいつも他者から学ぶ心がけがあり、有史以前といわれる頃から、いくたびか朝鮮人技術者を招いて、この国に定住させた。そして、陶芸のいくつかの流派が渡来人によって創始された。（中略）こうした人びととの子孫が、薩摩の領主であった島津義弘によって一五九八（慶長三）年に同行され、その領国の首都である鹿児島とヘキ地区の串木野、市来、神川《かみのかわ》という三村に定住した。一六〇三（慶長八）年には彼らの大部分が集団で苗代川に移住した。(10)

　薩摩焼は、はじめ、朝鮮半島から伝わった陶工と釉《うわぐすり》（上薬）を原料にしていた。しかし、これが尽きると、苗代川の初代庄屋の朴平意に領内の土質を調査させ、揖宿郡山川《やまがわ》村成川《なりかわ》のものが良質であることがわかった。一八七一（明治四）年の廃藩置県で苗代川は藩の保護を失い、その再建が問題となった。同地の沈寿官がよく奮起して、今日の薩摩焼の陶盛をみるに至った。サトウはこの沈寿官の窯で良質の白色陶土をみることができた。彼の筆は、黒陶すなわち普通の褐色の土器の製陶工程に移った。成形、土、釉、ロクロ、窯、施釉の説明がつづいた。白陶の原料、土造り、窯、錦手、絵具の言及もあった。沈寿官の窯や玉山陶器会社にもふれてある。

　サトウ論文は三月二日号のＪＷＭ紙に登場した。当日の議事録を読むと、在日外国人がこの講演に強い興味を示している。

　アトキンソン――薩摩のファイヤンス焼［高級彩色陶器の名］が高い評判をよんだため、いくつかの模造品がつくられた。最も有名なのは、京都でつくられた焼物［京焼］である。薩摩の焼物と京都の模造品の根本的なちがいは、模造品のいくらか暗い色をみればわかる。尾張の陶器［瀬戸焼］が色付けに用いる黒色は、サトウ氏の論文で規定しているのと同じ成分である。

　マーレー――朝鮮の日本への影響はたしかに興味深い。日本は多くの分野で朝鮮のおかげをこうむっている。サトウ氏の論文で実例があげられている産業技術の発展にとどまらず、言語・文学・法律の発展にも大いに寄与している。この武蔵地方の社会にも、日本の人口のなかに朝鮮の要素が存在しているのは好奇心をそそる。(11)

生物学覚書・石の加熱実験

　同じ二月二三日にフォールズが‘Biological Notes’（生物学

覚書）を読み上げた。タイトルとはうらはらに、人類学的にみた日本人論の趣がある。「以前いつもたくさんの種類のサンダル（下駄か）を履いていた日本人のつま先が靴を履くようになった」。これは四年間東京に滞在したフォールズの見聞の一端であった。グリグスビー、ダイヴァース、ブリンクリーが質疑に参加した(12)。フォールズ論文は三月九日号のＪＷＭ紙に掲載された。同月一六日号と二三日号に関連記事がある。しかし、現在の目でみると、全体の議論はアカデミックとは遠いものである。同日、エアトンとペリーも"Experiment on the Heat Condition in Stone"（石の加熱実験）という論文を発表した。電気工学という一般人の興味を引かない学術論文であった。ＪＷＭ紙には登場する機会がなかった。

サトウ論文

三月九日、例会が横浜のグランド・ホテルで開かれた。サトウの"The Use of the Fire-drill in Japan"（日本の火切り臼の使用）という発表が行われた。サトウは朝鮮へ出張中なので、協会の評議委員が論文を代読した。上野の博物館の火切り臼の使用法を『令義解』や当時の人類学の権威タイラーの『初期人類史』を交えて論じた。サトウ論文は三月一六日のＪＷＭ紙に掲載された。当日の議事録には会長パークスのコメントがそえられた。

タイラーが命名した火切り臼は、タスマニア、オーストラリア、スマトラ、カロリン、はるか北方のカムチャッカの土着部族にも見られる。同じ習慣が当時の日本でも行われていた。日本人は記録にのっとって古代の宗教的儀式を連綿とつづけている。日本と中国の外国人はサトウ氏の論文で言及されている「ポンプ・ドリル」をよく知っているであろう。今日、この道具はこわれた陶器を修理するのに広く用いられている(13)。

この記事を読んで想起されるのは、久米邦武の「神道ハ祭天ノ古俗」という論文であろう。その趣旨は、日本の神道は宗教でなく、東洋祭天の古俗のひとつである、ということである。この見解は今日ではさして驚くにあたらないが、久米論文が一般に公表された一八九二（明治二五）年には神道家の物議をかもし、ついには学問弾圧事件にまで発展してしまった。右の会長のコメントは日本と中国のみならず、広大な太平洋の諸部族と日本との習俗の比較に及んでいる。久米事件をさかのぼること一五年も前に、こうした自由な議論が在日外国人のあいだで交わされていたことは記憶にとどめてよい。

秀吉の朝鮮侵略

同じ日、サトウの僚友アストンは豊臣秀吉の朝鮮侵略を扱った"Hideyosis' Invasion of Korea"という講演を行った。たぶん、アストンがこの論文を執筆するようになったのは、一八七五（明治八）年の江華島事件の結果、朝鮮が日本に無理矢理開国させられたためであろう。一方、アストン講演が行われていたころ、イギリスもサトウを朝鮮に派遣して、開国の打診をしていた。

アストン論文の検討に入るまえに、江戸時代の日本人のこの方面の研究をいちべつしておこう。秀吉の朝鮮侵略を最初にまとめた史書は、藤原惺窩の弟子の堀正意の『朝鮮征伐記』（一六二四～一六四三年）であった。秀吉が愛児鶴松の早世を契機に征明を決意したことをあげている。島津家でも『征韓録』を書いて「朝鮮征伐」の功名を誇示した。山鹿素行は『武家事紀』のなかで、「朝鮮征伐」にふれて、露骨な朝鮮蔑視をしめした。素行は秀吉の朝鮮出兵を義拳とみたが、貝原益軒は『近思録』でこれに反対した。一八世紀のはじめ、新井白石は『朝鮮聘使後議』を書いた。そのなかで、秀吉死後、日本が朝鮮から撤兵して、国交を結んで朝鮮を再生させた恩を忘れてはならない、として露骨な朝鮮蔑視の情をあらわしている。こうした見解は、中井竹山の『草茅危言』、本居宣長の『駁戒慨言《からおさめのうたれみごと》』、林子平の『三国通覧図説』、本多利明の『経世秘策』にも流れている。これとは別に、対馬藩の山崎尚長は『両国壬辰実記』を執筆し、かなり客観的な叙述を行った。一九世紀後半、頼山陽は『日本外史』を書いた。秀吉の朝鮮出兵は諸大名の軍事力をそぐためだ、と論じた。

アストンはこの講演を準備するため、『征韓偉略』、『懲毖録』、『朝鮮征伐記』、『朝鮮軍記大全』、『朝鮮物語』、『日本外史』、『豊公征外新史』、新井白石の『五事略』、『外藩通書』などを読破している。そして、アストンは秀吉の朝鮮侵略の歴史を語りはじめる。一五九一（天正一九）年、秀吉は「唐入り」の準備として、肥前の名護屋城の築城普請をはじめた。翌年、宋義智と小西行長の率いる軍勢は釜山と東莱の城を襲い、これを陥落させた。ここに秀吉の第一次朝鮮侵略（文禄の役）の火ぶたが切って落とされた。アストンの筆は朝鮮半島での戦況を詳述したが、今回は日本と朝鮮の講和が間近に迫った一五九三（文禄二）年の平壌の戦いの前夜で終わっている。紙幅が尽きたのであろうか、文末でアストンは他日つづきを書く機会をもとめている。

アストン論文の構成をみると、序章の「発端」と第一章の「征伐」の二章立てになっている。第二章以降がなく不自然な感じをあたえるが、これらを別稿で発表したかったのであろう。結果的にはその宿志はかなえられるが、今すこし時を要した。なお、今回の両章は三月一六日と三月二三日号のJWM紙に登場した。

日本の大地震

三月二三日の例会には、久しぶりに日本人の発表があった。地震学者服部市蔵が 'Destructive Earthquakes in Japan'（日本の大地震）と題して講演した。日本での地震史研究の先駆的著述である。まず、『日本王代一覧』（一六五二年）と『本朝年代記』（一六八四年）に、紀元前二八六年の地震で富士山と琵琶湖が生成した（にわかに信じがたいが）記事があることを紹介した。允恭天皇五年（四一六年）の河内地震、推古天皇七年（五九九年）の大和地震、皇極天皇元年（六四二年）の大和地震、天武天皇の四年（六七五年）と六年（六七七年）の大和地震、天武天皇の七年（六七八年）の筑紫地震、天武天皇の一一年（六八二年）の大和地震、天武天皇の一三年（六八四年）の南海道地震をはじめとする古地震の事例を一八七二（明治五）年までにわたって書き留めている。

この服部の発表に驚いたのは、ドイツ人地質学者ナウマンであった。彼が一八七八年に『ドイツ東アジア協会紀要』第二巻第一五号に発表した「日本における地震と火山噴火について」の脚注には当時の彼の慌てぶりが表明されている。「最近の地質時代に起こった地質事変に対して、大きな関心が寄せられているが、それに応じて、私は、当地（日本）滞在の最初から、歴史時代に起こった自然現象に関する、日本の伝承を集めることを考えていた。この二年間に資料を収集し、それに基づいて、ある一定の結果を得ていたのであるが、この論文もまた、それに基づいている。この仕事は、本来はこんなに早く公表するつもりはなかった。というのは、私の仕事の地震の部分を、二月一六日にドイツ東アジア協会において発表した後、三月三〇日にＪＷＭ紙で服部氏の「日本の破壊的地震」という論文が発表された。この二つの論文が全く性格の異なるものであることは、改めて注意する必要はあるまい。私の論文は服部論文が私の目にふれるよりは前に、すでに完成していたのである[14]」。まさしくナウマンの負け惜しみである。

後年、この服部の研究を増補拡大した研究が公刊された。東京大学地震研究所編『新収日本地震史料』（全一九巻、一九七六〜一九八八年）である。ここでも四一六年の河内地震から一八七二年に地震までの膨大なデータが掲載されている。

外国人が日本にやって来て驚いたのは、地震の多いことであった。アメリカ人宣教師フルベッキは一八七二（明治五）年に地震観測を試みたが不首尾におわった。一八七四（明治七）年には工部省観測司がイタリアのパルミエルの地震計を購入して、イギリス人シャボウに赤坂葵町の官舎で観測させている。一八七六（明治九）年にミルンの来日があり、一八七八（明治一一）年にはユーイングが日本にやってきた。こうして日本の地震に対する関心がすこしずつ高まってきたときに、服部市蔵の日本アジア協会での講演があった。その内容は今日でいう実験地震学ではなく、当時主流をしめていた記述地震学の典型的著作であった。当時の議事録をみると、在日外国人たちがこの問題に異常といえるほどの興味をしめしている。

パークス——日本のような火山国に地震がひんぱんに起ることは、さして驚くにあたらない。地震は日本列島全体の北から南はもちろん、台湾やフィリピンにまで広がっている。日本の地震は季節を問わず、それこそ一年中発生している。服部氏が指摘しているように、この課題に関する科学は今のところあまり発達していないが、問題はどのように建物をたてたら、この地震に対して、有効かつ重要かということである。（中略）一八五四（安政元）年の地震で東京［江戸］がどのくらい被害をうけたかという記述を知ることが出来たのは、この協会としても大いに満足のゆけるところである。

　津田［真道］――一八五四年の大地震のおり、私は東京［江戸］から東へ一二里行った佐倉にいた。そこでも、地面が何度も上下にゆれたのを実見した。佐倉での最初の衝撃は東京［江戸］よりも一時間くらいあとだったように思う。

　ヴィーダー――サンフランシスコとその周辺をおそった一八六八年の地震では、何軒か未完成のままだったレンガ建築が打撃をうけ、多くの不良構造の住宅では壁がくずれてしまった。市内にある最大のホテルや高台にそびえる六軒の店は全体的には被害をうけなかった。ホテルのなかの小さいが、しっかりとした造りの部屋のほとんどは、その安全性を保障する明確なあかしとなる。太平洋の両岸は地震の多発地帯である。ある著名な権威の意見によると、南北アメリカ大陸の西海岸とアジアの東海岸とを南北に走る地殻に破断面が連続している(15)。

　通説では、一八八〇（明治一三）年二月二二日の横浜の地震をきっかけにして、同年四月の日本地震学会の発足につながったといわれるが、これより先に日本アジア協会が地震学にささやかな貢献をしていたことも忘れてはならない。服部の講演は前記のナウマンの記事にあるように三月三〇日号のＪＷＭ紙に掲載された。

おしろいの研究

　三月二三日の例会では白粉の製造法を論じたアトキンソンの‘Notes on the Manufacture of Oshiroi（White-lead）’という講演もあった。この美顔化粧品（おしろい）には植物性と鉱物性がある。彼が問題にしたのは後者である。鉛を化合したもので、さらにハニフとハラヤの二種類に分けられる。鉱物性の白粉《おしろい》はいずれも大陸伝来の製法であり、また、対馬産の鉛は良質であることも知られていた。この講演は四月六日号のＪＷＭ紙に活字化され、外国人読者の好評を得たようである。「白粉製造ノ話」という邦題でアトキンソンの報告は『理化集談』の第二八号と第二九号に紹介された。一八七九（明治一二）年の六月と七月のことである。

日本の火山

　四月二七日の日本アジア協会の例会（東京の湯島聖堂の書籍館で開催）では、マーシャルが‘Notes on some of the Volcanic Mountains in Japan’という日本の火山の講演を行った。そのなかで、富士山火口に工部省観測司のライマージョーンズが降り、五〇〇〇フィートの深さがあったのを紹介している。外国人の富士山火口への初下降とは速断できないが、ごく初期のものである。

　この日の講演にはアメリカ人女性クララ・ホイットニーの母も参会した(16)。クララの父は勝海舟を頼って来日した御雇外国人である。マーシャルの講演は六月一五日と同月二一日号の

ＪＷＭ紙に連載されたが、当日の議事録にみえる西欧人の日本火山談義が面白い。

サトウ——マーシャル氏は富士山の山腹に生育している植物の高さに言及している。昨年の夏、私がその頂上に登ったときには、七合目のさきで生育している植物を見たし、九合目のさきでも草木をみた。マーシャル氏が言っている樺とは、たぶん、ブリーチ（カバ）であろう。

ヴィーダー——浅間山は東京の数カ所から見える。加賀屋敷の人工的な丘から［伊豆］大島の火山が数回見えた。

ブラムセン——日本と西洋の年号を対照する本はすでに出版になっている。日本の年代は西欧の年代と正確に比定できる。

ディクソン——富士山の頂上には、蓮の花の八つの花弁にたとえられる八つの峰がある。神々しい山に対する民間信仰を融合させる何らかの影響力があるのかもしれない(17)。

日本の建物

このあと、スミスとパークスがコメントを下したところで、夜が更けてしまった。この日用意されていた、もうひとつの講演であったG・コーリーのそれは日延べになった。そこで、五月一一日に例会が横浜のグランド・ホテルで開かれ、コーリー（Cawley）は三月例会の「日本の大地震」の質疑応答に触発された ‘Some Remarks on Constructions in Brick and Wood, and Their Relative Suitability for Japan’ という講演を行った(18)。内容は日本におけるレンガ建築と木造建築に関する所見であった。彼の講演は六月一日号と同月八日号のＪＷＭ紙に登場した。

当日の議事録を読むと、コーリー講演に関連して、マンディからあずかった覚書をエアトンが朗読している。その内容を要約すると、最近では日本の地震や建物に対する西欧人の関心は高く、ＪＷＭ紙にエアトンとペリーが、はたまた、東アジア自然民族学協会でも本年はじめにナウマンがこれを論じている。また、過日の服部報告も興味深い(19)。日本の地震学の黎明期を総括したノートであった。

ＪＷＭ紙の五月一八日号にはドイツ・アジア協会の四月一八日のマイエットの講演 ‘Collective Insurance of Buildings in Japan’（日本の建物団体保険）が掲載された。「以下の論文は、火災、地震、台風、洪水、戦争による日本の建物崩壊の年間平均について詳述した。こうした全てのリスクに対応した建物の義務保険のための提案である」。かなりの反響があった。六月二二日号のＪＷＭ紙にFriend of Japanというペンネームによる投稿があり、同月二九日号の同紙でマイエット自身がこれに回答してる。はじめマイエット東京医学校でドイツ語とラテン語を教えていたが、一八七九年四月に大蔵省に転じた。火災保険制度の調査を行った。その成果を『日本アジア協会紀要』に発表したのである。

狂言の中世国語

五月二五日に東京で実施された例会で、チェンバレンが ‘On

the Mediaeval Colloquial Dialect of the Comedies」という講演を行った。「狂言の中世国語に関する論考」である[20]。名詞、人称代名詞、疑問代名詞、副詞、形容詞、助詞、文章法といったさまざまな方面から狂言の口語的要素を分析した。

何世紀にわたる日本文学史上で口語がどのような盛衰をとげてきたのか、私たちは何らの知識もないし、また得られもしないのである。しかし、それゆえにこれまでの学者がほとんど気づかなかったところに、少なくともひとつの口語の残跡を発見することはまことに興味深い。それというのも、実はひっくるめて能の狂言と呼ばれている道化芝居、つまり喜劇のことである。これは一四、五世紀のものであるが、今日でも当地江戸の町の飯倉や浅草の舞台で、いつも上演されており、関西の旧都でも同様であろうと思う。江戸の舞台で演じられるこれらの芝居は、写本として残っている。狂言師のひとり、野原弥七郎が三〇巻にのぼる［『狂言記』の］全編を私のために写してくれたので、私はたんに狂言の上演を観るだけでできるよりもさらに注意深くそれらを調査することができた[21]。

狂言の台本に関する国語学的研究は、セリフとしての著しい口語的性格と南北朝期に成立した室町時代の口語を基盤に展開した「中世語」の貴重な資料としての側面が重視された。しかし、厳密にいうと台本が江戸時代以降のものであり、それらに近世以降のことばの混入がみられるため、狂言の言葉がどの時期のことばを反映するか、という基本的な問題が今日においても十分には開明されていない。

チェンバレンを含めた第二次世界大戦以前の研究対象は、江戸時代前期の寛文・元禄ごろに絵入りで刊行された『狂言記』であった。この『狂言記』に基づくチェンバレンの論考は、一八七八（明治一一）年に発表された。その後の彼のローマ字論の主張や日本語研究の基礎作業となった点でたいへん意義ある著述であり、日本語の口語研究の端緒をひらく画期的な研究であった。すなわち、日本人によるこの方面の研究は明治末年の吉沢義則「猿楽の狂言の用語」まで待たなければならなかった。なお、チェンバレンが前掲の論文で『狂言記』の中世国語の資料としての価値にはやくも疑問を呈していることも注目に値する。彼の講演は六月二九日号と七月六日号のＪＷＭ紙に登場した。

日本の魔鏡

明治文化研究の一級資料である石井研堂の『明治事物起源』の「日本魔鏡の発見」の項目につぎの記事がある。

工部大学の御雇教師英国人エルトン氏は同年［一八七八年］五月の［日本］アジア協会の例会に之を発表して大喝采を博せり[22]。

しかし、一八七八（明治一一）年五月の日本アジア協会の議事録にはエアトンの講演は記録されておらず、口頭発表の信憑性が低い（序章二〜四頁）。後考をまつ。ただし、この月の四日には幹事会があり、また一八日には特別総会があった。このときの議題は規約改定に関する件であり、わざわざエアトンの講演が設定されたとは思われない。

日本の古都と新都

六月八日、W・G・ディクソン（Dixon）が'Some Scenes between the Ancient and the Modern Capitals of Japan'（日本の古都と新都の間の風景）という講演を例会（横浜のグランド・ホテルで開催）で行った。内容は現代の首都東京から古都の京都までの紀行文である。ディクソンの講演は夏休み直前の七月一三日号と同月二〇日号のJWM紙に掲載された。関連記事が七月二〇日号のJWM紙にある。ディクソンは一八七六（明治九）年に来日し、一八八〇（明治一三）年まで工学寮の英語教師をつとめた。日本関係の著書として、一八八二年刊行の'The Land of the Morning'がある。これはサトウのガイドブックの示唆をうけて、海外に「日本アルプス」の名称を広めた本である。工部大学と東京大学で英語を教えたJ・M・ディクソンは彼の弟である。

地震観測

六月二二日にはアメリカ人のW・S・チャップリンが'An Examination of the Earthquakes Recorded at the Meteorological Observatory, Tōkyō'（東京での気象観測における地震記事）という講演を日本アジア協会の例会で行った。彼は一八七七（明治一〇）年から五年間、東京開成学校および東京大学理学部で土木工学を教えた人物である。一方、東京気象台は一八七五年七月から一八七八年一月までに発生した一四三回の地震を最新地震計で観測した。このデータに基づいてチャップリンが、地震の発生時刻と月齢の関係を分析した。当時「地震は新月や満月のときが多い」というフランスの地震学者ペリーの説が信じられていたが、チャップリンがこの論文でペリー説を否定し、地震発生と月齢とはまったく関連性がないことを断言した。(23)

八丈島訪問記

この日、イギリス人のディキンズとサトウが共同で'Notes of a Visit to Hachijō in 1878'（一八七八年の八丈島訪問記）という講演を行った。(24) 伊豆七島の八丈島に赴いた外国人は、当時、ごくまれであった。サトウによると、はじめて八丈島の土を踏んだ外国人はイギリス海軍の軍艦ローレイ号の乗組員だった。一八三七年のことである。第二回目のイギリス人の上陸者は、一八七一（明治四）年八月一七日、荒木済三郎《さいさぶろう》を案内役としたウォード艦長の率いるイギリス海軍のアクテオン号であった。しかし、両回とも上陸後ただちに退出しているので、この報告が英文によって記録された八丈島訪問記の端緒であることをサトウとディキンズは強調している。ただし、彼ら以前にもイギリス人外交官ロングフォードが'A Japanese Account of the Island of Hachijō'（八丈島の日本語報告）を行っているが（第8

章一三七頁参照）、これは一八七六（明治九）年九月三〇日号の日日新聞を英訳したものだった。「高知県の澤尾恵太郎さんより左の珍報を得たり。余明治七年第五月ヲ以テ南海八丈島ニ至リ九年第九月ニ帰京ス。（中略）八丈島ハ伊豆州の属島尓して海上僅ニ五十里尓満たず七島中尤も南隅尓突峙す四方峨々として海岸盤石を累畳し波濤大ならずと雖も時尓甚だ烈し」とある。サトウはロングフォードの報告を付録にそえている。キャプテン・ビーチの「小笠原訪問記」の抄録もある。

ディキンズとサトウの論文は、その後、八丈島の地誌を書き記し、やがて、その歴史にうつる。源為朝伝説や徐福神話を紹介し、徳川家康が同地を流刑の島として利用していた事実にも言及した。八丈島に流された流刑人の最初は、豊臣家の五大老のひとりで、関ヶ原の戦いに敗れた宇喜多秀家であった。一六〇六（慶長一一）年四月、秀家は一族一三人とともに同島に移住してきた。同じころ、朝廷のふたりの貴婦人も流されてきたという。一五九七（慶長二）年から一八六六（慶応二）年までに様ざまな理由から八丈島に人びとが流島してきた。その数は一六〇六人にのぼるが、このうち八六一名は罪を許されて本土に帰っている。金持ちの流人は家を建てたり貸したりする。彼らには妻帯することは許されなかったが、水汲女という現地妻を持つことは認められた。

サトウの日記を読むと、一八七八（明治一一）年三月五日、サトウ、ディキンズ、プライア、ブラキストンら一行が青龍丸で八丈島に到着した。この日、サトウは島の習慣、言語、歴史などが叙述されている『八丈年代記』という稿本を入手した。原著の詳細は不明だが、一六九三年に八丈島の宗福寺の和尚が筆写したのである。青龍丸が小笠原諸島から戻る八日間を利用して、一行は八丈島をめぐっている。樫立、大賀郷、三根、末吉、中之郷の各村をたずね、八丈富士にも登った。その間、島の習慣や風俗を書きとめた。「土地の境界を巡る争いで何人かを殺したかどで五〇年前に流刑になった一人の老人」近藤富蔵にも面会した。近藤は『八丈実記』の著者として後世に知られている。一三日に青龍丸が島に立ち寄ったが、強風のため出航できず、結局、八丈島出発は一六日まで延びた。横浜に帰帆したのは一七日の深夜になってからである。

ただちに分かることであるが、この島には小売店とか旅籠とかが全くなくて、旅行者は農家で快く迎えられる。農家はたいてい二、三の部屋と広い台所からなる頑丈な造りの小屋である。建築用材はカシで、壁は厚板張になっている。壁は日本内地では木舞に漆喰を塗りつけたものが普通で、屋根はやはり草葺きであるが、勾配がかなり急になっている。――これは気候が極端に湿潤なため、雨水を藁に染み込ませないようにするためと思われる。比較的大規模な農家の多くは別棟の建物を持っていて、蚕の飼育場になっている。このほかに家畜小屋があるが、一般に屋根は草葺きで、これを粗い造りの石壁の上に据えつけたものである。最後に、農家はそれぞれ柵で囲った敷地内に木造の倉庫を持っている。倉庫の様式はアイヌや琉球人の倉庫にそっくりである。[25]

ディキンズとサトウの報告は、七月二七日号、八月三日号、八月一〇日号、八月一七日号と四回連載でJWM紙の紙面をかざった。当時のお雇い外国人たちは長い夏期休暇をとっていたから、この二人の報告は彼らの旅ごころをくすぐったことであろう。

草津温泉分析

六月二二日号のJWM紙を読むと、E・ダイヴァース（Divers）の 'Note on the Amounts of Sulphretted Hydrogen in the Hot Springs of Kusatsu' という草津温泉の分析結果がのっている。[26]やがて日本アジア協会の『紀要』にも転載されるが、例会での発表はなかった。彼は一八七六（明治九）年七月に同地を訪問した。

> 熱の湯は強酸性で多くの硫黄分を検出した。硫黄と塩酸が多く、マルチン博士が検出したものと全く同じであった。硫化物の合計は硫酸分が一〇〇〇分の三・二四、塩酸分が一〇〇〇分の〇・八五であった。（中略）私はこの湯のなかに砒素があるのを記録した。草津温泉での砒素は皮膚病に有効であることは周知の事実である。[27]

これは草津温泉に対する化学的調査の先駆であった。この報告をうけて、ベルツが草津を世界に知らせることになる。なお、ダイヴァースは、工部省工学寮および工作局で一八七三（明治六）年から一八七八（明治一一）年まで化学を教え、転じて帝国大学理科大学で教べんを執った人材である。

サツマイモ分析

ダイヴァースの場合と同じく、B・W・ドゥワースの 'Analysis of the Sweet Potato' というサツマイモの分析も例会での口頭発表なしに、六月二九日のJWM紙に掲載され、『紀要』にも転載された。

日本の気候

日本アジア協会の名誉会員になったばかりのJ・J・ラインの筆になる 'The Climate of Japan'（日本の気候）がサトウの英訳でJWM紙に掲載された。例会での口頭発表はなかったが、八月二四日、三一日、九月七日、一四日と四回連載である。この論文は『紀要』の第六巻の巻末にそえられた。

ふたりの交友は、ラインが来日した一八七三（明治六）年にはじまる。ラインは日本の産業を調査し、『日本』と『日本の産業』を書いた。一八七五（明治八）年にサトウが一時帰英したおり、二人は再会をはたした。同年の五月二九日、六月一日、七月三日などのサトウ日記にラインの名が登場する。このときの親交によって、サトウはラインの論文を英訳することになったのだろう。推測だが、ラインが協会の名誉会員になれたのも、サトウの後援があったのだろう。

年次総会

六月二二日には日本アジア協会の年次総会も開かれた。会場は東京の湯島聖堂内にあった書籍館である。東京都横浜で分催された月例会の発表についての報告があり、さまざまな話題に関して談論風発の議論がくりひろげられた。ついで、大英博物館の美術担当A・W・フランクスとマールブルグ大学の地理学教授J・J・ラインが名誉会員となったことが報告された。また、まえもって五月一八日に開かれた評議委員会で多少問題となった事柄が報じられた。それは日本アジア協会が世界各地の学会との間で行っている交換図書についての扱いであったが、これは評議委員会に一任することになった。また、寄贈図書についても報告があり、最後に会計のエアトンから前年度の決算報告もあった。収入は一四九一ドル一八セント、支出は七八三ドル四八セントで、差し引き七〇七ドル七〇セントが翌年度へ繰越金となった。健全かつ安定した学会経営といえる(28)。

ドイツ・アジア協会

最後に日本アジア協会の例会がなかった六月下旬から一〇月中旬までの会員動向を記しておく。まえにも書いたので、タイトルは省略するが、この間にも多くの論文がJWMの紙面をかざっている。ダイヴァース、チェンバレン、ドゥワー、ディクソンなどの論文がそれである。一方、どうした事情からか事の経緯は分からないが、ドイツ・アジア協会の会員の報告も何度も登場している。まず、六月に刊行されたドイツ・アジア協会の『紀要』第一四号の紹介が七月二〇日号に載っていた。さらに、'On the Tsuchi Ningio, or Clay Images'（土人形―粘土の像）、'Divination by Means of the Soroban or Japanese Calculating Instrument'（日本のソロバン）（七月二〇日号と七月二七日号）、'On Sake'（日本酒）（八月三日号、同月一七日号、同月二四日号）、'Japanese Tea Societies'（日本の茶会）（八月三一日号）、'Japanese Chess'（日本の将棋）（一〇月一二日号）など多彩なテーマの論文が掲載されている。なかでも、注目すべきものがいくつかある。コルシェットの'On Sake'はあまり独自性がなく、『山海名物図絵』のなかにある日本酒醸造法の紹介にすぎなかったが、サルチル酸を日本酒の防腐に使うようになったのは彼のおかげであった(29)。ケンペルマンの筆になる'A Journey through the Central Provinces of Japan'は長大な中国地方紀行であり、九月七日号、同月一四日号、同月二一日号、同月二八日号、一〇月五日号、同月一二日号、同月一九日号のJWM紙に七回連載された(30)。同紙がケンペルマンの旅行記を掲載した背景には、九月ころのジャパン・ヘラルド紙に、サトウとホーズによる「越中飛騨旅行記」が載っていたためであろうか。

ジャパン・ヘラルド紙の一〇月九日号を読むと(31)、九月一二日から一八日までにイタリアのフローレンスで開かれた第四回東洋学者会議に、サトウはアストンとともに論文を提出している。残念ながら、このときのテーマは分からない。

第11章 啓蒙と専門研究 ——一八七九

協会とJWM紙

日本アジア協会と横浜の代表的英字新聞 Japan Weekly Mail は一八七二（明治五）年以来、一心同体をつづけていた。一八七八（明治一一）年の後半からすこし離れた関係になりつつあった。互いの所在地が東京と横浜に分かれたこともあるが、日本アジア協会が啓蒙から専門研究への道をあゆんでいったことが、居留地の啓蒙をモットーとするJWM社とのへだたりを拡げていった。日本アジア協会の論文が横浜の英字新聞に載ることがきわめて少なくなったことからも実感できる。一八七八年は、前章のライン論文以降は新聞掲載がない。一八七九（明治一二）年は四件、一八八〇（明治一三）年から一八八二（明治一五）年までは各一件で三件、そして一八八三（明治一六）年の二件を最後に、一八九七（明治三〇）年まで新聞掲載件数はゼロが連年つづいてゆく。日本アジア協会の月例会の議事録にあたるものは、JWM社が倒産する一九一七（大正六）年まで連綿と紙面を飾っている。

　あなたの日本評価に全く賛成です。日本は不安定な国です。イギリスにおける日本ブームが早くすぎればよいと思う。日本人の真の価値が、今までよりもよく理解されるように、日本人は努力をしてもらいたいものです。[1]

日本ブーム批判

このイギリス公使パークスの一八七八（明治一一）年一一月二五日付の手紙には、過熱するイギリスの日本ブームにへきえきした筆致がみられる。日本での日本ブームにもそろそろかげりがみられるようになった。日本学者としての評価の高いサトウにしてからもそうである。パークスの表明とはすこし時期が下がるが、一八八〇（明治一三）年八月二二日に書いた同僚ディキンズ宛の手紙につぎの一節がみえる。

　［日本］アジア協会などは海底に消えてしまえばいいと思います。イギリスに帰ることで協会との関係から解放されたらうれしい。それに協会は実に古臭くなってきています。そのうえで協会紀要の最初の数巻は無価値な論文でいっぱいですし、ミスプリントときたら数えきれません。[2]

前段の過熱しすぎた日本ブームにあきあきしたサトウの気持ちは理解できる。だが、後段で彼が「無価値」と思ったのは、たんに学術上の高みからながめた見解にすぎない。初期の諸論文が在日外国人を啓蒙し、外国の日本に対する知識を増大させた意義を忘れているようだ。日本アジア協会が啓蒙団体としての使命をおえて、高度な学術団体を志向していた時期の、当然の批評かもしれないが。

これとは別にアメリカ人女性クララ・ホイットニーは初めて日本アジア協会の例会に参加した感激をつぎのように書いている。一〇月六日に会員のユーイングから誘いをうけて、二日後の八日にディクソンが迎えに来た。会場にはすでに数人が来ていた。みんなと握手して、フェノロサ夫人とダイヴァース夫人の横に腰をかけた。「パークス夫人以下イギリスの婦人方は部屋の片側に並び、アメリカ人の女性と日本人の婦人方は反対側に並んで、まるで向かい合った敵の陣地のようであった」とクララは日記に書いている。さらに、外国人と日本人の男性は部屋の二方に席を占め、工学寮の学生はうしろに立っていた。そして、宣教師、教師、工学寮関係者、開成学校の人びとがそれぞれグループ別になって着席した。「これは意図的なものか、偶然そうなったのか私には分からない」とクララは記した。

ユーラシア横断記

一八七八(明治一一)年一〇月八日の日本アジア協会の例会(湯島聖堂の東京書籍館が会場)では、日本地震学の父ジョン・ミルン(John Milne)の冒険談'Across Europe and Asia'(ユーラシア横断記)という講演が行われた。[3] お雇い外国人として来日するおりの苦心談である。

今日でもシベリア鉄道の旅は長く退屈である。まして鉄道すらないミルンの時代にはシベリアの名を耳にしただけでも恐怖がはしる。そのため、同行者を得られぬまま、ミルンはロンドンを出発し、陸路、日本をめざした。一八七五(明治八)年八月三日のことである。旅程はロンドン、ハル、イエテボリ、ストックホルム、ヘルシンキ、ペテルスブルグ、モスクワ、ニジニ、ノブゴロド(ゴーリキー)、ペルミ、エカテリンブルグ、トムスク、イルクーツク、キャフタ、ウランバートル、張家口、北京、上海そして東京である。上海と横浜の間以外はすべて陸路である。

ペルミで私の本当のロシアの旅が始まった。使った乗り物はタランタスであった。座席のない四輪車である。車体にはバネがなく、三、四本の縦長の棒で吊るされている。かなり長い旅行をする場合には、この乗り物を購入しておいた方が良い。大きさと強さによるが、一〇〇ルーブルから二〇〇ルーブルの値段である。[4]

カラスヤルスクは、たいていのシベリアの町のように、クラブと劇場がある。しかし、後者は残念ながら現地の人のためのものである。私の見た限り、現地の人は劇場に情熱をもっている。ところが、劇団を雇うことはめったにない。[5]

彼のシベリア紀行は、世界半周の陸路を冬に踏破した苦難の結晶であった。シベリア、モンゴル、中国の積雪、降雨、気温、気圧などを細かく記し、遠隔の地域に詳しい知識をもちえなかった当時のヨーロッパ人にとって貴重な情報となった。

ミルンが「ユーラシア横断記」を語っていたころ、同じようなルートを通って日本に戻ってきた男がいた。榎本武揚である。一八七八（明治一一）年七月二六日にペテルスブルグから旅を始め、モスクワ、ニジニ、ペルミ、トムスク、イルクーツク、キャフタ、ネルチンスク、ウラジオストクを経て、同年一〇月四日に小樽に着いた。ペテルスブルグからキャフタまでのルートは、ミルンと榎本はほぼ同じコースをたどる。古い馬車に揺られながら、榎本は一八七〇年代後半のシベリアの実情を語る。ロシア横断三千里を綴った貴重な日記がのこされた。

榎本の八月三日の日記にはペルミでの記事がある。「タランタス一輛二人乗りのものを三五〇ルーブルにて買う。バネのあるものなし。その故を問ふに、バネは途中にて必ず損じ、しかしてこれを繕修する能はざるを以て、細き棒を以てバネに換へたるなり。高低の山道などを通るときの動揺は思ひやられたり[6]」。

榎本もミルンと同じようにペルミの町を越えて「シベリアの旅心」が定まったのであろうか。数年の差はあるが、タランタスの値段が異なっている。ミルンの時代には一〇〇ルーブルから二〇〇ルーブルだったが、榎本の時代には三五〇ルーブルになっている。榎本は高い買い物をしたのだろうか。

八月一九日にも面白い記事がある。「カラスヤルスク府のウォスクルセンスコエ寺に大なるレザノフの墓碑あり。大きさ五尺四方なり。碑面の文に云く、一八〇七年三月一日にカラスヤルスクにおいて死し、一三日に葬られたるニコライ・ペトロウィチ・レザノフの功に対して謝するため、リュソ・アメリカン（いわゆる露米会社）社がこの墓を一八三一年八月一三日に建つ[7]」。

ミルンと榎本のカラスヤルスクの印象が対照的である。観劇と恩人の墓参りである。日本人のロシアに対する恐怖心は根拠のないものであり、これを日本人に覚醒させるためにロシア横断を実施した榎本の思いを如実にあらわす記事である。

蓄音機

ミルンの講演のあとで、化学者ユーイング（J. A. Ewing）が今日でいうヴォイス・レコーダーを参加者にみせた。アメリカ人女性クララ・ホイットニーの記述を引いてみよう。

> ディクソン氏の同国人であり友人のユーイング氏が、奇妙な蓄音機をお見せになった。管の中に大声で話すと、二、三分後に同じ仰揚で同じ文章をその機械が繰返す。ただ、声が「甲高いアメリカ人の鼻声」になっていると先生は説明された。でもミルン氏はその声にはスコットランド人の強いアクセントが残っていると思うと言われた。いずれにしても面白い機械で、機械にしてはよくしゃべる。一人のプリマドンナがそれに歌を吹き込み、日本人が日本語で叫

んだ。ディクソン氏は高い声でそれが「ヨロシイキカイデアル」と吹き込まれた(8)。

ヴォイス・レコーダーの起源は、よくわからないが、ユーイングの実験は電話や無線通信の発見と大いに関わりがあるようだ。実用電話の発明はグラハム・ベルの手によるが、彼がアメリカとイギリスで特許を得たのは一八七六年のことである。ユーイングの機械と二年ちがいである。そして、エジソンが送話機に改良をくわえて、現代の電話の原形をつくったのが、一八七八年であった。ユーイングの公開と同じ年なのである。つまり、西洋の先進技術が時をおかずして、日本に紹介されている。文明開化期の日本人はヨーロッパの技術力に驚嘆したのであろうが、現代の日本人はその技術の伝播の早さに一驚する。

この機械は当時の日本アジア協会に参列していた西欧人にたいへん気に入られ、前述のクララの日記によれば、その後も外国人がユーイングの機械を巡回してみた。そればかりか、当時の日本人にも大いに評判を得たようである。一八七九(明治一二)年四月四日号の東京日日新聞につぎのような記事がある。

去る廿八日夜東京木挽町なる東京商法会議所に於て新発明のホノグラフ(人の語言を蓄へて千万里の外又た十百年にても発することを得る器械なり)を英人エウエング氏が運用を示さんとてその発明の来由と器械の妙用を演述さられたるを矢野二郎氏が邦語に訳して説れたり。(中略)初めには氏は英語及び日本語をもて運用されたるに器械より発する声も舌頭より出しものに少しも異らざれば満座その妙を称せり(9)。

タケノコ分析

一〇月二三日の例会(会場は横浜のグランド・ホテル)には、四つの講演があった。まず、W・D・ドゥワースの‘Analysis of the Take-no-ko’(タケノコの分析)である。「東洋諸国、とりわけ中国と日本では竹が珍重されていることは一般によく知られている。すべての部分が役に立ち、すべてのサイズが活用されている。極細のものでも最大のものでも茎は、あまたの日本の製品の製造材料として使われている。われわれが見慣れている背の高い竹になる前の根茎から出るつぼみでさえ使われる。日本人は食用にもしている。竹の若枝が地上に十分に伸びてくると、日本ではタケノコとよばれるようになる」(10)。

日本が竹の国であったことは、いくつかの外国人日本見聞記でも実証できる。たとえば、モースの『日本その日その日』の冒頭は、竹に対する称賛で埋めつくされている。こうした外国人の竹ブームをうけて、ドゥワースはもうそう竹と真竹《まだけ》の成分を分析した。

日本の音階

つぎはP・V・ヴィーダーの‘Some Japanese Musical Intervals’(日本の音階)である。先年発表された、同僚サイルによる日本音楽論をうけた論考である。日本の音階に関する外国人の見解のひとつで、ヴィーダーは琴の第三音を論じている。

日本人は最近までメロディや同音音楽を知らなかった。今日でさえメロディはたいていの人びとがまだ理解できるようになっていない。しかしながら、軍楽隊がトランペットをひくことで、長調の連続音が人びとの耳になじみ、第三音がだんだん意識されるようになり、現代の同音音楽が導入されうる道が開けてきつつある。(11)

富士山観測

ヴィーダーはつづけて'Results of Observations of the Visibility of the Five of the Principal Mountains Seen from Tokio'（東京から見える五つの山）という発表を行った。東京から見える山やまの年間日数をかぞえた調査である。一八七七（明治一〇）年一二月二一日から翌年一〇月二一日までに、本郷の加賀屋敷（現在の東京大学）から毎日の午前七時と午後一時三〇分に、富士山・武甲山・浅間山・男体山・筑波山の五つの山を観測した。ヴィーダーは山の見え方を「はっきり見える」、「雲にかくれる時はあるが、はっきり見える」、「ぼんやり見える」の三つに分けて記録した。彼の観測記録では、三〇四日間で八九日も富士山が見えた。一年にならすと、一〇〇日程度であろう。(12)

ここで思い出してもらいたいのは、一八七八（明治一一）年四月二七日の日本アジア協会の例会でのマーシャル論文に対するヴィーダー自身の発言である。そのときの議事録には「浅間山は東京の数カ所から見える。加賀屋敷の人工的な丘からは伊豆大島の火山［三原山］が数回見えた」(13)とあり、このころヴィーダーは山岳観測の最中で、右の論文の作成準備にとりかかっていたらしい。

九〇年後の一九六七（昭和四二）年から翌年の調査では、富士山が見える日数が年間で三九日におちている。(14)これとは別の調査、東京・武蔵野市の成蹊高校の調査ではもっと詳細なデータがある。一九六三（昭和三八）年から三〇年間にわたる観測結果が一九九三（平成五）年四月一一日号の朝日新聞に発表された。その観測によると、富士山が見える日数が最も少なかったのは一九六五（昭和四〇）年に二二日であった。翌年からすこしずつ増え出した。一九六三年からの一〇年間の平均は四三日だった。石油ショックがあった一九七二（昭和四八）年以後は光化学スモッグなどの公害問題が深刻化したためであった。石油ショック以後は自動車の排ガスなどが主因となって、富士山が見える日数が伸びなやんだ。今日の公害や環境の問題を考えるうえで、ヴィーダー論文は先見性と意義の十分あるものだった。

ヴィーダーの経歴は従来ほとんど知られていなかった。近年、日本科学史の権威渡辺正雄が調査をされ、ようやく彼の略歴が判明した。以下の叙述は渡辺の記事に負っていることを断っておこう。ヴィーダーはオランダ系のアメリカ人らしく、一八二五年にニューヨーク州ロッテルダムで生まれている。一八五七年にペンシルヴァニアのウェスタン・テクノロジー・セミナーで神学を修めて卒業した。一八六〇年代にはサンフランシスコのシティ・カレッジの学長の職にあった。一八七〇年に神学博士となった。一八七一（明治四）年に来日し、大学南校、東京開成学校、東京大学の教師となった。一八七八（明治一一）年まで日本に滞在した。一八八〇年にウェスタン・ユニヴァーシティ（ペンシルヴァニア）の数学教授、一八八二年にレイク・フォレスト・ユニヴァーシティ（イリノイ）の数学と天文学の教授を歴任した。一八九〇年、病気から身体の自由が失われ、サンフランシスコ、バークレー（カリフォルニア）に転じた。一八九六年、バークレーで七一歳の天寿を全うした。

茨城の集落遺跡

講演の最後はマクラティの 'Note of a Recent Discovery of Human Remains in the Ibaraki Ken'（茨城県の集落遺跡の速報）という考古学の報告である。集落遺跡としての後世にも知られる茨城県鹿島町の木滝台遺跡である。遺跡発見の報はいちはやく茨城県庁に伝えられた。マクラティは同県の警察官ハマダ・カツヨシの協力を得て、報告書をまとめた。遺跡の発掘の年譜を繙いてみると、一八七七（明治一〇）年には大森貝塚の発見があり、翌年には群馬県勢多郡の二子山古墳の発掘があり、はたまた一八七九（明治一二）年には佐々木忠次郎と飯島魁による茨城県稲敷郡の陸平《おかだいら》貝塚の調査があった。

古代日本の祭祀

一二月一二日の日本アジア協会の例会（会場は東京・湯島聖堂の書籍館）で、サトウが 'Ancient Japanese Rituals'（古代日本の祭祀）という講演を行った。祝詞《のりと》に関する第一回目の発表である。「神道とは何か」とよくたずねられるが、答えはかんたんではないので、サトウは神道の系譜に言及する。両部神道、唯一神道、出口神道などの各派神道の説明から筆がおこされ、これらは仏教や儒教などによってかなり潤色された教義であると断言する。

> 比較宗教学の研究者がとりわけ興味を抱くのは、原始日本の神道であることは間違いない。神道としてわれわれの眼前に提示されているが、実はうわべを取り繕ったり、まがいものであったりするものと、原始神道が区別できるとしたら、ごく初期の発展段階にある自然宗教の姿に出会うことになるだろう。おそらくそれはわれわれが知っている他のいかなる自然宗教の影響をまったく受けずに発生したものであり、自然宗教が発生するひとつの道筋を示すものとして価値があることは明らかである。[15]

そして、『古事記』と『日本書紀』にふれる。

> 日本人の土着宗教を研究するうえで、ふたつの基本的な道筋がわれわれのまえに現れる。『日本紀』や『古事記』やほかの初期の言い伝えに含まれる神話を検証する。（中

略）この二書をヨーロッパ語に正確に移しかえる仕事に取り組む学者は、これまで日本について様ざまなことを書いてきた著述家の誰よりも、日本関係の一般的知識を深める上で、はるかに大きな貢献をするといっても過言ではない。[16]

そして、日本人の根源的な宗教心を知るためには、祝詞の研究がおろそかにできないと論じる。その祝詞は年中行事の祭事たる鎮魂際で行われ、ミカドの御心をなだめるために使われる。さらに、サトウは祝詞についての書誌を紹介する。『延喜式』編纂の歴史をのべ、その諸本に言及し、塙保己一らの文政一一年の校訂本（雲州本）を善本とする。つぎに、朝廷の祭儀に関する祝詞二七編を収めた『延喜式』第八巻の説明にうつる。そして、この研究に不可欠な参考文献として、賀茂真淵の『祝詞考』、本居宣長の『大祓詞語釈』、平田篤胤の『祝詞正訓』をあげた。

延喜式に登場する祝詞とは（1）祈年祭、（2）春日祭、（3）広瀬大忌祭、（4）竜田風神祭、（5）平野祭、（6）久度・古開、（7）六月月次、（8）大殿祭、（9）御門祭、（10）六月晦大祓、（11）東文忌寸部献横刀時呪、（12）鎮火祭、（13）道饗祭、（14）大嘗祭、（15）鎮御魂齋戸祭、（16）伊勢大神宮・二月祈年六月十二月月次祭、（17）豊受宮・二月祈年六月十二月月次祭、（18）四月神衣祭、（19）六月月次祭、（20）九月神嘗祭、（21）豊受宮・九月神嘗祭、（22）豊受宮・神嘗祭、（23）齋内親王参入時、（24）遷奉大神宮祝詞、（25）遷却祟神祭、（26）遣唐使時奉幣、（27）出雲国造神賀詞である。

つづいて本論に入る。サトウ論文の副題にNo.1.—The Praying for Harvest（五穀豊穣の祈り）とあり、第一番の祝詞である「祈年祭《としごいのまつり》」の英訳と註釈を行う。祝詞が用いられる祭儀の意義、祝詞の英訳、英訳に対する註釈、の順序で叙述がすすめられる。註釈は英訳のほぼ四倍の記述量に達し、おもに言語学サイドから詳註がほどこされている。全文は三二ページにもわたっている。

五穀豊穣の祈りであり、「大野原《おおのはら》に生《おい》たる物は甘菜辛菜、青《あお》海原《うなばら》に住む物は鰭《はた》の広物、鰭の狭物、奥津藻菜、邊津藻菜に至るまでに、御服《みそ》は明妙《あかるたえ》、照《てる》妙、和《にぎ》妙、荒《あら》妙に称辞竟奉《たたえごとおえ》らん」の一節が象徴的なメッセージとなる。この部分をサトウはつぎのように英訳する。

As to things which grow in the great-field-plain -- sweet herbs and bitter herbs : as to things which dwell on the blue-sea-plain -- things wide of fin and things narrow of fin, down to the weeds of the offing and weeds of the shore: and as to clothes -- with bright cloth, [17]glittering cloth, soft cloth and coarse cloth will I fulfil praises.

前掲の論文のなかで、サトウは神学にアプローチする方法はふたつあり、前者は『古事記』と『日本書紀』の神話の分析、後者は神道の実践的文献である「祝詞」の調査であると指摘した。前段の問題は当日出席していたチェンバレンに引きつがれ、『英訳古事記』(一八八二年)として大成する。のちにアストンの『英訳日本紀』(一八九八年)も完成する。後段の問題はサトウが先鞭をつける。その第一弾は一八七四年に発表した「伊勢神宮」と「純粋神道の復活」である。一八七八年には『ウエストミンスター評論』に「古代日本の神話と宗教的祭祀」を書き、彼の神道研究が本格化した。サトウの一八七八年一月九日の日記にもこう書かれている。「やっと『ウエストミンスター評論』の論文に取りかかる。テーマは神道であり、祝詞からそれを探り当てようとするものである。アジア協会にも論文を書いて、五穀豊穣を祈る祝詞を訳出しよう」と。二月七日には『ウエストミンスター評論』へ寄稿する論文を書き上げた。

> 日本学者の説をよりどころにして、神道の教えには道徳律がないとするのがこれまでの考え方だった。仏教僧や儒者の説く複雑な教義に比べると、その名に値する要素がほとんどなかった。ところが、古代日本人の土着信仰には、形を成してこそいないが、これらのものが含まれている。時代を下るにつれて、実践的な道徳体系と法的規範が生み出される余地があったことを証明できるものがある。しかし、早い時期に海外から導師が現れ、そのような発展のプロセスが閉ざされることになった。既成の法典や教義をもたらし、外部からの影響を好ましくおもう人々の目からすると、そうしたものが強力で異論を寄せつけない権威があるものとしてはっきり映ったのである(18)。

ここで引かれている日本人学者とは本居宣長であり、明治七年の「神道シンポジウム」では彼のことばを信じた外国人日本学者たちは一応に「神道には道徳律がない」とする見解をとった(本書第4章参照)。この傾向に疑問を感じ取ったサトウが日本古代の文献を渉猟して、神道とはいったい何であるかを探っていったのである。一八七八年の「古代日本の神話と宗教的祭祀」で神道の総論を書き、『日本アジア協会紀要』に掲載された祝詞の英訳、つまり「古代日本の祭祀」(第一部一八七八年、第二部一八七九年、第三部一八八一年)で具体的な実相に迫っていったのである。

カレンの碑文

一一月一二日の例会では、サトウ報告にさき立って、サイルの代読により、ブラウン牧師の‘On a Karen Inscription’(カレンの碑文)が紹介された。ブラウンがサイルに横浜から投函した一八七八(明治一一)年八月二九日付の書簡の形をとっている。「草創期の大昔、われらは西からやって来た。中国人とともに来た。中国人はわれらの兄である。われらの兄の中国人はその前から来ている(19)」。この碑文ではカレン族は中国から来たと説かれている。

山口キリスト教会史

サトウは余勢に乗じて、同月の一一月二七日の日本アジア協会の例会で、'Vicssitudes of the Church at Yamaguchi from 1550 to 1586'（山口キリスト教会史）を口頭発表した。このころのサトウの関心領域は日本の宗教史にあったようで、神道についでキリスト教がとりあげられた。

ザビエルは、山口で領主である大内義隆に会うが、結局ひどい扱いをうけたため、京都をめざした。数カ月後、正装して山口に戻り、大時計・楽器・望遠鏡・ポルトガル酒など日本にない西洋の品々を持参して、義隆との再会見をはたした。その結果、布教は許され、教会も建設された。そこで、ザビエルは平戸のトルレスと交代して豊後にむかい、フェルナンデスが山口にとどまって布教をつづけた。こうしたイエズス会の山口布教史がサトウ論文の論旨であり、一五五〇年から一五八六年までの活動が扱われた。サトウが参照した文献には、バルトリー、パジェスなどの布教史や『大友記』、『日本外史』、『陰徳太平記』などの日本側史料も見受けられる。

江戸の大名屋敷

一八七八（明治一一）年をしめくくる論考は、マクラティの'The Feudal Mansions of Yedo'（江戸の大名屋敷）であった。一二月一〇日には東京の湯島聖堂で開かれた日本アジア協会の例会においてである。

屋敷の語義にはじまり、『和事始』や『落穂集』の一部を紹介して、日本の伝統的な建物を論じた。マクラティは「屋敷」を日本の封建貴族が住んでいた堅固な邸宅と解し、「多くの場合、家人が立ち去っており、廃屋となり、荒れるにまかせている」と叙述している。たしかに、江戸城でさえ将軍が不在となってからは、雑草がはびこり、だらしなくなった。堀もところどころ蓮でおおわれてしまった。彼は「屋敷」と密接なつながりをもつ独自な規則や作法、たとえば「門口での挨拶」、「屋敷同士での贈答」、「火事に関するきまり」などについて論述している。マクラティは前年の一八七七（明治一〇）年一二月二二日にも「江戸城」という論文を読みあげているが（第9章一五八頁参照）、今回の論文はその姉妹編である。

当日の議事録を繙くと、マクラティ報告の終了後、サトウがせきを切ったように長口舌を行っている。「多くの屋敷が取り壊され、あまたの長屋が店舗に変わり、ここ一〇年間でこの街の街路の外観がすっかり変わってしまった。以前の江戸の地図の助けを借りなければ、江戸に屋敷が広がっていた時代のことを知らない人には、その変化を理解することは難しい」。こう語りはじめ、サトウは江戸の地図をしめして、九段下から皇居一周の散策の案内をする。麹町、四谷、イギリス公使館（半蔵門）、井伊掃部守屋敷、芸州藩屋敷、黒田屋敷、虎ノ門、愛宕山、会津藩屋敷、仙台藩屋敷、桜田門、日比谷、長州藩屋敷、と順を追って説明した。「相当警備が厳重なので、外国人が屋敷の内部を見ることはできなかった。愛宕山の目につく場所にある掲示板は、山ノ下の屋敷を眺めるために望遠鏡を使うことを禁止していた」。

ついで、マーレー、マカーティー、ハウスらが参加して、白熱した討論がつづいた[20]。かくして、盛況のうちに、一八七八（明治一一）年最後の日本アジア協会の活動は終わった。

日本考古学の父モースには『日本人の住まい』（一八八六年）という、ユニークな日本建築論がある。この本には二種類の翻訳が出ている[21]。モースがこれを執筆しようと決意したのは、上記のマクラティの「江戸の大名屋敷」という論文を読んだことが一因となっている。そのほか、アトキンソン、コンシェルト、グリフィス（第七章、雑事）、サトウ、チェンバレン、アストン（第八章、古代家屋）、ディキンズ、ブラントン（第九章、日本本土周辺の家屋）が日本アジア協会で発表した論文をモースは各章で緩用している。いずれにしても、マクラティのことばを借りて言えば、「家人が立ち去り、廃屋となって、荒れるにまかせている」屋敷のすがたを書いて残しておこう、とモースは思ったにちがいない。

一八七九（明治一二）年一月一四日の例会（会場は東京・湯島聖堂の書籍館）では[22]、まず会長の交代があった。マレーは教育の充実に尽力した御雇外国人で、日本の近代教育の基礎を打ち立てた功績がある。その彼と交代して新しい会長となったのはサイルである。著名なアメリカ人宣教師であり、日本アジア協会の創立にも携わった人物である。

島原と天草の碑文

この日の講演はふたつあった。まず、H・ストーウィ（Stout）の 'Inscriptions in Shimabara and Amakusa'（島原と天草の碑文）である。これはサトウが代読した。多数のキリスト教徒が打ち首にされて、穴にほうり込まれた。これをあわれに思った当地の大名がその墓の上に大きな石碑を建てた。天草富岡の吉利支丹供養碑がこれである。その碑文には、キリストによって迷わされた彼らの碑が地獄の火によって清められた。ついには仏の極楽浄土に入ることを許されますように、という意味のことが書いてあった。そして、彼らのために仏教の祈りのことば「南無阿弥陀仏」が刻まれていた。このストーウィ論文をうけて、サイル、マレー、サトウ、パークスによる討論が行われた[23]。

この富岡の吉利支丹供養碑は島原の乱に敗れた人びとが葬られ、一六四七（正保四）年に天草の代官鈴木重成が建てたものである。富岡のほかに原城にもある。重成は軍事的権限を肥後藩にあずけ、キリシタン一揆に対して厳重な処置をとった。しかし、キリシタン信仰はそうかんたんには消えず、かくれキリシタンが明治初年まで存在しつづけた。

当日の議事録を読んでみよう。

オランダが島原の暴動に対して江戸幕府の軍隊を助けるために軍隊を派遣したかという問題は、オノンスワイヤー・フォン・ハーレン男爵の証言で争う余地がないほどに、肯定されている。男爵は日本でのオランダ人の行動を擁護するために本を書き、一七七八年にロンドンとパリで、『オランダ国に関する日本キリスト教史の歴史調査』を出版した。これには平戸オランダ商館の日誌が引かれていて、オランダの軍艦が島原の包囲に提供され、大砲を地上に配備し、その大砲と軍艦から戦火を開いたことを表明していた。

（中略）この包囲に参加した人物が所蔵していた日記の草稿が、アストン氏によって発見された。一六三八年二月二四日に、暴動の首謀者以外の全員の生命を助命するなら、守備隊を占領のために提供するとの表明があった。包囲軍からの回答は、誰一人として逃げてはならぬというものであった。守備隊は男たちが首領を失うことを提案するから、女子供は助けてほしいというものだった。しかし、回答は前と変わらなかった[24]。

日本人の海外冒険談

一月一四日のクララ・ホイットニーの日記を読むと、品川の坂にその名をのこすJ・M・ジェームスの 'A Short Narrative of Foreign Travel of Modern Japanese Adventurers'（日本人の海外冒険談）という講演についてページがさかれていた。

ついで品川のジェイムズ大佐が古代日本史から二つの物語を読まれた。一つは山田長政の話であった。山田長政は滝を太田という二人の商人を連れて台湾に渡り、さらにシャムに渡って、巧みな戦術の心得によって王に認められ、王女を妻に与えられた。後に摂政になったが、幼君の母親に毒殺された。もう一つの話は浜田弥兵衛が台湾の要塞のオランダ人の司令官ピーター・ノイツと戦った話である。ノイツはひどい悪人であらゆる機会に日本人の財産を強奪したのだ[25]。

ジェームスの報告は一八五〇（嘉永三）年に津藩の斉藤正謙が書いた『海外異伝』から英訳したものである。サトウのコメントがある。「日本アジア協会紀要の第七巻でキャプテンJ・M・ジェームスは『海外異伝』を英訳した。漢文の小冊子で、果敢な日本人の一隊が台湾総督のノイツを逮捕したことに関連して、山田長政のシャム（タイ）での功績の話を語っている。いささか小説のような潤色があるが、その大筋はまったく確かなようで、その話にはさまざまな異説があるが、ともあれ『通航一覧』巻二六六にまとめられている[26]」。

最初の山田長政の話は『暹羅国山田興亡記』、『暹羅国風土軍記』、『山田仁左衛門紀事』などの数種の伝記があるが、いずれも潤色が多い。『海外異伝』もこの系統に属し、にわかに信じがたい。「山田長政（一般には天竺徳兵衛として知られている）に関しては、いろいろな異説がある。ある説では、彼は海賊で、シャムを急襲したのである。ほかの説では、彼は伊勢神宮に所属する神道の御師の手代であった。彼自身の説明によれば、尾張生まれで、その国の領主である織田信長の孫であった。後者は一般に正しいものと信じられている[27]」。

江戸幕府側の史料である『異国日記』には「大久保治右衛門六尺山田仁左衛門、暹羅へ渡り有り付、今は暹羅の仕置を仕候由也」という記事がある。つまり、駿河の沼津の城主の大久保治右衛門の駕籠かきを務めていた山田仁左衛門が山田長政その人である。江戸時代の人びとは仁左衛門を英雄長政につくりあげ、誇張や潤色をくわえて、立身出世の物語に仕立てた。のちに、サトウが着実な山田長政研究を行ったが、明治以降に出版された啓蒙書や教科書は依然として江戸時代の長政伝記を引きずっていた。第二次世界大戦後、岩生成一による実証的な研究が公刊され、山田長政の実像が白日のもとにさらされたようにみえた。しかし、長政の実在説自体に対して、近年、疑問の声もなげかけられている。

つぎに浜田弥兵衛のことである。彼は長崎代官の末次へ平蔵の朱印船であった。一六二四（寛永元）年にオランダは台湾のセーランディアを根拠地にして、朱印船の貿易を抑えようとした。しかし、浜田はこれに抗議して、一六二八（寛永五）年に武装した日本人四七〇余名を率いて、台湾に渡った。ただちに拘禁されたが、機をうかがって長官ノイツとの和解に成功した。一方、江戸幕府はオランダ人を捕え、大村や有馬の獄舎につなぎ、貿易を禁じた。オランダ側は再三釈明に弁じたが果せず、一六三二（寛永九）年、責任者ノイツを幕府に引き渡すことで結着をみた。ようやく、オランダ人の対日貿易が再開された。なお、浜田はのちに島原の乱で戦功を立て、子の新蔵は熊本藩の細川家に仕官した。

ジェームスの報告が終了したのち、サトウがパジェスの『日本キリスト教会史』とメイランの『日欧貿易史』の記事を引いて、そこにみられる浜田評を紹介した。最後にパークスの批評をもって閉会した。

横浜の飲料水

一月三〇日、ヘールツは横浜居留民をまえにした例会（会場は横浜のグランド・ホテル）で‘On the Drinking Water of Yokohama and the Necessity for Its Improvement’（横浜の飲料水と改良の必要性）という講演を行った(28)。不完全で劣悪な上水道設備がもとで恐るべき伝染病が発生する可能性が高い、と警鐘した。それから数カ月後、コレラがほぼ日本全土を襲い、明治時代で最大の犠牲者を出した。ヘールツは飲料水の現状について語りはじめ(29)、ついでその具体例である横浜の飲料水について診断を下し(30)、その対策として四つの案を提出した。

第一は、より優れた下水処理方法、頑丈につくられた開渠の導入、つまり、排水路にフタをせず清潔にするように配慮することである。第二は、井戸のすぐ近くにある便所を撤去することである。日本ではたいていの便所が井戸のすぐ脇につくられている。ほかに場所がないため取り除けない場合には、便所を完全に防水にすべきである。第三に、現在の浅井戸を深く掘り、「深井戸」に転換させる。その際、防水材で井戸側をつくり、地表水が深い地層にある清浄水とじかに混ざらないようにすることが肝要である。第四に、鉄管を使い、衛生的で非常に清浄な多摩川の水を横浜中に引き、現在の多摩川上水路を廃止するか、延長するか、改修する。あちこちに行きどまりのある現在の木樋水道方式は全面的に断念しなければならない(31)。

このあと、ヘールツは「飲料水の標準と清浄度の範囲」と「横浜の井戸の衛生検査結果表」と「横浜までの多摩川上水道」という項目を立てて詳説している。しかし、専門的な話題に立ち入ることになるので、ここでは省略したい。彼の報告がなされたあとの質疑応答で、ウォルシュは自分の飲料水はすべて煮沸してフィルターでこしてから使用する、と述べた。これに対して、ヘールツは「それは大変良い。山から清浄な水を入手出来ないときには、そのようにすべきである。私としては、[横浜の]海岸通りの井戸の水を飲むことなど考えたくもない。山手からの水を飲むように薦めたい(32)」と答えた。ことばをついで、ヘールツは「横浜木樋水道」問題にふれて、以下の見解をのべた。

> 耐久性と効率の点で、鉄管水道に優るものはない。三、四〇年たっても立派に使用されている鉄管もある。木の幹からパイプを作る新しい方式が必要に答えるとは考えない。良好な水を得る唯一の方法は鉄の本管で横浜に水を引き入れることである。当初の出費を完済するまで住民に一定額を負担して貰うことが必要であるが、日本の民度を考えるとき、このままでは鉄管水道はなかなか引けないであろう(33)。

ヘールツ報告は大きな反響をまきおこした。勤勉な化学分析家として、あるいは、諸事実と正確に観察して記録する研究者として評価の高いヘールツの発言は重視された。彼が飲料水の清浄度を知りたい人のために示した検査方法はとても重宝がられた。しかし、「横浜の水の問題は博士が指摘したときのまま依然として残っている」と、一八七九（明治一二）年二月一日号のＪＷＭ紙は前途を悲観した。たしかに、ヘールツがふれた水道料金制度が日本に定着したのも、第二次世界大戦後である。

江戸あるいは横浜は、水が豊富な自然条件をもちながら、上質な飲料水が獲得しにくい地域であった。横浜の居留民からは繰り返し近代水道敷設の要求があった。一八六二年にイギリス領事代理ヴァイスが居留地水道建設計画を発表するが、これは実現しなかった。さらに、一八七一年、原善三郎や茂木惣兵衛らが横浜水道会社をつくり、私設私営の木樋水道の建設に着手した。ヘールツが問題にしたのは、このときの水道である。一八七三年の暮に竣工したが、木樋水道は破損や漏水が多くて維持困難となり、町会所に引き継がれた。

一八七九（明治一二）年の三月一四日に松山で発生したコレラは、みるみるうちに全国に蔓延した。政府は虎列剌《コレラ》病予防仮規則を六月に、海港虎列剌病伝染予防規則を七月に定めて、これに対処した。巷間では、これは一八七七（明治一〇）年の西南戦争で無念の最期をとげた西郷隆盛の亡霊によるものと噂された。各地で「コレラ送り」の騒動が続発し、年末までに一〇万人がコレラで死亡した。この年の夏、会津北西部と新潟との県境を旅行したイギリス人日本学者チェンバレンもその余波をうけたようである。これと同じころ、神奈川県地方衛生会が設立され、近代水道の実現にむけて大きく貢献してゆく。

一八八二（明治一五）年、横浜居留民はイギリス公使パークスに水道敷設を陳情し、イギリス陸軍工兵中佐パーマーの水道計画へとつながってゆく。翌年の四月に横浜上水道の第一意見書（多摩川水源案）、五月に第二意見書がそれぞれパーマーによって提出された。七月、神奈川県当局は水利権のトラブルを防ぐため、自県の相模川水源案の第二意見書を採用した。一八八五（明治一八）年に工事が着手され、一八八七（明治二〇）年九月に到り、日本で最初の近代水道が横浜で完成した。ヘールツの提言がパーマーによって実現したともいえよう。

第12章　日本語への関心——一八七九

ことばの壁

外国人が日本にやって来て、まず直面する困難な課題は言葉の克服である。しばらくすると、どうにか日常の用向きに足りるだけの口語をマスターする。それから先の文語の問題がすべての外国人の頭をなやませる。それはちょうど日本人がはじめてフランス語を学ぶおり、動詞の不規則変化に閉口してしまうのに似ている。明治の初期はとりわけ文語と口語の格差がはげしく、さらに歴史的仮名づかいの問題がくわわると、もうお手上げである。そういう困難をのりこえるため、古い時代から西洋人たちは精一杯の努力を結集して、日本語の辞典や文法書を自分たちの言葉でつくりあげる。それでも、日本語の音や表記の問題は不統一がのこされたままである。

日本語のローマ字表記

外国人のローマ字による日本語表記法の歴史をたどってみることにしよう。日本でのローマ字の使用と普及には一六世紀に来日したイエズス会の宣教師の力が大きかった。この時代はポルトガル語のつづり方を基準にしており、『ぎやどぺかどる』、『どちりなきりしたん』、『日葡辞書』などもおおむねこれに従っている。

鎖国以降はオランダ人のみが来日をゆるされていたので、つづり方もオランダ方式にかわった。ポルトガル流のつづり方は、ポルトガル人のみの間で用いられたのにすぎなかったが、オランダ方式は日本人蘭学者の間にも普及していった。オランダ人たちは母音のウにœをあて、子音のカ行にK、サ行にS、ザ行にZ、タ行にT、ダ行にD、ハ行にF、ヤ行にJ、ラ行にLを冠していた。時代が下るにつれ、ウにU、ラ行にRをつけるようになるが、シーボルトはラ行にLとRを混用し、ハ行にHをあてている。

幕末から明治初期にかけて西欧人の間にいろいろなローマ字表記がまかり通っていた。フランス人はウにouを、ヤ行にYをあてていたが、カ行とハ行の表記はまちまちであった。たとえば、パジェスはカクコにC、キケにKをあて、ハ行にはFを使っていた。アメリカ人では、ブラウンがガ行にng、ハ行はfuのほかはHを用いた。ヘボンも一八六七年の『和英語林集成』では、ガ行にGをあてるほかはブラウンの方式に従っていた。ドイツ人はサ行にSS、ザ行にS、ヤ行にJを使用していたが、このやり方は一般には普及しなかった。当初、イギリス人はウにOOをあてていたが、やがて「子音を英語式に、母音をイタリア語式に」（サトウ）する方式がとられた。つまり、母音は、a、i、u、e、oと表記し、子音ではshi、ji（ジ、ヂ）、zu、tsu、dzu、fuなどとあてていた。このイギリスとアメリカの表記方法が、のちのヘボン式ローマ字の基礎となる。

日本アジア協会の会合の記録をつくるさいに、日本語のローマ字化に関して正字法を確立することを提案したが、つよい反対をうけた。結局、当分の間はヘボンの辞書を基準として使用することが決ったが、これは正しい方向への一歩前進である[1]。

一八七八（明治一一）年一月一九日に開かれた日本アジア協会の評議委員会で、サトウは日本語のローマ字表記について右の提案をしたのだが、いまだ機は熟していなかった。しかし、『会話篇』などの日本語の辞書をつくった経験をもつサトウは、この反対にもめげず、以後もこの問題に敢然として取りくみ、いくつかの著作ものこしていった。つぎに詳説するサトウの論考は、このころ同時進行していた彼の祝詞研究の途上に生まれたものであろうか。ともあれ、彼の提言は、ヘボン式ローマ字が定型化される道のりの一歩とみることもできる。

サトウ論文

一八七九（明治一二）年二月一一日の日本アジア協会の例会で、サトウが‘On the Transliteration of the Japanese Syllabary’（日本語五十音のローマ字表記について）という講演を行った。会場は東京の湯島聖堂にある書籍館であった。標題にあるように、日本の五十音を西欧の音韻にいかにして置き換えるか、という問題である[2]。のちに、イギリスの科学雑誌『ネーチャー』（Nature）の一八七九年八月二一日号は「日本アジア協会の『紀要』の最新号には興味深い報告がたくさん語っている。しかし、とりわけ重要な報告はアーネスト・M・サトウ氏のそれである。氏は日本語の研究に過去一八年の歳月を費やしており、この問題の権威のひとりである」と書き、今回のサトウの論文に高い評価をあたえている。

まず、サトウは日本の音韻研究史を説く。日本に漢字が伝来してこのかた、日本人の漢字を用いて日本語の音を正確に表現する努力がはじまった。それは日本人僧侶が中国語の仏教教典を理解することが主目的であった。その際、呉音や漢音の表記についても問題となった。万葉仮名の時代を経て、カタカナとひらかなが作られる。前者は吉備真備の、後者は弘法大師の発明と伝えられる。弘法大師が考え出したと信じられている仮名の手本「いろは歌」は、大般若経からとったものであった。そして、この四七文字を最初に科学的に配列したのは、「五十連音韻図」であった［なお、一言しておくと、カタカナやひらかなは、特定の個人の考案ではなく、自然発生的に出来上った、というのが今日の通説である」。

日本語とローマ字

サトウの議論は本題に入る。この日本語の音韻をどうやって正確なローマ字音に転写するか、と問いかける。まず問題となったのは、ラ行の発音である。外国人のなかには、ラリルレロの発音はR音よりL音に近いのではないかと考える人がいる。しかし、今日の西洋人が実際に発音しているのはR音に近いようである、とサトウは言う。ただ、ラ行の正確な発音とヨーロッパ諸語のR音とのちがいの問題は、この論文の範囲をこえている。発音ではなく日本文字の正字法という面でもうすこし熟考してみる問題である（万葉仮名の以前にはラ行の発音がなく、漢字音のL音を中国人から考えてもらって、のちに日本人がこれを身につけたのである。現代の日本人がラリルレロの発音をしたら、アメリカ人のほとんどはla、ri、ru、le、loとつづるといわれている。以下、（　）内は評者のコメント）。

九州地方では、ガ行の発音にときおりN音かNG音がまぎれこむことがある。たとえば、カゴはKangoとかKang-goとなる（この発音が発生したのは、江戸時代に入ってからのようである）。サ行の発音で問題となるのは、シ音である。初期の外国人日本研究家は、この音をsiと表記した。しかし、今日の江戸（東京）や京都はもとより、日本全土でshiと発音されている。また、セの音は肥前（長崎）や米沢ではshe（シェ）という発音があてられている（シとセの発音は万葉仮名でも同様のものがある）。ザ行で問題なのはジとズの音である。シがshiと発せられるのなら、ジはzhiでもよさそうだが、実際にこの発音をするのは、九州南方のごく限られた地域である。ただ、ヂと区別する意味でzhiを用いたい。日本にいる外国人はほとんど、この音をjではじめている。アストンの辞典の表記にならっているからである（奈良時代の発音でもjから始まるようである）。ズの表記はむつかしい。江戸（東京）の人びとはズとヅを同じように発音している。また、ヒとシも混同している。ズの音をdzuと上流階級も庶民も発音しているが、正しい発音はzuである（室町時代末までは、ヅをdzu、ズをzuと分けていたが、江戸時代以降、その区別がなくなっていった）。

タ行の発音で問題となるのは、チとツの音である。チの音に関して、日本の東部で学習した人びとはchiと書いているが、長崎で勉学した人や同地に滞在した西洋人の発音を聞き分けたホフマンなどはtsiと記している。ツの音については、少数の例外をのぞいて、昔から今日までtsuと書きあらわしている。エドキンスは、チとヂの音をはじめはtiとdiで記し、あとからchiとzhiに直している（チの発音は今日ではchiであるが、奈良時代ではtiであった。一方、ツの発音は今日ではtsuであるが、奈良時代にはtuであった。この意味で、サトウよりもエドキンスの議論のほうに一理がある。これは両者の間で後に論争となる）。

ダ行ではジとズの発音が問題になる。日本で学習している大部分の西洋人は、ジとヂをそれぞれdzuとjiと発音する。しかし、アストンの場合は例外で、ジをjiと書いたのに対応して、ヂをdjiと表している。

ハ行の発音を肥前（長崎）や会津では、fa、fi、fu、fe、fo、とあらわす。また、一六世紀のキリスト教宣教師も似たような表記をしている。近年、長崎で日本語を学んだ西洋人も通常fを頭につけて発音している。一方、一九世紀の今日、日本語研究を本格的に開拓したブラウンやヘボンなどは、ハ行をha、hi、hu、he、ho、と書いている。日本人の書物もこの考え方を支持している（古代にはハ行の発音はp ph、fを頭にすえており、h音はなかった。そして、ハ行の子音はpからfに変化していった。平安時代になると、ハ行の発音とワ行の発音が混同されて、今日の歴史的仮名づかいが形成された。そのときの発音はf音とw音であった。ハ行の発音が今日のh音になるのは江戸時代からである）。

ア行との関連でヤ行とワ行の発音が問題となる。オとヲの発音は今日では同一となっているが、万葉仮名ではオをo、ヲをwoと区別していた。エとヱの区別も、万葉仮名には明確に存在し、それぞれeとyeで発音していた。また、今日、京都や江戸（東京）の標準的発音のなかに、ヰ wi、ヱ we、ヲ woの形は残っているが、実際はイ i、エ e、オ oの発音になっている。

最後にン音が問題にとりあげられた。古代後の語尾ム muがのちにン nに変化していった事実から、ひとっとびに、すべての場合にンの語源はムであると断言するのは無理がある、とのべた。

サトウの五十音図

さて、以上の考証からサトウは日本語の五十音図をつぎのローマ字に転写した。

ア a	イ i	ウ u	―	オ o
カ ka	キ ki	ク ku	ケ ke	コ ko
ガ ga	ギ gi	グ gu	ゲ ge	ゴ go
サ sa	シ shi	ス su	セ se	ソ so
ザ za	ジ zhi	ズ zu	ゼ ze	ゾ zo
タ ta	チ chi	ツ tsu	テ te	ト to
ダ da	ヂ ji	ヅ dzu	デ de	ド do
ナ na	ニ ni	ヌ nu	ネ ne	ノ no
ハ ha	ヒ hi	フ fu	ヘ he	ホ ho
パ pa	ピ pi	プ pu	ペ pe	ポ po
バ ba	ビ bi	ブ bu	ベ be	ボ bo
マ ma	ミ mi	ム mu	メ me	モ mo
ヤ ya	―	ユ yu	―	ヨ yo
ラ ra	リ ri	ル ru	レ re	ロ ro
ワ wa	ヰ wi	―	ヱ we	ヲ wo

サトウがこの論文を仕上げるにあたり、参考にした書物はつぎの通り。『磨光韻鏡』、『韻鏡袖中秘伝鈔』、『漢呉音図』、『漢字三音考』、『諸家点図』、『遠古発点譜』、『好古目録』、『万葉用字格』、『和字大観鈔』、『古事記伝』、『字音仮名遣』、『音韻仮名用例』、『仮字考』、『仮字類纂』、『言元梯』、『詞捷経』、『歌学習

腋』、『音韻啓蒙』、『小学綴字篇』。今日の学問的成果からみると、サトウの作成した「五十音図」や参照した著作に問題がないわけではないが、この点の議論はあとまわしにして、つぎに、当時の「学界」の反響についてページをさくことにしよう。

質疑応答

二月一一日の日本アジア協会例会での質疑応答である。(3)まず、当日の司会であった会長のサイルがサトウに報告の御礼をのべ、かつてベンガルのアジア協会（各地のアジア協会の母体）で初代会長のウイリアム・ジョーンズが同様の講演をしていることを指摘した。その後、インドの口語に対してアルファベット表記が採用され、ピッカーリングはその手法を北アメリカ諸語に応用した。また、中国の北京語や広東語の発音に関してはウイリアムズがこの方法を用いた。言語学者として著名なマックス・ミューラーもこれに関する論文を執筆したことがあった。ひるがえって、日本の場合には、ヘボン、オールコック、ブレムセン、レイマンなどがこれを試み、今また、サトウ氏が論考を提出したのである。サイルはさらに付言する。数カ月前、サイル自身も日本語のローマ字表記の問題で骨を折ったことがある。それというのも、日本アジア協会とドイツ・アジア協会の評議会は文部省の役人とこの問題について協議し、この表記を採用する保証をとりつけようとした。現在、文部省内に検討委員会がつくられたが、これは日本人にとっても外国人にとっても良いことだと表明した。

ブレムセンがサトウに投げかけた質問をかわきりに、討論が活発化した。サトウ氏自身、この新しい翻字法がどの程度採用されると考えているのか。書き言葉の辞典や文法書にとどまるのか、あるいは話し言葉全般にまで採用されるのか。――この問いに対してサトウはつぎのように答える。書き言葉と話し言葉にこれを採用する際の不便さに気がついているので、すべての用途に正字法を早急に導入しようと思ってはいない。何人かの学者に教えてもらったのは、一般に用いるためには音声法があってしかるべきだし、それは日本語のつづりに基づいた科学的目的にかなったものであるべきだということである。

チェンバレンが意見をのべた。日本語をローマ字に転写する問題は、人びとがあまり気にかけないでいた事柄が足をひっぱるので、おそらく、合意を得るには希望のない問題である。つまり、日本語という同じ名称のもとに、書き言葉と話し言葉という、二つの異なる言語が含まれているからである。そのちがいはラテン語とイタリア語の相違に似ている。もし、ローマ字論者が、日本政府がローマ字を国語として採用する日を期待しているならば、それはありえないことと悟るべきだろう。

ソパーの意見。辞書や文法書にとっては、この正字法はきわめて論理的である。実用面では、外国人が発音通りに正しく発音できないので、この発声法は欠陥がある。

こうした正字法や音声学や言語学の問題はこの日の議論でも結着はつかず、このあとにもさまざまな論考が執筆されることになる。この問題について、チェンバレンはとりあえず以下の見解をのこしている。それは一八八〇（明治一三）年に刊行された彼の著作“Classical Poetry of the Japanese”の序説の文章である。

古代日本語はラテン語がイタリア語とちがうように、現在の日本語とは大変違っていると思われるが、古代日本語の本当の発音は、たしかめようがない。それゆえ、この訳書では、アーネスト・サトウ氏が『日本アジア協会紀要』第七巻第三部で示唆されている、より規則的な体系に従うことが、現段階では賢明であると考えた。その体系によれば、書かれている通り、正確に原文の音節を一つ一つローマ字で単純に書き直すことである。現在ではもはや違うけれども、古代の日本語は、文字は全部一つ一つ発音されていたことはほとんど確かのようだ。(4)

論文の波紋

サトウ論文の影響力は大きく、日本アジア協会の論文にかぎっても、同年一一月一一日にはアストンの朝鮮語のアルファベットへの提言があり、翌年の一八八〇（明治一三）年にはエドキンスとサトウの間で古代のタとチの発音に関する論争があった。さらに三月九日には仮名の表記についてのディキンズの論考が公表され、六月二九日にはエドキンスが中国語の音価が日本語に転写される問題に関して二つの論文を投稿した。歴史的仮名づかいについての論争はさらにつづき、エドキンスが八世紀（奈良時代）の日本語の語彙、すなわち万葉仮名をとりあげると、すかさずサトウがこれに対する反論をとなえている。一八八一（明治一四）年のことであった。ヘボン、サトウ、アストン、チェンバレンらが外国人向けに執筆した辞書や文法書も、こうした論争の成果が巧みに取り入れられていった。

こうした動きに対応するかたちで、ローマ字による日本語の書きあらわし方が問題にされ、さらに言文一致運動にともなってローマ字国字論まで台頭した。その起源は一八六九（明治二）年の南部義籌の「修国語論」までさかのぼれる。一八八四（明治一七）年には羅馬字会が設立され、ローマ字の普及につとめた。翌年、この会は「羅馬字にて日本語の書き方」を定めた。内容は、サトウの提言にそって、子音を英語の音で、母音をイタリア語の発音にあてる、というものであった。これらはチェンバレンらが中心となってまとめられた。ヘボンはこれを追認した。これが世に知られたヘボン式ローマ字である。一方、一八八五（明治一八）年には田中館愛橘が「羅馬字用法意見」を発表し、のちの日本式ローマ字を提唱した。また、時代は下り、一九三七（昭和一二）年には日本政府サイドの訓令式ローマ字も打ち出された。こうして三種のローマ字表記が提出され、今日にいたるまで日本語のローマ字表記問題はくすぶっている。サトウの論文は、かかる流れのなかの一里塚ともなる、示唆の多い論考であった。サトウ論文はＪＷＭ紙の一八七九（明治一二）年六月二一日号、同月二八日号、七月五日号に連載され、やがて日本アジア協会の『紀要』に転載された。これをうけて、『ジャパン・パンチ』誌一八八〇（明治一三）年四月号は「サトウの五十音表」を話題にした。ところが内容はさんたんたるもので、「翻訳の悲惨な結果を見る。ドウモ、ワカリマセン」というキャプションがつけられた。一般にはサトウの提案は受け入れられなかったようだ。

天眼被障の英訳

一八七九（明治一二）年三月一一日の日本アジア協会の例会（会場は東京の湯島聖堂・書籍館）でのJ・M・ジェームス（James）の講演 'A Discourse of Infinite Vision, as Attained to by Buddha' に耳を傾けることにしよう。内容は『天眼被障』という仏陀の講話を英訳して、解説をほどこしたものである。この講話は一八七八（明治一一）年八月に一向宗門徒の佐田介石の手で品川の真海寺に引き渡された。佐田は「ランプ亡国論」を唱え、明治政府の文明開化政策を批判した人物であった。

天眼には現量知、比量知、非量知（三つの知識の才能）がある。現量とは実際に五感で認識できるもので、たとえば鏡にうつった自分を見分けることである。比量とは目に見えないが推量できるものである。煙を見て火があることを知ることである。非量とは現量と比量以外のものである。さらに天眼通、天目通、他心通、宿命通、神境通という五神通（五つの特別の性質）が存在する。また、借光眼、離光眼、日光眼、忌光眼、遠細眼、無量眼、穿妖眼、時変眼という八つの眼力も備っている。そのほか、仏教の多様な項目を説く。理論性がある仏教は、西欧人には理解しやすいものであろう。報告後、サトウ、ライト、ジェームスの間で質疑応答があった[5]。

日本のガリヴァー

四月八日の例会（会場は湯島聖堂の書籍館）で、チェンバレンが 'Wasaubiyauwe, The Japanese Gulliver' （和荘兵衛）を発表した。数カ月前、江戸（東京）の古本屋の店先でほこりにまみれた古書のページをめくっていたとき、テーブルに腰かけている小人の絵や巨人の群集に目をそそがれている小人の絵本を見出した。まるで巨人国のガリヴァーに似ていた。その絵本こそが『和荘兵衛』だった。この本の主人公である和荘兵衛（和荘とは「日本の荘子」だとチェンバレンは注記した）は、ガリヴァーと同じく、これまで誰も見たことのない国や土地へと旅立った。なるほど、彼はリリパットやラピータを発見することはなかった。しかし、不老長寿の土地、限りなく豊かな土地、インチキの土地、古い花ばなの土地、逆説の土地、そして巨人の土地へと赴いた。主人公は釣り船に乗って長崎の港から海へと漂流し、無数の冒険に出くわすが、その話しがたいへんユーモラスに語られている。この本は一七七四（安永三）年に遊谷子によって書かれたものだが、チェンバレンはこれを疑っている。日本人には周知の馬琴の文体に似ているからである。チェンバレンは不死国の条と大人国の条を英訳し、これに脚註をつけた。この日、クララ・ホイットニーは日記をつぎのように記した。

チェンバレン氏が不老長寿の国や巨人の国での冒険の話をして下さったが、スゥイフトの『ガリヴァー旅行記』によく似ていた。とても面白い話で『不思議の国のアリス』を思いおこさせた。(6)

チェンバレンの報告が読み上げられたのち、質疑がかわされた。ユーイングはこの『和荘兵衛』とスイフトの著作との著しい類似に注目して、西洋の物語のいくつかが日本語の著作に影響をあたえたのではないかと質した。これに応えてチェンバレンは、訳出した『和荘兵衛』の二章からみると、なるほどガリヴァーの影響と思われるかもしれないが、全体からみると日本人作者が好んでガリヴァーを借用したとは考えがたい、とのべた。さらに彼は、スイフトの作品は面白さという点では豊富な内容を有していたので、オランダ語の翻訳を通じて『和荘兵衛』の作者にもこの作品が知られていたかもしれないが、全くこれを借用したとはほとんど考えられない、と結んだ。

チェンバレンは『和荘兵衛』におけるスイフトの影響を否定したが、これに対する今日の比較文学界の評価は異なっている。日本におけるイギリス文学の最も初期の翻訳はスイフトの『ガリヴァー旅行記』であり、その翻案の実例として風来山人（平賀源内）の『風流志道軒伝』（一七六三年）、遊谷子の『異国奇談和荘兵衛』（一七七四年）、曲亭馬琴の『夢想兵衛胡蝶物語』（一八〇九年）があげられる。ただし、翻訳は明治になってからであり、片山平三郎が口述した『絵本鵞瓈皤児《ガリバルス》回島《しまめぐり》記』（一八八〇年）が最初である。チェンバレンの発表は好評で、会長のサイルも『和荘兵衛』の全訳をすすめた。チェンバレン氏は、残念ながら『和荘兵衛』の全訳は約束できないと述べた。というのは、不死国から遠く離れたこの国では、人生が短いのに、注意を向けるべき重要な日本研究の題目はたいへん数多いからである。(7)チェンバレンの報告は五月二四日号のＪＷＭ紙に掲載された。

五月一三日、日本アジア協会の例会が東京・湯島聖堂の書籍館で開かれた。クララ・ホイットニーは前月にひきつづいて、その会合に出席した。

今日は［日本］アジア協会の日なので聖堂に行く仕度をした。（中略）着いた時、丁度役員を選挙中だった。まもなくアトキンソン氏が、日本人の食べる砂糖菓子の一種のアメの製法について話しだした。だが化学分析なので、私にはつまらなかった。アストン氏の論文は、長崎のオランダ人を侵略した、イギリス軍艦フェートン号事件（一八〇八年）についてで、時の役人トキエモンの書いた一種の日記だった。チェンバレン氏が読んで、とても面白かったが、日本人の示した臆病ぶりがよく分かり、日本人が聞いていなくてよかったと思った。(8)

日本のアメ

この日の論文は、アトキンソンの‘The Chemical Industries of Japan-No. 2. Ame’（日本の化学工業―第二回、アメ）とアストンの‘H.M.S.‘Phaeton’ at Nagasaki in 1808’（一八〇八年のフェートン号事件）であった。クララには評判がよくなかったアトキンソンの報告が先陣を切った。

故リッター博士は、一八七四年にドイツ・アジア協会に投稿した論文で、アワからつくったアメは甘いが、コメからつくったアメはやや白っぽくなる、と述べている。この発言は部分的には正しくない。私自身の観察とアメ製造業者の一致した見解から、アワのアメよりコメのアメのほうが甘い味がするのは明らかである(9)。

アトキンソンはリッター論文に反駁することから議論を展開して、アワアメ、モチアメ、ウルチアメなどの化学分析を行った。ただ、分析表の羅列はクララならずとも素人には退屈であったろう。しかし、当日の議事録をみると、報告終了後の質疑応答では、専門的な質問が飛び交い討論が盛りあがった。

サイル――砂糖菓子は子供の幸福と健康に大変関わりがある。ある医師の説によると、たいていの子供の胃袋は七歳になるまでに荒れ果ててしまっている。（中略）また、貿易品としてアメはかなりの利益がある。

マカーティ――中国では、アメは街角で売られている。そして、金を得るために、着物や中古品と交換されている。中国では様ざまなかたちのアメが売られているが、日本ではそのようなことを私は聞いていない(10)。

六世紀の中国の『斉民要術』にアメ製法の詳細な記述があり、日本でも『日本書紀』に飴（たがね）の文字が見える。平安時代の『延喜式』には汁アメという一種の水アメが登場している。室町時代には、「砂糖飴」の語が見られる。また、このころには地黄煎《じおうせん》というアメの行商人も出現した。江戸時代に入ると、京都の里の桂アメ、大坂の平野アメが江戸でも珍重された。そのほか、三官アメ、千歳アメ、金太郎アメ、求肥《ぎゅうひ》アメ、翁アメ、有平糖など多種多様のアメがあった。明治初期の外国人たちは、こうした日本のアメの多様性を深く認識していなかったようだ。

この日、アトキンソンはこの論文とは別に、以前に講演した‘Analysis of Surface Waters in Tokyo’という、東京の上水道の分析表を協会に提出した。さきのヘールツの横浜上水道論に刺激されたのであろう。

フェートン号事件

ついで、アストンのフェートン号事件の報告があった。チェンバレンの代読である。

『イギリス人の長崎侵犯の記録』――ある日、江戸の裏店の本屋でぱらぱらとページをめくっていると、こんな表題の本が私の眼にとまった。一八〇八年のフェートン号の滞在中に記された長崎奉行所の公式記録であった。[11]

フェートン号事件とは、一八〇八（文化五）年一〇月四日にイギリス国籍のフェートン号がオランダ国旗をかかげて入港した事件である。人質とひきかえに食料と飲料を要求したフェートン号は、日本側の狼狽をしり目に、まんまと港外に逃げて行った。長崎奉行松平図書頭康英は責めを負って切腹自害した。この事件はフランス革命とナポレオン戦争から生じたイギリスとオランダの対立を遠因としている。時のオランダ商館長ドゥーフは、アジアの制海権を母国オランダがイギリスにうばわれたために、本国からの音信もバターもブドウ酒もなしに出島に閉じ籠められてしまった。一八一七（文化一四）年、ようやく復活したオランダの船が長崎にやってくるまで、ドゥーフは一九年間忍耐の日々をおくった。

アストンが冒頭であげた書名には 'History of the Outrage by Anglians at Nagasaki' という英題が付されていた。これは時の長崎通詞の上條徳右衛門の筆になる『長崎英寇始末』であろう。同書だとしたら、これは『幕末外国関係文書』のシリーズに入っている。つぎに、この日の日本アジア協会の議事録をあげておく。

B・H・チェンバレン氏はW・G・アストン氏の「一八〇八年の長崎フェートン号事件」という論文を読みあげた。会長［サイル］は協会を代表した御礼のことばをのべたあと、この論文について解説した。この論文は魅力あふれる日本人の性格の一端を示すものとして、とても興味深いし、さらには［日本の］政府の方策の良い典型となる、とのべた。[12]

ここまではクララの感想とほぼ同じである。ついで、会長はごく基本的な質問をした。

会長は日本歴史の史料に関してチェンバレン氏にたずねた。氏が答えたのは、歴史著述のほとんどが単純なる年代記の構成をとっているので、日本の歴史書はたいへん無味乾燥な読み物である、ということであった。[13] これよりさきの五月二日、サトウがアストン論文を入手して、つぎのような感想をのこした。「うれしく拝読いたしました。この課題は母国の人々には十分に関心が払われるとは思いませんが、あなたがこの事件を取り扱ったことで、日本の人々を十分に楽しませることにはなったようだ」（五月二日付書簡）。

アストン論文に先立って行われたアトキンソンの報告に対する質疑応答に思わぬ時間がとられてしまったので、フェートン号事件に関する討論は深まることなく、時間切れになってしまったようである。ただ、アストン報告は、一般参加者の興味を引いたらしく、六月一四日号のJWM紙に登場することになった。

大阪支部設立問題

五月二六日、日本アジア協会が東京や横浜をはなれて大阪で例会を開いた。日本学士院の前身団体に属していた服部という人物の好意で大阪専門学校を会場として借りることができた。例会の目的は日本アジア協会の「大阪支部」の設立の可能性を議論することにあった。会長のサイルが口火を切った。

評議委員会はいつも大阪に支部をもうけたいと思っていた。日本アジア協会が創立されて五年たち、その『紀要』もすでに五巻を刊行し、日本の内外に大きな貢献をはたした。イギリスの外務省と日本の内務省も『紀要』を送ってほしいともいっている。支部を設立するのに十分な条件が大阪にはほとんど整っているように思う。この会議はまだ準備会議にすぎないが、それゆえにこそ諸君に以下の決議案を提示する。「[日本]アジア協会の会員はこの大阪会議のメンバーとともに日本アジア協会の支部を構成する母体となることを決議する」[14]と。

フォレスト牧師とサイル会長らとの間でいくつかの質疑がくり返されたのち、大阪会議のもうひとつの山場がやってきた。

親学会の承認を最初に得ずして、学会の支部を設立する方針について様ざまな議論がおこった。ゴーランド氏は、東京の学会の同意をまず確実に得なければ、いかなる学会になろうとも「支部」をつくることには強く反対する、と述べた。長いディスカッションののち、以下の修正案が会議に提出され、満場一致で採択された。「レーヴィト牧師が発議し、ゴーランド氏が同意をしたのは次のことである。大阪、あるいは大阪と神戸に協会の支部を創立する件に関しては、東京の[日本]アジア協会の評議委員会と協議をしなければならない」[15]と。

こうして、日本アジア協会の「関西支部」（大阪と神戸）設立にむけた活動がはじまり、神戸在住のマクレガン、ペニー、コイズミの三人が協議をすることになった。以後の動向や、なぜ「関西支部」が創立されなかったか、などの事情は現在のところ分かっていない。

この「関西支部」問題について、神戸と横浜と東京の英字新聞がいちはやく反応を示した。まず、神戸の Hiogo News 紙はコラム欄で、日本アジア協会の大阪・神戸支部を設立する提案が大いなる議論を読んだと一報した。これを受けて、六月七日号の Japan Gazette 紙が詳報を伝えた。「大方の意見はその提案に反対であった」であったが、関西在住の日本アジア協会会員の不満もよく理解できる、とジャパン・ガゼット紙は同情的であった。この地域にかぎらず地方在住の協会会員の意見がなかなか反映されていないのではないか。筆は鋭いタッチで東京のアジア協会へと向けられる。「現協会は、横浜時代のアジア協会のスタイルを守ろうとしているのかもしれない」が、最近は内容が高度になりすぎて、一般会員の理解をこえるものがある。学術性より啓蒙を重視せよ、との主張である。また、六月二一日号のTokio Times紙も同意見で、「日本アジア協会は有益な機関ではない」と手厳しい。

一九四九（昭和二四）年ごろ、日本アジア協会の関西グループが「関西アジア協会」と名乗って活動を開始した[16]。ハッセルやハウチェコーンらを中心として、フランク・ホーレーの名もみえる。日本人としては、岩村忍（京都大学教授）、江馬務（京都女子大学教授）、竹村健一（フルブライト給費生）らの名前がある。学会誌も第一〇号まで刊行され、掲載論文は二一件であった。京都を中心として活動が行われ、京都大学人文科学研究所、新島会館、京都アメリカンセンターなどで例会が開かれた。また、大阪もしくは神戸でも研究発表の会がもたれたようである。系譜としてはつながらないかもしれないが、この「関西アジア協会」も日本アジア協会の活動の一波紋とみることも出来よう。

日本絵画史

大阪会議の一カ月後に行われた日本アジア協会の例会で、イギリス人医師で日本美術にも造詣が深いウイリアム・アンダーソンが 'A History of Japanese Pictorial Art'（日本絵画美術史）という報告を読み上げた。ただし、このアンダーソン講演がいつ行われたのか疑問点が多い。『日本アジア協会紀要』第七巻には六月二四日とあるものの、クララの日記の六月一七日の条には「アンダーソン博士の「日本美術」に関する講演を聞きに私も四時に行った。（中略）講演は全然わからなかったので印刷したものを読みたいと思う[17]」という記事があり、二つの日付が存在している。それにこの例会が開かれた会場も不明なのである。

後年、このアンダーソンは『大英博物館所蔵、日本中国絵画の叙述的歴史的目録』と題した労作を刊行する。この講演はその出発点ともいえる。彼はフランスの日本美術雑誌に浮世絵に関する論考を投じ、サミュエル・ビングらのジャポネズリー運動に参加している。

アンダーソンの講演は中国絵画の日本流入から筆が起されている。古い時代には、芸術は主として朝鮮と中国からの渡米人の手中にあった。本当の意味での日本人最初の画家は巨勢金岡《こせのかなおか》であった。一一世紀になると、藤原基光により大和絵が確立し、以後の日本美術の特色となったものがこれに含まれていた。一二世紀には鳥羽僧正によって鳥羽絵が考案される。そして、一三世紀には土佐流という古典を題材にした流派が生まれた。日本絵画は足利時代に再び中国の影響をうけて活気を呈した。同じころ、イタリアの絵画が頂点に達したのと奇妙に一致する。兆殿司《ちょうでんす》［明兆《みんちょう》］と如拙《じょせつ》がその代表的画家である。二人の偉大な画家のあとをうけて、雪舟、周文、狩野正信らがそれぞれ独立した流派の始祖となった。とくに狩野流は日本の古典絵画の牙城となった。アンダーソンはこの狩野流の系譜を詳しくのべたのち、浮世絵に筆を転じる。浮世絵の源流は一六世紀末の岩佐又兵衛までさかのぼる。のちに菱川師宣がこれを確立し、英一蝶が広めていった。彼は浮世絵の代表的画家として葛飾北斎をあげ、その障害と作品を詳述した。その後継者にも言及した。

転じて、唐絵について一章を設けたり、日本絵画の評価に関してもあらたな章をつくって論じている。日本絵画の評価はヨーロッパ絵画のそれと同じくらい高いものである。だが、日本や中国では絵画と同程度に書道を芸術として評価するが、これは西洋では考えられない。日本人は絵画の批評にあたって書法に注意を集中する。線で写実することを第一にして、対象物を忠実に描写するのは二の次となる。自然の忠実な描写は日本では下品なこととして排斥される。このアンダーソン論文は外国人による日本美術批評の先駆となった。

大阪覚書

アンダーソンの講演があった次の日、宣教師のサマーズ（J. Summers）が "Notes on Ôsaka"（大阪覚書）という報告を行っている。大阪の歴史や寺院について論じている。その叙述にあたって、『日本書紀』、『摂津名所図絵』、『日本外史』などの日本側文献を参考にしている。

> 大阪のすべてを述べるのは、この論文では誠に大きすぎる仕事である。そこで、とくに関心のある点と歴史的に価値がある重要な場所の叙述に限ることにしたい。（中略）古い史料によると、大坂の地名は一四九二（明応元）年ごろが初出のようである。当時の大坂は玉造《たまつくり》と今日呼ばれている狭い場所に限られていた。以前、分散していた村あたりを大江《おおえ》（大きな川）と呼び、大江坂《おおえのさか》が短縮されて大坂《おおさか》という地名が生まれた。事実、『摂津名所』がそう言っている。(18)

サマーズの講演は大阪に関する啓蒙活動であり、学術性はあまり高くない。重要なのは、前述の「支部」設立へ向けた一大デモンストレーションだということである。たぶん、このときの例会は大阪で開かれたのであろう。しかし、大阪の外国人日本研究家の層のうすさと一八八〇年のサイルの帰英で、「大阪支部」の求心力は失われていった。

古代日本の祭祀

六月三〇日にはサトウの "Ancient Japanese Rituals.—Part II"（古代日本の祭祀・第二部）が例会（会場は聖堂の東京書籍館）で発表された。前年一一月一二日に行われた、祝詞研究の続編である。言うまでもなく、祝詞は代々朝廷に仕えた中臣氏によって祭礼のおり朗誦された。祝詞の成立年代は知られていない。七世紀ごろに今日知られている形となったと推定される。平安時代の『延喜式』のなかに、七五編の祝詞が紹介されている。そのうち、本文が掲示されているのは二七編である。豊作を願う祈り、火事や疫病をのがれるための祈り、天皇の御世が栄えるための祈り、食物の女神や風の神に敬意を示すための祈りなどがある。有名なのは「大祓《おおはらへ》」という、みそぎの祈りである。

今回のサトウ論文が紹介したのは、こうした「祈り」の数節で、具体的には「春日祭《かすがのまつり》」、「広瀬大忌祭《ひろせのおおいみのまつり》」、「竜田風神祭《たつたのかぜのかみのまつり》」

の三つである。サトウによれば、「春日祭」は比較的新しい祝詞で、八五九（貞観元）年に作成されたものである。別名、「春日神四座祭」といい、四人の神様を祭るもので、中臣氏に所縁が深い。「広瀬大忌祭」は文字通り広瀬神社のための祝詞である。穀物の無事な生育、水害のないことを祈る。「竜田風神祭」は竜田神社の祭りであり、穀物の無事な生育、とくに風害のないことを祈る。

アメリカ人女性クララ・ホイットニーはこの日の日記に「月曜日の午後、［日本］アジア協会に行き、サトウ氏の日本の儀式についての大変興味深い講演を聞いた(19)」と書きとめている。よほど感銘をうけたようだ。

ネーチャーの評価

八月一一日に発行されたイギリスの大衆向け科学雑誌である『ネーチャー』（Nature）第二〇号に'Transaction of the Asiatic Society of Japan'という論説がのった。『紀要』第六巻に対するコメントであった。この号にはサトウのタバコ日本伝来に関する論文もあり、こうしたテーマが科学好きのイギリス大衆の目にとまったのであろう。これを端緒として、第二二号（一八八〇年八月一二日号）、第二六号（一八八二年七月二七日号）、第二九号（一八八四年四月二四日号）、第三一号（一八八五年四月二三日号）に日本アジア協会に関した論説がのせられた。『ネーチャー』誌の創刊は一八六九年一一月だが、一八八〇年代の同誌と協会の結びつきは興味尽きない出来事であった。

同誌の第二二号以下のテーマを書きとめておくと、つぎのようになる。第二二号（一八八〇年）の〈Chemical Notes〉の欄にR・W・アトキンソンの日本のアメの分析が紹介されている。これはアトキンソンが日本アジア協会の『紀要』第七巻に投稿したアメの論文'Chemical Industries of Japan'（日本の化学工業）に言及している。つぎに、第二六号（一八八二年）はB・H・チェンバレンの『英訳古事記』の紹介である。そして、第二九号（一八八四年）は'The Chemistry of Japanese Lacquer'（日本の陶器産業）と題して、一八八四（明治一七）年二月一三日にO・コルシェルトとH・ヨシダが口頭発表した論文にふれた。最後の第三一号（一八八五年）は'A Meeting of the Asiatic Society of Japan. Tokio, Fed. 11. 1885'というもので、この日行われたW・イーストレイキとJ・ドゥートレーマーの口頭発表を書き留めた。

第13章 研究の多様化 ——一八八〇

ノルデンショルドの航海

一八七九（明治一二）年九月二日、コペンハーゲンより北極海をめぐり、史上初の北東航路を達成したヴェガ号に乗ったスウェーデン人ノルデンショルドが横浜の土を踏んだ。この報に接した日本人は盛大に歓迎した。九月一四日の東京日日新聞にはつぎの記事がある。

　此ほど横浜に寄港せし瑞典の北洋周航の汽船ヴェガー号に乗組るる探訪旅行主宰ノルテンスギョルト氏の一行を独乙《ドイツ》亜細亜協会、英吉利《イギリス》亜細亜協会並に我が東京地学協会と連合して同氏を招待し其労を慰せんとの催ほしあり。[1]

翌一五日、日本アジア協会・ドイツアジア協会・東京地学協会の三者共催の盛大なレセプションが工部大学校で開かれた。ノルデンショルドは主催者の北白川宮のとなりに座った。数日後、祝賀会の記念として金を散りばめ、「日本東京地学協会」という文字が刻まれた、大きな銀のメダルを贈呈された。[2] 東京地学協会四六名、日本アジア協会六〇名、ドイツアジア協会二八名の各会員の出席があった。日本アジア協会は一〇月一四日の例会でノルデンショルドを名誉会員に推たいした。

ノルデンショルドは九月一七日に明治天皇を謁見している。一九日にはサトウを訪れた。[3] サトウは土産として『紀要』を寄贈した。ノルデンショルドがもらったのが、前年刊行の第六巻であったことは、彼の日本滞在録に、さかんにサトウの「タバコの日本伝来」という論文が引用されている点から明らかである。[4] ただ、同月二〇日に彼が江ノ島に赴き、ホス貝を見ているのだが、『紀要』（創刊号）を携持していたら、ハドロウ論文にもとづいた、もっと精巧な記述を彼の著作にのこせたであろう。

東京地学協会が設立されたのは一八七九（明治一二）年四月のことで、ヨーロッパの地理学会、とりわけイギリスのRoyal Geographical Societyに範をとっている。「地学」は「地理」の誤訳ではなく、西欧の新しい概念としてのGeographyを強調したいためであった。会員構成は、皇族二名、華族二〇名、政治家八名、官吏二四名、公使二名、文官六名、民間人七名であった。翌年の一八八〇（明治一三）年の会員リストを見ると、外国人一一名というのが目を引く。イギリス人五名、ドイツ人三名、清国人二名、フランス人一名が内訳である。サトウ、チェンバレンといった日本学者や、ドイツ公使、大清欽差書記官麦嘉締《マッカルテー》、外国新聞通信員などもいる。ノルデンショルド来日の歓迎会により、東京地学協会の存在が在日外国人の間に広まって、入会手続きをとったのであろう。[5] サトウは一八七九（明治一二）年九月二七日発行の東京地学協会会員証を持っている。[6]

八ヶ岳・白山・立山

新年度の日本アジア協会の活動はこのようにして始まった。本来の学会活動である例会が開かれたのは、一〇月一四日のことであった。会場は東京・湯島聖堂の書籍館である。この日の発表はアトキンソンによるもので、タイトルは“Yatsu-ga-take, Haku-san, and Tate-yama. Notes of Summer Trip”（八ヶ岳・白山・立山紀行）であった。[7] アトキンソンは開成学校の化学教師であり、日ごろは、日本アジア協会へも日本酒醸造論、水質分析などの研究論文を寄稿していた。今回の講演では趣味の山登りの報告を行った。

この年、お雇い外国人には日本国内の旅行制限がゆるめられていた。七月一六日、アトキンソンらは東京・本郷の加賀屋敷を出立した。川越街道を進み、栃木から十文字峠を経て信濃に入る。二二日には本沢温泉から夏沢峠をこえて、硫黄岳、地蔵山（横岳）まで来たが、赤岳を目の前にして引き返した。悪天候のためである。伊那から権兵衛峠を経て、さらに王滝より木曽御岳の南をめぐって下呂に着く。御母衣《みほろ》から大白川づたいに地獄谷を通り、八月二日、白山の山頂にたどりついた。金沢、富山を経て、常願寺川に沿い立山温泉に入った。八月一一日に立山雄山に立つ。黒部川へ下ってゆき、針ノ木峠を経由して大町に出た。上田、碓氷峠、高崎と健脚をとばして、八月一五日に東京へ戻った。アトキンソンは後人のために踏破した山々の標高を測定した。地蔵山（横岳）八六六〇フィート、立山雄山二八一九メートル、白山二六一七・九メートル、針ノ木峠二三六二メートルがそれである。一一四種にのぼる植物も採集している。

日本の近代登山の父ウェストンが、上高地にその足跡を刻したのは一八九一（明治二四）年である。その一二年も前にアトキンソンは友人のディクソンと中沢岩太とともに人力車と徒歩で、八ヶ岳、白山、立山に登っている。外国人の日本旅行に厳しい制限があった時代だが、ようやく一八七九（明治一二）年になり、お雇い外国人に限ってその制限がゆるめられた。とはいえ、日本人ですら未踏破であった山路をあゆみ、空白地帯になっていた山岳地域の情報を一般人に提供してくれた。こうした情報が西欧人によって日本各地で集積される。これらを基礎にして、サトウとホーズの共編による“A Handbook for Travellers in Central and Northern Japan”が一八八一（明治一四）年に刊行された。

朝鮮語のローマ字表記

一一月一一日の例会は東京・湯島聖堂の書籍館で開かれた。アストンとミルンの報告があった。アストンのタイトルは

'Proposed Arrangement of the Korean Alphabet' といい、朝鮮語表記に関する試論であった。多分に前年度のサトウ報告「日本の五十音図」に刺激をうけた論文といえよう。ただし、後代の研究者からは「文化的帝国主義をにおわすもの」として非難をうけた。

現存する権威が考案した朝鮮語のアルファベット文字の配列は、きわめて不規則で不便である。以下に示した試案は、いくつかの観点から、より進歩したものと思われる。朝鮮語の研究がまだはじまったばかりの現段階では、この言語を学習する人の便宜という偏見をとりのぞいて、もっと機能的な配列を紹介すべきである。(8)

朝鮮語のハングル文字が創成されたのは、李朝第四代の国王世宗のときで、一四四三年に制定され、一四四六年に公布された。当時の李朝の上流社会の人びとは漢字を用いていたが、一般民衆は書くための文字をもっていなかった。そこで、若手学者の協力をえて、王自らが考案したのがハングル文字であった。このハングル文字は一〇の母音字母と一四の子音字母から成っている。ちなみに今日のアルファベット発音によるハングル文字とアストンが考案したアルファベット発音によるそれのちがいは以下のごとくである。アストンが最後に表記した・(ā) は今日ではㅏ(a) に吸収されている。

今日――ㅏ(a)、ㅑ(ja)、ㅓ(ɔ)、ㅕ(jɔ)、ㅗ(o)、ㅛ(jo)、ㅜ(u)、ㅠ(ju)、ㅡ(uv)、ㅣ(i)。

アストン――ㅏ(a)、ㅑ(ya)、ㅓ(ŭ)、ㅕ(yŭ)、ㅗ(o)、ㅛ(yo)、ㅜ(u)、ㅠ(yu)、ㅡ(eu)、ㅣ(i)、・(ā)。

アストンの発音は現代のそれとは大きく異なるものではない。西ローマ帝国が崩壊すると、強大な古典ラテン語・古典ギリシャ語の文化的影響力がゆるみ、ヨーロッパ各地に多種多様の言語が生まれてくる。たとえば、六世紀――アイルランド語・キムリア語（ウェールズ語）、八世紀――英語・ドイツ語、一一世紀――フランス語・ロシア語、一二世紀――デンマーク語・スペイン語・ポルトガル語といった具合である。東アジアでも同じことがいえ、圧倒的な中国文化の影響をのがれて、日本語の仮名がつくられ、朝鮮語のハングル文字が創案された。

小樽・函館の先史遺跡

ミルンの報告は 'Notes on Stone Implements from Otaru and Hakodate, with a Few General Remarks on the Prehistoric Remains of Japan'（小樽・函館の先史遺跡）という、考古学の論考であった。(9) 一八七八（明治一一）年にロシアより帰国した榎本武揚は小樽に立ち寄り、手宮洞窟を発見した。『北海道志』（一八八四年）には「初め海軍中将榎本武揚、開拓大書記官山内提雲等此地嘗て石鏃・石剣・雷斧及び陶器・古髑髏を土中に掘り得たるを開き、明治十一年来観し、因て又此刻文あるを見る。写して、東京大学に送る」とある。これに関心をしめしたのが、当時工部大学校で鉱山学を教えていたイギリス人ジョン・ミルンであった。ミルンは一八七九（明治一二）年の夏に小樽の手宮洞窟に駆けつけ、さっそく、日本アジア協会の例会で右のタイトルの発表をした。内容は（1）竪穴、（2）彫刻、（3）塚と貝塚、の三つに分かれた。まず、竪穴の叙述である。

竪穴は直径約八フィート、深さ三フィートの、ほぼ円錐形の穴である。海岸から四分の三マイル後方の険しい丘の麓に近く、群をなしている。私がそこを訪れたとき、地面はシダと高い草で厚くおおわれていたので、全体の配置でどのようなプランがあるかどうかを決めることは不可能であった。これらの場所を、私は注意深く先住者の遺跡を探すために調査したが、成功しなかった。(10)

ミルンは竪穴からは思ったほどの成果はあげられなかった。彼の論文で精彩を放ったのは、（2）の彫刻と（3）の貝塚の部分であった。

私が小樽で見た彫刻の略図は付図に示してある。これらは湾の北西側にある崖の面に、粗く刻まれている。これらの崖は約一〇〇フィートの高さがあり、淹木でおおわれている。（中略）第一に、これらの記号のうちのいくつかは、ヨーロッパ北部に残されているルーン文字のmを想起させる。また、これらは古い漢字に類似点をもつといわれている。(11)

ルーン文字は古代ゲルマン民族が一世紀ごろから使用していた特殊なアルファベット文字である。ルーンとは「秘密」を意味する。最盛期の五、六世紀にはイギリスやドイツにも伝えられた。

第二の推定は、ある神官によって伝えられた階級の標式であるかもしれない、ということである。第三の考えかたとしては、それらは男根崇拝を意味するというもの。第四は、人間と動物の原始的な表現であり、ルーン文字のmに似た記号は鳥を意味する、という見方である。さらに第五には、軽はずみな考古学者をたぶらかそうという目的を以って、誰かが故意に彫りつけたものだという説もある。しかし私自身は、この地方に貝塚や種々の道具を残していった人びと――すなわち、アイヌの手によって刻まれた記号であろうと考えている。(12)

後年、この手宮洞窟の文字についてさまざまな論争がくりひろげられた。一八八四（明治一七）年には渡瀬荘三郎がアイヌではなくコロボックルの遺跡であろうと断じた。また、一八九六（明治二九）年には坪井正五郎が「石器時代人民の手に成った者で有ろう」（『史学雑誌』）と結論づけた。鳥居龍蔵は坪井説に反駁して、東北アジアの突厥族のウイグルも字より古いツケー文字に似ている、と評論した。また、ある学者はトルコ文字と解釈した。さらに言語学者の中目覚は古代トルコ文字を応用した靺鞨語《マッカツ》（ツングース族のことば）で解釈できると説いた。しかし、こうした諸説には当然反論があった。歴史家の重野安繹は後人の偽作であろうと述べた。偽作説には、関場不二彦、白野夏雲、ジョン・バチェラーなども同調した。そして、昭和初年には手宮洞窟の文字の真偽について論争がつづけられた。しかし、一九五〇（昭和二五）年にフゴッペ遺跡で同様の彫刻が発見されたことで、手宮洞窟の文字の偽刻説は解消した。ただ、今日にいたるまで、その文字の意義の考察は課題としてのこされている。

大森貝塚論議

ミルン論文にもどると、モースが発見した大森貝塚についてページがさかれていた。

大森貝塚は多摩川デルタの東端にあって、現海岸線からは〇・五マイルの距離にある。この大森貝塚の年代を推定するために、私は浅草図書館に所蔵されている江戸の古地図およびナウマン博士の発表した一一世紀の地図を参考にした。（中略）これらの結果から見て、大森貝塚付近の海退速度を年平均一フィートとして計算すると、貝塚が形成されたのは今から約二六〇〇年前ということになる。(13)

ミルンは大森貝塚の実年代を推定した。戦後は放射性炭素（C14）などを用いた科学的測定法の開発もすすんだが、ミルンの方法は海岸線の海退速度より年代を算出したものであった。ミルン論文について鳥居龍蔵は「ジョン・ミルンの大森貝塚年代考察に就て」（『武蔵野』）を発表し、「我国では今日ひとりモールス氏のみ称賛し、このジョン・ミルン氏に対して少しも顧みないのは、何だか片手落ちをして居る感がする」と書いた。ミルンは、後年の論文で「大森貝塚の形成された年代は、最高で三〇〇〇年、最低で一五〇〇年」と修正しているが、今日のC14による年代測定では三〇八〇年前ごろであった。

ミルンが前掲論文を発表したとき、日本アジア協会の例会席上で、さまざまな質問や反論が発せられた。当時の考古学フィーバーが伝わってくる。たとえば、このミルン論文に対してアストンはつぎのように反駁している。

ヨーロッパ文明と比較して、日本の文明は、ごく新しく発達した所産であって、そう古くさかのぼらなくても、発達の原始段階に出あう。(14)

アストンは、八世紀の半ばごろ、本州の大半は、もっぱらアイヌによって占められていた、とも述べた。アストンの日本古代史観は考古学資料よりも文献資料を重視した。そのため、今回の彼の議論にも仙台付近の多賀城の碑文を引いていたが、これは本来大森貝塚の年代測定とは無関係の資料であった。一九世紀は「歴史学の世紀」といわれ、史料を虚心に読めばおのずと事実は浮かびあがってくると信じられていた。その考え方がこうじて、史料にないものは史実ではない、という史料崇拝にまで行きついた。アストンも見方も、多分にこうした一九世紀のヨーロッパ人特有の歴史観に影響されたものであった。その欠陥を突いて、シュリーマンはトロヤを発見した。一方、ヨーロッパの歴史理論に多大なる影響を受けている日本の歴史学や考古学の学界も、当初、岩宿遺跡発見の意味が理解できなかった。

日本アジア協会の例会に同席していたフォールズも、当時の縄文土器の古さについての一般的な考え方をしめしていた。

モールス教授が大森介墟篇第五図版に引用した編物の圧痕は、日本の近世の土器にもよく用いられている。七〇〇年前に作られた土器の一部に、同じマットの圧痕が印せられているのを自分は見ている。貝塚から出土する土器のタイプと、現代日本の低火度の焼物とは、ほとんど区別できないように自分には思える。(中略)私はすべての事情を考慮して、大森貝塚の可能な古さを今から六〇〇年前であろうと、あえて推定するのである。日本の土器研究の権威者である東京博物館の蜷川氏が、日本への製陶技術の伝来は今から一〇〇〇年以上ではありえない点からみて、貝塚の土器も一〇〇〇年以上には遡らないと明言していることを、私はここに喜んで発表させて戴く。(15)

縄文土器と江戸時代の陶器の区別ができないのは、いかにも素人考古学者である。また、彼が頼りにした蜷川の見解も今日では全く打ち消されている。アストンやフォールズの説よりもミルンの説のほうが実態に近かった。

ヘンリー・フォールズ(一八四三〜一九三〇年)はスコットランドに生まれ、一八七四(明治七)年にスコットランド一致長老派教会の宣教師として来日した。築地居留地に健康社という病院を開いて、医療と伝道に従事した。腸チブスの牛乳療法や外科の防腐処置を日本に紹介している。エドワード・モースの進化論紹介に先立ち、ダーウィンの説を批判していたことも特筆大記すべき点である。このほか、指紋法の開発、盲人教育が彼の主要業績である。フォールズは一八八五(明治一八)年に"Nine Years in Nipon"を刊行した。この本は明治一〇年代の横浜や東京の状況を記録しているだけではなく、日本の教育制度、語学、文字、精神生活にも説き及んでいる。

ある日彼は大森貝塚に行き、古代人の指紋が残された出土品を見たことから、指紋に関心をいだいた。そして、日本に古くから爪印や拇印をおす風習を科学的に分析した。「指紋使用の歴史」といった学術論文のほか、『指紋識別入門』(一九〇五年)、『指紋法』(一九一二年)といった著作を公刊している。彼はイギリス考古学やイギリス人類学会の会員でもあった。日本の警察は指紋の父フォールズを顕賞して、築地に彼の記念碑を建てた。

このミルンの論文は、モースとディキンズの論争のたたき台にもなった。この間の事情は、モース『大森貝塚』(岩波文庫)の関連史料に詳しいから、本稿では省筆にしたがいたい。この日、H・ファウルズの“Note on the Nigiyôseki of Nishik-gawa”も提出された。[16]

秀吉と薩摩藩

一八七九（明治一二）年一二月九日の日本アジア協会の例会（会場は湯島聖堂の東京書籍館）にもどると、この日にはガビンスの‘Hidéyoshi and the Satsuma Clan in the Sixteenth Century’（一六世紀の秀吉と薩摩藩）とC・J・ターリング（Tarring）の‘Land Provisions of the Taihô Riô’（大宝律令の土地規定）という講演があった。

大宝律令の土地規定

ガビンスの報告は豊臣秀吉の島津征伐をあつかった論考であった。後者のターリング報告は大宝律令の土地に関する規定を英訳したものであった。口分田、位田、職分田、公田などの規定が詳述されている。ターリングと前後して、日本の法律に関心をもった西洋人が何人か現われた。かつて、イギリス外交官ロングフォードも『日本アジア協会紀要』に古代刑法を英訳した（第9章一四三頁参照）。ドイツ人法学者ミカエリスは日本刑法や養子、婚姻の論考や、『御定書百箇條』（刑法や訴訟法の部分）の翻訳を公刊した。そして、オットー・ルドルフなる人物も『徳川法制』と『徳川時代法規集』（刑法の部分）を発表している。明治政府は一八七〇（明治三）年より『ナポレオン法典』の日本語訳に着手している。当時、統一をはたしたイタリアの慣習や法律を統一して私法を定めるおりに利用されており、日本での翻訳は遅れたものではなかった。ターリングたちが日本の法律に興味を示した背景としては、翌年の一八八〇（明治一三）年に公布施行が迫った刑法や治罪法を意識したからであろう。

日本語の音価

日本アジア協会の一八七九（明治一二）年の活動はこれでおわり、翌年の例会は一月一三日に開始された。会場は東京・湯島聖堂の書籍館である。エドキンスとサトウとの間でタ行のチとツの音価をめぐって論争がたたかわされた。[17]その論文とは、エドキンスの‘On the Japanese Letters ‘chi’ and ‘tsu’’（日本語のチとツについて）とサトウの‘Reply to Dr. Edkins on ‘chi’ and ‘tsu’’である。そもそもの議論の発端は先年サトウが日本アジア協会で発表した「日本語の五十音図」という論文にあった（第12章一九〇〜一九五頁参照）。エドキンスは同論文中のチとツの評価に異議をとなえ、たしかに今日ではchiとtsuに変化しているが、古い時代のチとツはtiおよびtuという発音をしていた、と論じた。サトウの論文はこのエドキンスの問題提起に対する反駁であった。今日の日本語音韻学の成果に照らしてみると、エドキンスの説のほうに軍配があがる。とはいえ、この時代に外国人が日本人も考え及ばない、高度な音価論をたたかわせているのは、驚異的な出来事である。日本人が日本語の音韻について本格的な研究を出しはじめるのは、二〇世紀初頭以降であった。上田万年の「P音考」（一九〇〇年）はその草創期の業績である。

日本の鳥類

この日、ブラキストンとプレイヤー（Pryer）の共編である'Catalogue of the Birds of Japan'（日本鳥類目録）も発表された。(18) ブラキストンは一八六二（文久二）年の来日以来、北海道各地を旅行するおり、鳥類採集にはげんだ。彼は日本の鳥類の研究をつづけるうち、本州と北海道との間で鳥類相が異なることに気がついた。この考えをまとめたのが、前掲の「日本鳥類目録」である。その序論で彼は津軽海峡に動物学的境界線（Zoological Line of Demarcation）を設定した（のちにブラキストン・ラインと命名される）。彼によれば、北海道に限られる鳥としては、フルマカモメ、エゾライチョウ、コアカゲラ、クマゲラ、ワタリガラス、キレンジャク、シマエナガ、ハギマシコ、ヤマゲラ、ミヤマカケスの一〇種がある。一方、津軽海峡以北には分布しない鳥として、シマユムシクイ、キジ、ヤマドリ、アオゲラ、オナガ、カケス、エナガをあげている。ブラキストンはその原因を地質学的過去にもとめている。つまり、彼はこう説明する。氷期に津軽海峡が凍結して、動物たちが本州への氷殻上の南進をした。気候が温暖になると、海峡は再開し、彼らは再び北上することはなかった、と。ブラキストンは、この考え方を補強して、一八八三（明治一六）年二月一四日の例会で自説を再陳する。ブラキストンとプレイヤーの発表は、ＪＷＭ紙の一八八〇（明治一三）年の一月二四日号、二月二一日号、三月六日号に掲載されて、一般の注目をあげた。その学問上の重要性に気づく者は誰一人いなかった。

二月一〇日の例会（会場は湯島聖堂の書籍館）では、アトキンソンの'Notes on the Porcelain Industry of Japan'（日本の陶器産業）とW・ブラムセンの'On Japanese Chronology and Calendars'（日本の年代学と暦）が発表された。前者は日本の陶器産業を概観したのち、有田焼・薩摩焼・漆宝焼・栗田焼の化学成分を分析した。

日本の年代学

後者はデンマーク人の日本暦研究家による論文であり、陰陽対照表を併記している。本人の希望で『日本アジア協会紀要』には掲載されず、同年、『和洋対暦表』という単独の著作として丸善より刊行された。日本の暦日と太陽日を対照できるようにした便利な本である。ブラムセンの前掲論文が日本アジア協会の紀要に登場したのは、一九〇九（明治四三）年刊行の第三八巻になってからである。

サトウが本居宣長の『古事記伝』を読んでいたとき、習字の手本として有名な『千字文』の日本渡来の年代に本居が疑念に思っていることに気づいた。『古事記』や『日本紀』の紀年にサトウも疑問をいだきはじめた。ブラムセンもこの問題の存在に頭をなやませた。神武天皇から仁徳天皇の一七代の総生存年数は一八五三年間で、一人あたり一〇九歳となる。つぎに履仲天皇から崇峻天皇までの一七代の総生存年数を計算すると、一〇四六年間であり、一人人平均六一歳あまりとなる。後者はやや信頼できる数字である。なぜ仁徳天皇と履仲天皇を境にして、こうした年数のズレがあるのか。それは中国から新しい暦法が伝わったためとブラムセンは考えた。中国暦以前の日本暦の二年は太陰暦の一年にあたる、と彼は創案した。そのアイディアは確固たる裏づけを欠いたものであったが、ブラムセンが投じた疑問は貴重であった。ブラムセンの『和洋対暦表』の序文には、こんなことが記されている。

　和洋対比ノ暦書、予未ダ會テ之ヲ見ズ。適マ類似ノ書アリト雖ドモ、誤謬ノ多キヲ如何セン。及チ近時、日本内務省ノ刊行セル太陽太陰両暦対照表ハ、西暦一千五百八十ニ年以前ニ用フル所ノ暦ハ方今用フル所ノ「グレゴーリエン」暦（グレゴリオ暦）ト異ナルヲ知ラズシテ、妄意憶測ヲ以テ之ヲ算スルガ故ニ、其ノ記スル所ノ一千四百年間ニ於テ、其凡ソ一千百年間ノ対比ハ尽ク差誤ナラザルハナクシテ、二日ヨリ十日ニ至ル者アリ。

ブラムセンが非難している著作とは、内務省図書局が一八七四（明治七）年から一八七八（明治一一）年にかけて刊行した『太陽太陰両暦対照表』三冊本である。日本での天文暦学の研究はすぐれていたのに、なぜ内務省がユリウス暦（旧暦）が実施されていた一五八二年以前にまで遡ってグレゴリオ暦（現暦）を適用した対照表をつくったか不思議である。ブラムセンの非難は全く正しい。これを考慮したのであろうか、一八八〇（明治一三）年一二月刊行の『三正綜覧』（内務省図書局）では、一五八二年の一月まではユリウス暦とグレゴリオ暦の両方が掲示されている。ユリウス暦をとれば、ブラムセンの主張と一致し、かの『太陽太陰両暦対照表』の誤りは訂正されている。[19]

カタカナのローマ字表記

三月九日の例会（会場は湯島聖堂の書籍館）では、ディキンズの‘The ‘Kana’ Transliteration System’（カナのローマ字表記）とチェンバレンの‘A Short Memoir from the Seventeenth Century’（“Mistress An’s Narrative”）（一七世紀の短編物語）が読みあげられた。前者は、サトウが先年発表した「日本の五十音図」という論文を批判して、ディキンズが「かな」転写について音声学的表記法を支持した。当日は著者が欠席したため、ダラスがディキンズ論文を代読している。報告後、チェンバレン、ブラムセン、ユーイングとダラスの間で長時間にわたる討議がくり返された。[20]

チェンバレンが口火を切った。音声綴り説［ディキンズ］と「正字法」綴り説［サトウ］が平行線の現状では、両者を近づけるのは無駄な努力である。各派の意見の基本理念が正反対に対立しているからである。しかし、音声綴り説をとるならば、ヘボン博士の方式が本命のひとつになるかもしれない。

ダラスも発言をもとめた。サトウやチェンバレンは、仮名で日本語を表現する正統的モードが日本の人びと一般に知られていると推論している。ところが、高い教育を受けたほんの一握りの人だけがその知識を持っていたにすぎない。

この発言に勇気づけられて、ブラムセンも自説をのべた。私はダラス氏と同じ説で、日本人は仮名の使用にあまり通じてないようです。［サトウの］正字方式の提案は、このように日本人自身が出来ないことを実際に外国人に要求しているのです。この学会は、この種の問題にとても関心を示している人達で構成されているのに、『紀要』では固定した翻訳の方式を採ってないではありませんか。

サトウはディキンズに宛てた二月四日の手紙で相変わらず自説に固執した。「貴殿のローマ字表記論は片隅に追いやっている。（中略）貴殿のシステムやそのほかの人々の音声による表記で文字を書くのは経済的である。また、話し言葉を教えるだけの目的でつくられた書籍には最も実用的である。けれども、書き言葉を学ぶ人々には歴史的仮名遣いのほうがはるかに便利である」。あくまでも、文語によるローマ字表記を主張するのである。

この論争は珍しくJWM紙の四月二日号の第一面をかざるトップ記事となったが、[21] ブラムセン自身は次の例会で動議を提案した。「評議委員会から二名、普通会員から三名の委員会をつくるべきです。この委員会の任務は、『紀要』の日本語の翻字について統一をはかるために、どのような方式を採るかを考えることです。その審議の結果、採用のための例会のまえまでに「何らかの規則の形式で」提出されるべきです」と。

この翻字論争はこの後もたいへん白熱した。その議論に深入りすることはさけるが、ブラムセンの動議は通った。そして、これが契機となって、『紀要』の表記方法を検討する評議会がつくられた。ヘボン、サトウ、チェンバレン、ブラムセン、クニッピング、ガビンスとった知日家が委員に任命された。ここでのディベートがやがて羅馬字学会の設立をうながした。

おあん物語紹介

後者のチェンバレンの論文は『おあん物語』の紹介である。この物語は一六〇〇（慶長五）年の関ヶ原の戦いのおり、石田三成の大垣城にいた女が親しく見聞したエピソード集である。おあん、という女は山田去暦の娘であった。父に従って土佐へゆき、そこで結婚した。夫の死別によって甥に養われ、寛文年間（一六六一～一六七三年）に八〇余歳で死んだ。この物語は当時の正史の漢文的記述とはちがい、そのころの庶民生活を口語的に述べた作品である。これが少し前の日本アジア協会の例会で「狂言の中世口語」という研究を発表したチェンバレンの眼にとまり、英訳されたのである。

この国においてえらそうに歴史という名でまかり通っている無味乾燥で堅苦しい書物が嫌になって投げ出した日本語日本文学の研究者は、おあんのような老婆の雑談風の語り口のもとに、過去の決して楽しいとは言えない時代の実態が浮かび上がり、『日本外史』や『三河風土記』でなら漢文の対句で立派なことばかり言われることになるであろう人びとが今日私たちが東京の通りで出合って、話しをする人びとと変わらず、本当に生きた男女であることを示されるとき、生き返ったような気がするのである。[22]

講演終了後の質疑応答では、「おはぐろ」の習慣が問題になった。「おはぐろ」の習慣は少なくとも九二〇年の古きにさかのぼるが、その理由は不明である。男子の「おはぐろ」は一八七〇（明治三）年に禁止された。明治一〇年代の東京・京都周辺では、女性でさえもこの習慣をすてている。このころでさえ女性の装飾の手段としての「おはぐろ」は遠い田舎へ行かなければ見られなくなっていた。

詩編の日本語版

チェンバレンは翌月の四月一三日の日本アジア協会の例会（会場は東京の湯島聖堂の昌平館）でも、'Suggestions for a Japanese Rendering of the Psalms'（「詩編」日本語翻訳への提案）という論文を発表している。[23] これよりさきの二月四日、サトウはチェンバレンの草稿に目を通し、その感想をディキンズに送っている。

チェンバレンは詩編の数編を最も素晴らしい文体の古雅な日本語に翻訳した。それはまさに宣教師団が目指すべきものを示している。宣教師たちがこれを読んだら、大いに刺激を受けるだろう。聖書翻訳の際には誰もが彼の見解に従うであろうし、また影響もうけるであろう。[24]

チェンバレン論文は文学的見地から聖書翻訳について論じたものである。『詩編』の日本語訳をつくる際には『万葉集』の長歌のような文体で翻訳したほうが良いとすすめている。こうした主張は、日本アジア協会での彼のデビュー作「和歌の枕詞と掛詞の使用」（一八七七年）でもくりひろげられ、聖書や賛美歌の邦訳のおりには日本の古歌の韻律や形式の研究が必要であると強調した。

聖書を日本語にうつしかえる作業は、安土桃山時代にもイエズス会の宣教師が着手した。しかし、江戸幕府の「鎖国」政策によって永い間途絶えていた。幕末になると、日本の外でギュツラフ、ウイリアムズ、ベッテルハイムなどが聖書和歌にとりくみ、またヘボン、フルベッキ、ゴーブルなどはキリスト教が禁じられていた日本にあって極秘のうちにバイブルの日本語訳をすすめた。明治になってキリスト教は解禁となり、いくつかの聖書翻訳の事業がなされつつあった。明治一〇年前後には東京聖書翻訳委員会で本格的な翻訳作業が開始された。こうした背景をふまえて、チェンバレンは次のように主張する。

目下の問題は、これら互いに違った三種類の言葉のうち、聖書の翻訳をするにあたってどれを採用すべきかということである。口語体は一般庶民的であるということと、および標準化が必要であるということで、まず排除される。漢文体は他の理由で排除されなければならない。つまり、それは無用の難解さのために、漢文体の持つ利点が相殺されてしまうことがあるということである。残るは二種類の語群を持つ和文体ということになる。外国人が中古の言葉で一般の人に理解できる文体の翻訳文をつくろうとすると、すべての道は閉ざされてしまい、上代の言葉を表現の手法として採用する方向へ向わせるように、私には思える。(25)

チェンバレンはこの聖書翻訳事業にかねてから関心をしめしており、今回の講演でもその情熱にあふれていた。日本語の文体には古文、和漢混合体、口語の三種があり、さらに古文には上古体と中古体がある、と指摘する。詩篇はすべて上古体、つまり萬葉集の長歌のように訳すべきだと主張した。詩篇の第一をはじめ一二編を例にとって、試訳と脚註をそえた。そのほか、和漢混合文の直訳も付した。試訳の一例として、讃美之歌第一の冒頭部分をあげよう。

荒知雄《あらちを》か。さかしら問はす。
さかものか。家にいたゝく。
うつたへに。天津皇《あまつすめら》の
うるはしき大御《おほみ》ことのり。
あから引。ひるしも学《まね》ひ。
鴛《ぬ》羽《は》玉の。よならへ思ふ。
幸《さち》はひや。川辺《かはび》に立す。

チェンバレンの論文が読み上げられたのち、アーメマン、フォールズ、ブランシェー、ライト、サトウが参加した質疑応答があり、チェンバレン提言に対する賛否両論の意見が交わされた。その白熱した論議を当日の議事録から再現してみよう。

アーメマン牧師――俗悪な要素をとりのぞけば、日本語は口語の会話体でも使用できるようになった。このため、口語体は宗教的な著作にもふさわしいものになった。チェンバレン氏が提示した方法に反対する理由は二通りの訳が存在する点である。聖書を翻訳する際は、ひとつの翻訳方法で、しかもその方法だけで表現するべきである。今の日本語の傾向は漢文体の使用拡大の方向にあり、漢文体と口語とか次第に接近している。

サトウ――チェンバレン氏のおかげで古代日本語の韻文訳を楽しく読んだ。逐語訳以上に英語の原文の精神を伝えているようだ。だが、この文体が旧約聖書全体を訳すには適していないというアーメマン牧師の見解に賛同する。

フォールズ――口語体は、今のあまり評判の良くない位置から次第に上向きになりつつある。日本人は高尚な漢文調の文体をやや滑稽なものとみなしはじめている。

チェンバレン――アーメマン牧師は、詩篇を二通りに対比して訳し、その一方を意訳を韻文化して出版することに反対している。だが、イギリス国教会の英文祈禱書には、同じように二通りの翻訳がなされている。サトウ氏とフォールズ博士の発言についてであるが、今ある聖書の中国語訳が日本人の好みに合うものなら、聖書翻訳の偉業はすでに達成されているといえよう。そうみなさないとすれば、聖書を学問的争点に対応しながら訳し、しかも口語体を用いるならば、その成果を見とどけるまで生きのびる人はいない。拙稿の拙訳は、通り将来ではなく、今の教養のある人びとが満足できるような翻訳を意図している。(26)

聖書日本語訳の文体をどのようなものにするか、熱心な討議がくりかえされた。この間にも、ブランシェーが東京聖書委員会が漢文体で訳出した詩篇の第一〇〇編の一部を提出した。その訳文はつぎのようになっている。

○世界《せかい》皆《みな》エホバに號《よば》はり、喜《よろこ》びを以《もつ》てエホバに事《つか》へ、歌《うた》を以《もつ》て其前《そのまへ》に来《きた》るべし
○汝《なんぢ》等エホバは神《かみ》なるを知《し》るべし主《しゅ》は我《われ》らを造《つく》り玉《たま》へり
○我等《われら》自《みづか》ら造《つくり》しにあらず主《しゅ》の民主《たみしゅ》に牧養《かはる》る羊なり

チェンバレンの上古文体の訳と委員会の漢文体の訳との間に大きなへだたりがあるのが分かる。結局、後世の史家には「明治のおける万葉調復興の先駆」と評価する者もいたが、チェンバレンの見解は当時の主流であった東京聖書委員会には聴き入られなかった。

ここで東京聖書委員会がいかなる団体であるか一言しておこう。一八七二（明治五）年九月二〇日、横浜のヘボン会堂で第一回宣教師会議が開かれた。この会議で公会主義の確認とともに、新約聖書の共同翻訳と賛美歌編集の事業が計画された。そして、一八七四（明治七）年三月には「翻訳委員社中」が発足した。分冊で出版され、一八七九（明治一二）年に完成した。数日後、日本アジア協会の副会長をつとめたブラウンのもとに日本語訳の『新約聖書』完成をよろこぶ祝辞がよせられた。これを前後して、一八七五（明治八）年には『路加伝』が、一八七六（明治九）年には『羅馬書』が公刊された。

『新約聖書』の翻訳が順調にすすんできた一八七六（明治九）年一〇月三〇日、『旧約聖書』の日本語版に着手するため、東京聖書委員会がつくられた。そして、翌年には念願の『旧約聖書』の一部が刊行された。

上野国の古代古墳

四月一三日の例会でサトウが 'Ancient Sepulchral Mounds in Kaudzuke'（上野国の古代古墳）という考古学の論文を発表した。(27) 一八七八（明治一一）年三月、群馬県勢多郡荒砥村大字西大室字二児山で、いわゆる二子山古墳が発掘された。三月中旬に村役人によって石室が開けられ、出土品が調べられた。ついで、下旬には内部の調査も行われた。サトウの日記によれば、一八八〇（明治一三）年三月六日から一〇日にかけて、画家の加藤竹斎をつれて、前橋の二児山に出かけた。三月八日の日記を読むと、同地の神官鯉登真道のコレクションを見たが、なかでも興味津々だったのは帽子を被った人の胸像だった。これは「文政の末年ころに出土したもので、当時は道端に置かれたままだったので、子供にこづかれて左頭部が大きく破損している」

状態だった。さらに古墳の実地調査を行い、その成果をうえの報告にまとめた。

一八七七（明治一〇）年のモースの大森貝塚の発見、一八七九（明治一二）年の自らの大和旅行で見かけた古墳によって、考古学への関心をふくらませた、とサトウは述べる。その筆に乗じて、前二子山古墳を詳述した。土塁の計測、副葬品の配置などを検討している。この前二子山古墳の評価については石川正之助の研究（群馬県史編さん委員会『群馬県史資料編三』所収）にゆずり、サトウがこの古墳にいかなる文献的裏づけを行ったかをみたい。

以上の古墳のなかに埋葬された人の名前を発見することはできなかった。しかし、地方の伝説はその身元を明らかにする手がかりをあたえている。『新撰姓氏録』は、かなり早い時期に天皇の分家が東国に来て、上毛野国と下毛野国という二流に分かれ、さらに多くの家系に分かれたとある。『日本書紀』によれば、両氏の先祖は崇神天皇の皇子で、垂仁天皇の兄である豊城入彦命である（中略）もし、御諸別王（豊城入彦命のひ孫）の埋葬された場所が、中心古墳であるという説がたしかであるとすると、土器がたくさん発見された古墳が豊城入彦命の墓であるという日本の考古学者の説はみとめる価値がある。前橋の西の植野村に、豊城入彦命の墓であるという古墳がある。この古墳から出土した壺のかざりと大室で発掘された壺とたいへんよく似ているので、同族民によって同時代にふたつの古墳はつくられたと結論づけられる。(28)

石川の研究によれば、「構築は西暦六世紀中葉以前と推定され」るようであるが、サトウの推論と合致するのかどうか。のちに否定説も出ている。ともあれ、サトウは最終的な結論を書く。「これらの古墳が上記の古代の英雄たちの埋葬場所であるとの見解を採用するとしても、（日本書紀の）年代が正しいわけではなく、古墳の正しい年代は考古学者によって決定されなければならない」。文献よりも考古学の成果に期待をしたのである。このサトウの報告に対して、当時の若手考古学者である白井光太郎の一文がのこっている。

余、嘗テ明治十四年中、東京大学図書室ニ於テ亜細亜協会報告ヲ借覧シ、英人アーネスト、サトー学士ノ著ハス所ノ上野国勢多郡大室村古墳ノ記を検見シ、就テ之ヲ読ムニ、其図説ノ精細ナル、傍ラ我邦ノ古典ヲ引用シテ其説ヲ証セリ。余、之ヲ読ミ初メテ、外人ノ我邦事実ヲ探求スルコトノ精密ナルヲ知、我邦人ノ此等事実ヲ通暁スル者稀ナルヲ憂ヒ、爾後親ラ我邦古墳ノ探究ニ従事シ、外人ヲシテ其説ノ専ラニセシメザランコトヲ思ヘリ。(29)

日本服装史

五月一一日の例会（会場は聖堂の昌平館）では、建築家として知られるジョサイア・コンダーが ‘The History of Japanese

Costume'（日本服装史）を発表した。日本人の服装の歴史をたどるのは、その国民性を知るのに大変有益である、という。その見地から皇族や公家の服装について解説している。まず、男子の服装をとりあげ、縫腋袍《ほうえきほう》（両腋《わき》を縫いつぶして、襴《らん》という横裂《ぎれ》をつけたもの。文官用）、闕腋袍《けってきほう》（両腋があいている袍。武官用）、下襲《したがさね》（束帯の袍の下に着用する服）、衵《あこめ》（アイコメの略称で、古くは表衣《うわぎ》と「はだ着」の間に着る衣《きぬ》の総称である。束帯のときには下襲と単との間に着用し、衣冠直衣のときは袍あるいは直衣と単の間に着用する）、法被《はっぴ》、大帷《おおかたびら》（夏の暑さをさけるため、束帯姿のとき、下襲と単と略してその代用として着た服）、袴《はかま》、冠《かんむり》、纓《えい》（冠の後方に長く垂れている部分）、烏帽子《えぼうし》（冠につぐ男子のかぶり物）、平緒《ひらお》（束帯姿で、太刀をおびるときの帯）、魚袋《ぎょたい》（儀式のときに右腰につるす飾りとしての革袋）、笏《しゃく》（天皇などが威儀を正すために右手に持つ幅のせまい長方形の板）などを説明している。ついで、女子の服装にうつり、表着《うわぎ》（女官が正装のときに唐衣のつぎに着る衣）、唐衣《からぎぬ》（平安時代の宮廷の女子の正装）、裳《も》（同上）、単《ひとえ》（裏のない肌着）、打袴《うちばかま》（女官が正装のとき、着用する袴）、掛帯《かけおび》（女子が神社仏閣に参詣のとき、胸から掛けて背で結んだ帯）などを紹介している。参考にした文献には、『装束図式』、『装束集要抄』、『織文図会』、『装束織文』、『骨董集』、『女官装束図式』、『令義解』、『職原抄』などが引かれている。

日本の石器時代

五月二五日の例会では、再びミルンが'The Stone Age in Japan'（日本の石器時代）という考古学の発表をしている[30]。彼は『日本アジア協会紀要』には論文を投稿せず、『英国人類学雑誌』第一〇巻に寄稿している。「石器時代の日本」の構成はつぎの二部から成っている。

〈第一部〉序論、情報資料、貝塚、骨、土器、石器、石製装飾品、墳墓、洞穴（横穴）。〈第二部〉縄文土器文様と近世アイヌ文様との比較、アイヌが日本に住んでいたことの歴史的その他の証拠、朝鮮人とカムチャダール、貝塚の位置、陸地上昇と江戸湾における埋積の事実、エゾにおける陸地上昇、大森貝塚の年代、結論。

ここで注目されるのは、大森貝塚の年代についての議論である。ミルンはいう。

年に二ヤードの速度とすれば、三〇九〇年かかったことになる。もしも多摩川自体で計算できる条件があれば、また東京湾の平均沖積速度で計算するならば、年代はもっと新しいものになるだろう。したがって大森貝塚の形成された年代は、最高で三〇〇〇年、最低で一五〇〇年と考えてよいだろう[31]。

以前の批判を背景にしているため、ミルンの主張は妥協的になっている。しかし、今日の放射能による年代測定によれば、縄文後期から晩期にかけて形成された大森貝塚は、一世紀まえにミルンが推定した三〇八〇年が実年代にもっとも近い。

日本の農業化学

六月八日の例会（会場は湯島聖堂の書籍昌平館）では、E・キンチ（Kinch）の'Contributions to the Agriculture Chemistry of Japan'（日本の農業化学に対する提言）とD・ブラウンズ（Brauns）の'On the Systematic Position of the Itachi, or Mustela Itatsi' Temminck and Schlegel'（イタチの特性）の発表があった。

前者の論文は日本の農業を概観し、農産物の化学分析を行った論文である。まず、日本の自然と土壌に関する西欧人の文献を紹介した。ケンペル、シャルルボア、トゥーンベルグ、シーボルト、グリーン、マーロン、オールコック、ヴィーチ、カロン、グリフィスの名前があがっている。古い時代の人びとの観察は長崎周辺にかぎられているが、コルシェットやゴーランドは日本の岩石について研究している。それから、著者はウルチ、モチゴメ、アワ、キビ、ヒエ、大豆、小豆などについて分析した。

イタチの特性

キンチは駒場農学校（現在の東京大学農学部）の教授であったから、この発表は彼の最も得意とするところであった。報告終了後の質疑応答ではアトキンソンがひとりとうとうとしゃべった。きわめて専門的な議論であった。キンチ論文はイギリスの科学雑誌'Nature'でも注目され、第二三号（一八八一年三月一七日発行）の「書棚」欄に紹介された。

後者のブラウンズの論文はイタチの特性について叙述した動物学の論考である。しかし、当日は短い質疑応答、と議事録に書いてあるだけで、特別な関心をよばなかった。

日本の七福神

六月一一日の例会（会場は横浜のグランド・ホテル）では、イタリア人日本学者カルロ・プイーニによる'I sette Genii della Felicitâ. Notizia sopra una parte del culto dei Giappinesi'をイギリス人ディキンズが英訳した'The Seven Gods of Happiness. Essay on a Portion of the Religious Worship of the Japanese'（日本の七福神）が発表された。ディキンズの代読である。イタリア語のオリジナル版は一八七二（明治五）年にフィレンツェで公刊された[32]。この論文は『絵馬の手本』を翻訳したもので、日本人の宗教の概説にはじまり、夷《えびす》・大黒天・多聞天・弁財天・布袋《ほてい》・寿老人・福禄寿の七福神の由来を語る。参考書として『日本王代一覧』、『日本書紀』、『早引』などの日本側文献のほか、ケンペル、クラプロートなど西洋人の著作もあげている。

プイーニは序論で述べている。日本における神道信仰の目的は、おもに現世での幸福を得ることにある。日本語の「福」という言葉は、長寿・健康・富・繁栄などを意味している。この福を得ることが、一般民衆の神がみに対する祈願の目的である。このため、日本人が高速な大乗的な神よりも、日々のくらしに直接関係がある通俗的な神がみを信仰する理由もわかる。神道には特別な宗教的典礼もなく、また決った祈とう文もないので、信者は勝手な方式と文句とによって祈願している。神道と仏教を両方信ずるようになってからは、日本人の信仰生活も次第に複雑になっていった。このことは、民間信仰の七福神の性格からも推察できる。大黒、多聞、弁財天は仏教（インド）に、布袋、寿老人、福禄寿は中国に起源を発し、ひとり夷《えびす》のみが日本的である。

このあたりでイタリア人の日本研究についてページをさいておこう。その日本研究の端緒となったのは、一八七三（明治六）年の岩倉使節団のイタリア訪問であった。ヴェネツィアの古文書館で慶長遣欧使節の文書が示されてから、歴史家ベルシェーは『天正慶長遣欧使節』（一八七七年）という著作を公刊した。このほかにも、セヴェリーニの「一四世紀の日本の公子とその宮廷」（一八七一年）、「浮世形六枚屏風」（一八七二年）、『伊訳竹取物語』（一八七七年）、ヴェレンツィアーニの「孝行往来・実語教」（一八七三年）、ノチェンチーニの「将門と純友の謀反」（一八七八年）、前出ベルシェーの「マルコ・ポーロと東方見聞録」（一八七一年）、アルニミョン『日本およびイタリア軍艦マジェンタ号の航海』（一八六九年）、デマリア「兵庫から長崎までの航海記」（一八七二年）、サヴィオ『イタリア人による最初の日本内地と養蚕地帯旅行記』（一八七二年）などの著作が一八八〇年ごろまでに出版されている（吉浦盛純『日伊文化史考』）。

六月二九日の日本アジア協会の例会（会場は湯島聖堂の昌平館）では、織田顕次郎の'Manufacture of Sugar in Japan'（日本の砂糖製造）とエドキンスの'Influence of Chinese Dialects on the Japanese Pronunciation of the Chinese Part of the Japanese Language'（日本語の発音における中国語会話の影響）および同じエドキンスの'Contributions to the History of the Japanese Transcription of Chinese Sound'（中国語音の日本語移転の歴史）が発表された。

日本の砂糖製造

第一の発表は日本人織田顕次郎による砂糖の化学分析である。一八七九（明治一二）年六月に工部大学校を卒業して理学士となった織田が学位論文として執筆したものである。まず、日本での砂糖製造の歴史にふれる。以前、日本で使用される砂糖はすべて輸入で、中国とオランダからもたらされた。日本で最初に砂糖が栽培されたのは琉球であった。宝永年間（一七〇四～一一年）から享保年間（一七一六～三六年）のころに幕府は武蔵と駿河で栽培を試みたが、成功には至らなかった。現在の産地は薩摩、近江、日向、肥後、肥前、琉球、備前、周防、遠江、駿河、和泉、讃岐、阿波、尾張などで、とくに重要な産地は和泉、讃岐、薩摩である。つぎに甘蔗糖、つまりサトウキビの化学分析を行う。シリカ（二酸化珪素の俗称）五〇・二六%、五酸化二リン七・一二%、三酸化イオン四・〇四%、塩素一・〇五%、酸化マグネシウム六・三五%、酸化二カリウム二五・〇七%、酸化二ナトリウム二・一二%という分析結果である。

そして、サトウキビの精製と漂白法について解説している。ところで、織田と同じころ、氷砂糖の製造に情熱を燃やしていた人物がいた。のちに糖業界のパイオニアと称された鈴木藤三郎であった。鈴木は織田論文の日本語版「日本砂糖製造之記」(『東京科学誌』第一巻第三号)を読んだのだろうか。

日本語と中国語

第二の論考はエドキンスによる日本語論であり、日本語における中国語の影響力を測定した。サトウ、ディキンズによる日本語議論の延長線上にある論文である。なお、第三の論文は日本アジア協会の『紀要』第九巻に登場した。

JWM紙の評価

以上の論文をまとめて、『紀要』の第八巻が一八八〇(明治一三)年に刊行された。収録論文は一九本あり、西欧人の日本研究がいよいよ多様化して、高度な議論が行われたことを示している。ちなみに、一八八〇(明治一三)年六月一二日号のJWM紙に、この巻に対する書評がのっている。

今般の『紀要』にはとりたてて面白いと思える論文がいつもよりは少ない。それでも不朽の価値がある論考もいくつかある。実際、「難解な」巻である。新聞に登場する時には、いく分価値が減っているが、学会誌と呼ぶには、あまりほめられたものではない。[33]

きびしい書き出しであるが、各論文へのコメントはもっと辛らつである。ここで思い出されるのは、サトウがディキンズに書いた一八八〇(明治一三)年二月四日付の手紙の一節、「協会の紀要のはじめの数巻は無価値な論文でいっぱいです」という発言である。ただ両者のニュアンスは多少ちがい、JWM紙は啓蒙的情報が少なくなった中途半端な状態を嘆き、サトウは学術レヴェルに達しない論文が多いことを怒った。JWM紙の批評をつづけよう。

この巻の冒頭に江戸城の地図がある。これは前巻のマクラティ論文のものである。著者は前巻の時点では地図を再現できなかったようだ。執筆論文を理解するには、当時の地図は欠くことの出来ないものである。[34]

ここで不備を非難されているのは、マクラティの「江戸の大名屋敷」という論文で、本文は第七巻にある。つぎに、サトウとエドキンスの論争がやり玉にあがっている。

北京のエドキンス博士は、仮名のチとツの文字に関し、古代のtiとtuという発音が今日のchiとtsuという発音に変化してゆく過程を懸命に証明した。サトウ氏はこの挑戦に応えて、その意見に反論した。問題の事項は少数の言語学者にしか興味がわかない。[35]

この問題は啓蒙と学術の両面を志向していた協会自体のジレンマをあらわしていた。しかし、評価されている論文もある。ターリングの「大宝律令の土地法令」とかブラキストンとプレイヤーの「日本鳥類目録」がその実例である。前者に関して評者は「宗教聖職者のうぬぼれた野心は、イギリスの場合と同様、日本でも役得が原因のようだ」と興味深げな筆致をのこしている。ただ、後者についてはかなり評価のページをさいてはいるが、「ブラキストン・ライン」の学術的意義はよく分からなかったようだ。ディキンズの「仮名表記論」にも言及があった。評者はこのコラムをチェンバレン論文へのコメントでまとめる。

チェンバレン氏の「一七世紀の小品」［おあん物語］は小品ではあるが、魅力にあふれている。彼も言っているように、たいていの日本の歴史書のような、無味乾燥な記録ではない。日本の歴史や物語の誌的側面とも呼べるもの、とチェンバレン氏はよろこんで付け加えた。筆者の天性あふれる筆から生まれる著作が、これで最後でないことを心から望む。(36)

日本学の大家の出現を望むかの筆致である。チェンバレンへの期待が大きかった。

第14章 日本研究一〇年 ——一八八一

japan

英和辞典を引いてみると、語頭が小文字の〝japan〟という単語には、名詞で「漆器」、動詞で「漆をぬる」という意味がある。一方、小文字ではじまる〝china〟という言葉にも「陶器」という語義があり、前者とは明確に区別されている。江戸時代のオランダの対日貿易によって、大量の漆器がヨーロッパに流入した。その結果、西洋人の脳裏に日本イコール「漆器の国」というイメージが焼きついたのであろう。一八世紀ごろの西洋人の文学作品を注意深く読んでみると、主人公の邸宅に日本の漆器が飾られている場面に出合うこともある。

日本の漆器産業

西欧人が日本の漆器に関心を持ち、それを研究対象に選ぶことも、十分に理解ができる。一八八〇（明治一三）年一〇月一二日の日本アジア協会の例会が東京・湯島の昌平館で開かれた。イギリス外交官J・J・クイン（Quin）の〝The Lacquer Industry of Japan〟（日本の漆器産業）という論考が登場した(1)。本人は長崎在住のため東京に出てこられず、サトウが代読している。当日、サトウはアストンに手紙を書いた。「今日、日本アジア協会の例会が開かれた。漆器に関する論文だが、もともとこれはクインが昇官試験のために用意したものだ。すぐばれる情報をたくさん集めたものだが、ひとつふたつの書物と職人から得た情報で、まだ生煮えのものだ。これは彼の文字通り最初の作文である」（一〇月一二日付書簡）。なかなか厳しいコメントである。

漆塗りの技術は日本人が中国人よりもはるかに秀れていることは、ヨーロッパ知識人に広く知られていた。漆の木が中国よりも日本の風土にいっそう適していたこともあるが、それにもまして、日本人の繊細な美的能力が優れていたことによる。漆器の技術は室町時代末期に黄金時代をむかえ、江戸時代に最高潮に達した。クインの論文にも明治時代の名工として柴田是信や小川松民があげられている。日本アジア協会での彼の発表は、当然、西欧人の日本美術愛好家の共感するところになった。

会津方言

一一月九日の日本アジア協会の例会は、前月と同じく、東京の湯島聖堂の昌平館で開かれた。チェンバレンの'Notes on the Dialect Spoken in Ahidzu'（会津方言覚書）と日本学生I・イシカワなる人物の'On Kaki-no-shibu'（カキのシブ考）の発表があった。前者の論文について言えば、一〇月五日に執筆者本人がイギリスへ帰国してしまっているので、代読ということになった。昨年の夏に旅行した会津の西北地方の方言を扱った論文である。近隣の方言である米沢地方の方言には、すでにイギリス人チャールス・ダラスの研究があった。チェンバレンの研究は、会津の西北地方に米沢地方とは異なる方言があることに注意し、おわりに江戸言葉と地方の言葉との比較研究の必要性を説いた。

柿のシブ

チェンバレン論文についで、アトキンソンの代読により、イシカワ報告があった。イシカワの経歴は不明であるが、一八七九（明治一二）年ごろに卒業論文を提出して、工部大学校の学窓を出ている。彼の卒業論文がこの日の例会で口頭発表されたのである。その内容は柿のシブの成分の分析である。報告終了後の質疑応答では、津田真道が日本語（評議委員が英語に翻訳した）で、シブの種類について質問した。[2] ユーイングもたずねる。「塀に使われる黒ペンキは、シブと煙をまぜたものだが、外国での方法と匹敵するくらい、木材を保護できるものか」[3]と。

この質問に対して、代読者のアトキンソンが「だいたい、その通りである」と答えて、例会は終了した。一八八〇（明治一三）年八月に刊行された『農業雑誌』第一二号に野沢小二郎の翻訳による「柿の説」という論説があるが、これとイシカワ報告は何らかの関連性があるのだろうか。

最近の地震

一二月一四日の例会は、東京の湯島聖堂の昌平館で開かれた。J・A・アーウィング、ヘールツ、ミルンの三件の発表があった。最初はアーウィングの'Notes on Some Recent Earthquakes'（最近の地震について）である。一八八〇（明治一三）年の一一月三日午前五時四五分、同年一一月一〇日午前一時九分、同年一一月一二日午後六時三五分、同年一一月二七日午後三時一分、同年一一月三〇日午前一時六分に東京で発生した五件の地震に関するデータ分析であった。日本地震学の成立期における貴重な資料である。

> 以下の覚書の主題は一八八〇年一一月に発生した地震であり、東京に在住する人にはよく知られたものである。彼らの興味を持つものは、著者がデザインして展示した新しい地震観測器を初めて実験してみることである。その機器は地表の水平運動をその始まりから振動の最後の瞬間まで完全に記録する。（中略）その機器は東京大学の工学研究室の一室に置かれた。かたわらには、もうひとつの地震計があり、それに関しては『東京地震学協会紀要』の第一巻に記事がある。[4]

最後の結論の部分を読んでみよう。

最も顕著な形態はつぎのとおり。（1）振動の始まりと終わりがとてもゆるやかである。（2）運動の不規則性。（3）単独の地震での波動の数がとても多い。（4）地表の振動のかなりの細かさ。一一月に起こった数回の地震は観測しそこなった。機器がときどき分解したからである。なお改良を要する。(5)

この日の議事録をみると、会長のダイヴァースとユーイングの報告は地震発生中の水平波の動きを記録したものとして、最初の完全な価値あるものだと評価した。しかし、器具の不具合が懸念材料だと指摘した。ユーイングは、指摘とおり器具の不調があり、これに関しては次回の地震協会での発表で改善されたものを示したい、と発言した。

箱根の芦ノ湯

第二はオランダ人科学者ヘールツの久しぶりの論考 'The Mineral Springs of Ashi-no-yu in the Hakone Mountains' であった。標題にある通り、「箱根の芦ノ湯の鉱泉」に関する成分分析がその内容である。

芦ノ湯は日本に居住する外国人によく知られた温泉場である。箱根連山にあり、横浜や東京から比較的近いことから、箱根温泉のすぐれた七湯のひとつとして人気がある。夏にはたくさんの訪問客がある。村は海抜八三六メートルの場所にあるので、暑い夏の数か月の温度は、東京や横浜がある平地に比べると、かなり低いことは容易に理解できる。しかし、水質は格別で、多くの患者に効能があり、強い硫黄の温泉に入って健康を回復させようとしている。宮ノ下、底倉、木賀、塔ノ沢、箱根、湯本には人々が観光にやって来るが、そこに来る人たちは必ずしも健康がすぐれているわけではない。芦ノ湯に来る人はほんとうに病気なのだ。芦ノ湯の水は、まさにその場所の名前と比べても、吐き気を催すにおいがするので、たんに楽しみだけで温泉に来た人にはまったく魅力がない。堂島、姥子、仙石原は貧乏人が入る箱根連山の三湯である。(6)

そして、ユーイングは芦之湯の鉄鉱水（鉄分を含んだ温かい温泉）、センエキ湯（熱い硫黄泉）、達磨湯（熱い硫黄泉）の温泉成分を分析した。質疑応答ではダイヴァースがねぎらいの言葉をのべた。

日本の氷河期

第三はミルンの 'Evidences of the Glacial Period in Japan'（日本の氷河期の存在）である。これは標題の通り日本での氷河期の有無を論じたものである。ミルンは山形県の円山で氷河による地形を発見したと力説する。また、第三節の「日本における雪原と氷河の現況」には以下の一文がある。

その山脈の最高峰とみられる槍ヶ岳は、場所によっては若干の気孔状火山岩でなりたっているようである。ガウランド氏は高度約六三〇〇フィートの地点において最初の雪原に出合い、その雪原は頂上へずっとつづいていた。この山脈の最古の部分と思われるので、氷河が存在していたとするなら、その遺跡がここで発見されるはずである。しかしながら、ガウランド氏はそのような遺跡は何も観察しなかった(7)。

日本アルプスや日高山脈に氷期とよばれる時期があり、一万年ないし百数十万年前に氷河の激しい侵蝕作用をうけたことは、今日では学界の常識となっている。しかし、日本にも氷河があったなどという発言は、ミルンなど一部の西欧人学者をのぞいて、とうてい思いつかない奇想天外のものであった。明治の末年から大正にかけて、日本人の辻村太郎がこれに関する論文をいくつか書いたが、永い間、等閑に付されていた。こうした状況を考慮すると、右のミルン報告は、きわめて先見的な価値のある論考であると認められる。

氷河は温度や形態によって何種類も分けられている。温度によって、寒冷氷河（極地氷河）と温暖氷河に分類される。前者はつねに凍結温度以下の固体の氷河であり、後者は冬季以外には氷河から融解水が流れる。また、形態によって、氷床（広い面積にわたって地表面をおおう大規模な氷河）、氷冠（氷床の規模の小さいもの）、谷氷河（谷のなかを流れ下る氷河）、山麓氷河（氷床と谷氷河の中間タイプ）に分けられている。しいて日本の氷河を分類すると、温暖氷河で谷氷河ということになろうか。

当日の議事録をよむと、在日外国人研究者のミルン論文への反応が面白い。

ブラウンズ――この論文は日本の氷河時代を明らかにするには実例が少なすぎる。植物と動物から議論をすると、むしろ常に仮説にすぎない。ミルン氏の貴重な論文で明らかになったのは、日本には氷河時代がなかった、ということであろう。

ミルン――全くブラウン博士に同感である。私個人の結論では、たしかにかつては気温が低かったことは明らかであるが、氷河時代の存在を明確にするものではない。

ファウルズ――山岳植物の垂直分析の存在は、かなり疑わしい。（中略）発表者は東京近郊の山のけわしい岩には本物の氷はどこにも見あたらないことを知らない。さらに、スコットランドに見られる氷河とは、似て非なるものなのである(8)。

秀吉の朝鮮侵略

一八八一（明治一四）年一月一一日に例会が開かれた。会場は東京の湯島聖堂の昌平館である。イギリスの外交官アストンが久しぶりに 'Hideyoshi's Invation of Korea. Chapter II―The Retreat'（豊臣秀吉の朝鮮侵略・第二章）を発表した。このころアストンは兵庫領事代理の職にあり、よほど日朝関係が気になっていたらしい。一八七五（明治八）年の江華島事件の結果、翌年には日鮮修好条規が結ばれ、朝鮮は開国を余儀なくされた。この条約は朝鮮に不利な不平等条約であった。日本の朝鮮侵略の第一歩ともいわれる。これを端緒として、朝鮮は、日本、清、ロシアや西欧列強の草刈場となっていった。一八八〇（明治一三）年八月一一日には朝鮮使節金宏集が不平等条約の改訂を日本に申し入れたが、拒否されるという出来事があった。越えて一八八一（明治一四）年二月二四日には季晩孫が「嶺南万人疏」をあらわし、これにより朝鮮での日本の侵略反対論がたかまっていった。

アストンの前掲論文の第一回が発表されたのは、一八七八（明治一一）年三月一六日の例会であった。そのときの発表内容は本書第七章に詳しいが、オリジナルの原稿は『日本アジア協会紀要』（第六巻）に活字化されている。今、これから述べようとしているのは、その続編の第二回分である。

一五九三（文禄二）年一月七日の平壌の戦いから筆を起している。この日、明・朝鮮群は平壌を包囲した。日本軍は平壌を脱して、漢城府に退いた。その後、碧蹄の戦い（一月二六日）では日本軍が明軍を破ったり、翌月の戦いでは朝鮮軍の攻勢のために日本軍が撤兵をしいられたり、まさに一進一退の攻防がつづいた。しかし、四月になると休戦ムードがたかまり、竜山での沈惟敬と小西行長らの会談がもたれた。この結果、（1）朝鮮王子の返還、（2）日本軍の漢城府撤退、（3）開城府の明軍帰還、（4）明の講和使節の日本派遣が決定した。そこで、五月二三日に九州の名護屋で秀吉と明使節が会見し、日明講和の交渉に入った。やがて、朝鮮南三道の日本への割譲など講和七カ条と「対大明勅使、可告報之条目」を秀吉が明使節に示して、いちおうの講和が成るかに見えた。アストンの筆はここで終わる。いわゆる文禄の役の後半部分の話であった。第一回分とちがっていたのは、横浜の英字新聞ジャパン・ウィークリー・メイルへの登場がなかったことである。

このアストン論文に関する手紙のやりとりが、サトウとのあいだで行われた。史料として現存するのは、サトウがアストンにあてた書簡しかないので、全体像はつかみにくいが、おおよそ次のことが述べられた。一八八〇（明治一三）年一〇月二一日の書簡には「あなたがふたたび秀吉の朝鮮侵略の論文を続けられることを耳にして嬉しく思います。長い連載になることを期待します」と書いている。一一月一四日の手紙には「貴殿の秀吉の論文を入手し、たいへんうれしく思います」とある。このころアストンはサトウに論文のチェックを依頼したのであろうか。一二月一九日の書面には「貴殿の［日本］アジア協会への貢献を大いに感謝します」とあり、いよいよ日本アジア協会での発表が本決まりになった。ついで論文発表当日の書簡には「思うに、もう一回発表して、秀吉の論文を完全なものにする必要があります(9)」と記されていた。サトウに指摘されるまでもなく、アストンはこの点についてよく留意していた。約束通り一月の発表についで六月一四日の例会で同論文の第三回分を講演している。

日本の鉱泉

一月一一日の日本アジア協会にもどすと、聖堂での例会のテーブルには、ヘールツの'Analyses of Ten Japanese Mineral Spring Waters'（日本の鉱泉の分析）が提出されていた。鶴の温泉（東京都青梅市奥多摩町原）、岩蔵温泉（青梅市南小木曽）、網代温泉玉の湯（西多摩郡五日市町網代字湯場沢）、東光寺の冷泉（西多摩郡平井村）、亀の湯（青梅市長淵）、箱根仙石原温泉、箱根姥《うば》子温泉、二俣の冷泉（静岡県天竜市）、藤河内村の冷泉（大分県南海部《あま》郡宇目町木浦内）、阿曽鉱泉（三重県渡会《わたらい》郡阿曽村）の一〇の温泉と鉱泉の成分を分析した論文である。ヘールツの主要業績といえば、「日本薬局方」の起草に代表される薬学にあったが、彼の関心は広く、この温泉分析をはじめとして種痘、飲料水、植物、生薬、鉱物、採鉱、気象などにもわたっていた。まさに多才の人物であった。

長崎の歴史

一月一一日の例会では、もうひとつの講演があった。長崎在住のW・A・ウーレイ（Woolley）による'Historical Notes on Nagasaki'（長崎の歴史）である。彼は長崎のイギリス領事館の補佐官であったから、当然、日本語もよくできた。発表は長崎の歴史を詳述したものである。長崎県庁所蔵の松浦東渓『長崎古今集覧』を英訳し、あらたに史料を追加した論考である。紀元前の九州の状況から筆をおこし、一五五二（天文二一）年に長崎の地名が初めて登場したことを指摘する。安土桃山時代の貿易やキリスト教布教の様子を記し、江戸時代の長崎出島のオランダ商館にもページをさく。参考文献は『長崎夜話草』、『長崎草紙』、『長崎実記』、『崎陽略記』をはじめ三三点に及んでいる。当時の在日西欧人のなかでは、ウーレイが長崎の権威であろうか。彼の報告は三月一九日号のＪＷＭ紙をかざった。

ウーレイの経歴を書いておこう。一八七一年四月一一日に文官任用委員会の試験に合格し、同月一四日、駐日イギリス公使館の通訳見習に採用された。一八七七年四月一日に二等補佐官として長崎のイギリス領事館に赴任した。一時、副領事代理として新潟に居住していたことはあるが、長崎には一八八〇年九月まで駐在した。一八八一年一二月の末から兵庫に移っている。一八八二年には四月と一一月に昇進試験を受けているが、芳しい成績ではなかったようだ。サトウに「彼はまったく日本語の話し言葉がダメだ」（一八八二年四月四日付アストン宛書簡）と失望され、一一月の試験では一二〇〇点満点中七五〇点しかとれなかった。「ハリー卿に昇進試験のことを話し、ウーレイの答案をお見せした。ふたりの結論では、和文英訳と英文和訳の試験をもう一度受けなおすべきだということになった。法律に関することは問題がないし、読み書きは真面目に行っている。だが、彼の答案は、刑法を除くと、不満足なものであった」（同年一一月一八日）とサトウはアストンに手紙を書いた。ウーレイは一八八六年に兵庫の領事代理を務めたのを最後に、翌年七月に退職した。一八九九年一月二四日にロンドンで亡くなっている。

陶磁器の歴史

あまり知られていないが、二月八日に例会が開かれている。会場は工部大学校内のダイヴァース邸宅である。JWM社主で日本研究家のブリンクリーが'The History of Keramic'（陶磁器の歴史）という講演を行った。[10] 彼の報告はTASJにもJWMにも登場しなかったので、詳細は知られていない。

西洋紀聞の英訳

翌月の日本アジア協会の例会は三月八日に東京の湯島聖堂の昌平館で開かれた。G・ルーイス（Lewis）の'A Memorandum on the Coleopterous Genus Damaster, with Notes on Six Species or Forms in it'（鞘翅目類ダマスター覚書）とW・B・ライト（Wright）の'The Capture and Captivity of Père Giovanni Batista Sidotti in Japan from 1709 to 1715'（シドッチの日本捕虜記）の講演があった。前者は講演予定者が欠席したため、日本アジア協会の書記が代読した。タイトルからは想像しにくいかもしれないが、長崎、秋田、青森、札幌などにおける甲虫の一種の採集記であった。後者は新井白石の『西洋紀聞』の上巻（付録を含む）の英訳である。[11]

　宝永五年戊子一二月六日（一七〇九年一月一六日）、私は西邸で去る（一七〇八年）八月に大隅国のある島（訳注：原文は海嶋）に来て留まっている野蛮な男がいることを聞いた。日本、江戸、長崎という言葉以外には、彼の言葉は理解できなかった。彼は紙にいくつかの円を書き、ローマ、ナンバン、ロクソン、カスティラ、キリシタンなどを指さした。ローマと言ったときには、自らその場所をさした。このことを長崎に報告した。オランダ人にこれをたずねると、ローマはイタリアの都市名で、天主教の支配者がここに所属しているという。ロクソン、カスティラのごときは、われわれには全く分からない。また、南京、寧波、厦門、台湾、広東、東京、暹羅の人にそのことを聞いても、キリシタンは邪宗の名前とは聞いているが、そのほかのことは何も分からなかった。支配者は私にこのように語った。これを聞いて、その言葉を聴いていないので私にはまだよく理解はできないと答えた。役人はもう一度その理由を尋ねた。昔の人が言っていたことは聞いて覚えている、と答えた。その国の人はすべての国の言葉をよく理解できるので、昔にナンバンの人が初めて来た時に、五、六日でわが国の言葉に通じ、ついにその教義も伝道した。[12]

中巻と下巻の翻訳は行れなかったようで、抄訳となった。『西洋紀聞』の翻訳はこれまでにもいくつかあった。幕末にアメリカ人宣教師ブラウンが英訳している（本書の序章を参照）。しかし、このときには付録の取り調べ関係資料は翻訳対象とはならなかった。また、ライトの翌年にも英文日本関係雑誌『クリサンシム』にも英訳が行われた。これはライト訳を凝縮したものであった。イタリア人日本研究家もこれをイタリア語に直しているし、ドイツ・アジア協会の紀要にもL・レンホルムの筆になる「新井白石と神父シドッチ」（一八九四年）がある。ちなみに、白石の『折たく柴の記』については、後年、G・W・ノックスが『日本アジア協会紀要』（第三〇巻）に論考をしたためている。『西洋見聞』の英訳者ライトはイギリス福音伝道会の牧師であり、一八七三（明治六）年に来日し、一八八二（明治一五）年に帰国した。英訳は帰国の刊本が公刊される一八八二年以前に、外国語版がいちはやくヨーロッパ人に知られたのである。ライトは『西洋見聞』の講演を四月一二日と六月二四日の日本アジア協会の例会でも行っている。結局、彼の講演は三回シリーズの大作となった。

日本の数珠

四月一二日に東京・湯島聖堂の昌平館で例会が開かれた。J・M・ジェームスが 'Descriptive Notes on the Rosaries (Jiu-Dzu) as used by the Different Sects of Buddhists in Japan'（日本仏教の数珠）という講演を行った。著者は灯台船明治丸の船長としての活躍がよく知られているが、右記の日本研究を行ったことは等閑視されてきた。いわゆる数珠の研究である。元来、数珠は念仏を唱えるときに、その回数をかぞえるために用いられた。密教系の経典には数珠に関する記述が多くあり、古くから重視されていた。中世以降では宗派によって数珠の形式も異なり、五四顆、二七顆など簡略化もみられる。ジェームス論文は、まず数珠の総論をのべ、ついで天台・真言・浄土・禅・門徒（一向）・日蓮の各宗派のケースを解説している。

古代日本の祭祀

五月一〇日の例会（会場は東京・湯島聖堂の昌平館）では、サトウの 'Ancient Japanese Rituals. Part III' という講演があった。祝詞研究の第三回目である。「平野祭《ひらのまつり》」、「久度《くど》・古関《ふるせき》」、「六月月次《みなつぎつきなみ》」、「大殿祭《おおとのほかい》」、「御門祭《みかどほかい》」の五つの祝詞について、その祭儀の解説・英訳・訳註を付している。

「平野祭」は京都府の小北山村の平野神社の祝詞である。ここに祀られている四柱の神のうち、今木神が注目される。今木とは「今来」に通じる「新来」の意味である。第一番目の祝詞の「春日祭」が藤原氏に関するものならば、この「平野祭」は和氏や大枝（大江）氏のためのものである。サトウは賀茂真淵の説に従い、今木神を「新しい食物の神」とする見解をとる。「久度・古関」の祝詞は「平野祭」のそれに酷似している。「六月月次」は五穀豊穣に関する祝詞であり、「春日祭」と似たところがある。延喜式によると、全国三〇五社の神社で用いられている。『古語拾遺』によれば、「大殿祭」は神武天皇のころから行われていた。今木神と大嘗の両祭の間に実施される。サトウはかなり長い注釈を書いた。「御門祭」は年二回行われるが、その由来はよく分からない。

ところが、サトウの祝詞研究はこの論文でピリオドが打たれた。「六月晦大祓」、「鎮火祭」、「道饗祭」、「大嘗祭」、「齋戸祭」以下の祝詞の考察・英訳・注記がなされることはなかった。一八八四年、外交官サトウは日本を離れ、その後、任地をタイ、ウルグアイに転じた。一方、日本学者としてのサトウは、当初、キリスト教に無関心であったから、古代日本の祭式の考究に情熱をそそぐことが出来た。しかし、一八八八（明治二一）年一〇月二九日に堅信礼を受け、キリスト教に帰依すると、神道研究のかわりに日本とキリスト教との関わりに興味をいだくようになる。サトウの神道研究は、チェンバレンやアストンに受け継がれ、やがてふたりが大成されることになる。

ちなみに、五月一〇日の例会での質疑応答ではつぎのような対話があった。

サトウ——会長（ダイヴァース）の御質問の三種の神器についてお答えする。今日、三種の神器は、尾張の熱田神宮所蔵の天叢雲剣《あめのむらくものつるぎ》と伊勢神宮の内宮が所蔵する八咫鏡《やたのかがみ》の二つである。

チェンバレン——サトウ氏が祝詞の研究で大いに引用されている『古事記』は人間の筆で書かれた最大の悲劇の産物といってもよいだろう。これまでの沢山の傾聴に値する研究によって、古代日本人の風俗習慣に関して、自由な結論に到達することが可能になってきた。(13)

ここで注目されるのは、チェンバレンが『古事記』に言及している点である。この翌年の彼の手によってイギリス人の日本研究史上の不朽の名作『英訳古事記』が刊行される。

秀吉の朝鮮侵略

六月一四日、湯島聖堂の昌平館で例会が開かれた。この日はアストンの研究をはじめとして三つの講演があった。まず、アストンの ‘Hideyoshi's Invation of Korea. Chapter III—Negotiation’（豊臣秀吉の朝鮮侵略・第三章）である。彼の一連の日朝関係史研究の第三弾である。去る一月一一日に発表した論考の続編で、第一次朝鮮侵略（文禄の役）の講和から筆が再開される。ところで、秀吉の降表が偽作であったことが判明した。講和交渉は破綻し、第二次朝鮮侵略（慶長の役）になった。アストンの論考はここで打ち切られ、第四回目の発表機会が必要となった。

六月二二日にサトウはアストンに感想を書いた。「前回の日本アジア協会での論文を読みました。あなたの英雄の名前の呼び方に規則性がないことが残念です。あるときには中国人を中国語で呼んだと思えば、あるときには日本人が使っている呼び方を用いているのです。混乱していて、取り返しがつかないと思う」。厳しい指摘である。

童子教英訳

つぎはチェンバレンの ‘A Translation of the Dou-zhi-keu’ であった。『童子教』の英訳である。『童子教』は、『実語教』とともに道徳的格言集として日本人に親しまれた。「倉の内の財は朽ちることあり、身の内の才は朽ちることなし」、「千両の金（こがね）を積むと雖も、一日の学には如かず」、「富貴の家に入ると雖も、財なき人のためには、猶霜のもとの花の如し」、

「貧賤の門を出ると雖も、智ある人のためには、あたかも泥中の蓮の如し」などの格言が知られている。そして、数百年間、日本人の初歩の教科書として用いられた。チェンバレン論文の冒頭には、原著者とみなされている安然のことが叙述されている。

ライナイト

さて、この日の三つめの講演はO・ルーデック（Luedecke）の‘On the New Mineral, Reinite’であった。多少の疑問はあるが、山梨県巨摩《こま》郡で新しい鉱石が発見され、ドイツのライン博士のもとに送られた。新しい鉱石と認められ、関連論文が一八七九（明治一二）年にドイツで発表された。新鉱石「ライナイト」である。ルーデック論文はこれの成分分析であった。原文はドイツ語だが、ヨコヤマなる人物が英訳している。Reiniteは和名では薫陸《くんりく》と呼ばれ、不純な琥珀《こはく》、樹脂の化石で、亜炭とともに産出される。黄褐色、半透明で、香料に用いられる。なお、一八八一（明治一四）年七月一八日と翌日のアーネスト・サトウの日記をみると、彼も山梨県の弓張峠でライナイトを調査したが、満足な結果は得られなかった。後年、ライナイトは新種の鉱物ではなく、鉄重石と同じものであることが確認された。

日本服装史

六月二八日の日本アジア協会の年次総会（会場は東京・湯島聖堂の昌平館）では、コンダーの‘The History of Japanese Costume. II Armour’（日本服装史）という講演が行われた。そのなかで、銅鎧、股当、頸甲、腕甲など、一般の人びとが知らない深刻な事柄について心ゆくまで書かれている。前半の一八八〇（明治一三）年五月一一日に発表した第一部の続編ということになる。チェンバレンは『日本事物誌』のなかで、「この題目に興味を持つ人びと――理論的に、あるいは骨董屋が持ち込んでくる一揃いの鎧兜を買う人――はコンダーの『日本服装史』（第二部）に詳細な記述を見出すであろう」と書いているが、このころに外国人が日本の武具を知る良きガイドとなったのであろう。

日本旅行案内

日本アジア協会の日本研究の一〇年間の総決算を象徴するような著作があらわれた。一八八一（明治一四）年二月ごろにサトウとホーズの共編になる“A Handbook for Travellers in Central and Northern Japan”が刊行されたのである。

この旅行書は外国人向けのたんなるガイドブックではなく、当時のすぐれた英米人日本研究家の協力によって完成された「ジャパノロジー（日本学）事典」であった。今、同書のまえがきによって協力者を書きつらねてゆこう。チェンバレンとアストンが筆頭にあるが、両者は今やサトウとならぶイギリス人日本学の権威である。マクラティの得意とするところは江戸の風俗である。クインは日本の漆器の研究家である。ウーレイには長崎の歴史に関する論文があり、この地域の叙述には彼の助力が大いにあった。この三人はともにイギリス外交官であり、日本アジア協会の紀要に該当の論文を書いている。ミルンは地震学の権威として知られているが、一八七七（明治一〇）年から翌年にかけて岩手山・月山・岩木山を踏破しており、この地方の情報は彼より得たものであろう。アトキンソンはサトウの日記に旅行の同伴者としてよく出てくる人物で、魔鏡の研究のほかに日本酒や白粉《おしろい》の分析を行ったが、一八七九（明治一二）年に八ヶ岳・白山・立山に登り、これを『日本アジア協会紀要』に発表した。この山岳地帯を踏破した外国人はまれであったので、さっそくこの記事がサトウらのガイドブックにも引かれた。ラインは『日本』や『日本の産業』を著したドイツ人の地理学者で、サトウとも親交があった。彼の記述はこの旅行書においても重要な地位をしめている。ゴーランドは「日本アルプス」の命名者として広く知られているが、「吉野と、飛騨・信濃の山やまの地質について貴重な意見、さらに後者の山系中の主要な峰みねに関する詳細な情報」を同書に提供している。最後のイザベラ・バードはすでに『日本奥地紀行』の著者として名高い女性旅行者であった。彼女は日本アジア協会の会員ではなかったが、チェンバレン、サトウ、ディキンズやイギリス人日本研究家とも親交があり、相互の日本関係書の執筆のおりにはさまざまな助力があったろう。このサトウとホーズの旅行案内は、彼女の著作が刊行された翌一八八一年の上梓であり、その記述形式についても彼女の本をかなり参考にしたようである。

同書の協力者は以上の一〇名である。そのうち日本アジア協会の会員が九名にも及んでいることは（例外はイザベラ・バードである）、この『中部および北部の日本旅行案内』と同協会が深い関係を持つものとして注目しておく必要がある。この年の四月二日号のＪＷＭ紙は、同書の書評を掲げ、「ヘボン博士の辞書で、ゆるやかであるが西洋人の日本研究のふもとに立った。そして、この『旅行案内』でその頂上に登ることができた」と賛辞をおくっている。サトウとホーズの本によって、日本アジア協会の日本研究の成果もある種の頂点にたどりついた。

日本研究の成果

それを誇るかのように、イギリス人女性旅行家イザベラ・バードは、日本アジア協会を中心とする西欧人の日本研究の成果をつぎのように語る。彼女の本である『日本奥地紀行』が刊行されたのは一八八〇（明治一三）年のことである。バードのことばを掲げて、この章を閉じることにしよう。

> イギリス公使館の日本語書記官は、アーネスト・サトウ氏である。この人の学識に関する評判は、特に歴史部門において、日本における最高権威であると日本人自身も言っておるほどである。これは英国人にとって輝かしい栄誉であり、一五年間にわたる彼の飽くなき勤勉努力の賜である。しかし、日本に来ている英国の外交官や文官たちの学識は、サトウ氏に限られたわけではない。領事勤務の数人の紳士

方は通訳生（通訳見習）として種々の段階を経て、今では口語日本語を自由に操る能力にすぐれているばかりでなく、日本の歴史、神話、考古学、文学など多くの分野で傑出している。実に日本の若い世代の人びとは、自分たちの古代文学の知識のみならず、今世紀前半の風俗習慣に関する知識を絶やさぬようにしてくれたことで、彼ら英国文官の人たちの努力やその他の少数の英国人やドイツ人の努力に対して、恩恵を感ずるであろう。(14)

第15章　成果——一八八二

サトウとホーズの『中部および北部の日本旅行案内』（一八八一年）は、日本アジア協会の地誌部門の日本研究を集大成したものであった。本書の刊行を転機に、協会の研究は飛躍的発展をとげるが、一八八二（明治一五）年の協会の最大の研究成果は、チェンバレンの『英訳古事記』とサトウの日本書誌学の論考である。この二人の活躍をまえにすると、ほかの外国人日本研究者の論文は全く影がうすくなってしまう。

日中語彙

一八八一（明治一四）年一一月一七日、新年度の日本アジア協会の活動がはじまった。会場は東京築地の外国人居留地一七番地であった。この日、エドキンスの 'A Chinese and Japanese Vocabulary of the Fifteenth Century, with Notes, chiefly on Pronunciation'（一五世紀の日中語彙）、サトウの 'Notes on Dr.Edkins' Paper 'A Chinese and Japanese Vocabulary of the Fifteenth Century'（ディキンズ論文への反論）、そしてディクソンの 'Kônodai and Its Spots of Interest'（国府台と名勝地）という三つの講演があった。まえの二つの論文はここ数年来りかえされてきたサトウ・エドキンス論争のひとつで、中国語と日本語の関連性を問題にした(1)。中国の明代のはじめに編纂された『日本寄語』を手がかりに、一五世紀における日中両語の問題をエドキンスが検討し、これにサトウが批判をくわえた。論文が読みあげられたのち、チェンバレンが長いコメントをしている。

　エドキンスが語りはじめる。「この小さな本は五世紀近く前の明代初期に編纂されたものである。モンゴル皇帝クビライは日本を征服するために軍団を派遣し、朝鮮を支配した。その結果、日本人海賊（倭寇）が明代に中国を襲撃するという報復処置をとるようになった。『日本寄語』という本は、この時代に書かれたものである。（中略）一世紀以上にわたって、中国の海岸線を北も南も日本人に侵略された。ヨーロッパの船乗りの羅針盤はポルトガル人が日本に紹介し、それを中国人が模倣した」(2)。

　ここで注釈をひとつ、ふたつ。『日本寄語』は薛俊が編纂して一五二三年に成立した『日本考略』の一部がのちに独立したものである。『日本考略』はこの年に起きた明の寧波での事件がきっかけで書かれた。大内氏と細川氏のそれぞれの使者は自分が合法の使者だと言い争った。これが暴力沙汰となり、中国人にも被害がでた。この海防の必要から、中国人の日本研究がはじまったのである。もうひとつ、エドキンスはヨーロッパ人なので、羅針盤をイタリア・ルネサンスの発明品のひとつとして堅く信じている。ところが、羅針盤は中国の宋代にすでに実用化され、イスラム世界を通じてヨーロッパに伝わったものである。

エドキンスはつづける。「このような古い書物（『日本寄語』）を復刻することは、古い中国語と古い日本語の両語を説明するのに価値がある。たとえば、日本の俗語の「シシ」（動物の食物）は中国から伝来した「肉」という語にほぼ取り代わられた。ヘボンは両語をあたえてくれたが、そのため私の日本の友人は現代の日本語にこの古い言葉が出現するのは稀なことだと強調するだろう。（中略）その語彙は一八三五年にメドハーストが出版した『韓日語彙』（The Korean and Japanese Vocabulary）よりかなり古く、二世紀以上もお目にかかっていない。この語彙の発音はロドリゲスの時代よりもはるか以前にさかのぼる」[3]。そして、エドキンスは『日本寄語』を紹介して終わる。

つぎにサトウの論説である。「エドキンス博士が日本アジア協会に提出された前述の論文が私のもとに届けられた。その一部をなす『語彙集』（『日本寄語』）について私がもうすこし注釈すべきであろう。これをできるだけ簡潔に行いたい。もし何か所かで彼の結論と違う理由を私が発見したとすれば、私の意見を表明する作法が論争的な論調をできるだけ小さくなっていれば幸いである」[4]。

エドキンスは『日本寄語』に登場する日本語の単語とこれに対応する中国語のグループにひとつひとつ番号をつけて解説をくわえた。たとえば、二八六番の「醤」という日本語に「彌沙」という中国語の発音がある。エドキンスの解説は「Soy、ミソ。上海では沙はソである」とつける。サトウは反論する。「食品の名前であるミソはsoyとはまったく別個のものである。Soyは醬油と書き、ショウユと発音する。われわれの言葉であるsoy が起源である」と。エドキンスの解釈もサトウの反論も心もとない。

サトウの議論は日本語のチとツの発音にうつる。当時の日本語のチとツが破擦音に移行しつつあることを指摘している。論文の最後に「一世紀以上にわたって、中国の海岸線は北も南も日本人に侵略された。ヨーロッパの船乗りの羅針盤はポルトガル人が日本に紹介し、それを中国人が模倣した」という一節についてコメントした。「この一節からすなおに推測されることは、第一に海賊行為が一五世紀のはじめに起こっていること、第二に当時の日本人がヨーロッパの船乗りの羅針盤を所有していたこと、第三に日本人はそれをポルトガル人から入手したことである。しかし、エドキンス博士が所有されている初期日葡交渉史の史料は、一般に受け入れ難く、ピントによる（西欧人の）日本発見が一五四二年以前にあったことが信じられないように、これらの一節は彼の誤解によるものだと思われる」[5]と。

国府台周辺

もうひとつの講演は千葉県市川市の国府台へのディクソンの紀行文である。「愛宕山の小さな茶屋に腰を掛けて、武蔵（関東）平野の東方を眺めると、東京湾の突先から数マイルの地平にふたつの松の木立がはっきりと見える。この目印からさらに北には国府台の古いとりでがある。足利時代にあまたの戦いとふたつの重要な戦闘の場所として名が知られている。（中略）電信柱が徒歩の旅行者の良い案内になる。両国橋から電信柱に沿って歩き、国府台から一マイル半ほどの市川で利根川（江戸川）を越える。両国橋からの人力車代はおよそ三〇銭である。国府台は利根川のさらに向う側の高い崖にある。ここは「条約境界線」の端にある。そのため周囲の名勝地で数日を過ごしたい人は「旅券」が必要である。たんに川を越えて真間か国府台で数時間を過ごすだけの外国人には、そうした煩わしさはない[6]」。

とりたてて新味はないが、『中部および北部の日本旅行案内』を編纂したばかりのホーズが質問しているのが目を引く。また、チェンバレンが『江戸名所図絵』を紹介して、国府台の由来について論じ、国府とか鴻台とも言われると加えた。のち、彼は「心地良いそよ風で江戸川を登ってゆく船の風景もなかなか良い」と書いている。

ディクソンの報告をうけて、一八八四年に刊行されたサトウの外国人向けの旅行ガイドブック『中部および北部の日本旅行案内』の第二版に、国府台の記事が登場した。「両国橋を渡り真東に向かう長い通りを逆井までまっすぐ進む。（中略）遊歩規定の市川の渡しまで、実際には成田まで馬車を利用することもできる。逆井橋から市川までは道は狭い堤防の上を行くので「人力車」が馬車とすれ違う余地はほとんどないが残りの部分はかなり道幅がある。（中略）渡しの上流半マイルの左岸にある崖は「真間国府台」といい、富士と大山連山を向こうにして江戸を中心とする平野の見事な眺望を得ることができる。国府台は里見安房守が築いた砦の跡地であり、後に北条氏は箱根山麓の小田原に首邑を定めると一五六四年にこれを激しく攻めて破壊してしまい、平野全域を支配することになった[7]」。サトウの筆はディクソンの論旨とほぼ同じである。

日本初期印刷史

一二月一五日の例会（会場は築地の商工会議所）では、サトウの'On the Early History of Printing in Japan'という、日本書誌学における不朽の講演があった。サトウは一八八一年一〇月二三日付のアストンに宛てた手紙でこの研究に意欲をしめしている。「現在、熱心に日本の古活字本を購入しており、この国の活字印刷史の論文を書くためのノートを作成しています。最古の印刷物は孝謙天皇の治世（七五〇〜七五八年）まで遡ります。朝鮮人は活字で書籍を印刷していますが、一三一七年の年代が入った本があることが分かります。実見はしていません」。孝謙天皇の治世の印刷物は不詳であるが、『続日本紀』の七五八年の記事に、国ごとに金剛般若経三〇巻を書き写させたとある。サトウの論文については藤津滋生氏による詳細な研究があるので、(8)本書ではその研究成果にそって筆をすすめてゆきたい。

第一部の「木版本」と第二部の「活字印刷」の二つから構成されている。「木版本」の冒頭では、まず中国の木版印刷の歴史がのべられている。碑文の複製をつくりたいために、その上に紙を置いてこすったことが、中国での木版印刷の端緒となった。木版印刷は六世紀末ごろには存在したとされるが、一般に普及したのは一〇世紀ごろからであろう。一方、日本と中国の交渉は六世紀末からさかんになったが、印刷術はずっと後になるまで伝わらなかった。『日本書紀』や『伊勢物語』が活字で印刷されるようになるのは、一六世紀の末であった。

つぎに称徳天皇の勅願による『百万塔院羅尼』（七六四年）を説明している。テキストが木版であるか金属であるかの論争にふれ、榊原芳野の木版説、蜷川式胤の金属説を紹介し、サトウ自身は後者の説を支持している。『日本記略』の九八七（永延元）年の条に「入唐僧奝然奉㆑講㆓釈迦仏像并摺本一切経等㆒」とある記事の「摺本《すりほん》」について説明をくわえている。唐から帰国した僧侶の奝然によってもたらされた一切経の複製である。このことには日本にも印刷本が知られるようになった。

一一七二（承安二）年には京都大原の僧が聖徳太子の『十七条憲法』を上梓した。これは記録に残された最も初期の印刷本であった。一一八四（元暦元）年には奈良般若寺の関係者によって『大般若経』が彫られた。また、『吾妻鑑』によると、一二〇〇（正治二）年に『大乗経』（法華経）が五部あると記述しているが、これらは現存が確認されていない。これらのうちで、今日までに伝わったのは法然上人の『選択集《せんじゃくしゅう》』であった。以下、『大般若経』（一二二三年）、『阿弥陀経』（一二三六年）、『法華経』の普門品（一二三六年）、『金剛寿命陀羅尼経』（一二三七年）などの説明がつづいた。『往生十因』（一二四八年）は両面印刷であり、ふつうの日本の素材とは異なる光沢のある紙が使用されている。ついで、『性霊集』（一二六八年）、『大日経』（一二七九年）、『伝法正宗記』（一二八七年）などの刊本について注釈を下した。そして、高師直の刊語のある『首楞楞厳義疏註経』（一三三九年）、『景徳伝燈録』、『曹洞宗』、『五燈会元』（一三六八年）、『禅林類聚』（一三六七年）、『禅源諸詮集』（一三五八年）などの五山版の諸本を詳解している。

日本で復刻された著名な中国文学の本は、こうした仏典のあとから現われる。正平版『語論』について詳述している。そして、一六世紀末までに、日本で復刻されたその他の中国古典と外典には以下のものがあると書いている。『春秋経伝集解』、『千字文』、『増修互註礼部韻略』、『歴代帝王編年図』、『十八史略』、『唐才子伝』、『説苑』、『冷斎夜話』、『付音増広古註蒙求』、『韻府群玉』、『集千家分類杜工部詩』、『集千家註批點杜工部誌』、『五百家註音辯昌黎先生文集』、『新板増広付音釈文胡会詩註』、『山谷詩註』、『唐朝四賢精詩』、『増註唐賢三体詩』などの説明を『経籍訪古志』によって行った。

最後に、有名な豊臣秀吉の朝鮮侵略により、戦利品として相当な量の書籍が日本にもたらされた。このことは教養ある人びとに価値ある本を増やす方策を教えることになった。そして、この事業を徳川家康が推進した。朝鮮から持ち帰った本のなかで活字で印刷されたものがあり、日本人にたいへん人気があった。そこで、つぎの三、四十年間に印刷された本のうちで重要なものは、活字で印刷され、木版刷は相対的に少なくなった。

サトウは第二部の「活字印刷」に筆をすすめる。ついで、朝鮮の初期活字本の『孫子と朝鮮の活字に言及した。ついで、朝鮮の初期活字本の『孫子十一家註』、『歴代将艦博議』、『十八史略』、『標題句解孔子家語』などを解説した。そして、朝鮮での活字印刷の初期の証拠を近藤正斎の『右文故事』にもとめている。

古活字本

いよいよ日本の古活字本にうつる。この新しい方法による刊行は、小瀬甫庵の『標題徐状元補注蒙求』（一五九六年）であった。慶長勅版の『錦繡段』（一五九七年）にふれ、徳川家康が三要（閑室元佶）に木活字をあたえた伏見版にも言及した。家康の銅活字による駿河版を詳説し、嵯峨本、光悦本、仮名活字本にも及んだ。しかし、木版で活字印刷本を復刻する方法がとられるようになったのは、便利さと安価さに気づいたからである。木版より活字のほうが誤植が多いし、大量の資本が必要である。このため、活字印刷は一七世紀半ばを前にすたれてしまった。少なくとも、一六二九（寛永六）年以後の古活字本をみたことがない。——これがサトウの結論である。ちなみに、川瀬一馬は一六五二（慶安五）年の『中論』の存在を指摘している。サトウ論文は、このあとに「同時期の木版本」と「絵入り木版画」という短い項目を立てて、江戸時代の出版界の状況を解説している。その後、彼はこの論文の補遺を発表しているが、この点はやがて検討する。

当日の議事録をみると、サトウ論文の出来映えに参会者が圧倒されてしまったようで、活発な議論には至っていない。ただ、一回、サトウとユーイングの間で質疑応答があったきりである。(9) そこではサトウは明言をさけているが、朝鮮は世界最初の銅鋳造活字の使用国として知られる。一四〇三年の「発未字」の活字がそれである。ヨーロッパで木版活字が開始されたのは一四二三年ごろで、ドイツ、イタリアなどでさかんであった。しかし、その技術は中国など東洋諸国から伝わったのである。

舞子の石墓

サトウの講演があった日、アストンの'Stone Tombs at Maiko'（舞子の石墓）が読みあげられた。著者欠席のため、協会の書記が代読した。その内容は不明である。アストンはこのとき兵庫（神戸）の領事代理をしていたから、勤務地に近い舞子の墳墓についての発表となった。これよりさきの一〇月二三日にサトウがアストンに手紙を書いている。「あなたの舞子の古墳の発見にとても興味をそそられました。すぐに論文ができるのを期待しています。可能ならば、一二月の［日本アジア協会の］例会で発表されるとよいでしょう。あなたの記述からすると、モースが最初に書いた論文は大阪近辺のそれとよく似ているし、『英文旅行案内』（初版）にも言及されており、さらに昨年私が『アジア協会紀要』で報告したものとも似ています[10]」と。ドルメン（古墳）を論じている。モースの指しているドルメンは大森貝塚と推測され、サトウの報告とは上野国の二子山古墳のことと思われる。こうした背景があって一一月一三日にはアストンはサトウを連れて人力車で舞子に誘ったのである。この墳墓に該当する兵庫県南部の古墳には、舞子古墳群、歌敷山西古墳（消滅）、歌敷山東古墳群、五色塚古墳の四例が考えられるが、どの古墳に当たるのか比定できない[11]。一一月一八日のサトウの手紙によると、モースの"Shell Mounds of Omori"（一八七九）をアストンに郵送したらしい。こうした経緯をへて、一二月一五日に上記のアストンの報告がなされた。翌年一月五日にサトウは手紙を書いて、アストンによる最近のドルメン（古墳）発見と心から祝っている。「貴君が言っているように、大阪のドルメンはその周辺に都があったころのものである。日本人がドルメンに関わったとは思えません。私の資料収集の限りでは、『河内名所（図絵）』にはその近辺のドルメンについて一切説明をしていないからです[12]」。

コロポックル

一八八二（明治一五）年一月一二日、東京の商工会議所で例会が開かれた。この会場が選ばれたのは、付近に築地居留地があり、外国人が多く住んでいたからである。この日、ミルンが"Notes on the Koro-Pok-Guku or Pit-dwellers of Yezo and the Kurile Islands"という講演を行った。この発表はのちにアイヌ・コロボックル論争をおこした先駆的著作であった。ミルンはシーボルト説を評価し、かつてはアイヌが日本全土に先住していたと考えた。彼の説を支えたのは、サトウの援助による日本の古文献の知識と、ブラキストンとの交友による北海道の知識であった。そして、ミルンはモースの非アイヌ説に反対して、この論文を執筆した。ミルンは北海道の遺跡の主要なものはアイヌのものではなく、それ以前に北海道に居住していた民族のものであり、そのことは千島の住民と関係があると主張した。一八七八（明治一一）年、ミルンはブラキストンの情報により、根室をかわきりに、函館・小樽・札幌の北海道各地ばかりでなく、択捉島・シュムシュ島の千島列島まで足をのばした。

ミルンはアイヌが竪穴の住民をコロ・ポク・グルと呼んでいる事実を紹介した。コロ・ポク・グルとは「穴に住む人」のことを指す。アイヌの伝承では、彼らは地面に穴を掘った上に建てた円錐形の小屋に住み、土器作りを知り、背が低く、アイヌが彼らを追い払ったと言っている、というバチェラーのことばを引用した。来日西欧人学者は当時さかんであった進化論の理論を適用し、後来の日本人がアイヌを追い払ったという筋書きを立てた。これに対してミルンの説が独自だったのは、北海道や千島の竪穴群は千島列島の先住民コロ・ポク・グルが残したもの、とした点であった。これは後代への影響力の大きかった説で、坪井正五郎のコロ・ポク・グル説を鳥居龍蔵のアイヌ説を誘い出した。なお、ブラキストンの本にも、コロ・ポク・グル研究にふれるところがある(13)。

二月九日の日本アジア協会の例会（会場は築地の商工会議所）では、ブラキストンとプレイヤーの共同研究‘Birds of Japan’とダイヴァースの‘On Two Japanese Meteorites’（日本の二つの隕石）が発表された。前者は日本の鳥の分類目録であり、後者は日本の隕石に関する研究である。この二つの報告の詳細は他日の課題として、筆を急ごう。

アイヌ研究

三月八日の日本アジア協会の例会（会場は前回と同じ）では、イギリス人宣教師バチェラーが登場し、‘Notes on the Ainu’（アイヌ覚書）と‘An Ainu Vocabulary’（アイヌ語の語彙）の二つの講演があった(14)。この報告にはブラキストンのコメントがあるので、これにそってバチェラー論文を解説してゆこう。ブラキストンによれば、前者の「アイヌ覚書」は「バチェラー氏がこれらの報告論文を出版する前にイギリス本国へ立ったので、」見るのも気の毒なくらい印刷の段階でずたずたに切り刻まれてしまったらしい。バチェラー論文が『日本アジア協会紀要』（第一〇巻）に掲載されたのは、これから数カ月後のことである。講演内容と論文とがどれほど異なっているかは知る由もないが、ブラキストンは「あまりに圧縮された形態であるため、この論文は大変不満足なもので、原典からのちょっとした脱落が大きな影響を及ぼしているに違いない」と評している。この論文は、アイヌ言語、風俗、習慣などを調査したものだが、ブラキストンによれば、バチェラーがアイヌ人から引き出した地理的情報のみが価値あるものだという。彼はバチェラーの調査自体を高く評価しているせいもあって、この論文にはかなり不満を抱いている。しかし、初期のアイヌ民族調査報告としては割とよく出来た、先駆的作品である。

バチェラーの後者の論文「アイヌ語の語彙」である。彼は先学の誤りを正し、アイヌ語と思われていた「メノコ」は女性という意味の日本語であり、同様に「イヌッコ」（犬）とか「ベコッコ」（牛）も南部方言に違いないと指摘した。さらに、「アイノ」と西欧人が言いならわしている呼称は「アイヌ」とつづるべきだと強く主張した。これ以降、バチェラーはアイヌ研究に専念し、この方面の多くの著作をのこす。やがて、「アイヌ」の呼称についてもチェンバレンと論争する。

四月一二日に東京築地の商工会議所で開かれた例会は、日本アジア協会、ひいては西欧人の日本研究において記念すべき会合となった。この日、ダイヴァースの‘Notes on the Hot Springs of Kusatsu’（草津温泉覚書）とE・キンチの‘List of Plants used for Food or from which Foods are obtained in Japan’（日本の食用野草）とともに、チェンバレンの代表作‘Introduction to a Translation of the Kojiki’（『英訳古事記』序論）の第一回目の講演が行われたからである。

ダイヴァースとキンチ

チェンバレンの発表にまつわる問題はひとまず措いて、ダイヴァースとキンチの論文を検討しよう。前者の論文は草津温泉紹介史をのべた。一八七六（明治九）年にマーティンがドイツ・アジア協会の紀要に温泉の成分分析を発表し、翌々年にはダイヴァース自身が日本アジア協会の紀要に論考に論考を投じた。今回の調査は彼の依頼で工部大学校のカワキタが実施した。熱湯《ねつのゆ》と滝湯《たきのゆ》の簡単な報告である。気になるのは、紹介史にデシャルムやベルツの名がないことである。後者の論文は『日本アジア協会紀要』（第一一号）に掲載され、そのコメントとしてヘールツの‘Observation on Kinch's list of Plants used for Food’がそえられた。

英訳古事記

この日の最大のイベントとなったチェンバレンの講演に耳をかたむけることにしよう。

　日本に書籍が誕生してから、すでに一二世紀近い歳月が流れているが、多くの日本文学のなかで最も重要な記念碑は西暦七一二年に編纂された『古事記』という著作である。この本が重要な書物とされる理由は、古代日本の神話・風俗・言語・伝説について、他書よりも信頼すべき素材を供給してくれるからである。事実、本書はウラル人種・スキタイ人種・アルタイ人種などと様々に呼ばれている民族の大区画のなかで産み出された文学のうちで、最も古い確実な典拠である。また、非インド・アーリアン語族が編纂した現存する最古の文学よりもさらに一世紀も先行している。同書がまとめられたのちに、日本固有の性質を顕著に示すものの大部分が、中国文化の上からの圧倒的な力によって消滅してしまった。もし研究者がとなりの大陸からすっかり借用した現代の習慣と思想を日本固有の独自なものと混同しないために各段階で調べようとするならば、『古事記』をはじめ『万葉集』の詩歌や『祝詞』のような古代日本の著作は必見の書物となる。[15]

日本アジア協会の記録によると、この日チェンバレンは『英訳古事記』の五つの章を読みあげる予定であった。その五章とは、

第一章　『古事記』の信憑性と性格
　（書誌学的覚書を含む）
第二章　翻訳方法についての詳説
第三章　『日本紀』のこと
第四章　古代日本の風俗習慣
第五章　古代日本の宗教的政治的思想
　日本国家の起源と伝説の信用性

であった。チェンバレンが第四章まで読みおえて、最後の第五章にさしかかろうとしたとき、この日の司会パークスは立ち上

がって、こう述べた。

実に興味深い発表で、会員諸君も大いに満足されたことと思う。しかし、時間はすでに（予定の時間を）一時間半も過ぎており、チェンバレン君もお疲れのことと思う。のこりは次回に発表していただくことにしたい。チェンバレン君の入念にして学問的なる研究調査に対しては感嘆するばかりである。この研究のすばらしさを云々することは、おこがましくもあり、よけいな口出しと思われるかもしれない。しかしながら、これによって私たちは古代日本の歴史や思想、そして社会状況を深く理解できるようになることと思う。(16)

このパークス発言をうけて、翌日の五月一〇日の日本アジア協会の例会で序論の最後の第五章が読みあげられた。そして、六月二一日の同協会の年次総会のまえに、サトウの代読で、『古事記』の英訳の一部が紹介された。両回とも会場は築地の商工会議所であった。なお、このチェンバレン報告は久しぶりに横浜の英字新聞ジャパン・ウィークリー・メイル紙の紙面をにぎわわせた。六月一七日、六月二四日、七月一日、七月一五日、七月二二日、七月二九日、八月五日、八月一二日の各号の都合八回掲載されたのである。さらに、海外にも反響が及んだ。イギリスの科学雑誌〝Nature〟がチェンバレンの成果に注目し、第二六号（一八八二年七月二七日号）の「ノート」欄でこれを紹介した。それによると、チェンバレンの結論はつぎの三点である。すなわち、（1）古代日本には出雲、大和、九州の三王朝がある、（2）日本とアジア大陸との交渉は西暦二〇〇年ごろからはじまる、（3）西暦四〇〇年以前の日本史には信憑性がない、である。

日本アジア協会では評議会を開き、全員一致でチェンバレンの研究を単行本として刊行することに決定した。一八八三（明治一六）年四月一六日に待望久しい『英訳古事記』が上梓された。この本の原題は〝Kojiki or Records of Ancient Matters〟といい、『日本アジア協会紀要』の第一〇巻附録として出版された。長い序論にひきつづき、『古事記』の完全英訳があり、おわりに附録をそえている。一九〇六（明治三九）年に復刻され、ついで一九二〇（大正九）年にも再刷が出された。一九三二（昭和七）年にはアストン補注による新版が出され、国文学者の次田潤が『英訳古事記』発表（一八八三年）以降の古事記研究文献表をのせている。さらに一八七二（昭和四七）年には創立一〇〇周年を記念して日本アジア協会から復刻され、一九八二（昭和五七）年にもタトル商会から一九〇二年版のリプリントが売り出された。

『英訳古事記』の本文に先行する序論は、はやくも五年後の一八八八（明治二一）年四月二五日に『日本上古史評論』（史学協会出版局）として邦訳出版された。訳者は飯田永夫といい、『日本書紀通釈』の著者飯田武郷の子であった。この邦訳本でとくに注目されることは、当代一流の国学者である田中頼庸、小中村清矩、栗田寛、木村正辞、黒川真頼、飯田武郷の六人が寸評を頭註として掲げていることである。

『日本上古史評論』が出版されると、日本の学界の反響がいちだんと大きくなった。雑誌『日本文学』は第一号にその書評を載せ、第一一号には『日本上古史評論』の再版広告をかかげた。また、雑誌「国光」にもふれるところがあった。このほか、チェンバレンの見解を支持するものとして、松本愛重の『国学』や井上頼文の『校註古事記読本』（一八九九年）などがあり、これはいずれも彼の言説を訳文で紹介している。一方、本居豊頴は反対論を表明して、「学事の評論」という一文を草した。こうした反応はあったものの、チェンバレンの『英訳古事記』を当時の国文学界の大勢は異端邪説の書としてしりぞけた。

歴史学界はどのような関心をしめしたのであろうか。チェンバレンは近代日本史学の創始者リースとともに一八八九（明治二二）年に誕生した史学会の外国人会員で、同会の重鎮のひとりであった。また、チェンバレンとは帝国大学文科大学（東京大学文学部）の同僚であった小中村清矩も『英訳古事記』に興味を持った人物で、『史学会雑誌』（のち『史学雑誌』に改題）の第一号（一八八九年一一月）に「史学の話」という論説を寄せた。

チェンバレンの『英訳古事記』はその内容よりも、外国人が日本最古の古典の研究を公刊したという事実そのものによって国文学界と歴史学界を刺激した。外国人の業績を指摘して、日本人の後世の学者の勉励刻苦をうながした。

朝鮮活字と古活字本

チェンバレンは『英訳古事記』で目ざましい業績をあげたが、奇しくも一八八二（明治一五）年六月二一日の日本アジア協会の年次総会で評議委員に任命され、さらには著者欠席ということでサトウの 'Further Notes on Movable Types in Korea and Early Japanese Printed Books'（朝鮮版活字と日本の古活字本）という論文を代読する。

> 昨年一二月の例会で読み上げた「日本初期印刷史」という論文で、朝鮮における活字発明の初期の日付について日本の書誌年代記から集めた事実をいくつか紹介した。その後、帝国大学史料編纂所の所長重野［安繹］氏の御好意によって、前記論文で言及した初期朝鮮活字版書籍を二冊みる幸運を得た。これらの書物には発明年代に関する詳しい記事があった。元来、両書は徳川将軍家の図書館である紅葉山文庫に収められていた。一八六八年の革命［明治維新］によって、その大部分の書籍はミカドの所有となったが、現在では重野氏の所有に帰している。[17]

サトウが言及した二冊の本とは、『孫子十一家註』（一四〇九年）と『歴史将鑑博議』（一四三七年）である。彼はこの二書の跋を四ページにわたって英訳している。つぎに日本関係の補遺に筆がさかれ、ある日本人古物研究家が一五世紀のはじめ（正確には応永年間で、一三九四年から一四二八年）に活字で書物が生産されたと断言しているが、サトウはそうした書物を披見していないし、また日本の文献にも言及されていない。

日本の初期活字本と朝鮮のものとの類似性は、徳川家康が『大蔵一覧』を造本するまえに、すでに大量の金属活字の在庫があったことの説明になる。木版本について言うと、日本の学者たちは初期の例を一一九八年から一二〇六年の間に印刷された『選択集』と断じているが、最近入手した『大般若経』第二八四巻には「保元二年正月開板明智道俊」とあり、一一五七年二月一二日から三月一三日の間であった。このほか、『成唯識論』（一一六七年）についても検討した。つぎに未見の初期印刷本『伝心法要』など二〇点を紹介し、最後に『日本（書）紀』の種々の版本を考察して、筆を擱いた。

論文を執筆するにあたり、サトウはかなり古活字本を収集している。一八八二年三月七日にディキンズに手紙を書いている。「当地で調べているのは、朝鮮で作成された書籍、とりわけ漢籍のささやかなコレクションを作り上げているためです。活字の多くは金属製です。ヨーロッパで活字印刷術が発明される、少し前に朝鮮でそれが行われていたのです。間もなく私が日本での活字印刷のことを書いた論文は活字になりますので、そのときは郵送させていただきます。初期印刷術の例を数例あげます。一番古い木製活字本の年代は一二四八年です。最も古い（金属）活字本は一五九七年です。大英博物館が私のコレクションを購入することになっています」[18]。また、一八八三（明治一六）年四月五日のサトウの日記には「（チェンバレンに）私の日本と朝鮮の古活字本を見せることを申し出た」[19]とある。サトウたちが来日した明治初期はいわゆる「欧化熱」が燃えさかっていた時期であったが、反面では日本固有の文化が軽視されていた時代でもあった。このため貴重な絵画・書籍などが大量に海外へ流出してしまった。この風潮はサトウやチェンバレンらの外国人日本研究家にとっては千載一遇の好機であり、彼らの後日談にも、この時期に安価で膨大な量の日本の古書を収集できたことを特筆大記している。

和書の整理

サトウは一八八三（明治一六）年に賜暇を得て帰英したが、その時にこれまで収集した古書を日本に在留していたチェンバレンに譲与した。そして帰英後の翌一八八四（明治一七）年一月一日のサトウの日記には、「私にいくつかの和書の目録を作成させてくれた［館長］ダグラスにお別れのあいさつをするために大英博物館に行った」[20]との記事があり、この年の九月にサトウが日本滞在中に蒐集した蔵書約一〇〇〇部が大英博物館に六〇〇ポンドで売却された。そのことは同館の目録の序文に「その二年後［一八八四年］、日本と朝鮮の初期活字本のコレクションがE・M・サトウ氏より購入された。氏は漢字のその他の著書もたくさん寄贈してくれた」[21]とある通りである。これ以降のサトウの日記をたどってみると、何度も自己の蔵書を大量に整理している事実につきあたる。そのうちで最大のものは一九一三（大正二）年のケンブリッジ大学図書館への図書寄贈であろう。また、このより先の一九一一（明治四四）年に死去したアストンの蔵書もサトウの尽力により同大学に移させ、九五〇〇冊にも及ぶアストン・コレクションが確立された。この図書館にはアストンのみならずサトウやシーボルトの旧蔵書も収められているが、これらは彼らの日本研究の知的蓄積の一端を示すものである。

こうした書物群の運命をたどってゆくと、明治中期に活躍したイギリス人日本学者たちの眼識と博学、そして日本理解に対する情熱に圧倒されてゆく。一八八二（明治一五）年という段階で、チェンバレンが『英訳古事記』を公表したり、サトウが日本書誌学上の重要な論考を著したりするのを、もはや驚嘆ではなく納得した気持ちでながめることができる。それはこの方面の学問の金字塔であり、日本アジア協会が誇るべき成果である。その成果を江戸時代のドイツ派の日本研究と明治時代のイギリス派の日本研究を対比して、チェンバレンは『日本事物誌』でつぎのように語る。

> ケンペル、ツンベルク、シーボルト（そしてラインさえも）などに代表される初期ドイツ派の研究者達に見出される唯一の弱点は、歴史や言語の問題について批判的能力が不十分であるということである。確かに、日本の原資料に当ってみるだけでは十分であない。日本の原典そのものも、きびしい批評の下にさらさなければならない。この仕事がなされるのは、サトウ、アストン、そしてマードック［これにチェンバレンも加えるべきだが］に代表される英国派を待たなければならなかった。彼らは日本語を科学的正確さをもって調査し、ケンペルやその追随者が鵜のみにした歴史と称するものが、実はたわい無い言い伝えを集めたものにすぎない、ということを一歩一歩証明したのであった。(22)

終章　展望——一八八三

アイヌ研究

明治時代に来日した西欧人学者にはアイヌに関心をしめした人物が案外と多い。それは当時の日本の学界で関連性が議論されていた日本人種論と密接な関わりを持っていた。

考古学では、モース、ハインリッヒ・シーボルト、ミルンがいる。近代日本考古学の父モースは石器時代プレアイヌ説をとなえ、石器時代はアイヌに先行する人種であると断じた。これとは反対にシーボルトとミルンはアイヌ説を主張した。こうした外国人の研究は、坪井正五郎と小金井良精によるアイヌ・コロボックル論争をみちびいた。

形質人類学ではベルツがいる。彼によれば、アイヌはヨーロッパに近く、日本人はアイヌとはあまり関連性がなく、蒙古系種族とマレー系種族の混合したものであると論じた。この主張はやがて鳥居龍蔵の固有日本人説や浜田耕作の原日本人説などを誘発してゆく。

比較言語学からアプローチしたのは、チェンバレンとバチェラーである。チェンバレンは日本各地の地名のなかにはアイヌ語で解しうるものが多いとして、アイヌ先住民族説を補強した。バチェラーはチェンバレンの説を継承し、さらにアイヌ語は日本語の祖先語だと論をすすめた。しかし、この説は金田一京助から反論をうけた。このほかにも、フォン・シーボルトの著作、バード、ヒッチコックの見聞記、グリフィス、マクレオッドの議論にもアイヌに言及したところが多い。

こうした西欧人のアイヌ研究史のなかでディクソンの研究はどのような特色があるのだろうか。一八八二（明治一五）年一月八日の日本アジア協会の例会（会場は築地の商工会議所）で、彼は‘The Tsuishikari’ Ainos’という講演を行った。[1]この年、ディクソンは札幌から一二マイルの、石狩川と豊平川の合流点に住んでいたツイシカリアイヌ人を訪ねた。彼によれば、ツイシカリアイヌ人は蝦夷地のアイヌ人とはいくつかの点で異なる。前額から後にかけて頭髪をそりあげるという、特殊な風習が男子にある。女子は明るく活発な顔をしていて、蝦夷地のアイヌ人のように、耳まで達しそうな幅広の縞模様の入墨を唇にしている。しかし、彼らの生活用具や言語などは、蝦夷地のアイヌ人とは似ているが、全く同じものではない。

今日、アイヌ文化の地域的特徴を調査する試みは多少行われている。言語地理学によると、アイヌ語には八雲、幌別、沙流、帯広、美幌、旭川、名寄、宗谷、樺太、千島の一〇の方言が存在する。言語の分類からツイシカリアイヌ人がどこに入るのか筆者には不明であるが、距離的には幌別方言言葉に近いのだろうか。ディクソンのアイヌ研究の先駆的価値は評価されるであろう。学問的価値はどのくらいあるのだろうか。

島原の乱

一二月一三日の例会（会場は築地の商工会議所）で、ヘールツが 'The Arima Rebellion and the Conduct of Koeckebacker' という講演を行った(2)。東京のイギリス公使館の日本語書記官サトウがヘールツに興味深いオランダ語文書のコレクションをしめしたことがあった。一八四九年から一八五三年まで（正しくは一八五〇年一一月～一八五二年一〇月）長崎のオランダ商館長であった故F・C・ローズ（Rose）が「日本におけるオランダ人の歴史」の史料として収集したコレクションであった。ローズの死去により、刊行の完成をみることもなく、コレクションはアムステルダムの業者の手にわたり、そこからサトウはオランダで購入した。

　このコレクションは一七に分類される。その若干を示してゆくと、(1)「オランダ船ゴール号の日本平戸からトンキンまでの旅・一六三七年一月三一日から八月八日」、(2)「日本のオランダ商館長一覧・一六一〇年の設立から一八四七年」、(3)「平戸オランダ商館長の一三通の未刊文書」、といった具合につづき、(17)「ヘーグ文書館所蔵の三通の抜粋文書・一八六〇年八月一日付より一六三八年七月二九日付まで」、という文書で終わる。

　そのうち、(1)の文書については、すべてにヘールツ自身がサイゴンの雑誌 "Excursions et Reconnaissances" にフランス語に翻訳して発表している（終章二五二頁 ディクソン講演を参照）。今回は（3）の文書を英訳して、クーケバッケルが有馬（島原）と天草における反乱について書いた未刊の一三通の手紙を紹介した。有馬天草の事件の真相を白日の下に明らかにしようと試みた。

　一六三七年一二月一七日に、われわれは有馬地方の農民たちが反乱をおこし、武器をとって起ち、貴人や市民たちの住む家々を悉く火にかけ、数人の貴人を殺害し、また城内に残っていた侍たちを放逐してしまったという報道に接した(3)。

　島原の乱の発生を告げる（1）インド総督アントニオ・ファン・ディーメン宛（一六三八年一月一〇日付）の手紙を皮切りに、（2）村雨三郎左衛門宛（一六三八年一月一七日付）、（3）長崎代官末次平蔵宛（一六三八年一月一八日付）、（4）アントニオ・ファン・ディーメン宛（一六三八年一月二四日付）、（5）末次平蔵宛（一六三八年一月二七日付）、（6）末次平蔵宛（一六三八年二月三日付）、（7）末次平蔵宛（一六三八年二月一五日付）、（8）アントニオ・ファン・ディーメン宛（一六三八年二月一七日付）、

（9）台湾総督ヨハン・ファン・デル・ブルク宛（一六三八年二月一七日付）、（10）上席商務員フランソイス・カロン宛（一六三八年二月一九日付）、（11）平戸商館員ヤン・ファン・エルセラック宛（一六三八年三月一日付）、（12）ヨハン・ファン・デル・ブルク宛（一六三八年三月二五日付）、（13）アントニー・ファン・ディーメン宛（一六三八年一一月九日付）、の一三通が掲載された。[4]

手紙を翻訳したのち、ヘールツはこう論じている。天草と有馬の事件のおりに、クーケバッケルがとった行動は、彼の評判をおろし、さらにすべてのオランダ人に汚名をきせることになった。だが、東インド会社の総督から対日貿易に全力を尽くすよう命ぜられ、一方、江戸幕府から強い圧力のあった当時の状況から考えれば、彼の行動はやむを得ない。江戸幕府はオランダ人に対してキリシタンの追害を援助することを求めていない。反乱をおさえるための大砲と船が要請された。それゆえ、彼が江戸幕府の要求を拒否する理由がない。反乱軍の砦が奪取されたのち、三月一二日に彼は平戸に去っている。したがって、四月一一日以降に実施させた虐殺に彼が加担していないことは明白である。

一〇年ほどまえの一八七一年の末に、ヘールツは島原半島を旅した。島原のキリスト教徒迫害の記述に疑問を抱いていたからだ。この問題を彼はすでにこのころ論じていた。（1）ある著者によって、オランダ人が日本におけるキリスト教徒迫害の原因であったと記されていることに何らかの真実性があるかどうか、（2）平戸のオランダ商館長クーケバッケル氏の行為は是認されるか、（3）島原の熱泉の中でのキリスト教徒拷問などの情報は正確なもんか、という問題提起をする。さまざまな実例をあげて、つぎの結論をくだす。（1）オランダ人は決して日本における何件かのキリスト教徒迫害の原因ではない、（2）平戸のオランダ商館長クーケバッケルの行為は何ら非難に値することではない、（3）ある著者たちによって記述されている日本人キリスト教徒に対する拷問に関する詳細は、決して無条件に信用されるべきものでない、と。[5] 実は一八八二年一二月一三日の日本アジア協会での発表は一八七一年の議論と大差のないものであった。後者の議論ののちに公刊されたディキンズとウーリーのデータを借用し、自己の論拠を強化している。

在日西欧人は日本でのキリスト教の歴史に関心をもっていた。イギリスの神戸領事パスケ・スミスが一九三〇年ころに編纂した"Japanese Traditions of Christianity"にはA History of the Introduction of Christianity into Japan（日本キリスト教伝来史）とThe Shimabara Rebellion（島原の乱）という英訳が紹介されている。前者は幕末の英字新聞Japan Herald紙の一八六五年一一月四日号、同月一一日号、同月一八日、同月二五日号、一二月二日号、同月九日号、同月一六日号、同月二三日号、同月三〇日号に連載されたものである。日本語の表題は『切支丹宗門来朝実記』で、この第一部を英訳したという。活字版は『吉支丹文庫』第一巻、『続々群書類従』第一二巻に収められている。当時、英訳者の名前は知られていなかったが、

Japan Herald紙によると、横浜在住の日本学者だという。実はヘボンが英訳者だった。[6] 後者はFar East誌の一八七一年六月一日号、同月一六日号、七月一日号に掲載されたものである。パスケ・スミスは日本語の書名も英訳者の名前も不明としている。

秀吉の朝鮮侵略

年が明けた一八八三（明治一六）年一月二〇日の例会（会場は築地の商工会議所）では、アストンの 'Hideyoshi's Inovation of Korea, Chapter IV-The Second Invasion'（秀吉の朝鮮侵略・第四章）が著者欠席のため、チェンバレンによって代読された。講和交渉決裂後の第二次朝鮮侵略、すなわち慶長の役がテーマである。

一五九七（慶長二）年二月二一日、豊臣秀吉は朝鮮出兵の諸大名にあて、新たな陣立てを指示し、第二次朝鮮侵略がはじまった。七月の戦いでは、日本軍は朝鮮水軍を巨済島で破った。翌年八月の慶尚道黄石山城の戦いでも日本が勝利を収めた。そして、南原城も陥落し、日本軍の破竹の勢いはとまらなかった。このころ、諸大名は軍功をきそい、朝鮮民衆の鼻切りを行い、日本へ送進したという。朝鮮水軍は反攻に転じ、鳴梁の海戦では日本軍を撃った。一五九八（慶長三）年一〇月の慶尚道泗の戦いの最中に意外な情報が入ってきた。

泗川の戦いは一〇月一日にあり。その後七日して報あり。大閤が八月一八日に伏見で薨じたのである。大閤はそれよりすべての在韓諸軍を撤兵させる気持ちになり、まさにいまわの際に徳川家康に遺言をのこした。日本の一〇万の兵隊を異国の地にのこしてはいけないと。家康はこの大閤の意をくんで、諸方に命じて、一一月になって在韓の日本軍が撤兵の途についた。これより先に明軍との休戦の交渉が成功したともいう。（中略）ここにおいて日本の朝鮮侵略は終わりを告げた。[7]

以上でアストンの四回にわたった「秀吉の朝鮮侵略」という研究もピリオドを打った。この四回目の報告はジャパン・ウィークリー・メイル紙の二月三日号に掲載された。『日本アジア協会紀要』では、このアストンの研究は四回に分載されているが、のち一九〇七（明治四〇）年に増田藤之助訳『英和対訳豊太閤征韓史』（隆文館）として一本化された。増田の対訳本が出版された時期は、日本の朝鮮侵略がはじまり、やがて日韓併合へとすすんでゆく時代であった。増田がこれに抗議して、あるいは賛成して同書を公刊したのか、その真意は計りかねる。その点では当日の日本アジア協会の討議は率直であった。

パークス——秀吉の国内平定という軍事的成功で公平な判断がそこなわれたうえ、外国征服という欲望に幻惑されて遂行された。朝鮮侵略は結果的には失敗と損害をもたらしただけであった。日本の資源を浪費し、朝鮮の大地を荒廃させ、中国に絶え間ない敵対心をうみだしただけである。最近の日本人著作家が一言しているが、「この企ては結局のところ日本と朝鮮に良い結果はもたらさなかった」のである。さらに、この研究課題は、今日の政治的問題にも関わりを持ってくる。

チェンバレン——神功皇后による伝説的な朝鮮侵略について、先人の説を踏襲せず、何も言及しなかったことは、注目にあたいする。

津田——著者は朝鮮侵略の著作を公刊する用意があるようだから、この日本語訳も上梓される場所があるとよい(8)。

パークスがふれた「政治的問題」とは、一八八二（明治一五）年に発生した壬午軍乱であろう。一八七六（明治九）年の日鮮修好条規によって、日鮮貿易は急速に拡大した。しかし、不平等条約であったため、朝鮮では米不足により民衆生活が圧迫された。こうした状況のもとで、漢城では兵士の反乱がおこった。兵士たちは閔氏一族を襲い、日本公使館に入り、日本人軍事教官の堀本礼造を殺害した。閔氏政権は倒れ、兵士の支持を得た大院君政権が誕生した。ところが、反乱の報を耳にすると、日清両国が勢力拡大のために朝鮮へ兵を出した。優勢な軍事力を持つ清は日本をけん制したうえで、大院君をら致した。大院君政権は倒れ、閔氏政権が復活した。日本はこれに乗じて済物浦条約と日鮮修好条規を結んだ。日本は軍事的にも経済的にも朝鮮半島での権益を拡大した。アストンの「秀吉の朝鮮侵略」第四部は、こうした政治情勢を意識した論考であり、在日外国人たちの注目するところとなった。

ブラキストン・ライン

二月一四日になると、ブラキストンが 'Zoological Indications of Ancient Connection of the Japan Islands with the Continent' という講演を例会（会場は築地の商工会議所）で行っている(9)。ブラキストンは本業の合い間に北海道と本州の鳥をあつめて、さらに津軽海峡が動物学的境界線であることを主張した。「津軽海峡は一五ないし二〇マイルの幅にすぎないのに、二つの島（蝦夷と本州）との動植物相は、この二つの島の地図に示されているよりも、はるかに大きな違いがある。この海峡は疑いもなく動物学的な境界線である(10)」と力説した。この発表は一八八〇（明治一三）年の日本アジア協会で行われたが、その時は真意が理解されるまでには至らなかった。そこで一八八三（明治一六）年、「日本列島と大陸との過去と連結の動物学的指示」というタイトルをひっさげて再度自説を主唱した。ブラキストンの講演が終わったのちの討論会で、ミルンはブラキストンの考察に賛意をしめし、津軽海峡を動物分布境界線と認めて、これをブラキストン・ラインと命名することを提言した。今日、多少の異存はあるものの、動物地理学上では依然として、この分布線は存在している。それにしても、当時は世界の生物分布についての研究がさかんなころで、イギリスの博物学者ウォーレスが南太平洋や東南アジアで明白にした動物分布境界をしめす「ウォーレス・ライン」はつとに知られていた。ブラキストン・ラインの発見は、それに劣らぬ成果であった。

一八七九（明治一二）年に開拓使函館支庁仮博物場が開かれ

たおり、ブラキストンはそれまでに収集した日本産鳥類標本一三一四羽を寄贈している。その標本は、現在、北海道大学農学部附属博物館に保存されている。ブラキストンと彼の研究成果を偲ぶよすがになっている。

朝鮮紀行

三月一四日には、ホールが‘A Visit to West Coast and Capital of Korea’という講演を例会（会場は築地の商工会議所）で行った。このホール報告のほかにも同年には朝鮮関係のリポートがもう一件行われることになる。その背景には前述の、一八八二（明治一五）年七月におきた壬午事変がある。二三日、ソウルで朝鮮兵が反乱をおこし、日本公使館を襲撃した。戒厳令がひかれるなか、八月には清が仁川に軍艦を派遣した。朝鮮半島の緊張が高まった。日本は二個中隊を派遣し、これを鎮圧した。そして、朝鮮との間で済物浦条約が結ばれ、仁川開港も決まった。このあとも朝鮮半島情勢は不安で一八八四（明治一七）年には甲申事変も発生している。

イギリス外交官ホールのタイトルはかつてのキャプテン・バジル・ホールの見聞記を想起させるが、実情はそんなのんびりしたものではなく、厳しい情況下の朝鮮視察であった。前年一〇月五日、ホールはイギリス監視船フライング・フィッシュ号に乗って、朝鮮半島に赴いた。九日には南陽里の港で停泊し、付近を調査した。一一日にはチェムルポに行き、翌日には僉節制使のいる嶺井里をたずねた。その後、いったん南陽里にもどり、水源浦、佳川と立ち寄ってソウルに入った。そして、ソウルの情勢を詳しく報じた。

ホール報告が終了したのち、彼の同僚であるW・J・ケネディが‘Account of a Secret Trip in the Interior of Korea’というレポートを行った。日本側の文書を英訳したもので、一八七五（明治八）年二月一七日から同年四月七日までの日本人役人の朝鮮半島内陸部調査報告である。当時の日本政府の朝鮮半島の情勢把握の程度がわかる。

伊豆大島の歴史

四月一一日になると、チェンバレンが‘Vries Island, Past and Present’という講演を例会（会場は築地の商工会議所）で行っている。[11] まず、西欧人の伊豆大島渡航史が語られ、ホッジス「一八七二年七月の伊豆大島紀行」（『日本アジア協会紀要』第五巻）、ミルン「伊豆大島火山訪問記」（『地学雑誌』第二期第一号）、ナウマン「伊豆大島火山とその周辺」（『ドイツ東アジア自然民族協会紀要』）をあげ、最近、ジャパン・ヘラルド紙に掲載された報告（一八八二年）も紹介した。チェンバレンは『伊豆海島風土記』、『伊豆七島記』、『伊豆七島全図』、『日本地誌提要』という日本側資料を英訳して、さらに前年の自らの伊豆大島渡航もまじえて、近年の伊豆大島の状況を説明している。この論文は伊豆大島の地理、風俗、習慣のほか地誌的記述が認められている。方言についても、すでに東京語の影響が強いことをのべている。このチェンバレン論文は五月一九日号のジャパン・ウィークリー・メイル紙に掲載された。この発表が行われた五日後の四月一六日に『英訳古事記』が刊行された。前年の日本アジア協会でチェンバレンが数回にわたって講演したものである。

フロル号の航海

五月九日の例会（会場は横浜の商工会議所）では、ディクソンの 'Voyage of the Dutch Ship 'Grol' from Hirado to Tongking' とプライヤーの 'A Catalogue of the Lepidoptera of Japan' という講演が行われた。[12] 前者の論文はオランダ船フロル号の航海に関するものである。この船はオランダ東インド会社の所属で、平戸からトンキンまでの航海の様子が叙述されている。一六三七（寛永一四）年一月三一日から同年七月七日までの航海である。序説では、ヘールツによって日本側資料からまとめた一覧表があり、インドシナ半島の諸国に対して日本人が用いた名称の数々であった。その昔、日本人はインドシナ半島について明確な認識がなく、名称の多くは中国の本から借用した。ディクソンは、以前、ヘールツがこの航海記のフランス語訳をサイゴンのフランス政府の印刷所で出版したことをのべた（終章二四七頁 ヘールツ講演を参照）。その内容が日本にいる外国人居留民にとっても興味深いと思われたので、英語で報告した。

日本の鳥類

後者の論文は蝶についての図譜である。[13] プライヤーは一八七一（明治四）年に来日し、横浜のアンダーソン・ベル商会につとめた。そのかたわら、鳥類とりわけ蝶の収集に興味をしめした。ブラキストンとの交友は有名である。彼の採集地は関東以北、四国、伊豆大島、八丈島、琉球などに及んだ。一八七六（明治九）年には東京博物館の臨時嘱託として関西へ採集に赴いた。この年の六月一四日の日本アジア協会の例会で彼の採集旅行について補助金を交付することに可決している。彼の主著には『日本蝶類図譜』がある。今回の論文はその準備作業ということになろう。ちなみに、その主著の刊行途上、プライヤーは一八八八（明治二一）年二月一七日に横浜で病死している。

朝鮮の首都

六月一日にはイギリス外交官ボナー（H. A. C. Bonar）が例会（会場は横浜のグランド・ホテル）で、'Notes on the Capital of Korea'（朝鮮の首都）という講演を行っている。三月のホールの発表と同じように、このころの朝鮮半島情勢を意識した報告である。一八八三（明治一六）年三月八日、ボナーはイギリス軍艦ムーアヘーン号に乗り組んで長崎を出港し、同月一二日には月梅《ウォルメ》に入港した。この港は仁川からわずか半マイルの場所にあった。ここにいかりをおろしたということは、イギリス公使館サイドが仁川開港になみならぬ関心をいだいていた証拠でもある。その後、ボナーの筆は首都ソウルの現状を詳報した。

イーストレーキ講演

六月二〇日、日本アジア協会の年次総会（会場は築地の商工会議所）では、英語教育で著名となるF・W・イーストレーキ（Eastlake）による"Equine Deities"（馬の女神）という発表があった。[14] 一八六〇（万延元）年、家族に連れられて来日し、横浜に居をかまえたが、すぐに香港に移っている。彼が再来日をとげるのは一八八四（明治一七）年であるから、この論文は香港から投じられたものである。そのためであろうか、昭和女子大学のすぐれた叢書である『近代文学研究叢書』（第八巻）のイーストレーキの著作リストにはこれが登録されていない。その内容は仏教の東西比較研究といったもので、在日外国人の評判をよんだため、ジャパン・ウィークリー・メイル紙の七月七日号に掲載された。以上の論考をまとめて、『日本アジア協会紀要』が刊行された。

サイゴのイーストレーキ論文以降、日本アジア協会で講演された論考は一八九八（明治三一）年までの一五年間にもわたってジャパン・ウィークリー・メイル紙についに一度も登場しなくなった。この点についての深い事情は分からないが、一八九七（明治三〇）年一一月三〇日のアーネスト・サトウの日記にはこんなことが書かれていた。「ホワイト牧師が、提案されている日本アジア協会の解散の話をした。この提案についてB・H・チェンバレンとメイスンの二人と話し合ったが、協会は現在ほとんど良い仕事をしていないこと、そしてくだらない論文を刊行し続けるのは無益だということで、意見が一致した」[15]と。いささかショッキングな発言であるが、日本アジア協会が創立当初からの啓蒙的色彩を失ったばかりでなく、いよいよ学術的価値も相対的に低下しつつあったからであろう。

時代の節目

ひとつの時代が終わった観がある。この一八八三（明治一六）年六月二〇日の年次総会にはもうひとつ重大な出来事があった。日本アジア状況の設立当時からこれを知的支援してくれていた駐日イギリス公使パークスが大任を解かれて離日することになった。F・V・ディキンズが後年につづった『パークス伝』を繙くと、この年の六月二五日にパークスがその娘に送った書簡のなかに、こんな一節があった。「二〇日に日本アジア協会の年度末会議があった。私は会長を辞任し、いろいろとお賞めと別れの言葉をいただいた」[16]と。

パークスは中国でアヘン戦争に関わったところから敏腕外交官として知られ、ときには悪評がささやかれた。日本でも大いにこわがられた存在であった。しかし、日本アジア協会の知的基盤を支えたのは、ほかならぬパークスその人であった。その意味で彼には国際文化交流の面からもっと高い評価があたえられてもよい。前出の『パークス伝』はそのことをよく心得ていて、知友がこれを証明した。チェンバレンはいう。

　パークス公使の実際的な知恵は、中でも部下の訓練によく示されている。彼は各人を、それぞれ専門の分野で知能を伸ばした。かくして〔パークス〕学派ともいうべきものを作ったのである。彼の刺激的な影響によって、領事勤務の職員を、日本に関するあらゆる題目についての、主要な権威の地位に上げた。彼はたぶん、そのことを念頭に置いていたのであろう。〔日本〕アジア協会の創立当初から、その事業で指導的な役割を演じた。この偉大な人物の監督下におけるおきほど、日本研究が活発で、しかも実り多き時期はなかった。(17)

日本アジア協会の果実

チェンバレンのことば以外に著者がつけくわえるべきことはない。まさにパークス在任時代の日本アジア協会は輝きにみちたものであった。日本アジア協会の活動もこれ以降も連綿とつづくのであるが、このあたりで著者が筆を擱こうとしているのも、そうしたことが関係している。一八八四（明治一七）年以降の日本アジア協会は新しい衣を身につけたのである。そのための展望を若干のべて、長きにわたった本書をとじることにしたい。

それは日本アジア協会と欧文日本関係書の問題である。第14章の文末でふれたように、サトウとホーズの共編による『中部および北部の日本旅行案内』（初版、一八八一年）では協力者一〇名のうち九名が日本アジア協会の会員であった。この『旅行案内』の第二版はその三年後の一八八四（明治一七）年に刊行された。第二版で注目すべきことは、地誌の増補よりも、それに先行する序論の充実であった。数字のうえから見ると、初版の二〇ページが一挙に一〇〇ページあまりにも増大している。また、内容でも当時の各研究分野の第一人者と目される西欧人日本研究家の参加がある。質量両面でかなり重厚な序論となった（邦訳は庄田元男訳『明治日本旅行案内』全三巻、平凡社）。

『旅行案内』は第三版（一八九一年）から編者がB・H・チェンバレンとW・B・メーソンに交代したのを契機に、書名も『中部および北部の日本旅行案内』から『日本旅行案内』に成長していった。ただ、これとはうらはらに第三版の序論はかなり縮小されている。その理由として、同じチェンバレンの代表作『日本事物誌』がその前年の一八九〇（明治二三）年に出版され、『旅行案内』の序論のいくつかの項目が同書へ移行したことがあげられる。要するに、『日本事物誌』の初版は『旅行案内』の序論が拡大発展したものである。

そして、この『日本事物誌』はチェンバレン自身および日本アジア協会を中心とした西欧人の日本研究の蓄積を背景にもったものである。それは『日本事物誌』のそれぞれの項目の文末にみられる参考文献に『日本アジア協会紀要』が多用されていることからも確認できる。チェンバレンも『日本事物誌』の序論で、「読者が不足を補い、自分自身を作ることのできるように、ほとんどの項目の末尾にも、その項目を扱っている話題に関係ある、信頼に足る著作の名を挙げておいた。その他の点についてはこの本を読めばわかることである」(18)と述べている。この末尾の参考文献を詳査すれば、そのときどきの西欧人の日本研究の水準がわかり、また日本アジア協会の位置づけも明確となる。

具体例をあげよう。日本アジア協会の論文を利用して執筆された項目は多岐にわたるが、『日本事物誌』の各版（初版一八九〇年〜第六版一九三九年）においても、その参考文献に変動がある。たとえば、「日本文学」の項目は初版から最終の第六版まで連綿としてつづいていたのに、初版から掲げられていたサトウ、アストン、チェンバレンの諸論文は第四版以降では削除されている。第三版（一八九八年）から第四版（一九〇二年）の間に何らかの事情が発生したわけである。その最大の理由は、アストンが『英文日本文学史』を刊行したためである。このように西欧人の日本研究に著しい進展がみられると、『日本事物誌』にそえられた参考文献もそれを反映して、古い論文は退場して新しく良質の著作に取りかえられていった。こうした状況からすると、初版から第六版まで「参考文献」欄にとどまることが出来た論文は何らかの意義をもつものであり、ジャパノロジーの発展と五〇年間もの風雪に耐えるものであった。もちろん、第二版以降の途中の版から登場した諸論文についても同じことがいえる。要するに、『日本事物誌』にみえる参考文献の変遷は、チェンバレンというイギリス人の日本学研究の第一人者のフィルターを通してではあるが、『日本アジア協会紀要』の学術性の消長をしめしている。そして、『日本事物誌』の各版もこうした知的基盤のうえに成り立っている。

明治学術史

今、外国人の日本研究の歴史のうえでの日本アジア協会の意義を強調してきた。しかし、初期の明治学術史のなかで、この学会の果した役割も等閑に付すことはできない。日本アジア協会は日本最初の「学会」であるから、後続の諸学会のモデルとなったことであろう。試みに、日本アジア協会が創立された一八七二（明治五）年から一八八三（明治一六）年までに日本で創立された学会を列記してみよう。一八七三（明治六）年には東京でドイツ・アジア協会と明六社ができたほか、海外のパリで第一回東洋学者会議が開かれた。すこし時をへだてた一八七七（明治一〇）年になると、自然科学関係の最初の学会である東京数学会社（東京数学物理学会の前身）が誕生している。この化学会（翌年、東京化学会と改称）と東京大学生物学会（一八八五年に東京動物学会とあらためる）が創立されている。後者の学会はアメリカ人モースの尽力によるもので、彼は日本アジア協会で講演をしている。一八七九（明治一二）年には、解散した明六社を知的水源のひとつにもつ東京学士会院（日本学士院の前身）、および東京地学協会が結成された。とりわけ後者はノルデンショルドの歓迎会を日本アジア協会とドイツ・アジア協会との共催で行った間柄である。また、この年につくられた工学会はエアトンの指導による学会であるが、彼も日本アジア協会で数編の論文を発表している。一八八〇（明治一三）年には日本地震学会が生まれている。この学会で地震学の議論が本格化するまえに、日本アジア協会で基礎的な研究が行われていたのを忘れてはならない。日本アジア協会が自然科学部門の特別支部を設置しようと動いたのも、これに関連したことであった。日本地震学会は"Transactions of the Seismological Society of Japan"という機関誌を刊行しているが、そのSeismologicalという言葉をAsiaticに置きかえると、そのまま日本アジア協会の学会誌名になってしまう。この類似性はどう説明したらよいのであろうか。一八八一（明治一四）年から一八八三（明治一六）年までに、東京薬学社（一八八一年）、東京植物学会（一八八二年）、東京気象学会（一八八二年）、地学会（一八八三年）などが設立された。これらの学会は、日本アジア協会との直接的な関わりはすくないが、いくばくかの間接的な結びつきは十分あったように思われる。

明治学術史を語るとき、ともすれば日本人の業績を強調しがちで、外国人の仕事はその露払いのように扱われていた。それは公平を欠く見方なのではないだろうか。なるほど、一八八〇年代の前半に学会設立があいついだ背景には、一八七九（明治一二）年に東京大学と工部大学校で第一回の卒業生を出したこともあろう。しかし、それ以前に日本で創立された学会は、お雇い外国人の知的基盤とリーダーシップによるところが多く、それゆえ、日本アジア協会に所属していた人物の発言力も大きかったのを忘れてはならない。明治初期に西欧人のつくった学会と明治中期に日本人がもうけた学会とは決して断絶したものとは考えられないのである。

おわりに

この本で分かったことを書き留めていきます。

イギリスのアジア研究はインドではじまり、中国に受け継がれ、日本にたどりつきました。これをつないでいるのはロイアル・アジア協会です。その発祥の地はインドのカルカッタ（一七八四年）ですが、本部がロンドン（一八二三年）に置かれると、支部がインドのボンベイ（一八二九年）、マドラス（一八三〇年）や、セイロン（一八四五年）、中国の香港（一八四七年）、上海（一八五八年）などにできました。この流れを受けて、日本でも一八六五年ころにロイアル・アジア協会の日本支部の設立が検討されました。この年にイギリス公使パークスが日本に赴任したことが発端でした。残念ながら当時は激しい攘夷運動の嵐が吹きまくり、外国人の生命財産が危機にありましたので、日本研究団体の設立どころではなかったので、やむなくこの計画は頓挫しました。

江戸幕府が倒れ、明治政府が誕生すると、時代が大きく変わりました。激動の時代が平和の時代に一変しました。一八七二（明治五）年になって、ふたたびイギリス人がロイアル・アジア協会の日本支部の創設に動き出しました。今度はアメリカ人から反対が巻き起こりました。イギリス人主導の組織づくりを嫌ったわけです。すったもんだの末、結局、会称がロイアル・アジア協会に属しない日本アジア協会に決まりました。とはいえ、中国での経験は日本でも生かされます。香港の協会とChina Mail紙、上海の協会とNorth China Herald紙の場合のように、ロイアル・アジア協会と現地の有力英字新聞がむすびつき、協会の例会で発表された講演が数日のうちに新聞に掲載されます。同じ現象が横浜の日本アジア協会とJapan Weekly Mail紙の間でおこりました。以来、一八七二年の設立総会での講演から二〇世紀に入った一九一六年までつづきました。論文の掲載数からすると、幕末からはじまり明治一〇年代までつづいた西欧の日本ブームの時期が際立っており、一八八四（明治一七）年ころからブームが下火になると、ＪＷＭ紙への論文掲載が皆無となりました。一九〇五（明治三八）年の日露戦争後にはふたたびＪＷＭ紙への掲載が頻発となります。

爆発的ともいえるヨーロッパでの日本ブームの余滴を受けて、日本アジア協会は一気に隆盛への道を突き進んでいきました。創立の翌年の一八七三年には日本の知識人による明六社の創設、ドイツ人を中心とした日本研究団体のドイツ東アジア自然民俗協会が東京で立ち上がり、フランスのパリではレオン・ド・ロニーが主宰する第一回国際東洋学者会議が開幕しました。

日本アジア協会を支えた日本研究者（ジャパノロジスト）はおおよそ二つのグループに分けられます。まず指を屈するのはイギリス外交官です。公使パークスは日本の国情を理解するために有能な部下たち（サトウ、アストン、ガビンス、マクラティ、ホールなど）に個別にテーマをあたえ、研究調査させています。これをイギリス公使館で討議し、さらに追加の調査をすることとなります。外交官は自分の仕事に興味をおぼえ、公使館自体も日本情報のたくわえを増大することになるのです。このおかげで、イギリスは対日外交活動をほかの西洋諸国よりもリードすることができました。

お雇い外国人の日本研究も注目されます。たとえばチェンバレンです。一八七四年より海軍兵学寮で英語、算術などを教え、一カ月一五〇円の給料を得て、土曜日の午後と日曜日を休日にしていました。これに夏休みなどの長期休暇があります。日本人が盆と正月を除いてほとんど休まなかったころの話です。これにくわえて、彼が初めて来日した明治初期は欧化熱が盛んなころでした。反面では日本固有の文化が軽視されていた時代でもありました。貴重な絵画や書籍がおびただしく海外に流出していったのです。この時期にチェンバレンは安価で大量な和書を収集することができました。これが彼の日本研究に有利に作用したことはいうまでもありません。

草創期の『日本アジア協会紀要』をいちべつしますと、日本地誌に関する発表が多いことが分かります。この現象は当時の日本での外国人内地旅行問題を反映したものでした。一八五八年の修好通商条約では、外国人の居留地での居住と居留地から十里四方までの「遊歩」だけが認められていました。一八七四（明治七）年に至り、「研究調査」と「病気療養」のためという制限はありましたが、外国人の内地旅行権が一部緩和されたのです。ここにおいて、日本アジア協会の『紀要』に地誌的論文が多発する契機が生まれました。紀要の最初の一〇巻（一八七二～一八八二年）には一四六本の論文が発表されましたが、そのうちの二五本の論文がこれに該当しました。つぎの一八八二年からの一〇年間には一〇七本の論文が掲載されましたが、この方面の論文はもはや四本にすぎませんでした。一八八一（明治一四）年にE・M・サトウらの編纂による『中部および北部の日本旅行案内』（A Handbook for Travelers in Central and Northern Japan）の出版が最大の理由です。

この『旅行案内』（初版、一八八一年）は日本事物百般に関する序論と日本地誌の二部から構成されましたが、この本の編纂にあたって日本アジア協会の会員の協力を見逃すわけにはいきません。チェンバレン、アストン、マクラティ、クイン、ウーレイ、ミルン、アトキンソン、ライン、ゴーランド、イザベラ・バードの一〇人がまえがきに登場します。このうち日本アジア協会に籍を置く者が九人、紀要の執筆経験のある者が八人をしめるのです。同書の第二版（一八八四年）でも同じ傾向があります。ここで注目されるのは序論の質量両面の充実です。初版の二〇ページが第二版では一〇〇ページあまりに増加しています。内容面でも当時の各分野の第一人者の参加がありました。

一八九〇年、チェンバレンが『日本事物誌』（Things Japanese）を刊行しました。その序論には「読者が不足を補い、自分自身の意見を作ることのできるように、ほとんどの項目の末尾にも、その項目を扱っている話題に関係ある、信頼に足る著作の名を挙げておいた」と書いてあります。この末尾の参考文献を詳しく調べますと、当時の外国人のジャパノロジー（日本学）の水準が分かり、また日本アジア協会の位置付けも明確になります。

『日本事物誌』（初版、一八九〇年〜第六版、一九三九年）の各版のそれぞれの項目の文末にみられます参考文献には日本アジア協会の『紀要』に掲載された論文が多用されています。具体的な例をあげていきましょう。項目の本文中に『紀要』論文を引用している例として「針治療」、「建築」などがあり、ホイットニーやサトウの論文が利用されています。論文を参照して執筆されて項目に至っては枚挙にいとまがありません。詳細は今後の研究にまかせます。他方、『日本事物誌』の各版にも参考文献に異同があることが分かります。たとえば、「日本文学」の項目は、初版から最終の第六版まで連綿とつづいています。しかし、初版から掲げられていたサトウ、アストン、チェンバレンの紀要論文は、第四版（一九〇二年）から削除されています。『日本事物誌』の第三版（一八九八年）から第四版の間に何らかの事情が発生したというわけです。最大の理由は一八九九年にアストンが『英文日本文学史』を刊行したためです。第四版から第六版まで、この本が掲載されています。

アストンの『英文日本文学史』も日本アジア協会の研究成果のおかげをこうむっています。「われわれはアーネスト・サトウ、ミットフォード、チェンバレン、ディキンズその他の人びとの翻訳によって、日本文学を部分的には興味深く覗いてきてはいるが、しかしまだ未開拓のままの原野が広く手をつけられずに残されている」と冒頭でアストンは述べています。さらにつづけて「本書では英語に訳しやすいものを優先して、その作家の作品で最も優れているものや最も特徴が出ていると思われるものでも、見て見ぬふりをするしかない場合もしばしばおこった。本書の中で、一、二の例外はあるが、引用している文学作品はすべて私自身が翻訳したものである」といいます。このころまでに、『日本アジア協会紀要』には『土佐日記』（アストン英訳、第三巻）、『大和物語』（チェンバレン英訳、第六巻）、『狂言記』（チェンバレン英訳、第六巻）、祝詞（サトウ英訳、第七巻）、『古事記』（チェンバレン英訳、第一〇巻別冊）が日本語から英語に移されています。アストンが『英文日本文学史』で参照したことは間違いありません。

いっぽう、アストンの文学史が公刊される前年の一八九八年にクレイ・マコレイなる人物が「日本文学」という発表を横浜文芸協会で行ったのです。その内容がすぐに横浜の英字新聞Japan Weekly Mail紙にあらわれました。それは『古事記』、『日本書紀』、祝詞、『万葉集』、『古今集』、『竹取物語』、『大和物語』、『枕草子』、『源氏物語』、『方丈記』、『徒然草』、「羽衣」、『国意考』、『忠臣蔵』などを抜粋したものでした。チェンバレン、アストン、サトウ、ディキンズ、ディクソンなどの英訳に負っていました。

このように各方面で『日本アジア協会紀要』が学術的な影響力をのこしたことは多言を要しないことです。そのほかにも意外な事実があります。日本アジア協会を支援していたJapan Weekly Mail紙に日本政府が補助金を出したことがありました。ヨーロッパの新聞には日本に関する誤解が多く、政府や民間人の活動の障害になっていました。これを取り除き、正しい日本紹介を実施することになりました。『日本アジア協会紀要』も思わぬところから国際性を得ることになったのです。

大事なことを書き忘れるところでした。関係した人々に謝辞をのべなくてはなりません。小山三郎先生には前作や前々作で大変お世話になったのですが、今回も本書の母体となる『日本アジア協会の研究』を書き直してもう一度世に問うべきだと、筆者の背中を押してくれました。晃洋書房の営業の高砂年樹さまにはいつもひとかたならぬご尽力をいただきました。編集の山本博子さんには本書作成のためのいろいろなアイディアをいただきました。そればかりではなく、前作の『幕末の言語革命』と同じくこの度も題字を美しい毛筆で認めてくれました。こうして素晴らしい本ができあがりました。みなさまに重ねて感謝申し上げます。

平成二九年九月二三日

緑なす杏林大学井の頭キャンパスにて　楠家重敏

《著者紹介》

楠 家 重 敏（くすや　しげとし）

1952年　東京都品川区生まれ

1980年　日本大学大学院文学研究科日本史専攻（博士課程後期）修了

現　在　杏林大学外国語学部教授，日本大学講師

主要業績

『ネズミはまだ生きている』（雄松堂出版，1986年）

『日本アジア協会の研究』（日本図書刊行会，1997年）

『日本関係イギリス政府文書目録』（雄松堂出版，2002年）

『W. G. アストン』（雄松堂出版，2005年）

『日英協会100年史』（博文館新社，2009年）

『アーネスト・サトウの読書ノート』（雄松堂出版，2009年）

『「歴史とは何か」の歴史』（晃洋書房，2016年）

『幕末の言語革命』（晃洋書房，2017年）など

ジャパノロジーことはじめ
——日本アジア協会の研究——

2017年10月30日　初版第1刷発行　　＊定価はカバーに表示してあります

著者の了解により検印省略

著 者　楠 家 重 敏©
発行者　川 東 義 武
印刷者　河 野 俊一郎

発行所　株式会社　晃 洋 書 房
〒615-0026　京都市右京区西院北矢掛町7番地
電 話　075(312)0788番(代)
振替口座　01040－6－32280

装丁　尾崎閑也　　印刷・製本　西濃印刷㈱

ISBN 978-4-7710-2926-2

論文索引

（執筆者五十音順，論文初出順）

〈ア　行〉

〈カ　行〉

〈サ　行〉

〈タ　行〉

〈ナ　行〉

〈ハ　行〉

〈マ　行〉

〈ラ　行〉

〈ワ　行〉

〈その他〉

書名索引

（書名初出順）

〈ア　行〉

〈カ　行〉

〈サ　行〉

〈タ　行〉

〈ハ　行〉

〈マ　行〉

〈ラ　行〉

事項索引

〈ア　行〉

〈カ　行〉

〈サ　行〉

〈タ　行〉

〈ナ　行〉

〈ハ　行〉

〈ヤ　行〉

〈ラ　行〉

註　　釈

はじめに

（1）　著者の知りえたかぎりでは，日本アジア協会に言及した著作や論文にはつぎのものがある．P. Blum, "Yokohama in 1872"（Asiatic Society of Japan. 1963　長谷川潔・生野摂子編注『横浜西洋ことはじめ』弓書房，1983年），D. Brown, 'On the Significance of the Asiatic Society of Japan'（Transactions of the Asiatic Society of Japan. 以下，これをTASJと略記，1st. ser. Reprint. Index Yushodo, 1965），A. J. Farrington, 'The Asiatic Society of Japan. Its Formative Years'（日本英学史学会『英学史研究』第9号，1976年），D. M. Kenrick, 'The First Six Months of the Asiatic Society of Japan'（TASJ　3rd. ser. Vol.12, 1975），D. M. Kenrick, 'A Century of Western Studies of Japan. The First Hundred Years of the Asiatic Society of Japan. 1872～1972'（TASJ　3rd. ser. Vol.14, 1978）（日本語訳は池田雅夫訳『日本アジア協会百年史――日本における日本研究の誕生と発展』横浜市立大学経済研究所，1994年），山田慶児「維新前後におけるアジア協会の日本研究」（『蘭学資料研究会報告』第111号，1962年．のち，『蘭学資料研究』第7巻，龍渓書舎，1987年に所収），牧健二「開国日本と西洋人の日本学」（『近代日本における西洋人の日本歴史観』所収，清水弘文堂書房，1969年），小玉敏彦「明治初期の日本で発行された英・独学術雑誌について」（日本科学史学会『科学史研究』第2期第11巻第101号，1972年），安岡昭男「外国人の日本研究はどのように行われてきたか」（『海外交渉史の視点3』所収，日本書籍，1976年），吉田光邦『両洋の眼――幕末明治の文化接触』（朝日選書，朝日新聞社，1978年），太田雄三『B. H. チェンバレン』（リブロポート，1990年），萩原延寿『遠い崖――サトウ日記抄』全14巻（朝日文庫，2007～2008年），伊藤久子「上海と横浜のアジア協会」（横浜開港資料館『開港のひろば』第43号，1994年2月），斎藤多喜男「初期の日本アジア協会とその周辺」（横浜市中央図書館『横浜の本と文化』所収，1994年3月），拙著『ネズミはまだ生きている――チェンバレンの伝記』第3章（雄松堂出版，1986年），拙稿「横浜生誕の日本アジア協会（1）（2）――その成立事情と日本研究」（横浜市図書館『郷土よこはま』第100号，第101号，1985年），拙稿「日本アジア協会の研究（1）～（7）」（武蔵野女子大学文化学会『武蔵野女子大学紀要』第23号～第29号，1988～1994年），拙稿「日本アジア協会関係年譜・1874～1875，1877，1878～1879，1880～1881，1881～1882，1883」（武蔵野女子大学英米文学会『武蔵野英米文学』第22号～第27号，1990～1995年），拙稿「日本アジア協会のこと（1）～（7）」（明治村東京事務所『明治村通信』第240号，第241号，第250号，第251号，第253号，第254号，第260号，1990年6月，7月，1991年4月，5月，7月，8月，1992年2月），拙稿「日本アジア協会成立の諸問題」（日本大学国際関係学部国際関係研究所『国際関係研究』国際文化編第3号，1992年），拙稿「日本アジア協会の知的波紋」（『杏林大学外国語学部紀要』第7号，1995年），拙稿「日本アジア協会の成立とジャパノロジスト」（横浜居留地研究会『横浜居留地と異文

化交流』所収，山川出版社，1996年)，拙著『日本アジア協会の研究』(日本図書刊行会，1997年)．拙稿「日本アジア協会の創立——開港150周年によせて」(『Net Pinus』第76号，雄松堂書店，2009年)．

『日本アジア協会紀要』の索引には，前掲のD. M. Kenrick, 'A Century of Western Studies of Japan. ' (TASJ 3rd. ser. Vol.14, 1978) の付録のほか，R. de B. Layard ed. 'Transactions of the Asiatic Society of Japan. General Contents. First Series. Vols. 1 ～50' (TASJ reprint, 1st. ser. Index. Yushodo. 1965, この索引の初出はTASJ 2nd. ser. Vol. 5，1928)，I. I. Morris and P. C. Blum ed. 'Comprehensive Index. A Classified List, followed by Author and Subject Index of Paper Appearing in the Transactions of the Asiatic Society of Japan 1872～1957' (TASJ 3rd. ser. Vol. 6，1958)，R. Wilson and J. Colby ed. 'A Comprehensive Index of the Transactoins of the Asiatic Society of Japan. First, Second and Third Series. 1872～1985' (TASJ 4th. ser. Vol. 4，1989) がある．

序章

(1) 島恭彦『東洋社会と西欧思想』(筑摩書房，1989年)，p. 73. 引用文はV. A. Smith, "Oxford History of India", p. 51.

(2) S. Simons ed. "The Royal Asiatic Society. Its History and Treasure" (1979) を参照．ロイアル・アジア協会の本部と各支部の活動史の概観にはC. F. Beckingham, 'A History of the Royal Asiatic Society. 1823～1973' (サイモンズ，前掲書所収) がある．アジア各地に散在する支部について，管見のかぎりで次の文献がある．杉山二郎「はるかなる東洋を踏破して——イギリス東洋学の系譜をさぐる」(『世界の博物館 6 ——大英博物館』所収，講談社，1977年) はベンガル・アジア協会の成立に言及し，E. F. C. Ludowyke, "The Modern History of Ceylon" (London, Weidenfield and Nicolson, 1966) にはセイロン支部の記述がある．香港と上海の支部について，石田幹之助『欧米に於ける支那研究』(創元社，1942年)，同『欧人の支那研究』(日本図書，1948年) のスタンダードな著作がある．石田も指摘するように，イギリスの東洋進出にともなうアジア文化研究に関するまとまった論考は，戦後の今日に至っても出されていない．また，榎一雄が『西欧文明と東アジア』(平凡社，1971年) でふれている，「アジアがどのようにヨーロッパに理解されていたか」という問題は，サイード『オリエンタリズム』(平凡社，1986年)，東田雅博『大英帝国のアジア・イメージ』(ミネルヴァ書房，1996年) を参照．

(3) G. B. Sansom, "Japan in the World History", p. 7. (C. E. Tuttle版，1977)

(4) E. M. サトウ著・坂田精一訳『一外交官の見た明治維新』上巻 (岩波文庫，1960年)，pp. 36-37.

(5) 山田慶児「維新前後におけるアジア協会の日本研究」(『蘭学資料研究』第 7 巻11号，龍渓書舎)，p. 145.

(6) 『外国新聞に見る日本』第 1 巻本編，pp. 108-109.

(7) Stanley Lane-Pool, "The Life of Sir Harry Parks" Vol. 1, p. 479.

（8）　A. F. V. ヒューブナー著･市川慎一他訳『オーストリア外交官の明治維新』（新人物往来社, 1988年）, p. 74を一部改訳.

（9）　原田禹雄訳註『使琉球記』.

（10）　M. Paske-Smith ed. “Report on Japan”（1929）, p. 131.

（11）　サトウ, 前掲書, 上巻, p. 260.

（12）　萩原延寿『遠い崖——アーネスト・サトウ日記抄』（以下, 『遠い崖』と略記. 朝日文庫, 2007年）第1巻, p. 168.

（13）　A. B. Mitford, “Memories by Lord Redesdale”（1915）, p. 358.

（14）　萩原『遠い崖』第1巻, p. 219.

（15）　拙著『アーネスト・サトウの読書ノート』（雄松堂出版, 2009年）参照.

（16）　拙著『W. G. アストン』（雄松堂出版, 2005年）参照.

（17）　A. B. ミットフォード著･長岡祥三訳『英国外交官の見た幕末維新』（講談社文庫, 1998年）, pp. 206-207.

（18）　F. O. 262/125, pp. 152-153.

（19）　F. O. 345/11, pp. 35-36.

（20）　E. M. Satow, “Kwaiwa Hen”, pp. 100, 111.

（21）　F. O. 46/116 pp. 63-65, F. O. 262/180 pp. 151-155.

（22）　JWM　1882. 12. 16. p. 1249, スペクター（Spectator）誌1882年12月号「東方の通訳官」（Interpreters in the East）.

（23）　J. Black, “The Far East” Vol. 6, 1874～1875, p. 54.

（24）　ヒューブナー『オーストリア公使の明治維新』（新人物往来社, 1988年）pp. 138-139.

第1章

（1）　Japan Weekly Mail（以下, JWMと略記）1872. 7. 27, p. 455.

（2）　同上.

（3）　サトウの1872年8月19日付アストン宛書簡（イギリス国立公文書館所蔵サトウ文書 PRO30/33, 11/2, pp. 5-8.）

（4）　“The Life of Sir Harry Parkes”, Vol. 2, p. 171.

（5）　JWM　1872. 12. 28, pp. 323-324, 『遠い崖』第9巻, pp. 91-92, 94-96.

（6）　ヒューブナー著･市川慎一他訳『オーストリア外交官の明治維新』（新人物往来社, 1988年）, p. 139. Hubner, “Ramble Round the World”（1884）, p. 331. この記事の直前に当時の駐日イギリス公使館の様子が描かれており, 貴重な史料となるので引用しておこう.「江戸の英国公使館の現在の構成は以下のようになっている. 代理公使はF. O. アダムズ氏. 二等書記官は現在空席であるが, 築地の副領事はドーメン氏が代行している. 一等書記官つまり「公使館の日本語書記官」とも呼ぶべき存在がE. M. サトウ氏. 彼はまだ三十歳そこそこであるが, 現存する最も優れた日本学者の一人である. それから, 通訳官の指導下におかれ, 日本語を学んでいる四人の通訳見習. 彼らは公使館の敷地内のあるきれいな小住宅に住み, 研修

期間中は年に200ポンド受給している．帰国すれば彼らは法務省に勤務し，実務に慣れる機会を与えられる．そうして十分に成果を上げれば，通訳官として公使館か五条約港に配属されることになっている．領事への道は平等に開けているが，しかしもっぱら日本勤務だけである．この制度はすばらしい成果を収めているようだ．この青年たちはいい意味での競争心を燃やしてめざましい進歩を遂げており，一生の大部分を過ごすことになるこの国に強い愛着をおぼえ，まだ暗闇に包まれているこの日出ずる国にいつの日か光明をもたらして寄与しようとしているのである．しかし，学ぶことが好きなのは，この通訳見習たちだけではない．公使館員全員が学ぼうという意欲を持っているのである」（市川他訳，前掲書，pp. 138-139）．

（７） JWM 1872. ７. 27, p. 455.

（８） JWM 1872. ７. 27, p. 454.

（９） JWM 1872. ８. ３, p. 473.

(10) 同上.

(11) 金井圓編訳『描かれた幕末明治――イラストレイテッド・ロンドン・ニュース日本通信1853～1902』（雄松堂書店，1973年），p. 181.

(12) D. M. Kenrick, 'A Century of Western Studies of Japan'（TASJ 3rd. ser. Vol.14）p. 46. 内海孝「横浜居留地とW. E. グリフィス」（『ザ･ヤトイ――お雇い外国人の総合的研究』所収，思文閣出版，1987年），pp. 91-92. を参照.

(13) クララ・ホイットニー著・一又民子訳『クララの明治日記』下巻（講談社，1976年），p. 32.

(14) エリオット・グリフィス著・山下英一訳『明治日本体験記』（平凡社東洋文庫，1984年）p. 25.

(15) D. M. Kenrick　前掲書，pp. 47-48.

(16) たとえば，ドン・ブラウンは「協会の下ごしらえについては，詳細な記録がのこっていないが，協会をつくろうという考えは，最初，外国人の間にインペリア・カレッジ――その教頭がフルベッキだった――として知られていた南校の英米人教師たちの間の談話のなかから形づくられたのであろうと思われる」と従来のアメリカ説の立場を支持している．しかし，さらにブラウン自信も表明しているように，「グリフィスは数年たってある同僚と内外の日本学者から成る学会をつくることを話し合ったと思い起こしたが，このことから協会が直接に出来上がったとは主張しなかった」のである．なぜなら，グリフィスはイギリス側の「ロイヤル・アジア協会日本支部」設立の動きを思い出したからである（D. Brown, 'On the Significance of the Asiatic Society of Japan'――TASJ 1st. ser. Reprint. Index. 1965. pp. ７-８.）.

(17) サトウ以前の琉球見聞録（欧文）については須藤利一訳編『異国船来琉記』（法政大学出版局，1974年）を参照．サトウ論文の抄訳に安藤義郎「アーネスト・サトウの『琉球に関する覚え書』」（日本大学経済学研究会『経済集誌』第54巻別号１～２号，1984年）がある．

(18) TASJ Vol. １, p. １.

(19)　TASJ Vol. 1, pp. 1－2.

(20)　TASJ Vol. 1, p. 3. 1872（明治5）年の琉球使節については横山学『琉球国使節渡来の研究』（吉川弘文館，1987年）第5章を参照.

(21)　TASJ Vol. 1, p. 3.

(22)　TASJ Vol. 1, p. 4.

(23)　TASJ Vol. 1, pp. 8－9.

(24)　萩原『遠い崖』第11巻，p. 27.

(25)　The Far East Vol. 3, p. 132, 1872. 11. 1. JWM 1872. 11. 2, p. 704.

(26)　内川芳美・宮地正人監修『国際ニュース事典・第1巻・1852～1873・本編』（毎日コミュニケーションズ，1989年）p. 639.

(27)　同上，pp. 638-639. 同じ日のノース・チャイナ・ヘラルド紙には，サトウ論文の全文がそのまま転載されている（内川他，前掲書・原文編，pp. 660-663）.

(28)　山口栄鉄「ロンドン・タイムズ紙上の琉球処分論議」（『異国と琉球』所収，本邦書籍，1981年）を参照.

(29)　日本学士院日本科学史刊行会編『明治前日本生物学史』（野間科学医学研究資料館, 1980年）p. 558.

(30)　ノルデンショルド著・小川たかし訳『ヴェガ号航海誌（下）』（フジ出版社，1988年）p. 311.

(31)　TASJ Vol. 1, pp. 11, 18.

(32)　磯野直秀『三崎臨海実験所を去来した人たち』（学会出版センター，1988年），pp. 15-21を参照.

(33)　ちなみに，JWM紙に登場した日本アジア協会の論文と関連記事の件数をあげてゆくと次のようになる．1872（明治5）年，論文数0（関連記事数4）．1873年，11（8）．1874年，16（12）．1875年，16（10）．1876年，9（7）．1877年，16（16）．1878年，19（11）．1879年，4（8）．1880年，1（7）．1881年，1（9）．1882年，1（6）．1883年，2（9）．1884年，0（5）．1885年，0（7）．1886年，0（5）．1887年，0（1）．1888年，0（9）．1889年，0（4）．1890年，0（9）．1891年，0（7）．1892年，0（5）．1893年，0（0）．1894年，0（4）．1895年，0（4）．1896年，0（6）．1897年，0（2）．1898年，3（2）．1899年，0（3）．1900年，0（1）．1901年，0（6）．1902年，1（3）．1903年，1（2）．1904年，0（4）．1905年，0（3）．1906年，2（5）．1907年，7（7）．1908年，5（8）．1909年，6（6）．1910年，6（7）．1911年，0（2）．1912年，1（4）．1913年，0（0）．1914年，1（1）．1915年，0（1）．1916年，1（1）．1917（大正6）年，0（1）．

この数字を読むと，幕末から明治10年代までのヨーロッパ人の日本ブームが際立っていることが分かる．1884（明治17）年以降，そのブームが下火になり，JWM紙にも日本アジア協会の論文が掲載されなくなる．その後, 1905（明治38）年の日露戦争の勝利による日本ブームがおこり，これがJWM紙の紙面にも反映する．しかし，ブームが去ると，再び日本アジア協会の論文は同紙に登場しなくなる.

(34)　E. モース著・斎藤正二他訳『日本人の住まい』上巻（八坂書房，1979年），p. 12.

(35)　国立公文書館『太政類典』第２編第６巻，「大蔵省へ達　ジャッパンメール新聞紙出版ノ毎次五百部宛買上欧米各国へ頒布為致候ニ付右代価一ヵ年金五千円外ニ郵送料トシテ一ヵ年金四百六拾円同社へ可払渡筈ニ候條此旨相違候事」，または内閣記録局編集『法類分類大全』文書門，出版ノ條（蛯原八郎『日本欧字新聞雑誌史』所収，名著普及会，1980年，p. 82）．G. Fox, "Britain and Japan. 1858～1883"（Oxford Univ. Press, London, 1969），pp. 429-430も参照.

(36)　国立公文書館『太政類典』第２編第６巻.

(37)　サイルにはサトウのつぎの賛辞がある．「彼は日本アジア協会にたいへんな尽力を果たした．彼の地位を埋め合わせできる人物は誰もいない」（1879年５月３日付アストン宛書簡，PRO30/33, 11/２, p. 56）.

(38)　グリフィスはブラウンについてこう記している．「1872年の出来事のなかで関心をそそる一つのことは，日本アジア協会の設立であり，ブラウン博士はその副会長におされたことである．彼はその会合に強い関心を示し，ときどき発表者たちを巧みに紹介したり，読んだ報告書にしたがって討論のなかの知識に明快な知識をつけ加えながら議長をつとめたのであった」（W. E. グリフィス著・渡辺省三訳『われに百の命あらば——S. R. ブラウンの生涯』キリスト新聞社, pp. 188-189）．1872年のとき，ブラウンは副会長ではなく，評議委員であった.

(39)　TASJ Vol. 1, p. vi.

(40)　この数字はTASJ Vol. １.（1874）所収の会員リストをもとに，武内博編著『来日西洋人名事典』（日外アソシエーツ，1983年），寺岡寿一編『明治初期の在留外人』（寺岡書洞，昭和51年），同『明治初期の在留外人人名録』（寺岡書洞，1978年），ユネスコ東アジア文化研究センター編『資料御雇外国人』（小学館，1975年），その他を利用して調査した.

(41)　TASJ Vol. 1, pp. vii.

(42)　JWM 1876. ８. ５, p. 714.

(43)　TASJ Vol. 1, p. 20.

(44)　JWM 1873. ３. ８, p. 160.

(45)　B. H. チェンバレン著・高梨健吉訳『日本事物誌１』（平凡社東洋文庫，1969年），p. 56.

第２章

(１)　JWM 1873. １. 25, pp. 49-50. 1874（明治７）年８月31日号のJapan Herald紙には，Tokei Journal紙より転載の，「富士山の高さ」という論説がのっている．オールコック，ファーガソン，クニッピングなどの測定結果が紹介されている．またJWMの1870（明治３）年９月３日号と９月10日号には無著名（サトウか）の「富士山の高さ」という紀行文がある．拙稿「富士に魅せられた西洋人」——『図説富士山百科』所収（新人物往来社，2002年）参照.

(２)　B. H. Chamberlain and W. B. Mason, ed "A Handbook for Travellers in Japan" 3rd. ed.（1891）p. 115. 拙稿「富士に魅せられた西洋人」——『図説富士山百科』所収，新人物往来社）

(３)　サトウ著・庄田元男訳『日本旅行日記１』（平凡社東洋文庫，1992年），pp. 14-25.

（4） 山崎安治『新稿日本登山史』（白水社，1986年），p. 195.

（5） JWM 1873. 2 . 22, p. 123.

（6） 同上.

（7） JWM 1873. 4 . 12, p. 237. ならびにTASJ Vol. 1 , p. 50. この論説については萩原『遠い崖』第11巻，pp. 64-65，84を参照.

（8） 村田文夫『西洋聞見録』（『明治文化全集・第 7 巻外国文篇』所収，日本評論社）p. 266.

（9） JWM 1873. 4 . 12, p. 237. ならびにTASJ Vol. 1 , p. 50.

（10） JWM 1873. 4 . 5 , p. 223. この議事録はJWMには載っているが，日本アジア協会の紀要には掲載されていない．以後，1874年 1 月14日のブリッジフォード報告まで同様である.

（11） The Far East（Vol. 3), 1873. 4 . 1 , p. 252.

（12） ドイツ東アジア自然民族学協会（通称，ドイツ・アジア協会）の初期の活動については，さしあたりWenckstern, “Bibliography of the Japanese Empire. 1859～1893”, pp. 20-22. を参照．この学会に関する研究は皆無に等しいようであるが，このドイツ人系アジア研究団体をささえた知的基盤には当時の在日ドイツ人の熱意とともに，ケンペルやシーボルトを輩出したドイツ人の日本研究の伝統に帰因するのではないだろうか．なおH. Hammitzsch, “Die Japanologie in Deutschland' ――“Deutsche Gesellshaft für Natur und Völkerkunde Ostasiens”，“Engelber Kaempfer（1651～1716）Philipp Franz von Siebold（1796～1866)” Tokyo, 1966および，R. Shinzinger, ‘Die Bezihungen Zwischen OAG und Asiatic Society in Hurdert Jahren'（OAG紀要百周年記念号1972-73所収）を参照.

（13） JWM 1873. 7 . 5 , p. 469.

（14） JWM 1873. 10. 18, pp. 738-740.

（15） JWM 1873. 12. 6 , p. 877.

（16） JWM 1874. 1 . 3 , p. 1 .

（17） JWM 1874. 4 . 18, pp. 306-307, JWM 1874. 5 . 2 , pp. 348-350.

（18） JWM 1874. 8 . 15, pp. 656-658, JWM 1874. 8 . 22, pp. 676-678. この論文は長沢敬訳『ケンパーマンの明治 7 年神道報告』（今井出版，2015年）に日本語版がある．本書第 4 章にみえる「神道シンポジウム」も参照.

（19） TASJ Vol. 1 , pp. 58-59.

（20） TASJ Vol. 1 , pp. 53-54.

（21） 気象庁『気象百年史』（日本気象学会，1975年）p. 6 ．なお，明治 5 年の気象記録は中央気象台編『日本の気象史料（1） 暴風雨･洪水』（原書房, 1976年）にも記載がないので（前掲書，p. 255参照），その意味でもネルソンとアンチセルのデータは貴重である.

（22） 吉浦盛純『日伊文化史考』（イタリア書房出版部，1968年），pp. 116-121.

（23） D. M. Kenrick, “A Century of Western Studies of Japan”（TASJ 3rd. ser Vol. 14), p. 431.

（24） 拙稿「岩倉使節団の日本発見」（『知識』平成 2 年 2 月号）を参照.

（25） TASJ Vol. 1 , p. 89. アストン論文の要約はF. V. ディキンズ『パークス伝』（平凡社東洋文庫，1984年）第13章にみえる．また，H. J. スノー『千島列島黎明記』（講談社学術文庫，

1980年), p. 44にも関連記事がある.

(26) 『近藤正斎全集』第一, p. 32下段.

(27) JWM 1873. 6. 14, p. 423.

(28) 岡本綺堂『明治劇談・ランプの下にて』(岩波文庫), pp. 112-113.

(29) 横浜消防20周年史刊行委員会編『炎——横浜消防二十年』, p. 55.

(30) 横浜開港資料館『「イリュストラシオン」日本関係記事集』(第1巻), p. 103, および同館『「ル・モンド・イリュストレ」日本関係さし絵集』, p. 67. なお, 国立西洋美術館学術課『ジャポニスム展目録』, p. 58, および松田清「フランスから見た文化開化」(林屋辰三郎編『文明開化の研究』所収, 岩波書店, 1978年), pp. 197-202, 204-206を参照.

(30) この第1回国際東洋学者会議と同じころ, 日本の言語, 歴史, 自然科学などに関心をしめすフランス人および外国人のメンバーからなる日本研究協会がレオン・ド・ロニーによって創立される. 最初のメンバーは, E. ギメ, A. ルズーエフ, A. シシェル, ph. シシェル, J. M. ド・エレデイア, クリストフル社のブレイ, S. ビング, H. セルヌッシなどである.

(32) 横浜毎日新聞, 明治6年9月23日付.

第3章

(1) TASJ Vol. 1, p. vi.

(2) 'Rules of the Asiatic Society of Japan. 15th. July 1874' ——D. M. Kenrick, "A Century of Western Studies of Japan", p. 320.

(3) 佐々木時雄他編『続動物園の歴史』(西田書店, 1977年) を参照.

(4) 日本アジア協会は, 1909 (明治42) 年6月1日に, "Catalogue of American and European Books in the Society's Library"を刊行した. この目録は36ページから成り, 365部の書籍を収めている.

(5) 日本アジア協会の会員数の動向はつぎの通り. なお, 名誉会員をH, 居住会員をR, 通信会員または非居住会員をCNと便宜上略記する. 第1会期 (1872年度) −H2名, R109名, CN3名, 計114名. 第2会期 (1873年度) −H9名, R171名, CN3名, 計183名. 第3会期 (1874年度) −H9名, R178名, CN0名, 計187名. 第4会期 (1875年度) −H9名, R175名, CN0名, 計186名. 第5会期 (1876年度) −H8名, R199名, CN0名, 計207名. 第6会期 (1877年度) −H10名, R170名, CN25名, 計205名. 第7会期 (1878年度) −H10名, R154名, CN31名, 計195名. 第8会期 (1879年度) −H13名, R134名, CN26名, 計173名. 第9会期 (1880年度) −H13名, R121名, CN34名, 計168名. 第10会期 (1881年度) −H13名, R113名, CN41名, 計167名.

(6) 日本アジア協会会員の住居別集計はつぎの通り. 1873年—横浜58名, 東京16名, その他 (国外) 2名, 計76名. 1874年—横浜68名, 東京31名, 神戸6名, 大阪4名, 長崎13名, その他5名, 計127名. 1875年—横浜47名, 東京43名, 神戸5名, 大阪4名, 長崎12名, その他3名, 計114名. 1876年—横浜62名, 東京46名, 神戸4名, 大阪4名, 長崎9名, その他5名, 計130名. 1877年—横浜52名, 東京50名, 神戸4名, 大阪6名, 長崎7名, その他5名, 計124

名．1878年—横浜42名，東京46名，神戸５名，大阪８名，長崎７名，その他５名，計113名．1879年—横浜41名，東京59名，神戸５名，大阪３名，長崎３名，その他３名，計114名．1880年—横浜37名，東京57名，神戸５名，大阪３名，長崎８名，その他１名，計111名．1881年—横浜35名，東京46名，神戸３名，大阪１名，長崎８名，その他３名，計96名．1882年—横浜34名，東京36名，神戸４名，大阪３名，長崎７名，その他３名，計87名．

（７）日本アジア協会会員の職業分布はつぎの通り．1873年—外交官16名，御雇外国人14名，商人31名，宣教師４名，その他21名，計86名．1874年—外交官22名，御雇外国人34名，商人51名，宣教師17名，その他19名，計143名．1875年—外交官14名，御雇外国人39名，商人36名，宣教師15名，その他15名，計119名．1876年—外交官14名，御雇外国人84名，商人43名，宣教師11名，その他17名，計172名．1877年—外交官21名，御雇外国人40名，商人35名，宣教師12名，その他21名，計129名．1878年—外交官23名，御雇外国人43名，商人27名，宣教師15名，その他21名，計129名．1879年—外交官16名，御雇外国人35名，商人21名，宣教師19名，その他23名，計114名．1880年—外交官17名，御雇外国人39名，商人16名，宣教師20名，その他17名，計109名．1881年—外交官14名，御雇外国人24名，商人16名，宣教師17名，その他12名，計83名．1882年—外交官16名，御雇外国人16名，商人14名，宣教師18名，その他14名，計78名．

（８）TASJ Vol. 1, p. 96.

（９）JWM 1873. 10. 18, p. 744.

（10）JWM 1873. 10. 25, p. 761.

（11）今井貞三郎「デシャルム大尉」（萩原進他『青い目の旅人たち』みやま文庫，昭和59年），同「仏軍大尉による伊香保紀行」（『群馬歴史散歩』第46号），同「L. デシャルム仏軍大尉の足跡」（『群馬歴史散歩』第49号）を参照．澤護「デシャルム大尉の草津温泉紀行—欧米人による最も古い草津紹介」（敬愛大学経済学会『敬愛大学研究論集』第36号，1989年，のち『お雇いフランス人の研究』所収，敬愛大学経済文化研究所，1991年）は，デシャルム論文の抄訳と解説がある貴重な論考である．1877（明治10）年９月14日のサトウの日記にこの論文への言及があり（PRO 30/33, 11/5 p. 102），吉田光邦『両洋の眼』（朝日新聞社）にもふれるところがある．いっぽう，東京大学史料編纂所編『日本関係海外史料目録』第14巻にデシャルム文書の目録がある．しかし，日本アジア協会での講演に関する文書は確認されない．

（12）TASJ Vol. 2, p. 34.

（13）TASJ Vol. 2, p. 36.

（14）TASJ Vol. 2, p. 25.

（15）鎌田魚妙（三郎太夫）『慶長以来新刀弁疑』p. 1

（16）TASJ Vol. 2, p. 50.

（17）鎌田，前掲書，p. 3.

（18）JWM 1873. 11. 29, p. 865.

（19）岡本綺堂『明治劇談・ランプの下にて』（岩波文庫），pp. 21，24，39-40.

（20）ブラントン論文の抄訳と解説には菊池重郎「御雇外人教師R. H. ブラントンの『日本建築論』

について」(『日本建築学会関東支部研究発表会梗概集』第27号, 1960年1月), 同「御雇外人教師 R. H. ブラントンの『日本建築論』」(日本科学史学会編『日本科学技術史大系17』所収, 第一法規, 1964年) がある. H. Cortazzi, ed. “Richard Henry Brunton. Building Japan, 1868～1876” (Japan Library, 1991) の付録に論文が再録されている.

(21) TASJ Vol. 2, p. 64.

(22) JWM 1874. 1. 3, pp. 9-10. JWM 1874. 1. 16, pp. 16-17.

(23) “Japan Punch 1873～1874” 第4巻 (雄松堂書店, 1975年), p. 34.

(24) F. O. 46/185, pp. 196-197.

(25) F. O. 262/264, pp. 409-410.

(26) F. O. 262/252, pp. 300-301. 萩原『遠い崖』第10巻, pp. 68-69.

(27) F. O. 262/264, pp. 417-418.

第4章

(1) 野田良之・久野桂一郎共訳『ブスケ日本見聞記1』(みすず書房, 1977年), pp. 128-129.

(2) この交渉経過は石井孝『明治初期の国際関係』第2章 (吉川弘文館, 1977年) 参照.

(3) TASJ Vol. 2, pp. 87, 103.

(4) JWM 1874. 1. 31, pp. 84-85.

(5) 西島照男訳『ケプロン日誌――蝦夷と江戸』(北海道新聞社, 1975年), pp. 354-355.

(6) 同上, p. 353. 同書のpp. 345-355, 365にも関連記事あり.

(7) ブラキストン著・近藤唯一訳『蝦夷地の中の日本』(八木書店, 1979年), p. 268. なお, 同書のpp. 233-234, 270-306, 343, 372, 376-386にも関連記事あり.

(8) TASJ Vol. 2, pp. 113-114.

(9) 庄田元男訳『アーネスト・サトウ　神道論』(平凡社東洋文庫, 2006年), p. 235.

(10) TASJ Vol. 2, pp. 121-122, 126.

(11) JWM 1874. 2. 24, p. 93.

(12) TASJ Vol. 2, pp. 135-138. 萩原『遠い崖』第11巻, pp. 67-76, モース著・斎藤正二訳『日本人の住まい』下巻 (八坂書店, 1979年), pp. 143-145, チェンバレン著・高梨健吉訳『日本事物誌1』(平凡社東洋文庫, 1969年), pp. 34-36, メーソン著・今岡信一良訳『神ながらの道』(たま出版, 1989年), pp. 9-10を参照. ちなみに『日本アジア協会紀要』に議事録が掲載されたのはこれが初例である.

(13) さしあたり, 遠田勝「西洋人はなぜ神道を理解できないのか」(『諸君!』1988年6月号, 文藝春秋社), 同「西洋人はなぜ「天皇」を理解しないのか」(『諸君!』1989年1月号, 文藝春秋社) を参照. 両論文とも挑発的なタイトルであったが, 前者は改題されて「小泉八雲――神道発見の旅」(平川祐弘編『小泉八雲　回想と研究』所収, 講談社学術文庫, 1992年) となった. 日本アジア協会の神道理解を文献主義・聖書主義だとハーンが批判したことを指摘した好論文である. しかし, パークスのいう神道の政治的利用の問題への視点が欠けているため, 片手落ちの印象がある.

(14)　イギリス外交文書，F. O. 46/124，No. 6 文書1870年 1 月21日付.
(15)　東京日日新聞，明治 7 年 3 月 8 日付.
(16)　同上，明治 7 年 3 月 9 日付.
(17)　横浜毎日新聞，明治 7 年 3 月22日付.
(18)　TASJ Vol. 2 , pp. 140-141.
(19)　グリフィス著・山下英一訳『明治日本体験記』（平凡社東洋文庫，1984年），p. 164.
(20)　JWM 1874. 4 . 4 , pp. 261-262.
(21)　TASJ Vol. 2 , p. 53.

第 5 章

(1)　TASJ Vol. 2 , pp. 159-162.
(2)　JWM 1874. 5 . 2 , p. 352.
(3)　JWM 1874. 5 . 30, pp. 435-436.
(4)　同上.
(5)　C. W. Lawrence, 'Journey from Kioto to Yedo by Nakasendo Road', pp. 54-65.
(6)　TASJ Vol. 2 , p. 182.
(7)　TASJ Vol. 2 , pp. 183-186. この時点で発見された最深海溝はプエルトリコ海溝9219mであるが，今日知られている最深海溝はマリアナ海溝（太平洋）1 万1034mである.
(8)　TASJ Vol. 2 , p. 198. 幕末から明治初期にかけて在日西欧人は日本の太平洋沿岸を「東海岸」(the East coast)，日本海沿岸を「西海岸」(the West coast) と呼び習わしていた.
(9)　TASJ Vol. 2 , p. 202.
(10)　TASJ Vol. 2 , pp. 223-224.
(11)　TASJ Vol. 2 , p. 231.
(12)　JWM 1874. 6 . 27, pp. 522-523.
(13)　野田良之他訳，『ブスケ日本見聞記 2 』，p. 374.
(14)　TASJ Vol. 2 , pp. 234-243.
(15)　TASJ Vol. 2 , p. 245.
(16)　気象庁『気象百年史　資料編』（日本気象学会，1975年），p. 4 .
(17)　横浜開港資料館『横浜もののはじめ考』（1988年）p. 169を参照.
(18)　JWM 1874. 9 . 19, p. 755.

第 6 章

(1) JWM 1874. 8 . 29, pp. 692-694. JWM 1874. 9 . 3 , pp. 713-714. JWM 1874. 9 . 19, pp. 756-758. JWM 1874. 9 . 26, pp. 775-778. JWM 1874. 11. 14, pp. 936-939. JWM 1874. 12. 5 , pp. 1006-1008. JWM 1874. 12. 19, pp. 1049-1052. JWM 1874. 12. 26, pp. 1068-1071.
(2)　TASJ Vol. 3 , Appendix p. 1 .
(3)　TASJ Vol. 3 , Appendix p. 35.

（4） TASJ Vol. 3, Appendix p. 36.
（5） 庄田元男訳『アーネスト・サトウ　神道論』（平凡社東洋文庫，2006年），p. 151.
（6） TASJ Vol. 3, Appendix pp. 97-98.
（7） 吉田光邦「日本の地下資源に関する外人たちの観察」（京都大学人文科学研究所編『世界史のなかの明治維新』所収）を参照.
（8） TASJ Vol. 3, Part 1, p. 10.
（9） JWM 1874. 10. 31, pp. 890-892.
（10） JWM 1874. 11. 28, p. 990.
（11） JWM 1874. 1. 13, p. 13.
（12） JWM 1874. 10. 31, p. 892.
（13） 今井貞三郎「J. A. リンドウ・ESQ」（萩原進他『青い目の旅人たち』所収，みやま文庫，1974年）を参照.
（14） JWM 1874. 11. 28, pp. 990-991. JWM 1876. 1. 2, p. 13.
（15） TASJ Vol. 3, pp. 65-66.
（16） 蛯原八郎「早矢仕有的伝」（『明治文化研究』第5輯所収）.
（17） JWM 1875. 1. 2, pp. 13-14.
（18） The Far East（Vol. 6）1874. 12. 31, pp. 133-142.

第7章

（1） TASJ Vol. 3, pp. 6-7. このデルシャム報告の日本語訳には澤護「デシャルム大尉の「江戸・新潟を結ぶ二街道」」（敬愛大学経済文化会『敬愛大学研究論集』第37号所収，1990年．のち『お雇いフランス人の研究』所収，敬愛大学経済文化研究所，1991年）がある.
（2） JWM 1875. 1. 23, p. 75.
（3） TASJ Vol. 3, Part 2, pp. 23-24. ブラントン論文はH. Cortazzi, ed. “Richard Henry Brunton”（Japan Library, 1991）の付録に再録されている.
（4） JWM 1875. 1. 23, pp. 75-76.
（5） JWM 1875. 2. 27, pp. 181-182.
（6） D. M. Kenrick, “A Century of Western Studies of Japan”（TASJ 3rd. ser. Vol. 12, 1978), p. 67.
（7） 日本アジア協会の例会・総会の開催場所の変遷はつぎの通り．第1会期（1872年度）—パブリック・ホール（ゲーテ座）6回，グランドホテル1回．第2会期（1873年度）—グランドホテル5回．第3会期（1874年度）—グランドホテル8回，開成学校2回．第4会期（1875年度）—グランドホテル2回，開成学校5回，その他2回．第5会期（1876年度）—グランドホテル4回，開成学校9回，その他1回．第6会期（1877年度）—グランドホテル8回，開成学校3回，昌平館4回，その他2回．第7会期（1878年度）—グランドホテル2回，昌平館8回，その他1回．第8会期（1879年度）—グランドホテル1回，昌平館10回．第9会期（1880年度）—昌平館9回，その他1回．第10会期（1881年度）—外国人商業会議所7回，

その他１回.

（８）　JWM 1875. ３. ６, p. 193.

（９）　『東京市史稿・市外篇』第58巻，pp. 301-302.

（10）　TASJ Vol. 3, Part 2, pp. 50-51.

（11）　萩原『遠い崖』第12巻，p. 34.

（12）　TASJ Vol. 3, Part 2, p. 81.

（13）　同上.

（14）　TASJ Vol. 3, Part 2, p. 83.

（15）　JWM 1875. ４. 17, pp. 336-337.

（16）　松野良寅訳「街道案内付　置賜県収録」（『城下町の異人さん』所収，遠藤書店，1987年）を参照.

（17）　TASJ Vol. 3, Part 2, pp. 114-116.

（18）　TASJ Vol. 3, Part 2, p. 120.

（19）　M. Dalby, 'Nocturnal Labors in the Light of Day'（"Journal of Asian Studies" Vol. xxxix, No. 3. 1980. ５.）を参照.

（20）　Japan Gazette 1875. ６. 15. チャレンジャー号の日本滞在の詳細は，西村三郎『チャレンジャー号探検――近代海洋学の幕開け』（中公新書，1992年）第５章を参照.

（21）　JWM 1875. ６. 19, pp. 535-538. Japan Gazette 1875. ６. 23～24.

（22）　TASJ Vol. 3, Part 2, p. 122.

（23）　TASJ Vol. 3, Part 2, p. 130.

（24）　萩原『遠い崖』第11巻，pp. 90-91，アストン著・川村ハツエ訳『日本文学史』（七月堂，1985年）pp. 82-89，モース著・斎藤訳『日本人の住まい』下巻（八坂書房，1979年），東井金平『欧米における日本農業の研究』第１巻（農業総合研究所, 1956年）pp. 391, 392を参照.

（25）　JWM 1875. ７. 10, p. 597.

（26）　JWM 1875. ７. 10, pp. 597-598.

（27）　TASJ Vol. 3, Part 2, pp. 153-154.

（28）　同上.

（29）　東條操『方言と方言学』（春陽堂書店，1938年），p. 153.

第８章

（１）　TASJ Vol. 4, pp. １-２.

（２）　吉田光邦「日本の地下資源に関する外人たちの観察」（京都大学人文科学研究所編『世界史のなかの明治維新』所収）を参照.

（３）　JWM 1875. 10. 23, p. 951.

（４）　JWM 1875. 11. ６, p. 995.

（５）　渡辺正雄『日本人と近代科学――西洋への対応と課題』（岩波新書，1976年）.

（６）　TASJ Vol. 4, p. 90.

（7） JWM 1876. 2 . 19, p. 173.

（8） JWM 1875. 11. 13, p. 1019.

（9） JWM 1875. 10. 23, p. 951.

(10) JWM 1875. 11. 13, p. 1019.

(11) TASJ Vol. 4 , pp. 57, 60, 62.

(12) JWM 1876. 1 . 8 , p. 34.

(13) Argument in favor of the establishing of a Japanese Government Gazett（大隈文書）

(14) 笠原英彦「ルジャンドルと政府系英字新聞」（日本新聞学会『新聞学評論』第33号所収，1984年）を参照.

(15) JWM 1876. 1 . 29, p. 108. ブラントン論文はH. Cortazzi, ed. “Richard Henry Brunton. Building Japan. 1868～1876”（Japan Library, 1991）に再録されている．時期がすれるが，琉球処分に関する英字新聞記事は内川芳美他監修『外国新聞に見る日本』（第2巻原文編および本編，1980年），pp. 267-280を参照.

(16) JWM 1876. 1 . 29, p. 108.

(17) JWM 1864. 2 . 19, p. 173.

(18) ロバートソン論文は大熊良一『歴史の語る小笠原』（小笠原協会，1966年），pp. 193, 194, 196, 197, 202-207, 236, 237, およびディキンズ著・高梨健吉訳『パークス伝』（平凡社東洋文庫，1984年），pp. 278-280を参照.

(19) ディキンズ著・高梨訳，前掲書，p. 280.

(20) JWM 1876. 3 . 18, pp. 256-257.

(21) JWM 1876. 4 . 29, pp. 380-381.

(22) 手塚竜麿「東京の女子教育」（東京都『都史紀要9』所収，1961年），pp. 30-39, および東京百年史委員会『東京百年史』第2巻（東京都，1972年），p. 595を参照.

(23) TASJ Vol. 4 , p. 145.

(24) JWM 1876. 6 . 24, p. 576.

(25) 今井貞三郎「D. H. マーシャル教授」（萩原進他著『青い目の旅人たち』所収, みやま文庫, 昭和59年）を参照.

(26) TASJ Vol. 4 , p. 165.

(27) JWM 1876. 6 . 24, p. 568.

(28) JWM 1876. 6 . 24, p. 567.

(29) 萩原『遠い崖』第12巻，p. 158.

(30) TASJ Vol 5 , Part 1 , pp. 1 -22.

(31) TASJ Vol. 5 , Part 1 , pp. 23-24.

(32) TASJ Vol. 5 , Part 1 , pp. 25-37.

(33) TASJ Vol. 5 , Part 1 , pp. 38-40.

(34) TASJ Vol. 5 , Part 1 , p. 40. この使節については，岡本良知「元和年間伊達政宗遣欧使節の史料について」（『キリシタンの時代』所収，八木書店，1987年），佐々木博和「明治政府

における慶長遣欧使節の認識過程」(『蔵王東麓の郷土誌』所収，2008年)，同「駐日英国公使パークスと慶長遣欧使節」(『常総台地』第16号所収，2009年)，同『慶長遣欧使節の考古学的研究』(六一書房，2013年)参照.

(35)　Tokio Times. 1877年1月6日付，「ローマ市会決議録」(『大日本史料』第12編之12).

(36)　同上.

(37)　TASJ Vol. 5, Part 1, p. 63.

(38)　TASJ Vol. 5, Part 1, pp. 69-70. JWM. 1877. 1. 20. pp. 57-58.

(39)　TASJ Vol. 5, Part 1, p. 90.

(40)　チェンバレン著・川村ハツエ訳『日本の古代詩歌』(七月堂，1978年)，アストン著・川村ハツエ訳『日本文学史』(七月堂, 1985年), pp. 33-36, 川村ハツエ「Chamberlainと和歌」(日本英学史学会『英学史研究』第23号所収, 1990年), pp. 5-7, 海老沢有道『日本の聖書』(日本基督教団出版局，1981年)，p. 267，福井久蔵『枕詞の研究と釈義』，拙著『ネズミはまだ生きている—チェンバレンの伝記』(雄松堂出版，1986年)，pp. 123-126を参照.

(41)　TASJ Vol. 5, Part 1, pp. 90-91.

(42)　PRO 30/33, 15/5, p. 71 (1877年3月18日付).

(43)　JWM 1877. 1. 27, p. 13. ディキンズ『パークス伝』p. 167,「全訳ジャパン・ガゼット横浜50年史」(『市民グラフヨコハマ』第41巻)，p. 7.

第9章

(1)　TASJ Vol. 5, Part 1, p. 93.

(2)　箕作論文の日本語訳には，緒方富雄「箕作佳吉の英文による“蘭学事始”紹介」(『医学のあゆみ』第61巻第1号，1967年)がある.

(3)　TASJ Vol. 5, Part 1, p. 216.

(4)　TASJ Vol. 5, Part 1, p. 90.

(5)　TASJ Vol. 5, Part 2, pp. 1-114. ホールの活動についてはダニエル・ボツマン『血塗られた慈悲　笞打つ帝国』(合同出版，2009年)第6章参照.

(6)　JWM 1877. 3. 17, p. 190. 日本順益台湾原住民研究会編『台湾原住民研究概覧』(風響社, 2001年)にはエルドリッジ論文への言及がない.

(7)　JWM 1877. 4. 7, p. 264.

(8)　JWM 1877. 4. 28, p. 331.

(9)　泊次郎『日本の地震予知研究130年史』(東京大学出版会，2015年)，p. 22，TASJ. Vol. 5, Part 1, pp. 181-204. ペリーとエアトンの論文は藤井陽一郎『日本の地震学』(紀伊國屋書店, 1967年)，p. 31を参照.

(10)　JWM 1877. 6. 16, p. 502.

(11)　TASJ Vol. 5, Part 1, p. 171.

(12)　E. モース著・石川欣一訳『日本その日その日』第2巻(平凡社東洋文庫，1970年)，pp. 39-40.

(13) 磯野直秀『モースその日その日』(有隣堂, 1987年), p. 119.

(14) モース, 前掲書, 第2巻, p. 75.

(15) モース著・近藤義郎他編訳『大森貝塚』(岩波文庫, 1983年), pp. 127-128.

(16) TASJ Vol. 6, Part 1, p. 1.

(17) TASJ Vol. 6, Part 1, p. 9.

(18) TASJ Vol. 6, Part 1, p. 26.

(19) JWM 1877. 11. 3, pp. 991-992.

(20) JWM 1877. 11. 10, pp. 1015-1020.

(21) 異国日記刊行会『影印本異国日記』(東京美術, 1988年), p. 63, 村上直次郎訳注『異国往復書翰集・増訂異国日記抄』(駿南社, 1929年), pp. 206-207.

(22) TASJ Vol. 6, Part 1, pp. 47-48.

(23) パジェス著, 吉田小五郎訳『日本切支丹宗門史』上巻(岩波文庫, 1938年), p. 328.

(24) 太政官訳『日本西教史』序文.

(25) 『幸田成友著作集』第4巻, 吉田小五郎「日本西教史」(『歴史読本』昭和50年臨時増刊号, 新人物往来社).

(26) TASJ Vol. 6, Part 1, p. 68. サトウ論文の日本語訳には宇賀田為吉「タバコの日本伝来」(『学士院月報』第522号)がある. この研究の成果は松田毅一「タバコの日本伝来」(『日欧のかけはし――南蛮学の窓から』所収, 思文閣出版, 1990年)にしめされている. 宇賀田『タバコの歴史』(岩波新書)も参照.

(27) TASJ Vol. 6, Part 1, p. 70.

(28) TASJ Vol. 6, Part 1, p. 75.

(29) 須藤利一訳「大琉球島航海記」(『異国船来琉記』所収, 法政大学出版局), p. 286. 春名徹訳『朝鮮琉球航海記』(岩波文庫, 1986年), p. 99.

(30) TASJ Vol. 6, Part 1, p. 63.

(31) 「東京府下用水試験説」(『学藝志林』第1巻, 1877年).

(32) 同上.

(33) 同上.

(34) JWM 1877. 12. 1, pp. 1092-1094.

(35) TASJ Vol. 12, pp. 143-164.

(36) TASJ Vol. 6, Part 1, pp. 106-107. 川村ハツエ「Chamberlainと和歌」(日本英学史学会『英学史研究』第23号所収, 1990年), pp. 7-12参照.

(37) TASJ Vol. 6, Part 1, p. 114.

(38) TASJ Vol. 6, Part 1, p. 119.

(39) TASJ Vol. 6, Part 1, pp. 152-154.

第10章

(1) TASJ Vol. 6, Part 1, p. 159.

（2）『明治政府翻訳草稿類纂』第40巻，p. 7.

（3）TASJ Vol. 6, Part 1, p. 179.

（4）TASJ Vol. 6, Part 1, pp. 180-181.

（5）松田誠『脚気をなくした男・高木兼寛伝』（講談社，1990年）参照.

（6）TASJ Vol. 6, Part 1, pp. 183-185.

（7）TASJ Vol. 6, Part 1, pp. 188-190.

（8）JWM 1878. 2. 16, pp. 156-157.

（9）この論文の抄訳には沈寿官『カラー・日本のやきもの2・薩摩』（淡交社，1975年）がある.

（10）TASJ Vol. 6, Part 2, pp. 193-194.

（11）TASJ Vol. 6, Part 2, pp. 220-221.

（12）JWM 1878. 3. 2, p. 205.

（13）JWM 1878. 3. 16, p. 235.

（14）ナウマン著・山下昇訳『日本地質の探求――ナウマン論文集』（東海大学出版会，1996年），p. 85.

（15）JWM 1878. 4. 6, pp. 317-318.

（16）ホイットニー著・一又民子訳『クララの明治日記』上巻（講談社，1976年），p. 263.

（17）JWM 1878. 5. 4, pp. 414-415.

（18）JWM 1878. 5. 4, p. 414. モース著・斎藤正二訳『日本人の住まい』上巻（八坂書房，1979年）p. 12.

（19）JWM 1878. 5. 18, p. 470.

（20）チェンバレン論文の日本語訳には「狂言の中世国語について」（『能楽思潮』第7号，第12号所収，1960年）がある.

（21）TASJ Vol. 6, Part 3, pp. 357-359.

（22）石井研堂『明治事物起源』（『明治文化全集』別巻，日本評論社，1969年），p. 557.

（23）泊次郎『日本の地震予知130年史』（東京大学出版会，2015年），p. 22. 藤井陽一郎『日本の地震学』（紀伊國屋書店，1967年）p. 31.

（24）モース，前掲書，下巻，p. 154.

（25）TASJ Vol. 6, Part 3, pp. 447-448.

（26）今井貞三郎「ディヴァースM・D」（萩原進他『青い目の旅人たち』所収，みやま文庫，1984年）を参照.

（27）TASJ Vol. 6, Part 2, pp. 346.

（28）JWM 1878. 6. 22, pp. 593-594.

（29）坂口謹一郎『坂口謹一郎酒学集成5』（岩波書店，1998年），pp. 32-33.

（30）JWM1878. 7. 20, p. 690. JWM1878. 7. 27, pp. 718-720. JWM 1878. 8. 3, pp. 753-758. JWM1878. 8. 17, pp. 823-824. JWM1878. 8. 24, pp. 852-854. JWM1878. 8. 31, p. 881-884. JWM1878. 9. 7, pp. 913-917. JWM1878. 9. 14, pp. 949-951. JWM1878. 9. 21, pp. 972-974. JWM1878. 9. 28, p. 997-999. JWM1878. 10. 5, pp. 1028-1031. JWM1878. 10. 12, pp. 1062-

1066. JWM1878. 10. 19, pp. 1098-1099. JWM1878. 10. 26, pp. 1127-1129. JWM1878. 11. 2, pp. 1159-1161. JWM 1878. 11. 23, pp. 1257-1259.

最近，ケンペルマンの著述がいくつか翻訳されている．（1）長沢敬訳『ケンパーマンの明治10年山陰紀行』（今井書店，2010年），（2）同『ケンパーマンの明治10年神代文字調査』（今井出版，2012年），と（3）同『ケンパーマンの明治7年神道報告』（今井出版，2015年）である．（1）にはケンペルマン（1845年～1900年）の略歴が，（2）には「ケンパーマンの明治10年山陰紀行」の草稿に付属した地図が，（3）には「明治9年コレアと日本に関する報告」が追加になっている．（1）にある略歴は熊澤恵理子の研究「〈研究ノート〉ケンペルマンと平田国学」（日本独学史学会『日独文化交流史研究』2008年号）に基づいたものである．

（31） Japan Herald 1978. 10. 9.

第11章

（1） ディキンズ著・高梨健吉訳『パークス伝』（平凡社東洋文庫），p. 259.

（2） PRO 30/33, 11/5, p. 58.

（3） ミルン講演は宇佐見龍夫訳『明治日本を支えた英国人――地震学者ミルン伝』第3章（日本放送協会，1982年）を参照．ヒッチコック『アイヌ人とその文化』（六興出版，1985年），pp. 51-55に記事あり．

（4） TASJ Vol. 7, p. 12.

（5） 同上，p. 25.

（6） 講談社編『榎本武揚シベリア日記』（講談社学術文庫，2008年），pp. 39-40.

（7） 同上，p. 83.

（8） ホイットニー著・一又民子訳『クララの明治日記』（講談社，1976年）下巻，p. 32.

（9） 『朝日新聞100年の記事にみる――③東京百歳』（朝日新聞社，1979年），p. 3.

（10） TASJ Vol. 7, p. 73.

（11） TASJ Vol. 7, p. 85.

（12） TASJ Vol. 7, p. 88.

（13） 第8章の註（20）を参照．JWM 1878. 5. 4, pp. 414-415.

（14） 渡辺正雄「東京から富士山の見える年間日数」（『お雇い米国人科学教師』所収，講談社，1976年），pp. 53-57. 増訂版には北泉社（1996年）があるが，掲載ページ数は同一である．

（15） TASJ Vol. 7, p. 96. 虎尾俊哉「アーネスト・サトウの延喜式祝詞研究」（『神田外語大学日本研究所紀要』第1号所収，1993年）参照．

（16） 同上．

（17） Satow, 'Ancient Japanese Rituals. No. 1'（TASJ Vol. 7 Part 2）. p. 109.

（18） Satow, 'The Mythology and Religious Worship of the Ancient Japanese' p. 49.

（19） TASJ Vol. 7 p. 127.

（20） TASJ Vol. 7, p. 184.

（21） オリジナル本はE. S. Morse, "Japanese Homes and Their Surroundings"（1886）．チャー

ルス・タトル商会からプリント本が出版されている．日本語訳には斎藤正二・藤本周一共訳『日本人の住まい』（八坂書房，1979年）と上田篤他訳『日本のすまい·内と外』（鹿島出版会，1977年）がある．

(22)　ホイットニー，前掲書下巻，p. 65.

(23)　TASJ Vol. 7 , pp206-207. M. Paske-Smith, “Japanese Traditions of Christianity” (1930) にみえるThe Tomioka Monument (pp. 131-132) はこの英訳か.

(24)　TASJ Vol. 7 , p. 206.

(25)　ホイットニー，前掲書，下巻，p. 69.

(26)　TASJ Vol. 7 , p. 186.

(27)　TASJ Vol. 7 , p. 192.

(28)　ヘールツ論文の日本語訳には樋口次郎訳「横浜の飲料水の現状とその改善の必要性」（横浜開港資料館『横浜水道関係資料集・1862～97』所収）がある．

(29)　TASJ Vol. 7 , p. 212.

(30)　TASJ Vol. 7 , p. 214.

(31)　同上.

(32)　JWM 1879. 2 . 1 , p. 127.

(33)　同上.

第12章

(1)　萩原『遠い崖』第13巻，p. 347.

(2)　TASJ Vol. 7 , pp. 226-265.

(3)　JWM 1879. 2 . 22, pp. 221-223.

(4)　チェンバレン著・川村ハツエ訳『日本人の古典詩歌』（七月堂，1985年）p. 44.

(5)　JWM 1879. 3 . 22, p. 355.

(6)　ホイットニー著・一又民子訳，『クララの明治日記』下巻，p. 86.

(7)　TASJ Vol. 7 , p. 312. 最近では原田範行がこの問題に関心をしめしている（『風刺文学の白眉『ガリバー旅行記』とその時代』第 9 回，NHK出版，2015年).

(8)　ホイットニー，前掲書，下巻，p. 106.

(9)　TASJ Vol. 7 , p. 314.

(10)　JWM 1879. 5 . 31, p. 695.

(11)　TASJ Vol. 7 , p. 323.

(12)　JWM 1879. 5 . 31, p. 695.

(13)　同上.

(14)　同上.

(15)　同上.

(16)　横山学「クランク・ホーレーと関西アジア協会」（ノートルダム清心女子大学『生活文化研究所年報』第 7 輯）参照.

(17)　ホイットニー，前掲書，下巻，p. 115.

(18)　TASJ Vol. 7, pp. 375-376. この実績が買われて，サマーズはサトウとホーズの共編“A Handbook for Travellers in Central and Northern Japan”（第2版，1884年）の大阪の歴史と地誌の項を執筆した（庄田元男訳『明治日本旅行案内』下巻を参照）.

(19)　ホイットニー，前掲書，下巻，p. 120.

第13章

（1）『朝日新聞100年の記事にみる――④外国人の足跡』（朝日新聞社，1979年），p. 6.

（2）ノルデンシェルド著・小川たかし訳『ヴェガ号航海誌』下巻（フジ出版社，1988年），pp. 299-302.

（3）PRO 30/33 15/5, pp. 199-200. ノルデンシェルド，前掲書，下巻，p. 315.

（4）ノルデンシェルド，前掲書，下巻，p. 311.

（5）石田龍二郎『日本における近代地理学の成立』（大明堂，1984年）第3章，pp. 90-94.

（6）横浜開港資料館「幕末のイギリス外交官アーネスト・サトウ展」カタログ.

（7）アトキンソン論文の日本語訳には，渡辺芙美雄訳「明治12年，お雇い外国人の「八ヶ岳・白山・立山」紀行」（『山と渓谷』第558，560，562号所収，山と渓谷社，1967年）が，その質疑応答の抄訳には庄田元男『異人たちの日本アルプス』（日本山書の会，1990年）pp. 62-65がある.

（8）TASJ Vol. 8, p. 58.

（9）ミルン論文の抄訳と解説には，芹沢長介「外国人による縄文時代の研究――ジョン・ミルンの場合」（『歴史公論』第5巻第2号，雄山閣，1979年）がある．全訳が吉岡郁夫・長谷部学『ミルンの日本人種論』（雄山閣，1993年）に掲載された．モース著・近藤他訳編『大森貝塚』（岩波文庫，1983年），pp. 164-167，斎藤忠『考古学史の人びと』（第一書房，1985年），pp. 116-117も参照.

(10)　TASJ Vol. 8, pp. 64-65.

(11)　同上.

(12)　同上.

(13)　TASJ Vol. 8, pp. 85-86.

(14)　TASJ Vol. 8, p. 88.

(15)　TASJ Vol. 8, pp. 88-89.

(16)　TASJ Vol. 8. pp. v-vi.

(17)　エドキンス・サトウ論争は，濱田敦『国語史の諸問題』（和泉書院，1986年），p. 505を参照.

(18)　上野益三『日本動物学史』（八坂書房，1987年），pp. 480-482，およびブラキストン『蝦夷地の中の日本』，pp. 157，272を参照.

(19)　洞富雄「ブラムセン『和洋対暦表』と『三正綜覧』」（『日本歴史』第199号，1964年）.

(20)　D. M. Kenrick, “A Century of Western Studies of Japan”（TASJ 3rd. ser. Vol. 14, 1978），pp. 101-105を参照.

（21）　JWM 1880. 4. 3, pp. 425-426.

（22）　TASJ Vol. 8, p. 277.

（23）　チェンバレン論文は，海老沢有道『日本の聖書』（講談社学術文庫，1990年）267-268を参照．全訳には手代木俊一「詩編日本語訳への提言――及び試訳「讃美之歌」〈韻文訳詩編〉」（『フェリス女学院大学音楽部紀要』第1号所収，1995年）がある．

（24）　PRO 30/33 11/5, p. 46.

（25）　TASJ Vol. 8, p. 287.

（26）　TASJ Vol. 8, pp. 310-311.

（27）　唐沢定一「アーネスト・サトウ」（萩原進他『青い目の旅人たち』所収，みやま文庫，1984年）を参照．

（28）　TASJ Vol. 8, p. 326.

（29）　斎藤忠『日本考古学史』（吉川弘文館，1974年），p. 97.

（30）　芹沢長介, 前掲論文を参照．鳥居龍蔵「ジョン・ミルンの大森貝塚年代考察について」（『鳥居龍蔵全集・第2巻』所収），pp. 597-600，同「大森貝塚積成人に就てジョン・ミルン氏の考察」（『鳥居龍蔵全集・第2巻』所収），pp. 600-602も見よ．

（31）　TASJ Vol. 9, p. 10.

（32）　プイーニ論文については，吉浦盛純『日伊文化史考』（イタリア書房出版部，1968年）．

（33）　JWM 1880. 6. 12, p. 754.

（34）　同上.

（35）　同上.

（36）　JWM 1880. 6. 12, p. 755.

第14章

（1）　クインは1882（明治15）年1月13日にも在日イギリス公使館のもとめにより，同じタイトルの論文を書いている．『イギリス議会報告書』（1882年度版）に活字化される（“Irish University Press Area Studies Series. British Parliamentary Papers. Japan 3. 1871～99”, pp. 161-190）．

（2）　JWM 1880. 11. 20, p. 1500.

（3）　JWM 1880. 11. 20, p. 1501.

（4）　TASJ Vol. 9, Part 1, p. 40.

（5）　TASJ Vol. 9, Part 1, p. 47

（6）　TASJ Vol. 9, Part 1, p. 48.

（7）　TASJ Vol. 9, p. 62. 庄田元男『異人たちの日本アルプス』（日本山書の会，1990年），pp. 54-58にも抄訳がある．

（8）　TASJ Vol. 9, pp. 85-86.

（9）　PRO 30/33 11/2, pp. 115-116, 123, 129, 132.

（10）　JWM 1881. 2. 12, p. 156.

(11)　ライト論文はディキンズ著・高梨訳『パークス伝』，p. 151，東井金平『欧米における日本農業の研究』第２巻，p. 384に関連記事がある．
(12)　TASJ Vol. 9 , p. 159.
(13)　JWM 1881. 5 . 21, pp. 581-582.
(14)　イザベラ・バード著・高梨健吉訳『日本奥地紀行』（平凡社東洋文庫，1973年）p. 18.

第15章

(１)　大友信一『室町時代の国語音声の研究』（至文堂，1963年）参照.
(２)　TASJ Vol. 10, p. 1 .
(３)　TASJ Vol. 10, pp. 2 - 3 .
(４)　TASJ Vol. 10, p. 15.
(５)　TASJ Vol. 10, p. 23.
(６)　TASJ Vol. 10, p. 39.
(７)　アーネスト・サトウ他編，庄田元男訳『明治日本旅行案内』（平凡社，1996年）下巻，p. 331.
(８)　藤津滋生「日本書誌学者としてのアーネスト・サトウ」（関西外語大学『大図論文集』第15号，1989年），同「アーネスト・サトウの「日本における印刷史」について」参照.
(９)　JWM 1881. 12. 31, p. 1531.
(10)　PRO 30/33 11/ 2 , p. 175.
(11)　拙著『W. G. アストン』（雄松堂出版，2005年）pp. 279-280.
(12)　PRO 30/33 11/ 3 , pp. 2 - 3 .
(13)　ブラキストン著・近藤唯一訳『蝦夷地の中の日本』（八木書店，1979年），pp. 72-75，132参照.
(14)　ブラキストン，前掲書，pp. 70，88，97，132，353，370，400-401参照.
(15)　TASJ Vol. 10, Supplyment. p. i.
(16)　JWM 1882. 4 . 22, p. 482.
(17)　TASJ Vol. 10, p. 252.
(18)　PRO 30/33 11/ 5 p. 88.
(19)　PRO 30/33 15/17, p. 35.
(20)　PRO 30/33 15/ 7 , p. 57.
(21)　R. K. Douglas, “Catalouge of Japanese Printed Books and Manuscripts in the Library of the British Museum”, p. v.
(22)　B. H. チェンバレン著・高梨健吉訳『日本事物誌２』（平凡社東洋文庫，1969年），pp. 210-211.

終　章

(１)　ヒッチコック著・北構保男訳『アイヌ人とその文化』（六興出版，1985年），pp. 51，57-

60を参照.

（2） ヘールツ著・庄司三男訳『ヘールツ日本年報』（雄松堂出版，1983年）pp. 476-478

（3） 岡田章雄「ニコラス･クーケバッケルの手紙（一）」（『歴史地理』第75巻第4号，1940年），p. 43.

（4） 岡田章雄「ニコラス・クーケバッケルの手紙（一）～（三）」（『歴史地理』第75巻4号，pp. 43-50，同第5号，pp. 37-44，同第6号，pp. 35-43）.

（5） ヘールツ著・庄司訳，前掲書，pp. 271-281.

（6） 拙稿「幕末・明治初期の英字新聞の日本語著作英訳」（日本英学史学会『英学史研究』第48号，2015年），pp. 43-46.

（7） TASJ Vol. 11, p. 123.

（8） TASJ Vol. 11, pp. v-vi.

（9） 日本学士院日本科学史刊行会『明治前日本生物学史』第1巻（野間科学医学研究資料館，1980年），pp. 548-554，上野益三『日本動物学史』（八坂書房，1987年），p. 482.

（10） TASJ Vol. 8, p. 177.

（11） 拙著『W. G. アストン』，pp. 181-182.

（12） ヘールツ著・庄司訳，前掲書，pp. 487-489を参照.

（13） 『江崎悌三著作集』第1巻（南窓社，1984年），pp. 251-262.

（14） 昭和女子大学近代文学研究室『近代文学研究叢書8』（昭和女子大学，1957年），pp. 20-80を参照.

（15） サトウ著・長岡祥三訳『アーネスト・サトウ公使日記Ⅰ』（新人物往来社，1989年），pp. 298-299.

（16） ディキンズ著・高梨訳『パークス伝』，p. 339.

（17） ディキンズ，前掲書，p. 358.

（18） チェンバレン著・高梨訳『日本事物誌1』，p. 9.